普通高等教育工程应用型系列规划教材

理论力学

张克猛　唐红春　主编

韩海燕　黄志德　谷俊斌　侯先芹　韩少燕　参编

科学出版社

北京

内 容 简 介

本书以课程任务组织内容、阐述理论，适当简化了理论推导过程，侧重于对学生的力学问题分析、判断、建模能力培养。全书共分为静力学、运动学、动力学三个部分，包括静力学基础、基本力系、作用于刚体的力系等效简化、力系的平衡、摩擦、运动学基础、刚体平面运动、点的合成运动、质点运动微分方程、质点系动量定理、质点系动量矩定理、动能定理、达朗贝尔原理、虚位移原理等 14 章内容。其中少量带*章节为选学内容，可供学有余力的读者课外选修或走出校门后结合工程实际进一步深造。

本书可作为本科的机械、土木、能动、建环、化工装备、材料、工业工程等专业48～64学时的理论力学教材，也可供有关工程技术人员参考。

图书在版编目（CIP）数据

理论力学/张克猛，唐红春主编. —北京：科学出版社，2017.8
普通高等教育工程应用型系列规划教材
ISBN 978-7-03-053369-2

Ⅰ. ①理… Ⅱ. ①张… ②唐… Ⅲ. ①理论力学-高等学校-教材
Ⅳ. ①O31

中国版本图书馆 CIP 数据核字(2017)第 134824 号

责任编辑：邹　杰 / 责任校对：郭瑞芝
责任印制：徐晓晨 / 封面设计：迷底书装

科 学 出 版 社出版
北京东黄城根北街 16 号
邮政编码：100717
http://www.sciencep.com
北京建宏印刷有限公司 印刷
科学出版社发行　各地新华书店经销
*
2017 年 8 月第　一　版　开本：787×1092　1/16
2019 年 3 月第二次印刷　印张：15 1/2
字数：368 000
定价：49.80 元
（如有印装质量问题，我社负责调换）

前　言

本书以课程任务组织内容、阐述理论，适当简化了理论推导过程，侧重于学生对力学问题的分析、判断、建模能力培养以及灵活选用力学理论解决工程实际的方法掌握。适用于应用性本科的机械、能动、土木、电气等大类的本科生，也可作为一般理工科院校相关专业中学时的理论力学教材。

作为一种尝试，将静力学基本理论有针对性地穿插、分散阐述或直接引用，以突出理论的针对性和实用性；将刚体平面运动提前到点的合成运动之前讲述，一方面可保持对刚体运动分析的连贯性，同时还可由平动到转动，循序渐进地引出动参考系；作为质点微分方程的应用，在该章安排了单自由度机械振动内容；为避免和大学物理课程的内容重复，有意绕开了对质点动力学普遍定理的介绍，并在质点系的动量定理与质点系的动量矩定理中，有意强调了定理在研究流体动力学中不可替代的独特作用，同时也加强了这方面的举例与习题分量。

理论力学是为高等理工科开设的第一门力学课程，为了给学生以整体印象，本书适当穿插介绍了与其他力学课程间的过渡和联系。针对应用技术型本科生的特点，各章分别新增了“学习要点”和“思考题”，以指导学生把握基本要求、掌握重点、难点以及求解的方法和步骤，结合思考题，加强对基本概念的理解；在例题的解答过程中，尽量以“思考”、“讨论”等形式，引导学生主动思维；在例题、思考题以及习题的选取过程中，充分注意了分量、难度的适当性。各章还结合日常生活现象或工程实例，穿插了一些扩展知识的简介或问题质询，以强调本课程的工程应用性、前承后续性，以及知识综合性，同时启发学生对新知识的求知欲，调动学生主动学习的积极性，加强学生查阅资料获取知识的能力训练。

本书是由西安交通大学城市学院、西安工业大学北方信息工程学院和内蒙古科技大学三校合作完成的。具体编写分工如下：张克猛编写前言、绪论、各部分的导言、第 9 章和第 14 章，唐红春编写第 1 章～第 5 章，韩海燕编写第 6 章～第 8 章，黄志德编写第 10 章和第 11 章，谷俊斌编写第 12 章，侯先芹编写第 13 章，韩少燕负责编写部分习题及相关扩展内容。全书由张克猛、唐红春任主编，由张克猛统稿和定稿。

编写过程中，得到了科学出版社的悉心关照。作者在此深表谢意！

书中的不妥和疏忽之处，衷心希望广大读者批评指正。

作　者

2017 年 4 月

目　录

第二篇　运　动　学

第三篇　动　力　学

绪　论

1. 理论力学的研究对象

理论力学研究物体机械运动的一般规律。

机械运动是指物体的位置随时间的变化，这种变化依据所选的参考物体的不同而不同。就一般的工程问题而言，通常取地球作为参考体，称与地球固连的参考系为惯性参考系。

平衡是指物体相对惯性参考系保持静止或匀速直线移动的运动状态，是机械运动的特殊情况。理论力学也研究物体的平衡问题。

本书所研究的物体运动速度远小于光速，物体的尺寸远大于基本粒子，即在低速、宏观的范畴内来研究物体的机械运动，因而属于经典力学的研究内容。实践表明，即使在现代，工程技术中遇到的大量力学问题都可应用经典力学的理论加以解决，因此学习经典力学有着极其重要的实际意义。关于物体速度接近光速的机械运动研究属于相对论力学，关于基本粒子运动的研究学科属于量子力学，这些都要根据需要在专门的课程中进行讨论。

2. 理论力学的内容

理论力学包括三部分的内容：静力学研究物体平衡的一般规律；运动学研究物体运动的几何性质，而不涉及产生运动的原因；动力学研究作用于物体上的力和物体运动之间的关系。

3. 学习理论力学的目的

对工科许多专业而言，理论力学既是系列后续课程的基础，又是学生接触工程实际的首门技术课程，因此是一门理论性较强的技术基础课。学习这门课程主要目的如下：

(1) 为学习诸如材料力学、结构力学、机械原理、机械设计等一系列后续课程打基础；为探索新的科学技术领域储备必要的力学知识。

(2) 初步学习处理工程实际问题的方法。

(3) 培养分析和解决问题的能力，特别是逻辑思维能力、抽象化能力、自学能力、表达能力以及数学计算能力等。

4. 处理力学问题的一般方法

解决好一个力学问题，通常包含以下四个方面的工作：

(1) 围绕所要解决的问题，考察各相关因素的影响。在充分考虑各主要影响因素的前提下，忽略一些次要因素，建立合理的力学模型(又称物理模型)。

(2) 针对力学模型，运用相关的力学理论和数学工具，建立或推导所研究问题的基本方程，最后形成定解方程。又称为建立数学模型。

(3) 方程求解以及研究解的性质。简单情况下可以人工求解析解；对于复杂的问题则需借助计算机求数值解。

(4) 通过实验验证力学、数学模型的合理性，检测所得结果的可信度。必要时对模型进行修正。

对于具有创新意义的研究，上述各项工作可能要反复进行才能得出满意的成果。

第一篇 静 力 学

静力学研究力系的简化与平衡条件。

力系是指作用在研究物体上的一群力。力系的简化是指在保持对研究物体的作用不变的条件下，用最简单的力系代替给定的复杂力系；当物体处于平衡时，作用其上的力系所应满足的条件称为力系的平衡条件。显然，力系的简化是寻找力系平衡条件的便捷途径，但力系简化的应用绝不仅限于此，在动力学中，当研究在给定力系作用下的物体如何运动时，力系的简化同样也有重要的应用。力系平衡条件可用于计算处于平衡状态下的构件或机械零件在载荷作用下的内力或所受的未知外力，为设计提供依据，因而在工程上应用得十分广泛。

第 1 章　静力学基础

本章讨论力学模型中所涉及的刚体的概念、常见约束的性质以及物体的受力分析。公理是人们在长期的生活与生产中经过观察、实践和实验所总结出的几条结论，并经过严格的科学抽象和表述，其正确性已被公认。这些公理为建立静力学理论提供了物理依据，在建立力学模型中具有重要的指导意义。

1.1　力及其表示方法

1.1.1　力的概念　作用与反作用公理

力是物体之间相互的机械作用，它的效果是改变物体的运动状态(**外效应**)并使物体变形(**内效应**)。改变物体的运动状态，在静力学中可理解为使静止的物体开始运动。在动力学中则依据牛顿定律对不同的力学模型和不同的运动形式给出更明确的表述。力使物体产生变形，将在材料力学等课程中进行研究。实践表明，力的作用效果取决于**三个要素**：(1)力的大小；(2)力的方向；(3)力的作用点。这意味着任何一个要素的改变或误判，都将导致该力的效果发生改变。在国际单位制(SI)中力的单位是牛顿(N)或千牛顿(kN)。

力的三要素说明，在几何上力可以用一段矢线(带有箭头的有向线段)来表示：线段长度依比例表示力的大小，矢量线方向即代表力的方向，矢量线的起点(或终点)则代表力作用点的位置，并用符号 $\boldsymbol{F}_A$ 表示。其中黑斜体的英文大写字母 $\boldsymbol{F}$ 表示力矢量的大小和方向，下标 A 表示力 $\boldsymbol{F}$ 的作用点(图 1-1)。在运算表达式中也可视为一般的数学矢量。

力是物体之间相互的机械作用，并服从于牛顿第三定律。本课程中称之为作用反作用公理。

作用反作用公理　当甲物体对乙物体有作用力的同时，甲物体也受到来自乙物体的反作用力；作用力与反作用力必定是同时出现，且大小相等、方向相反、沿同一直线。

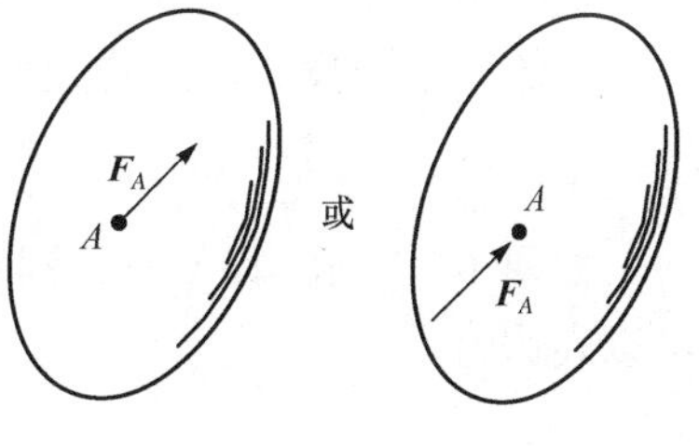

图 1-1

在对物体进行受力分析时必须遵循这一公理。否则会给解决问题造成致命性的错误。

1.1.2　力的投影和分析表示法

数学中已给出了矢量在给定轴或平面上的投影的定义。据此，在建立直角坐标系后，即可计算力在坐标轴上的投影。

设力 $\boldsymbol{F}$ 与 x、y、z 轴正向的夹角分别为α、β、γ，如图 1-2(a)所示，则力在坐标轴上的投影为

$$\left.\begin{aligned} F_x &= F\cos\alpha \\ F_y &= F\cos\beta \\ F_z &= F\cos\gamma \end{aligned}\right\} \tag{1-1}$$

称为**一次(直接)投影法**。

当力 $\boldsymbol{F}$ 与 Ox，Oy 之间的夹角事先不确定时，若已知力 $\boldsymbol{F}$ 与 z 轴的锐角夹角为γ，力 $\boldsymbol{F}$ 和 z 轴组成的平面与 x 轴的锐角夹角为φ，则可先将力 $\boldsymbol{F}$ 投影到 Oxy 平面上，得投影力 $\boldsymbol{F}_{xy}$，然后再将 $\boldsymbol{F}_{xy}$ 投影到 x、y 轴上，如图 1-2(b)所示。故力在 x、y、z 轴上的投影为

$$\left.\begin{aligned} F_x &= F\sin\gamma\cos\varphi \\ F_y &= F\sin\gamma\sin\varphi \\ F_z &= F\cos\gamma \end{aligned}\right\} \tag{1-2}$$

称为**二次(间接)投影法**。

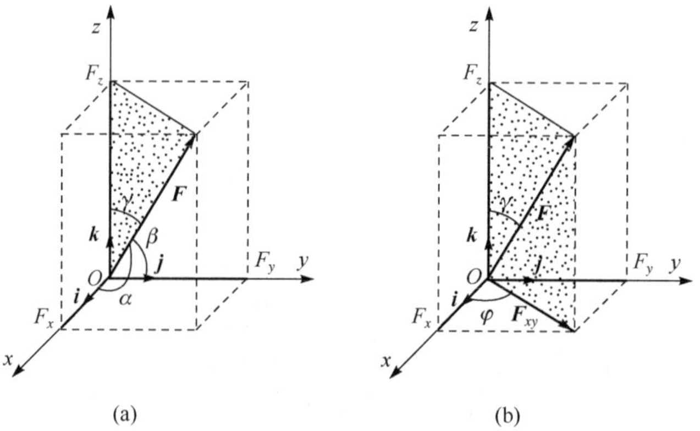

图 1-2

力在坐标轴上的投影为代数量。在具体计算时可以先依据力与坐标轴正向夹角确定投影的正负(锐角为正、钝角为负)；再利用几何关系求得投影的大小。

力的大小与投影之间的关系为

$$F = \sqrt{F_x^2 + F_y^2 + F_z^2} \tag{1-3}$$

如图 1-2 所示，设 x、y、z 轴的单位矢量分别为 $\boldsymbol{i}$、$\boldsymbol{j}$、$\boldsymbol{k}$，则力矢量与其投影之间的关系就可以表达为

$$\boldsymbol{F} = F_x\boldsymbol{i} + F_y\boldsymbol{j} + F_z\boldsymbol{k} \tag{1-4}$$

称为**力的分析表达式**。

力的分析表示法只描述了力的方向及大小，力的作用点仍需通过受力图得以反映。

1.2 共 点 力 系

各力作用于物体的同一点的力系称为**共点力系**。

若两个力系分别作用于同一物体的效果相同，则此两力系称为**等效力系**。如果一个力和一个力系等效，则此力称为该力系的**合力**。

1.2.1　共点二力的合成

作用于物体上一点的二力合成理论即物理中通过实验归纳出力的平行四边形法则，本课程中称之为力的平行四边形公理。

力的平行四边形公理　作用在物体上一点 A 的两个力 $\boldsymbol{F}_1$ 和 $\boldsymbol{F}_2$ 可以合成一个合力 $\boldsymbol{F}_\mathrm{R}$；该合力仍作用于 A 点，大小方向由以 $\boldsymbol{F}_1$ 和 $\boldsymbol{F}_2$ 为邻边所作平行四边形的对角线表示(图 1-3)。

此公理是讨论力系合成简化的物理基础。对它的全面理解包括：适用条件，合成结果，合力的大小、方向及作用点。从数学角度看，合力 $\boldsymbol{F}_\mathrm{R}$ 的大小和方向(即合力矢量)等于 $\boldsymbol{F}_1$、$\boldsymbol{F}_2$ 的矢量和，即

$$\boldsymbol{F}_\mathrm{R} = \boldsymbol{F}_1 + \boldsymbol{F}_2$$

若先画出第一个矢量，再把第二个矢量的起点置于第一个矢量的终点，则从第一矢量的起点指向第二个矢量终点的矢量即表示合力的大小和方向(图 1-4)，此方法称为**力的三角形方法**。

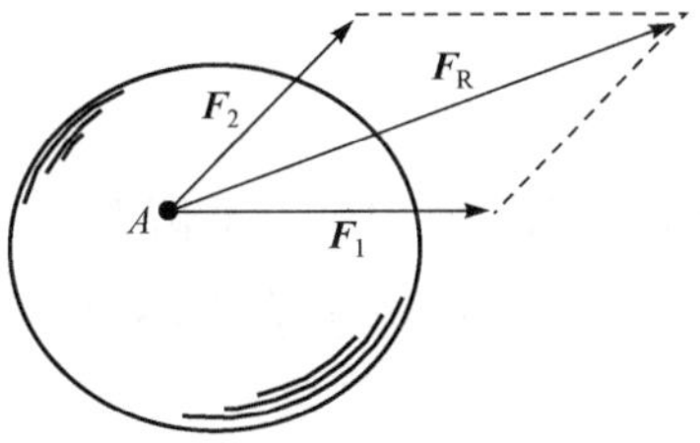

图 1-3

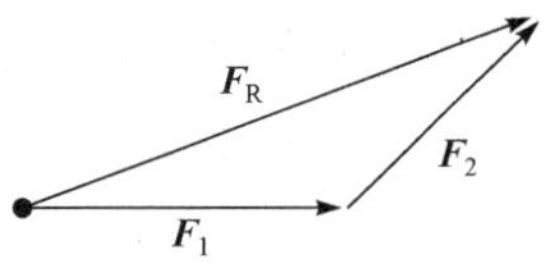

图 1-4

反之，也可以把一个力按平行四边形法则进行分解，并用来表示待求的未知约束力或计算力的投影或力矩等，但不提倡直接用力的分解求解平衡问题。

1.2.2　共点力系的合成

给定作用于物体上的共点力系($\boldsymbol{F}_1, \boldsymbol{F}_2, \boldsymbol{F}_3, \cdots, \boldsymbol{F}_n$)(图 1-5)。可以运用力的平行四边形公理求得 $\boldsymbol{F}_1$ 与 $\boldsymbol{F}_2$ 的合力，再求此合力与 $\boldsymbol{F}_3$ 的合力，以此类推，可得出以下结论：一般情况下一个共点力系可合成一个合力；此合力的作用点即力系中各力的共同作用点，合力的大小、方向等于力系中各力的矢量和，即

$$\boldsymbol{F}_\mathrm{R} = \sum \boldsymbol{F}_i \tag{1-5}$$

力矢量求和可用几何方法完成，如图 1-6 所示，先作出代表 $\boldsymbol{F}_1$ 的矢量 $\overrightarrow{AA_1}$，再以 A_1 为起点作代表 $\boldsymbol{F}_2$ 的矢量 $\overrightarrow{A_1A_2}$，以此类推得到一组折线 $AA_1A_2\cdots A_n$，称为**力多边形**，该方法称为**力多**

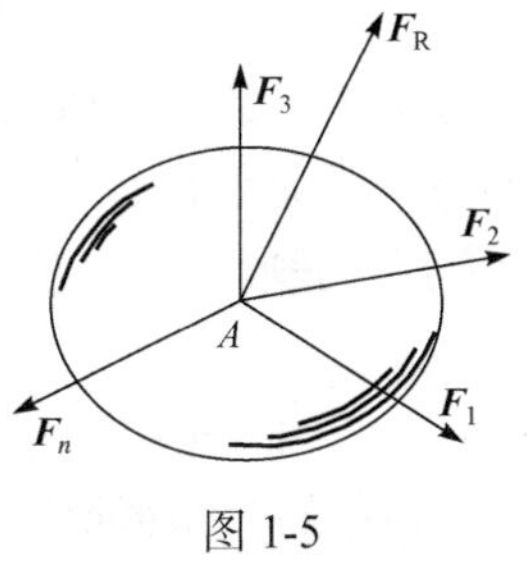

图 1-5

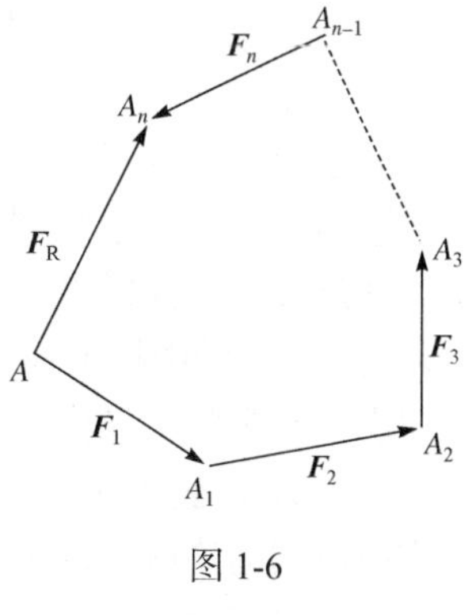

图 1-6

边形方法。矢量 $\overrightarrow{AA_n}$ 称为力多边形的封闭边，即代表了力系合力的大小及方向。

力多边形是数学中矢量的一种运算。当力多边形为特殊的三角形、矩形、正方形、正多边形时，用几何法可方便地求得力系的合力大小和方向。

思考：若变动求和次序，力多边形的形状也随之改变，是否会影响最终的合成结果？为什么？

建立直角坐标系 $Oxyz$，将式(1-5)投影到 x、y、z 轴则得到

$$\left.\begin{aligned} F_{\mathrm{R}x} &= \sum F_x \\ F_{\mathrm{R}y} &= \sum F_y \\ F_{\mathrm{R}z} &= \sum F_z \end{aligned}\right\} \tag{1-6}$$

即共点力系合力在某一轴上的投影等于力系中各力在同一轴上投影的代数和。式中为了简化，略去了下标 i。

1.2.3　共点力系的平衡条件

若一个力系施加在物体上不改变物体原有的运动状态，则称此力系为平衡力系。由于共点力系最终合成为一个合力，所以共点力系平衡的充分必要条件是其合力为零，即

$$\sum \boldsymbol{F}_i = 0 \tag{1-7}$$

在几何方法中表现为力多边形的最后一力矢量的终点与第一个力矢量的起点重合，构成一封闭的力多边形。于是，共点力系平衡的几何条件是力多边形自行封闭(图 1-7)。

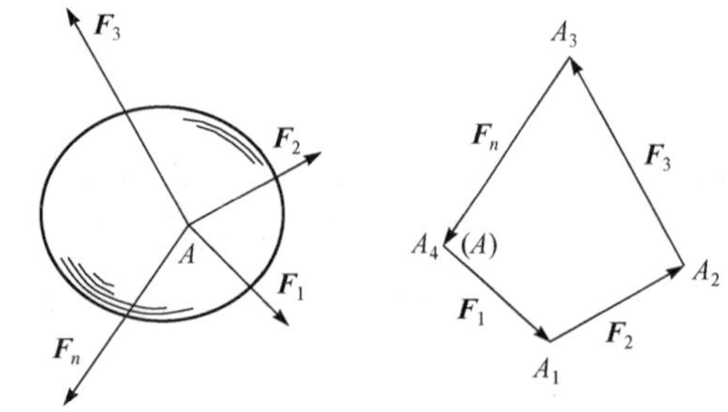

图 1-7

将式(1-7)投影到 x、y、z 轴，即可得到共点力系平衡的分析条件

$$\left.\begin{aligned} \sum F_x &= 0 \\ \sum F_y &= 0 \\ \sum F_z &= 0 \end{aligned}\right\} \tag{1-8}$$

即共点力系平衡的分析条件是各力在 x、y、z 轴上投影的代数和分别等于零。式(1-8)称为共点力系的平衡方程。这是相互独立的三个方程，由此可求解三个未知量。

1.3　刚体与变形体

物体受力后总会发生变形，有些元件的变形还相当显著，例如图 1-8 所示的弹簧受力后的平衡位置(图 1-8b)与初始位置(图 1-8a)相比，长度及方位都有了不可忽视的改变。在撑竿跳运动员起跳后的过程中，撑杆也会呈现明显的弯曲变形(图 1-9)，其变形的形式及描述方法都比弹簧要复杂得多。力学中把上述情况归结为**大变形(或有限变形)问题**。对大变形问题的研究涉及的力学知识面和数学工具面较宽，数值计算工作量也较大。

然而，在大多数工程问题中，物体受力后的变形都相当小。例如一根受拉的钢杆，当载荷控制在允许范围内时，杆长的变化不超过原长的千分之几；一般的公路桥梁，在自重及外

载荷作用下铅垂方向的位移不超过桥梁跨度的 $\frac{1}{500} \sim \frac{1}{700}$。力学中把这类情况归入**小变形(或无限小变形)问题**。

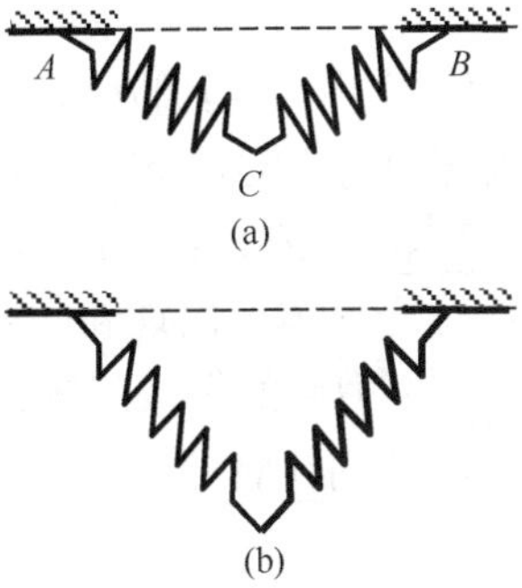

图 1-8

图 1-9

针对此类问题，可以将研究工作分为两个阶段：第一阶段，忽略变形对物体形状和尺寸的影响，研究物体整体的平衡和运动，求得作用于物体的未知外力，这样就引出了刚体这一力学模型；第二阶段，研究物体的变形和内力分布规律，分别在后续的材料力学等课程中进行研究。

所谓**刚体**，是指受力作用后不会发生变形的物体。或者换个提法，是指受力作用后，物体内任意两点间距离不会改变的物体。忽略变形这一次要因素是一种简化，正是这种简化使我们找到了力系等效的方法，并进一步得到描述平衡问题的基本方程。这些基本方程在本课程中用来求解刚体的平衡问题，在研究变形体平衡的后续课程中仍将得到引用。

变形体平衡与刚体平衡两者之间既存在共性，也存在着不容忽视的差别。随后对此将有详述。

1.4　作用于刚体的力的基本性质

作用于刚体上的力，除遵循上面所述的作用与反作用公理及平行四边形公理两条性质外，还具有以下性质。

二力平衡公理　刚体在两个力作用下平衡的充分必要条件是此两力大小相等(等值)、方向相反(反向)、作用在同一直线上(共线)，如图 1-10 所示。

结论对于刚体的正确性不难理解，且容易由实验证实。

由此可知，等值、反向、共线的一对力组成了最基本的平衡力系，在分析受力及力系等效简化中会经常用到。

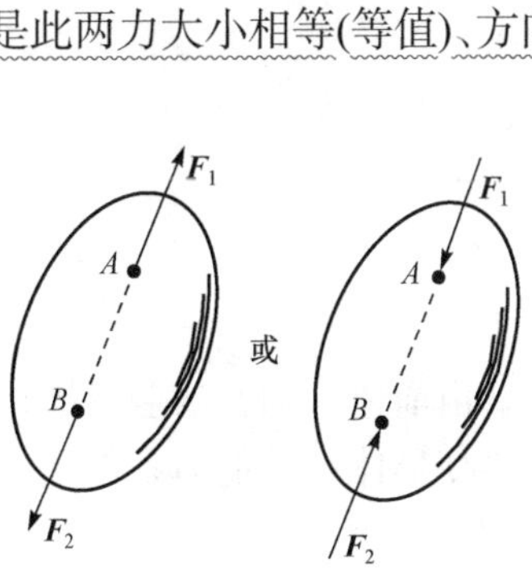

图 1-10

现在一根处于自然状态的静止弹簧上施加一对等值、反向、共线的力(图 1-11a)。经验告诉我们，弹簧将不再保持平衡，并开始变形，直到变形达到一定程度才有可能在新的位置上实现平衡(图 1-11b)。此时如果同时再缓慢改变两个力的大小，虽仍保持两力相等，但弹簧在此位置将不再保持平衡。由此可知，如果弹簧在两力作用下已处于平

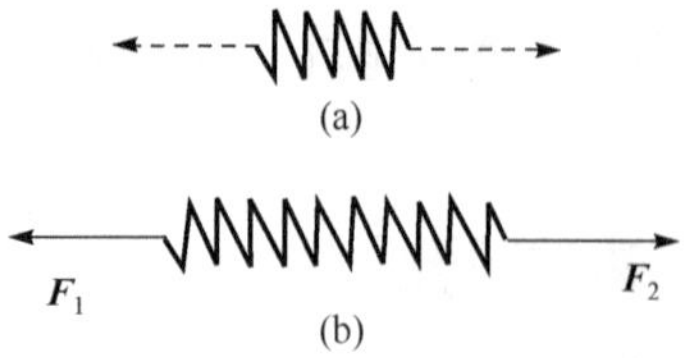

图 1-11

衡，则此两力一定等值、反向、共线。反之，如果只知道两力等值、反向、共线，则弹簧未必能处于平衡。因此，二力平衡条件对刚体平衡是充分必要条件；对变形体平衡只是必要条件，未必充分。

加减平衡力系公理　在作用于刚体上的已知力系上添加或取去任意平衡力系，不改变原力系对刚体的作用效果。或者说形成的新力系与原力系等效。该公理给出了刚体上力系等效替换的重要依据。但在静止的变形体上添加平衡力系后，变形体会出现新的变形，在当前位置上也不再保持静止。因此，不能按此思路去研究变形体上力系的等效问题。

力的可传性原理　作用在刚体上的力，可沿其作用线在刚体内任意移动，并不改变该力对刚体的作用。

读者不难通过添加平衡力系($\boldsymbol{F}'$，$\boldsymbol{F}''$)，再去掉平衡力系($\boldsymbol{F}''$，$\boldsymbol{F}$)的途径自行证明(图 1-12)。由此可知，决定**力对刚体作用的要素**是力的大小、方向及作用线位置。

三力平衡汇交定理　若刚体在三个力作用下处于平衡，且其中两个力的作用线已知相交于一点，则此三力共面，且作用线汇交于一点。

读者可以依据力的可传性原理、平行四边形公理及二力平衡公理自行证明(图 1-13)。此定理主要用于分析物体受力，特别需要注意定理的完整表述。如果单独抽出“刚体在三力作用下处于平衡”与“此三力汇交于一点”两个事件，则两者之间并不存在确定的因果关系；既非充分条件，也非必要条件。

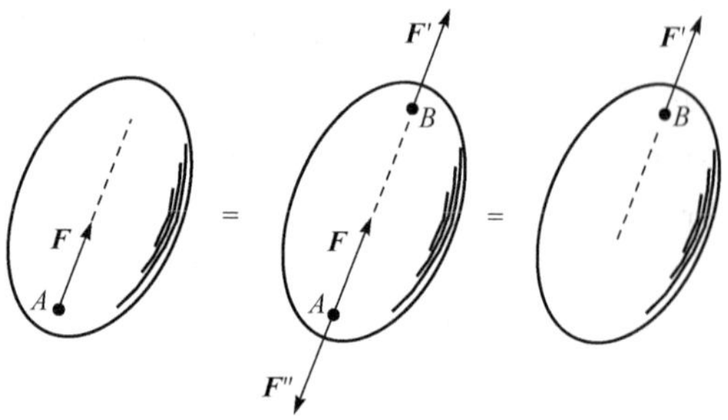

图 1-12

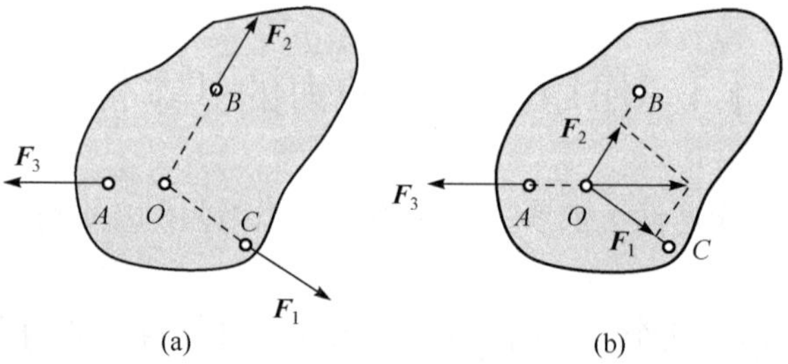

图 1-13

1.5　刚 化 公 理

由前述可知，当变形体在两个力作用下处于平衡时一定满足刚体的二力平衡条件。事实上当变形体在其他力系作用下处于平衡时，类似的结论也是成立的。本课程将其归纳为刚化公理

刚化公理　变形体在某力系作用下处于平衡时，若将此变形体假想成刚体，则此刚体在该力系作用下仍将保持平衡。

可见，变形体平衡时必满足刚体的平衡条件。依据该公理，在研究变形体的平衡问题时，就可以引用刚体的平衡条件。从而使静力学所建立的刚体平衡条件成为描述物体平衡问题的普遍性方法。正如前面指出：刚体的平衡条件仅为变形体平衡的必要条件，并非充分条件。

在处理变形体平衡问题时，必须注意不要轻易改动所受力系中各力的要素。例如，不要轻易把汇交力系转化成共点力系等。

1.6　常见约束　约束反力

工程中物体所受各力的要素，是在建立力学模型的过程中经过分析得到的，为此就需要考察物体之间的相互关系。

1.6.1　自由体　非自由体　约束

有些物体在空间的位置或位移是不受限制的。例如，空中飞行的飞机、断了线的氢气球等，这类物体称为**自由体**。反之，有些物体的位置或位移(包括转角)受到来自其他物体的强制性限制，这类物体称为**非自由体**。例如，日光灯用挂链系于天花板上；火车车轮只能在路轨的限制下运动；古栈道的横梁插在岩壁的方孔中，既不允许梁有位移，也不允许梁有转角。限制非自由体位置或位移(包括转角)的其他物体称为该非自由体的**约束**。如此，上述的挂链对日光灯、路轨对火车车轮、岩壁对栈道的横梁均构成了约束。从力学角度看，约束对被约束的物体作用就是施加了相应的力。约束作用于非自由体的力称为约束力或约束反力。约束反力的大小一般未知，方向原则上必然与能够阻止的物体位移方向相反，由约束性质而定。

下面介绍工程中常见的几类约束及其约束反力的确定方法。

1.6.2　常见约束及其约束反力

1. 柔索(包括绳索、链条、皮带)

由于柔索柔软且不可伸长，故只限制物体沿绳拉长方向的位移。约束反力为沿柔索方向的拉力。如带轮所受到的皮带拉力必定沿着带轮的切线方向且背离带轮(图 1-14)。

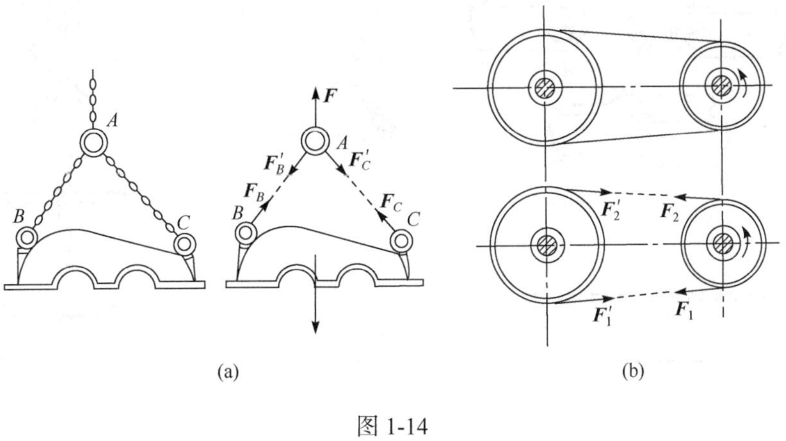

(a)　(b)

图 1-14

2. 光滑接触面

所谓光滑，是指忽略了物体接触面之间实际存在的摩擦，这是从力学模型角度进行的一种合理简化。

图 1-15(a)、(b)中约束面只限制物体沿法线方向指向约束面的位移，这种约束属于**单面约束**。约束反力过接触点、沿接触面公法线方向、指向被约束物体。单面约束的约束反力方向是确定的。

图 1-15(c)中物体被“夹”在两个约束面之间，限制了物体沿接触面法线两种指向的位移，这种约束属于**双面约束**。约束反力沿约束面公法线方向，指向有两种可能。分析物体受力时可事先假设指向，其大小由平衡方程计算。如果计算结果得到负值，则表示实际指向与事先假设的指向相反。

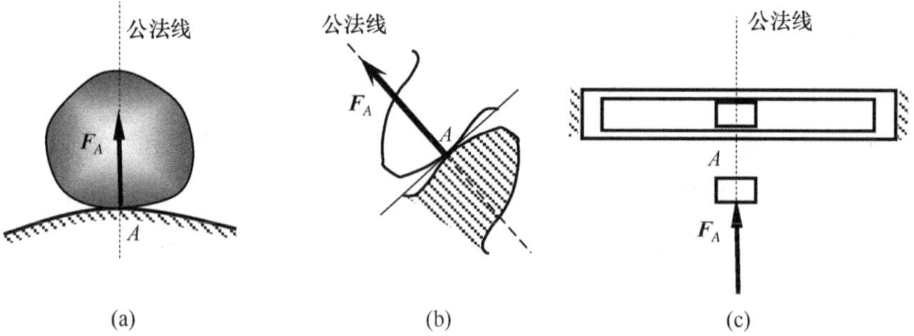

图 1-15

3. 光滑圆柱铰链和光滑球铰链

光滑圆柱铰链是以销、孔配合的方式把两个活动构件或一个活动构件与一个固定支座相连接的约束形式(图 1-16(a)、(b))，前者简称为**铰链**，后者简称为**固定铰链支座**。连接点可位于构件的端部或中间，简图分别如图 1-16(c)、(d)、(e)所示。如无特别要求，销钉不必单独取出，而是依附于其中一个构件或支座上。销与孔间可视为光滑接触面约束，具体的接触点位置将由构件所受主动力的作用形式和具体方向决定。

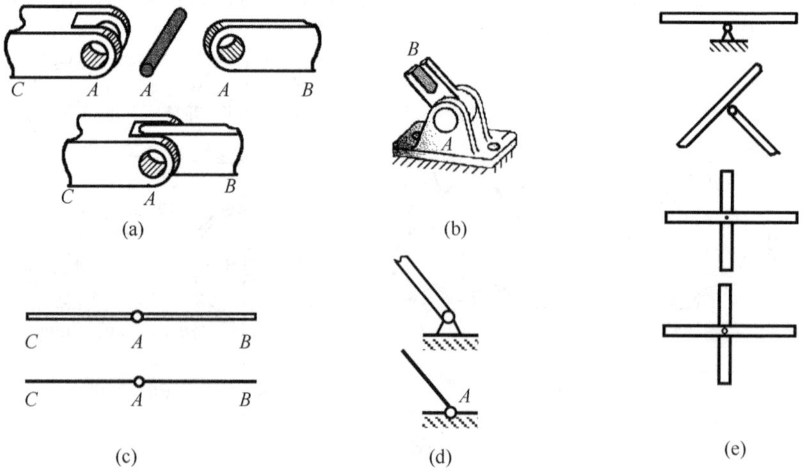

图 1-16

若在与销钉轴线垂直的 xy 平面内研究构件 AB，则约束允许构件在此平面内自由转动，不允许铰接点 A 在此平面内任意方向的位移。由此可知，当构件所受其他外力尚未确定时，铰链约束反力的作用线过销、孔中心，可能在与销孔轴线垂直的平面内取任何方向(图 1-17(a))，图中 θ 并不代表 $\boldsymbol{F}_A$ 的真实方向，只表示 θ 可在 0～360°范围内任意取值。也可以把此力分解为两个方向确定、大小未知的力(图 1-17(b))，力的指向为假设，大小可正可负。其中图 1-17(a)仅是一种“过渡性”的表示法，意在考察物体的全部外力后，归结为二力平衡、三力平衡汇交等特殊情况，以最终定出 $\boldsymbol{F}_A$ 的确切方向。

图 1-18 所示的三个杆件 AB、AC、AD 在 A 处用同一销钉相连。如果需要对三杆分别进行分析时，销钉具体附在哪个杆件上可有三种不同的选择。图中以销钉附在杆件 AD 上为例，约束反力分析中体现了作用反作用公理。

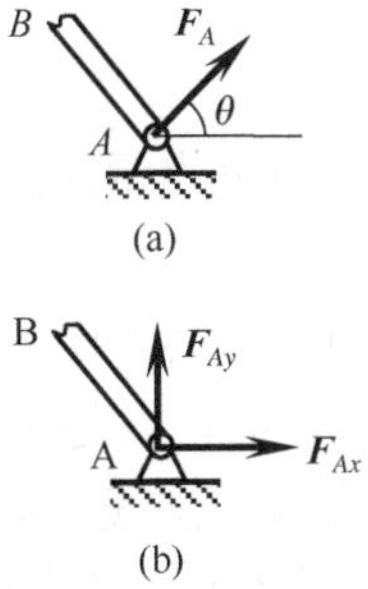

图 1-17

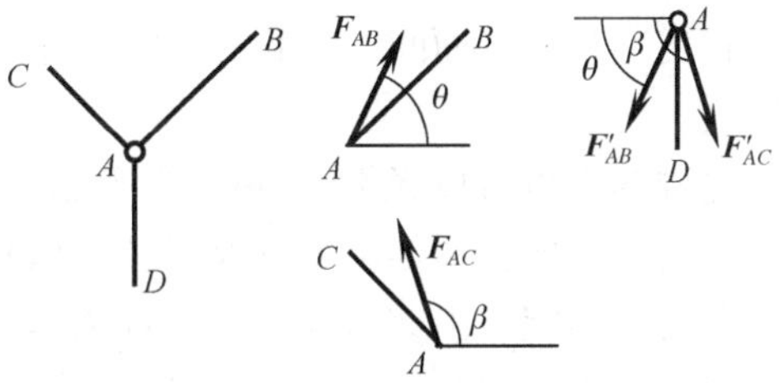

图 1-18

在土木工程结构中的理想铰链及固定铰链支座并不多见，大都是实际工程结构的简化。例如图 1-19(a)所示置于杯形基础中的预制混凝土柱体，其四周与杯口间由沥青麻丝填实。这样的柱体只能相对杯口中心产生微小转动，而不能上下左右位移，故柱体与基础可简化为固定铰链支座约束，如图 1-19(b)所示。再如图 1-20(a)所示的铆接结构，当连接部分的尺寸远小于被连接的杆件长度时，约束可以提供阻碍杆件相对转动的力矩非常有限，为了简化，也将杆件间的连接简化为铰链约束，如图 1-20(b)所示。

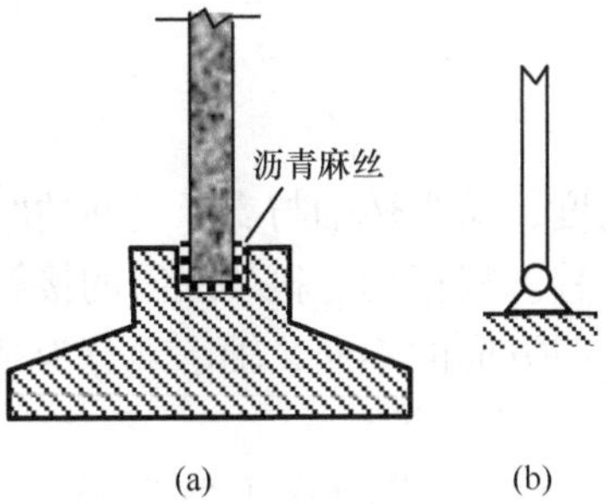

图 1-19

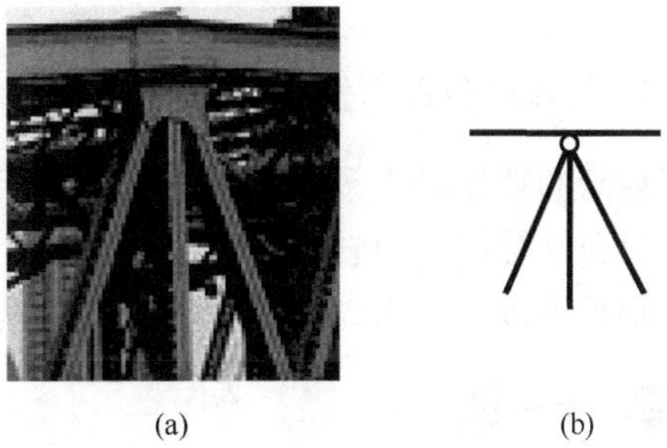

图 1-20

构件之间也可以通过球体与球窝之间的配合相连接(图 1-21)，称为**光滑球铰链**。如果其中球窝为固定件，则称为**球铰支座**(图 1-22(a))。球铰约束允许物体在空间自由转动，而不允许铰接点有任何方向的位移。约束反力作用线过球面中心，可以在空间取任何方向(图 1-22(b))。也可以用三个方向确定、大小未知的力表示(图 1-22(c))。

图 1-21

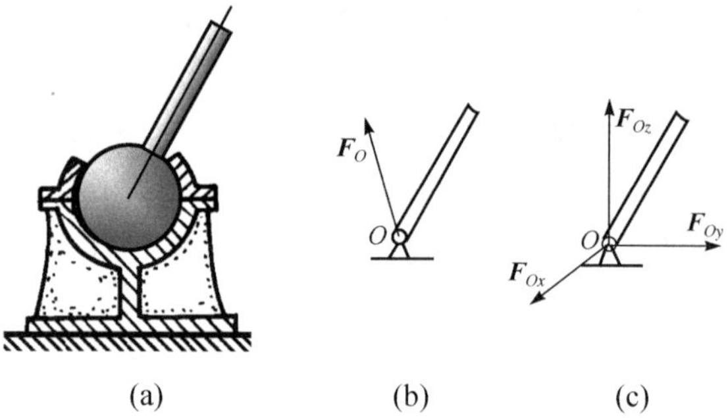

图 1-22

4. 滚动支座(辊轴支座)

在支座与固定面间安装辊轴机构成滚动支座(图 1-23(a))。简图可表示成图 1-23(b)的三种形式之一。

这种约束可看成光滑圆柱铰链与光滑接触面约束的组合形式。约束允许构件绕铰链自由转动且沿支承面自由运动，只限制沿支承面法线方向的位移。支承面可以是单面或双面约束，视工程需要而定。由此可知，约束反力作用线过铰链中心，沿支承面法线方向(图 1-23(c))。

对单跨度的梁桥，常常一端采用固定铰链支座，而另一端则采用滚动支座(图 1-24)，以确保温度变化时梁桥可以自由胀缩。

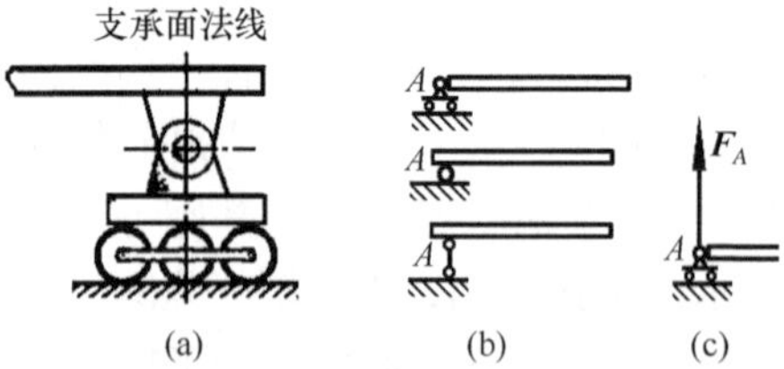

图 1-23

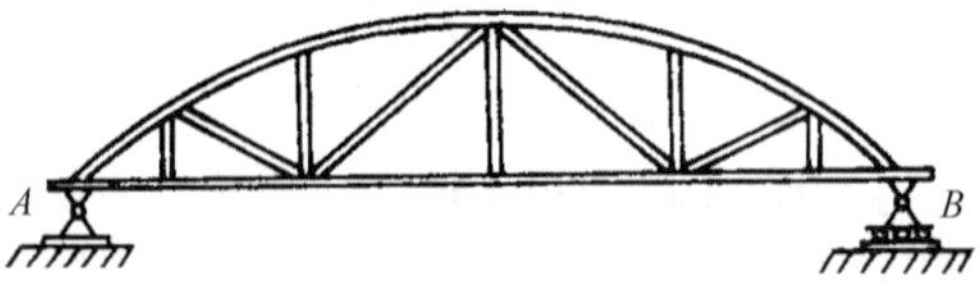

图 1-24

5. 颈轴承和止推轴承

轴承的功用是支承轴及轴上零件，保持轴的旋转精度，减少转轴与支承之间的摩擦和磨损，只允许轴的自由转动，而不允许有径向和轴向的位移。根据轴与机架之间的接触形式不同，轴承可以分为滑动轴承与滚动轴承两大类；根据承载方向的不同，轴承又分为**颈轴承**和**止推轴承**。

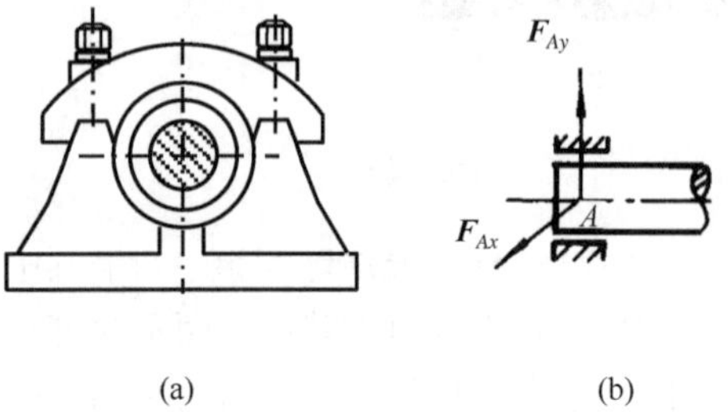

图 1-25

颈轴承的结构和简图如图 1-25 所示。只限制轴在支承处沿半径方向的位移，而不限制沿轴向的位移。故颈轴承的约束反力沿轴半径方向，可用两个方向确定、大小未知的力表示。

止推轴承除限制轴在支承处的径向位移外还通过轴肩与轴承的配合，限制轴的轴向位移(单向或双向)，如图 1-26 所示。止推轴承的约束反力可用三个力表示：两个沿径向，一个沿轴向。

工程中的转轴通常采用颈轴承与止推轴承的配对安装。读者不难分析其中的原因。

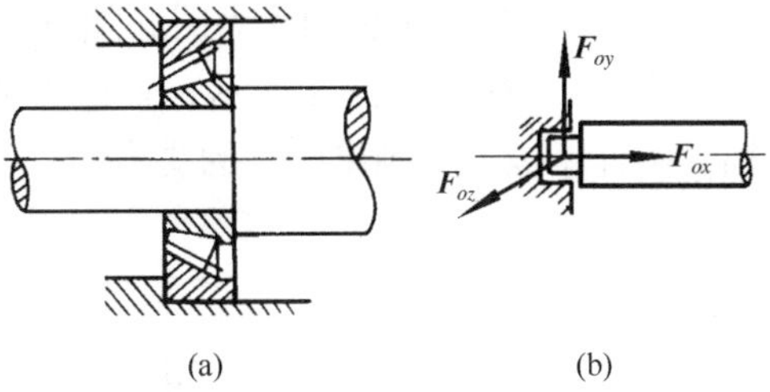

图 1-26

6. 链杆

自重忽略不计的刚性直杆或曲杆仅在两端通过光滑铰链(圆柱铰链或球铰链)与其他物体相连接，且不再受其他力的作用，这样的杆件称为**链杆**。取出图 1-27 中的链杆 *BC* 单独分析。如前所述，可以将 *B*、*C* 处铰链约束力分别以一个大小、方向待定的力表示，则 *BC* 在两个力作用下处于平衡。由二力平衡公理可知，链杆两端的约束反力等值、反向，作用线必过两铰中心，具体指向可以根据受力情况判别或假设。准确地识别链杆约束和其他处于二力平衡的物体(统称为**二力构件**)在分析受力中十分重要。需要特别提醒，链杆约束力的特点是由二力平衡得出的，在动力学中不能简单套用。

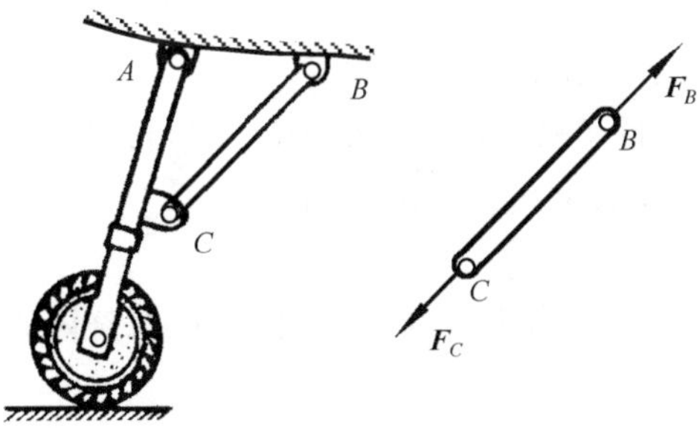

图 1-27

以上各类约束可看成由实际存在的约束抽象出的力学模型，抽象过程中作了简化。例如，认为绳索不可伸长，链杆的长度保持不变，接触面及铰链光滑等。这些简化将在后面的研究中有深远影响，我们把前述各类约束归纳为**理想约束**。必须考虑摩擦因素时的研究方法及意义将在之后的章节中进行。

1.7　受　力　图

作用在物体上的力可分为两类。一类力的要素已知，称这类力为**主动力**。如重力、压强、驱动力等。另一类为待求的约束反力，力的作用点和方向由约束的性质决定，大小取决于主动力和物体的运动状态，需通过静力学平衡方程或动力学相关定理求解。因此，正确地分析物体受力是解决力学问题的关键所在。

为了清晰表示物体的受力情况，需要将该物体(称为研究对象)从周围的约束中分离出来，并画出它的简图，称为取分离体；然后画出分离体所受的所有主动力和约束反力，这种图形称为受力图。

物体的受力图全面、形象反映物体的真实受力信息，正确绘图时需要把握以下四个方面：

(1) 对所研究的系统全面观察，识别解决问题的关键所在，合理选取研究对象。

(2) 将研究对象与系统内的其他物体完全隔离，单独绘出简图；将研究对象所受全部主动力及约束反力按照力的三要素逐一在研究对象的简图中以矢量表示，并相应标出矢量名称。

(3) 由于力不能脱离物体而单独存在，所以在分析受力时要充分注意各力的施力物体；约束反力的要素务必要与约束特性相一致；不同研究对象之间互为作用与反作用的一对力务必保证反向，并用同一英文字母表示，以示两者等值。

(4) 不同研究对象的受力图必须分别单独绘制，不允许一起混画。

例 1-1　如图 1-28(a)所示，重量为 $\boldsymbol{P}$ 的碾子中心受拉力 $\boldsymbol{F}$ 作用滚压路面，受到石块的阻挡。不计摩擦，试画出碾子的受力图。

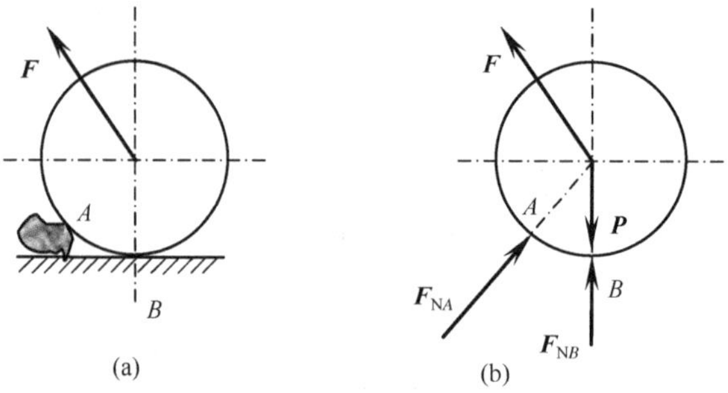

图 1-28

解　(1) 取碾子为研究对象，并单独画出其简图。

(2) 画主动力，包括地球对碾子的重力 $\boldsymbol{P}$ 和碾子中心的拉力 $\boldsymbol{F}$。

(3) 画约束反力。因碾子在 A 和 B 两点是点接触，且忽略摩擦，故认为碾子与石块和地面为光滑接触。分别过接触点、沿公法线，作法向反力 $\boldsymbol{F}_{NA}$ 和 $\boldsymbol{F}_{NB}$，指向碾子。

碾子的受力如图 1-28(b)所示。

例 1-2　图 1-29(a)中电动机重量为 P，其余自重不计。分别作 AB 梁(含电动机)及整体的受力图。

解　(1) CD 为链杆，受力如图 1-29(b)所示。

(2) AB 梁(含物块)的受力图如图 1-29(c)所示。

(3) 整体的受力图如图 1-29(d)所示。

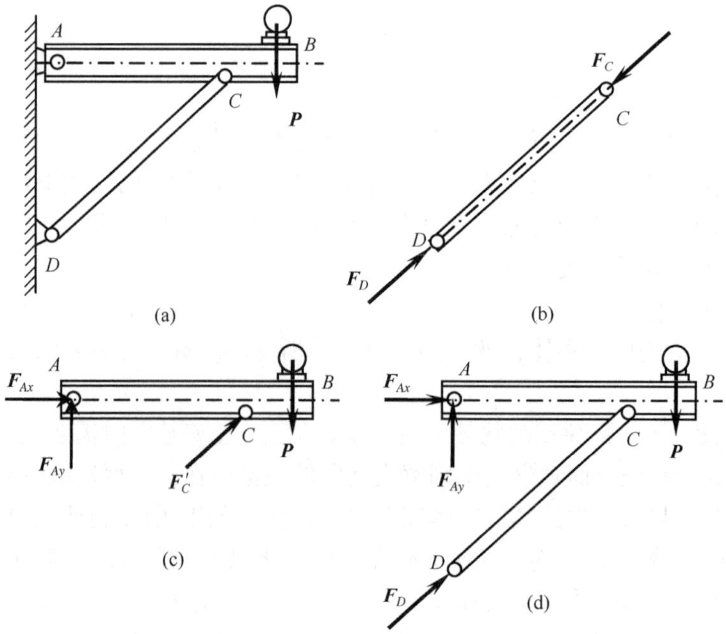

图 1-29

例 1-3　图 1-30(a)所示系统中物重为 $\boldsymbol{P}$，其余自重不计。分别画出整体及 *ACD* 杆(含滑轮重物)的受力图。

解　(1) 观察系统，*BCE* 杆虽在 *B*、*C* 处与其他物体铰接，但 *E* 处尚有绳的约束反力，故 *BCE* 不是链杆。*B*、*C*、*A* 处铰链均按一般铰链看待。

(2) 作整体受力图，如图 1-30(b)所示。

(3) 作 *ACD*(含滑轮、重物)的受力图，如图 1-30(c)所示。

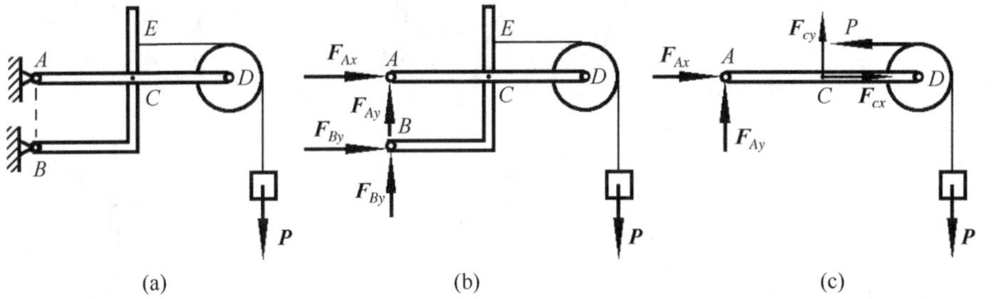

图 1-30

例 1-4　图 1-31(a)所示系统自重不计。分别画出整体、*AC*、*BC* 的受力图。

解　(1) 观察系统，*DE* 为链杆，*B* 处为光滑接触。销钉 *C* 连接了 *AC*、*BC*、滑轮三个物体。一般说来，若无特别要求，滑轮及所带绳索不必单独隔离出作为研究对象。因为隔离出滑轮后，增加了未知力个数，而对寻找解决问题的突破口往往帮助不大。考虑到 *AC* 在 *G* 处尚有绳索与滑轮联系。故当以 *AC* 为研究对象时包含了滑轮、绳及销钉 *C* 在内。

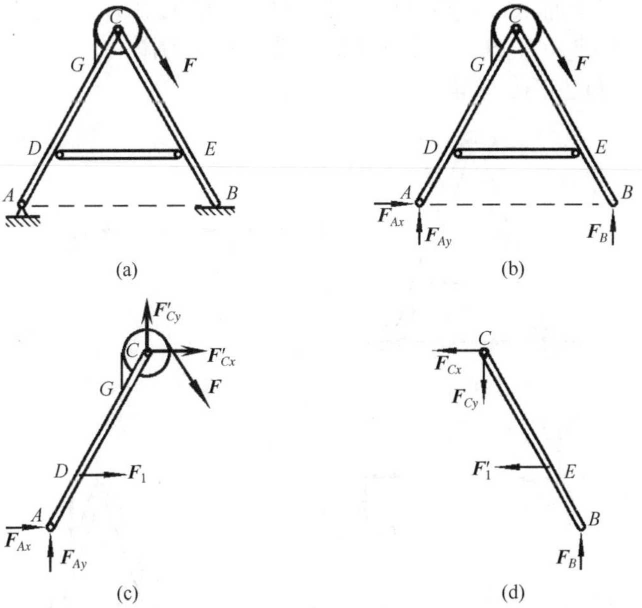

图 1-31

(2) 作整体受力图，如图 1-31(b)所示。

(3) 作 *AC* 及滑轮(含绳索及销钉 *C*)的受力图，如图 1-31(c)所示。

(4) 作 *BC* 受力图，如图 1-31(d)所示。

例 1-5　分别画出图 1-32(a)所示系统的整体、*DG*、*BC*、*AC* 的受力图。

解　图 1-32(b)～(e)是正确答案。请读者自己分析本题关键点所在。应特别注意销钉 D、E 的受力差别及图(c)、(d)、(e)中作用力与反作用力的对应关系与表示方式。

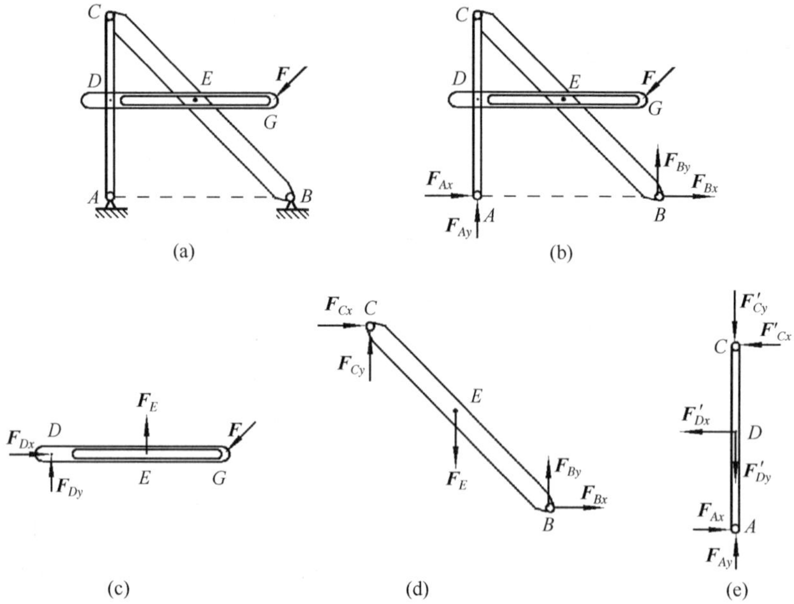

图 1-32

例 1-6　如图 1-33(a)所示，折梯的两部分 AC 和 BC 在点 C 铰接，在 D、E 两点用水平绳连接。梯子放在光滑水平面上，若其自重不计，且在 BC 的点 H 处作用一铅直载荷 $\boldsymbol{F}$。试分别画出绳子 DE 和梯子的 AC、BC 部分以及整个系统的受力图。

解　图 1-33(b)～(e)是正确答案。

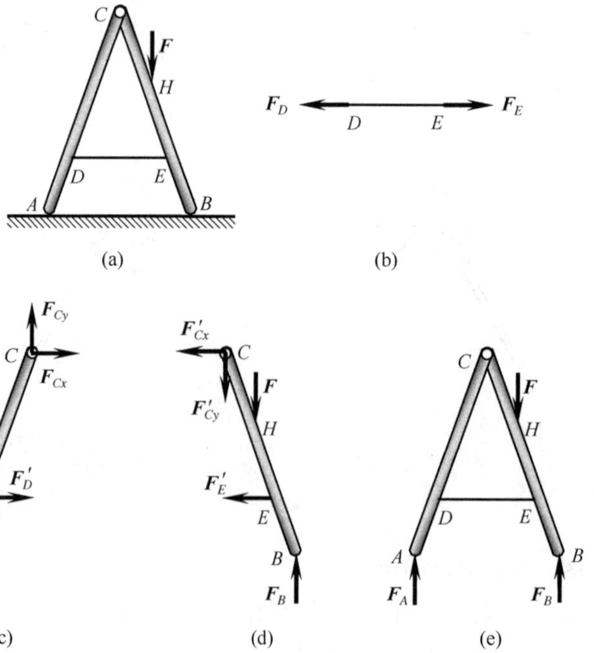

图 1-33

必须强调：画受力图时，一定要严格按照各类约束的性质分析约束力，绝不能单凭主观臆断或想当然地决定约束反力的方向，否则，就会产生错误。

图 1-34 中的虚矢量为初学者分析物体受力时常出现的一些错误，请读者自行分析原因并纠错。

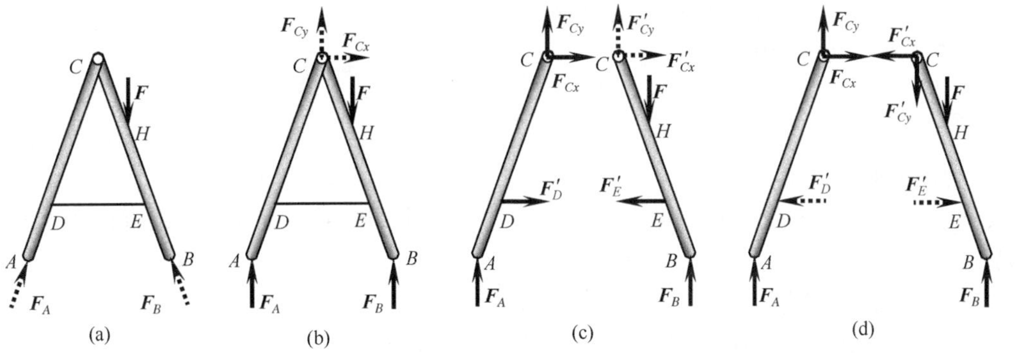

图 1-34

吊锤不用钉子

你能不用钉子就可以将小锤挂于桌沿吗？请分别对一次性筷子、小锤以及筷子与小锤组成的系统进行受力分析。

学 习 要 点

基本要求

1. 深入地理解力、刚体、平衡和约束等重要概念。
2. 深入理解静力学公理与作用于刚体上的力的性质。
3. 掌握作用于刚体的基本力系平衡条件。
4. 明确常见约束的特征，正确分析约束反力。
5. 能正确地对单个物体与物体系进行受力分析。

重点

1. 力、刚体、平衡和约束等概念。
2. 静力学公理(力的性质)。

3. 常见约束的特征及约束反力的画法。
4. 单个物体及物体系的受力分析。

难点

1. 约束的概念，光滑铰链约束的特征。
2. 物体系的受力分析。

解题指导

受力图的画法如下：

(1) 分析物体系的受力时，每取一个研究对象(一个物体或几个物体的组合)，都要画一个分离体图。

(2) 力矢量由作用点画起，或画成指向作用点。

(3) 先画主动力，再画约束反力。只画外力，不画内力。

(4) 约束反力的方向一定要根据约束类型的特征来画。充分利用链杆受力特点确定约束力的方向。

(5) 作用力和反作用力用同一字符表示，对其中一个加撇以示区别。例如，T 和 T'。

思　考　题

思考 1-1　为什么说二力平衡公理、力的可传性原理只能适用于刚体？

思考 1-2　作用于刚体上的平衡力系，如果作用到变形体上，则变形体是否也一定平衡？

思考 1-3　二力平衡条件与作用力和反作用公理都是二力等值、反向、共线，二者有什么区别？

思考 1-4　试区别 $F_R = F_1 + F_2$ 和 $\boldsymbol{F}_R=\boldsymbol{F}_1+\boldsymbol{F}_2$ 两个等式代表的意义。

思考 1-5　什么情况下，力在轴上的投影等于力的大小？什么情况下，力在轴上的投影等于零？同一个力在两条相互平行轴上的投影有何关系？

思考 1-6　判断下列论述是否正确：

(1) 合力一定大于分力；

(2) 一力在某轴上的投影的绝对值一定等于此力沿该轴分解的分力的大小。

思考 1-7　如思图 1-1 所示，给定力 $\boldsymbol{F}$ 与 x 轴的夹角为 θ，试问力在 x 轴上的投影是否确定了?力沿 x 轴方向的分力是否也确定了?

思考 1-8　试分别计算思图 1-2 所示(a)、(b)两种情况下的力 $\boldsymbol{F}$ 在两坐标轴上的投影与沿两坐标轴的分力，并说明在这两种情况下，投影与分力关系的区别。

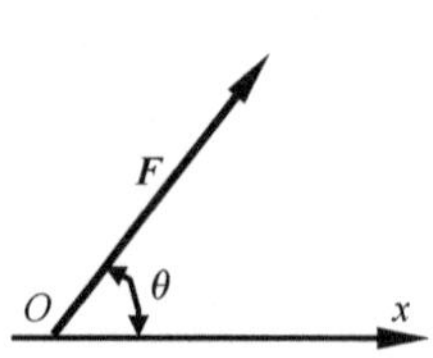

思图 1-1

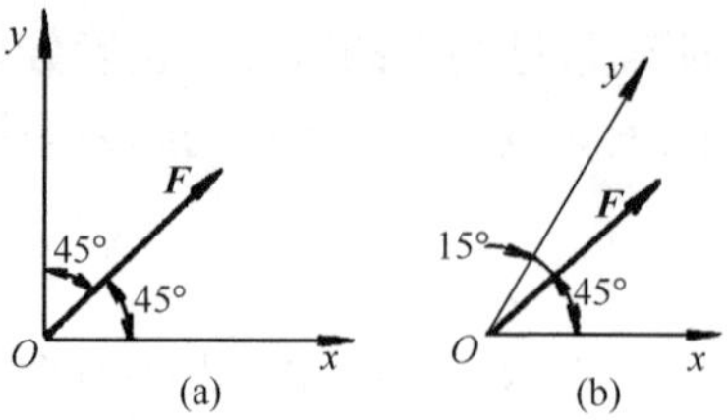

思图 1-2

习　题

1-1　画出题图 1-1 中所示各物体的受力图。其中的链杆不必单独作为研究对象，没有标出重力 G 的物体不考虑其重量。

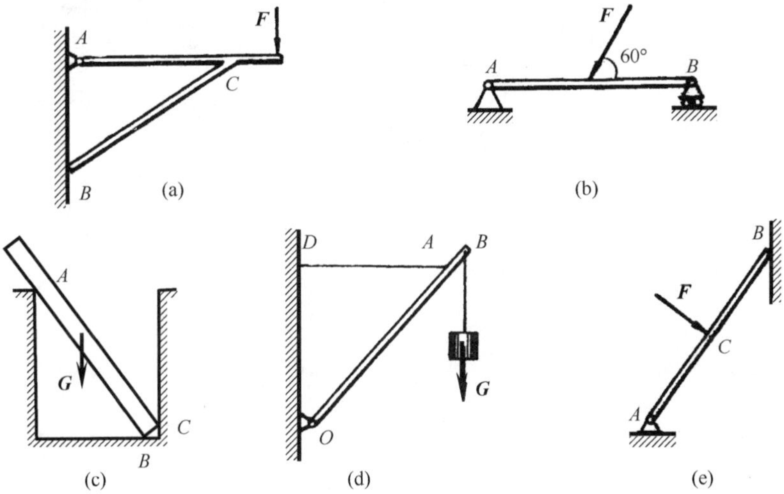

题图 1-1

1-2　分别画出题图 1-2 中各指定物体的受力图。未标自重的物体自重均不计，所有接触面光滑。

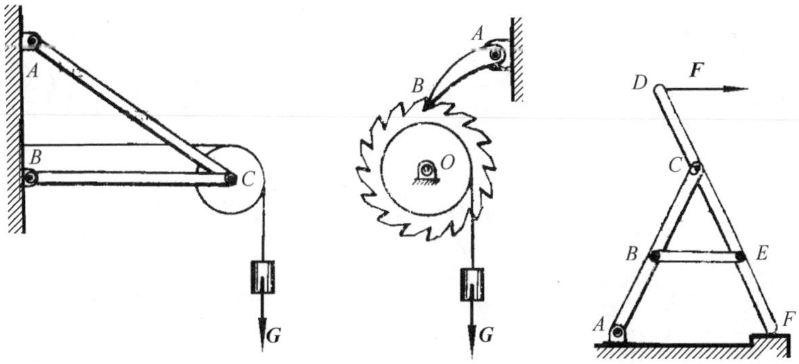

(a) 滑轮(连同绳子及重物)　(b) 棘轮(含绳子及重物)　(c) 杆 AC 及 DF

题图 1-2

1-3　分别画出题图 1-3 中各物体的受力图。未标自重的物体自重均不计，所有接触面光滑。

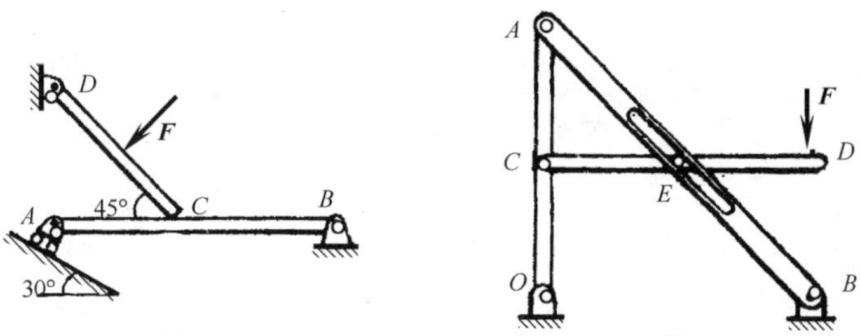

(a)　(b)

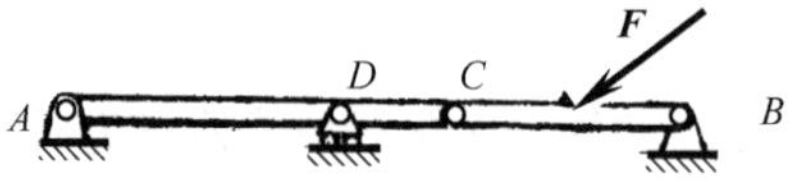

(c)

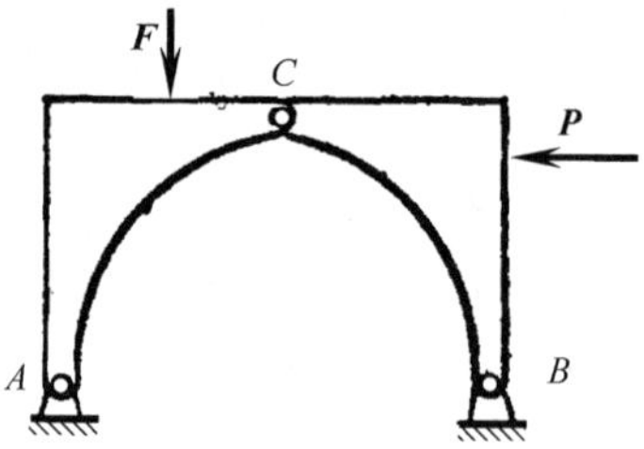

(d)

题图 1-3

第2章　基本力系

本书中将作用于刚体的汇交力系和力偶系列为基本力系。本章讨论基本力系的合成方法与平衡条件，介绍力偶的概念和力偶的一些基本性质。本章所得的结论除了可以直接应用于工程实际，还将在讨论复杂力系的等效简化中被直接应用。

2.1　汇交力系

各力作用线交于同一点的力系，称为**汇交力系**。根据各力作用线的分布空间不同，又可分为空间汇交力系和平面汇交力系。

2.1.1　汇交力系的合成

设刚体受各力汇交于点 O 的汇交力系($\boldsymbol{F}_1, \boldsymbol{F}_2, \cdots, \boldsymbol{F}_n$)作用，如图 2-1(a)所示。利用刚体上力的可传性，可以将各力沿其作用线传递到点 O，等效成一个共点力系($\boldsymbol{F}_1', \boldsymbol{F}_2', \cdots, \boldsymbol{F}_n'$)(图 2-1(b))，且有矢量关系($\boldsymbol{F}_1' = \boldsymbol{F}_1, \boldsymbol{F}_2' = \boldsymbol{F}_2, \cdots, \boldsymbol{F}_n' = \boldsymbol{F}_n$)。

由共点力系的合成的结果式(1-5)可知：作用于刚体上的汇交力系可以合成为一个合力；合力作用线通过力系的汇交点，合力的大小、方向等于力系中各力的矢量和(图 2-1(c))。即

$$\boldsymbol{F}_{\mathrm{R}} = \sum \boldsymbol{F}_i \tag{2-1}$$

矢量求和可借助于力多边形方法(图 2-2)。

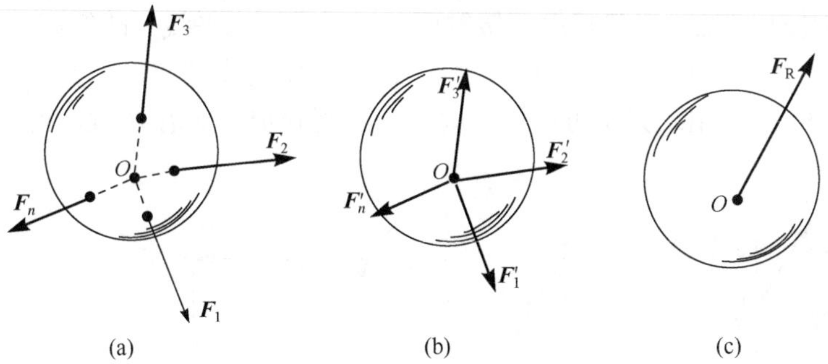

图 2-1

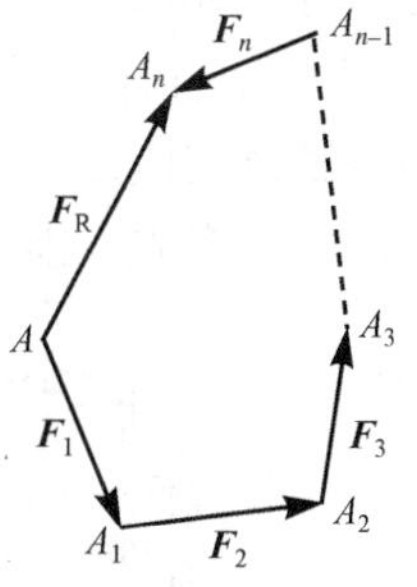

图 2-2

将式(2-1)投影到 x、y、z 轴，即可得到投影形式

$$\left.\begin{aligned} F_{\mathrm{R}x} &= \sum F_x \\ F_{\mathrm{R}y} &= \sum F_y \\ F_{\mathrm{R}z} &= \sum F_z \end{aligned}\right\} \tag{2-2}$$

为了简化，式中略去了下标 i。

设 $\boldsymbol{i}$、$\boldsymbol{j}$、$\boldsymbol{k}$ 分别为沿 x、y、z 坐标轴的单位向量，则由式(2-2)可计算出合力 $\boldsymbol{F}_R$ 的大小及方向余弦分别为

$$\left.\begin{aligned}&F_R=\sqrt{\left(\sum F_x\right)^2+\left(\sum F_y\right)^2+\left(\sum F_z\right)^2}\\&\cos(\boldsymbol{F}_R,\boldsymbol{i})=\frac{\sum F_x}{F_R};\quad \cos(\boldsymbol{F}_R,\boldsymbol{j})=\frac{\sum F_y}{F_R};\quad \cos(\boldsymbol{F}_R,\boldsymbol{k})=\frac{\sum F_z}{F_R}\end{aligned}\right\}\tag{2-3}$$

2.1.2 汇交力系的平衡

可见，作用于刚体上的汇交力系等价于共点力系，由此依据共点力系的平衡条件可得：汇交力系平衡的几何条件为力多边形自行封闭；汇交力系平衡的解析条件为各力在 x、y、z 轴上投影的代数和分别等于零。即

$$\left.\begin{aligned}\sum F_x=0\\\sum F_y=0\\\sum F_z=0\end{aligned}\right\}\tag{2-4}$$

式(2-4)称为汇交力系的平衡方程。共包括 3 个独立方程，可求解 3 个未知量。

平面汇交力系的诸力均作用在同一平面内，故平面汇交力系的平衡方程为

$$\left.\begin{aligned}\sum F_x=0\\\sum F_y=0\end{aligned}\right\}\tag{2-5}$$

共包括 2 个独立方程，可求解 2 个未知量。

例 2-1 图 2-3(a)表示一不计自重的托架，B 为铰链支座，A 处光滑接触；托架在荷载 $\boldsymbol{P}$=2kN 的作用下处于平衡。求 A、B 两处的约束反力。

解 取托架为研究对象。

受力分析如图 2-3(b)所示。因为 A 处是光滑接触，接触面公法线是一水平线，故约束反力 $\boldsymbol{F}_A$ 水平向右(指向托架)；主动力 $\boldsymbol{P}$ 铅直向下，与约束反力 $\boldsymbol{F}_A$ 汇交的作用线相交于 O 点；B 处为固定铰链支座，其约束反力 $\boldsymbol{F}_B$ 的作用线方位可应用三力平衡定理确定，即沿 B、O 两点连线，但指向事先不能确定。

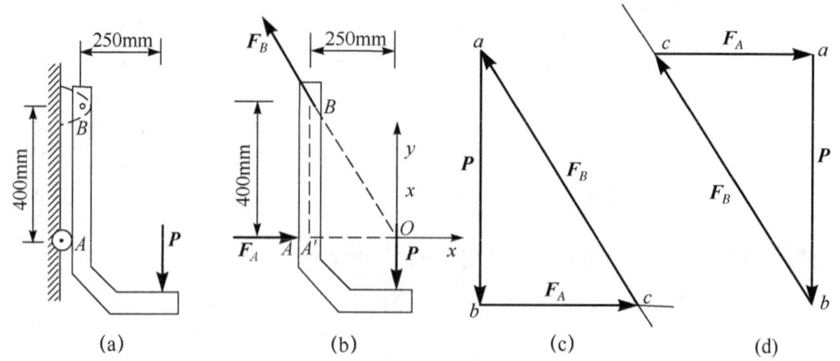

图 2-3

(1) 几何法做封闭的力三角形。

按一定的比例，由任一点 a 作矢量 $\overrightarrow{ab}$ 平行且等于已知力 $\boldsymbol{P}$，过 b、a 两点分别平行于力

$\boldsymbol{F}_A$、$\boldsymbol{F}_B$ 作半直线相交于点 c，即得三角形 abc。再根据力多边形自行封闭的力系平衡几何条件，由力已知力 $\boldsymbol{P}$ 的指向就可以确定力 $\boldsymbol{F}_B$ 的指向，如图 2-3(c)所示。

用三角公式计算未知力的大小。由图 2-3(b)、(c)可知，直角三角形 abc 与 $BA'O$ 相似，所以

$$\frac{F_A}{P}=\frac{OA'}{A'B}=\frac{250}{400};\qquad \frac{F_B}{P}=\frac{OB}{A'B}=\frac{\sqrt{A'B^2+OA'^2}}{A'B}=\frac{\sqrt{400^2+250^2}}{400}$$

求得

$$F_A=1.25\text{kN},\quad F_B=2.40\text{kN}$$

显然，封闭力三角形也可作成图 2-3(d)所示形式，计算结果与上述相同。

(2) 解析法列平衡方程。

取图 2-3(b)所示投影轴，有

$$\sum F_x=0,\ F_A-F_B\sin\angle OBA'=0 \tag{a}$$

$$\sum F_y=0,\ F_B\cos\angle OBA'-P=0 \tag{b}$$

由式(a)和式(b)，得

$$\frac{F_A}{P}=\tan\angle OBA'=\frac{250}{400}$$

$$F_A=1.25\text{kN},\quad F_B=2.40\text{kN}$$

拔河比赛有技巧

拔河是历史悠久的民间体育活动，深受广大民众喜爱。试利用力学知识，分析赢得比赛需掌握的技巧。

2.2 力 偶 系

力偶是继力之后，力学中的又一个基本作用量，同样也具有相应的一些基本性质。刚体上同时作用的一群力偶称为**力偶系**。若各力偶均位于同一平面内则为平面力偶系，否则为空间力偶系。

2.2.1 力偶及其基本性质

在人们的日常生活和生产实际中，用双手施加于方向盘一对等值、反向的力($\boldsymbol{F}_1$，$\boldsymbol{F}_1'$)来稳操汽车转向，实现安全驾驶(图 2-4)；钳工师傅用双手在绞杠的两端作用着一对等值、反向的力($\boldsymbol{F}_2$，$\boldsymbol{F}_2'$)，来轻轻转动丝锥(图 2-5)，顺利完成攻丝加工。在这些事例中，均蕴含着力偶

的概念及其应用。

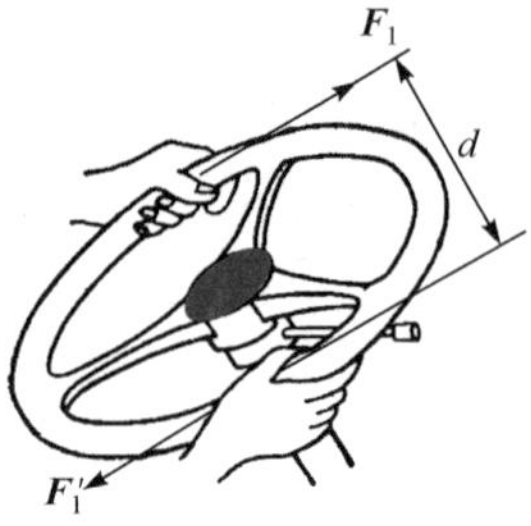

图 2-4

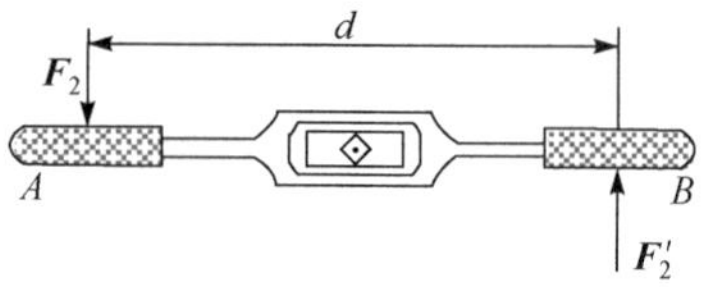

图 2-5

1. 力偶

由大小相等、方向相反、作用线平行且不共线的两个力组成的力系称为**力偶**(图 2-6)，记作($\boldsymbol{F}$，$\boldsymbol{F}'$)。力偶的两力作用线之间的垂直距离 d 称为**力偶臂**，力偶中两力作用线所决定的平面称为**力偶的作用面**。

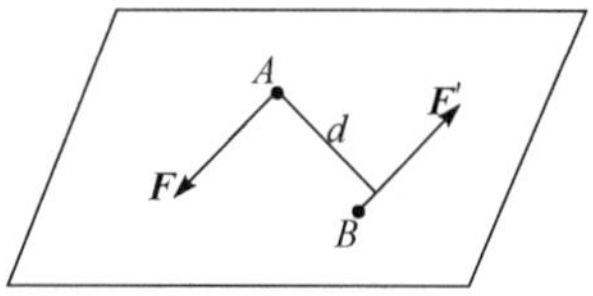

图 2-6

由于 $\boldsymbol{F}=-\boldsymbol{F}'$，且作用线不重合，所以 $\boldsymbol{F}$ 与 $\boldsymbol{F}'$ 既不平衡(不满足二力平衡条件)，又不能合成为一个力。由此可见，力偶不能用一个力来等效替换。故成为力学中的另一基本作用量。

2. 力偶矩

力偶是一特殊力系，它只能改变刚体的转动状态，作用效果可用力偶矩进行度量。

空间中作用的力偶对刚体的转动效应不但取决于力偶中力的大小与力偶臂的乘积，而且还与力偶作用面在空间的方位有关，因此空间作用的力偶矩用矢量表示，记为 $\boldsymbol{M}$。如图 2-7 所示，**力偶矩矢量**取决于下列三个要素：

(1) 矢量的模。即力偶矩的大小为

$$M=F\cdot d=2S_{\Delta ABC} \tag{2-6}$$

(2) 矢量的方位。与力偶作用垂直。

(3) 矢量的指向。依力偶的转向服从右手螺旋法则。

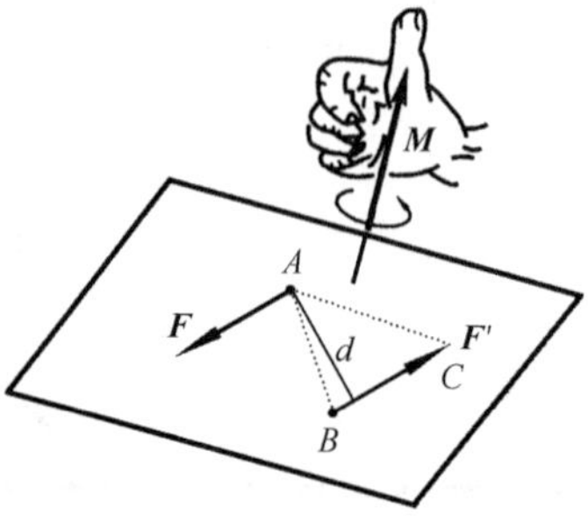

图 2-7

平面内作用的力偶对刚体的转动效应由以下两个因素确定：

(1)力偶矩的大小。

(2)力偶在作用面内的转向。因力偶在其作用面内的转向只有逆时针转向或顺时针转向两种可能，因此力偶矩可用一代数量表示为

$$M=\pm F\cdot d=\pm 2S_{\Delta ABC} \tag{2-7}$$

并约定，力偶有使刚体作逆时针转动趋势时，力偶矩取正，反之则取负。

在国际单位制中，力偶矩的单位是 N · m (牛顿 · 米)。

3. 力偶的性质

作为讨论力偶系合成和平衡的物理依据，下面讨论力偶的两条性质。

定理一 只要保持力偶矩(大小和转向)不变，作用在刚体上的力偶可在其作用面内任意移转或同时改变力和力偶臂的大小，不会改变其对刚体的作用。

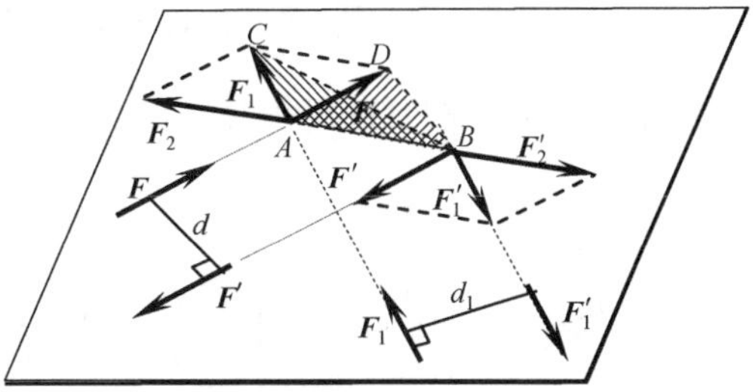

图 2-8

证明：如图 2-8 所示，设在同一平面内作用有力偶矩相等的两力偶($\boldsymbol{F}_1$，$\boldsymbol{F}_1'$)与($\boldsymbol{F}$，$\boldsymbol{F}'$)，且力偶中力的作用线分别相交于点 A 和点 B。将力 $\boldsymbol{F}$、$\boldsymbol{F}'$、$\boldsymbol{F}_1$、$\boldsymbol{F}_1'$ 分别沿作用线移到 A 点和 B 点，并在 A 点以 $\boldsymbol{F}_1$ 为对角线，以 $\boldsymbol{F}$ 为边作平行四边形；在 B 点以 $\boldsymbol{F}_1'$ 为对角线，以 $\boldsymbol{F}'$ 为边作平行四边形。则有

$$\boldsymbol{F}_1 = \boldsymbol{F} + \boldsymbol{F}_2$$
$$\boldsymbol{F}_1' = \boldsymbol{F}' + \boldsymbol{F}_2'$$

因力偶矩大小 $Fd = F_1 d_1$，即有 $S_{\Delta ABD} = S_{\Delta ABC}$；因 ΔABD 与 ΔABC 同底、等高，故有 $CD // AB$，即 $\boldsymbol{F}_2$、$\boldsymbol{F}_2'$ 均沿 AB 作用，从而构成一对等值、反向、共线的平衡力。可见，力偶($\boldsymbol{F}_1$，$\boldsymbol{F}_1'$)与($\boldsymbol{F}$，$\boldsymbol{F}'$)仅相差一个平衡力系($\boldsymbol{F}_2$，$\boldsymbol{F}_2'$)。由加减平衡力系公理可知两者等效。从而定理一得证。

定理二 可以将作用在刚体上的力偶搬移到刚体内与原力偶作用面平行的任一平面内，不会改变其对刚体的作用。

证明：在刚体的平面Ⅰ内作用已知力偶($\boldsymbol{F}_1$，$\boldsymbol{F}_1'$)(图 2-9)。将线段 AB 向平行于平面Ⅰ的平面Ⅱ平移至 $A'B'$。则 $BAA'B'$ 为平行四边形，对角线在 O 点互相平分。在 A'、B' 点添加两对等值反向的平行力，$\boldsymbol{F}_2 = \boldsymbol{F}_3 = -\boldsymbol{F}_2' = -\boldsymbol{F}_3' = \boldsymbol{F}_1$。则力系($\boldsymbol{F}_1$，$\boldsymbol{F}_1'$，$\boldsymbol{F}_2$，$\boldsymbol{F}_2'$，$\boldsymbol{F}_2$，$\boldsymbol{F}_3'$)与力偶($\boldsymbol{F}_1$，$\boldsymbol{F}_1'$)等效。等值同向平行力 $\boldsymbol{F}_1$ 与 $\boldsymbol{F}_3$，$\boldsymbol{F}_1'$ 与 $\boldsymbol{F}_3'$ 分别合成为作用于 O 点的力 $\boldsymbol{F}_R$、$\boldsymbol{F}_R'$。而 $\boldsymbol{F}_R$、$\boldsymbol{F}_R'$ 等值反向共线，组成平衡力系。去掉 $(\boldsymbol{F}_R, \boldsymbol{F}_R')$ 后则只剩下力偶 $(\boldsymbol{F}_2, \boldsymbol{F}_2')$。这样就证明了力偶 $(\boldsymbol{F}_2, \boldsymbol{F}_2')$ 与 $(\boldsymbol{F}_1, \boldsymbol{F}_1')$ 等效。

由上述力偶的性质可知，力偶矩矢量可在其作用面内及平行平面之间自由搬移，故为**自由矢量**。在受力图中表示力偶时可不必画出具体的力和力偶臂，而只需标出力偶的作用面和力偶矩，如图 2-10 所示。

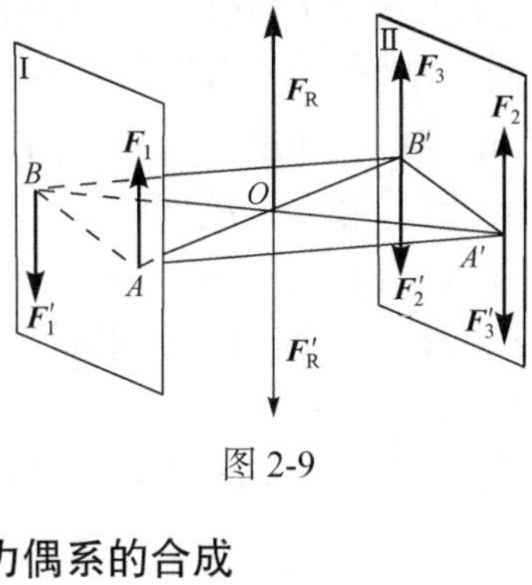

图 2-9

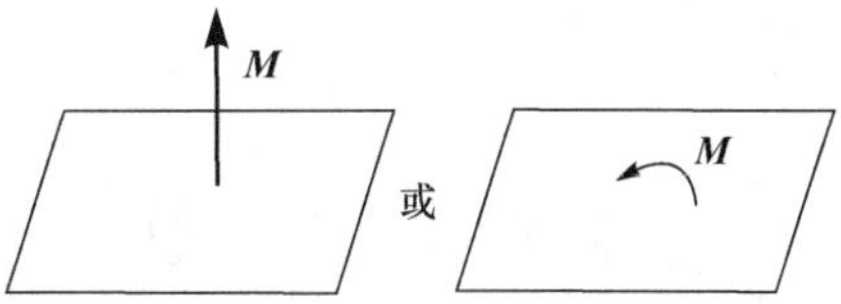

图 2-10

2.2.2 力偶系的合成

已经证明，力偶矩矢量为自由矢量。还可进一步证明，力偶矩矢量满足矢量的加法运算

规则(可参考书后所附的参考书[1])。设力偶矩矢量分别为 $\boldsymbol{M}_1,\boldsymbol{M}_2$，…，$\boldsymbol{M}_n$ 的空间力偶系作用于刚体，如图 2-11 所示。根据自由矢量性质，分别将 $\boldsymbol{M}_1,\boldsymbol{M}_2$，…，$\boldsymbol{M}_n$ 搬移到刚体内任意点 O，并根据多边形规则将力偶系合成。

$$\boldsymbol{M}=\boldsymbol{M}_1+\boldsymbol{M}_2+\cdots+\boldsymbol{M}_n=\sum\boldsymbol{M}_i \tag{2-8}$$

即：空间力偶系的合成结果是一个合力偶，合力偶矩矢量等于各分力偶矩的矢量和。

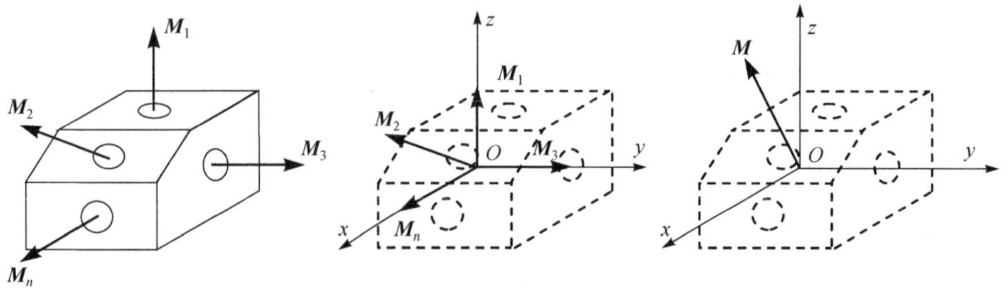

图 2-11

将式(2-8)投影到坐标轴 x,y,z 上，得合力偶矩矢量 $\boldsymbol{M}$ 的投影式为

$$\left.\begin{aligned}M_x&=\sum M_{ix}\\M_y&=\sum M_{iy}\\M_z&=\sum M_{iz}\end{aligned}\right\} \tag{2-9}$$

合力偶矩矢量的分析表达式为

$$\boldsymbol{M}=M_x\boldsymbol{i}+M_y\boldsymbol{j}+M_z\boldsymbol{k} \tag{2-10}$$

合力偶矩矢量 $\boldsymbol{M}$ 的大小和方向可由以下式子确定：

$$M=\sqrt{M_x^2+M_y^2+M_z^2}=\sqrt{(\sum M_{ix})^2+(\sum M_{iy})^2+(\sum M_{iz})^2} \tag{2-11}$$

$$\cos(\boldsymbol{M},\boldsymbol{i})=\frac{M_x}{M},\quad \cos(\boldsymbol{M},\boldsymbol{j})=\frac{M_y}{M},\quad \cos(\boldsymbol{M},\boldsymbol{k})=\frac{M_z}{M} \tag{2-12}$$

作为空间力偶系的特例，平面力偶系合成的结果是位于各分力偶作用平面内的一个合力偶，该合力偶的力偶矩等于各分力偶矩的代数和。即

$$M=M_1+M_2+\cdots+M_n=\sum M_i \tag{2-13}$$

例 2-2　如图 2-12(a)所示，横截面为等腰三角形的直三棱柱 $ABCDEF$ 的三个铅垂侧面内各作用一力偶，力偶矩大小分别为：M_1=50N · m，M_2=50N · m，$M_3=50\sqrt{2}$ N · m，转向如图 2-12 所示。求此力偶系的合成结果。

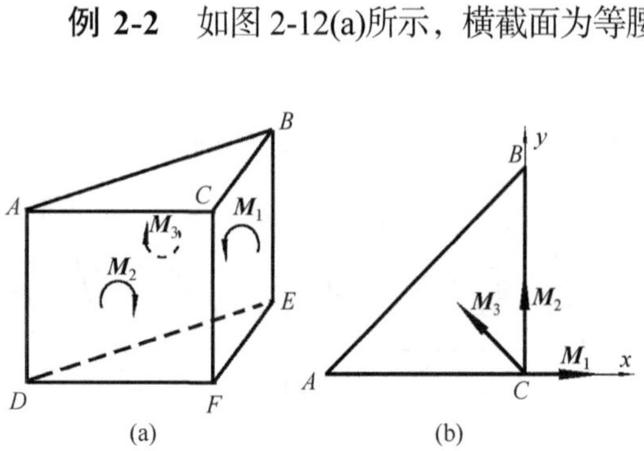

图 2-12

解　在 C 点作出三个力偶的力偶矩矢量 $\boldsymbol{M}_1$，$\boldsymbol{M}_2$，$\boldsymbol{M}_3$，它们恰好位于同一平面内，如图 2-12(b)所示。

取坐标系 Cxy，根据式(2-9)则有如下投影式：

$$M_x=\sum M_{ix}=M_1-M_3\cos45°=0$$

$$M_y = \sum M_{iy} = M_2 + M_3 \sin 45° = 100\ (\text{N} \cdot \text{m})$$

故

$$\boldsymbol{M} = 100\boldsymbol{j}\ (\text{N} \cdot \text{m})$$

即合力偶矩矢量的大小为$100\,\text{N}\cdot\text{m}$，方向与 y 轴一致。

2.2.3　力偶系的平衡

作用于刚体上的力偶系可合成一合力偶，因此空间力偶系平衡的必要和充分条件是：合力偶矩矢量等于零。即

$$\boldsymbol{M} = \sum \boldsymbol{M}_i = 0 \tag{2-14}$$

写成解析形式为

$$\left.\begin{aligned} \sum M_{ix} = 0 \\ \sum M_{iy} = 0 \\ \sum M_{iz} = 0 \end{aligned}\right\} \tag{2-15}$$

即空间力偶系平衡的分析条件是力偶系中所有各力偶矩矢量分别在三个坐标轴上投影的代数和等于零。此式即为空间力偶系的平衡方程，可求解三个未知量。

平面力偶系平衡的必要和充分条件是：各分力偶矩的代数和等于零。即

$$M = \sum M_i = 0 \tag{2-16}$$

上式只能求解一个未知量。

例 2-3　三铰拱的 AC 部分上作用有力偶，其力偶矩为 M (图 2-13(a))。已知两个半拱的直角边比例为$a:b=c:a$，略去三铰拱自身的重量。求 A、B 两处的约束反力。

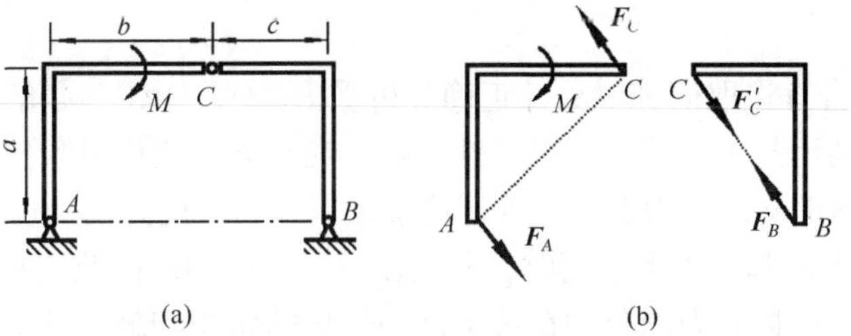

图 2-13

解　右半拱 BC 为二力构件，选左半拱 AC 为研究对象。

AC 的受力如图 2-13(b)所示。主动力为力偶 M；BC 为二力构件，决定了 C 点约束力 $\boldsymbol{F}'_C$ 必沿 BC 连线；铰链 A 的约束反力可以用一个力 $\boldsymbol{F}_A$ 表示，这样 AC 就在一个力偶和两个力 $\boldsymbol{F}_A$、$\boldsymbol{F}_C$ 作用下处于平衡，且其中力 $\boldsymbol{F}_C$ 的方位已知。根据力偶平衡条件，只有在力 $\boldsymbol{F}_A$ 与 $\boldsymbol{F}_C$ 组成力偶的情况下才能与力偶 $\boldsymbol{M}$ 平衡。这样就确定了 $\boldsymbol{F}_A$ 的作用线的方位及 $\boldsymbol{F}_A$、$\boldsymbol{F}_C$ 的指向。

由于$a:b=c:a$，可知$\boldsymbol{F}_A$和$\boldsymbol{F}_C$垂直于AC、$\boldsymbol{F}_A$与$\boldsymbol{F}_C$构成的力偶其力偶矩大小为$\boldsymbol{F}_A \cdot AC = F_A \cdot \sqrt{a^2+b^2}$。

这属平面力偶系的平衡问题，可列一个平衡方程为

$$\sum M_i = 0, \quad -M + F_A \cdot \sqrt{a^2+b^2} = 0$$

解得
$$F_A = \frac{M}{\sqrt{a^2 + b^2}}$$

由于 BC 为二力构件，有
$$F_B = F_C' = F_C = F_A$$

方向如图 2-13(b)所示。

学 习 要 点

基本要求

1. 理解力偶概念。
2. 深刻理解作用于刚体上的力偶性质。
3. 熟练掌握求解基本力系的平衡问题的一般方法，能正确求解基本力系的平衡问题。

重点

1. 力偶概念及力偶的基本性质。
2. 解析法求解基本力系的平衡问题。

难点

力偶的等效与力偶系的平衡问题。

解题指导

1. 由于空间多边形的几何作图及几何关系较为复杂，故求解空间基本力系的平衡问题，多采用解析法。

2. 根据题意，合理选取研究对象并正确分析受力(画受力图)，是解决力系平衡问题的关键第一步。为便于利用基本力系的平衡条件求解，在约束性质许可条件下，应特别注意根据二力平衡、三力平衡汇交以及力偶等效等理论确定未知约束反力的确切方位或方向。

3. 几何法求解平面基本力系平衡时，首先按照一定比例，按照“头尾相接”方式依次绘出各已知矢量；然后依据受力图分别在首个已知矢量的始端和最后已知矢量的末端绘制两个待求力的矢线，找到唯一交点，得到矢量多边形；最后按照多边形自行封闭(各矢量头尾相接)原则确定未知矢量具体指向，通过实测或几何运算得到待求量大小。

4. 解析法求解基本力系平衡时，依据约定的投影坐标轴，首先列出有效的平衡方程：空间基本力系独立平衡方程 3 个，可求解 3 个未知量；平面汇交力系独立平衡方程 2 个，可求解 2 个未知量；平面力偶系独立平衡方程 1 个，可求解 1 个未知量。特别强调平衡方程相互独立，否则无效。

思 考 题

思考 2-1　重为 P 的圆柱放在 V 型槽中，如思图 2-1 所示，试问平衡时，$F_{NA} = F_{NB} = P\cos\theta$ 对不对？为什么？

思考 2-2　何谓力偶？在什么条件下两个力偶等效？力偶能否与一个力等效？

思考 2-3　如思图 2-2(a)所示，在自由刚体上 A、B、C、D 四点分别作用力 $\boldsymbol{F}_1$、$\boldsymbol{F}_2$、$\boldsymbol{F}_3$、$\boldsymbol{F}_4$。已知 $\boldsymbol{F}_1$ 与 $\boldsymbol{F}_3$，$\boldsymbol{F}_2$ 与 $\boldsymbol{F}_4$ 分别大小相等、方向相反。显然该四个力所构成的力多边形封闭，如思图 2-2(b)所示，问刚体能否平衡？为什么？

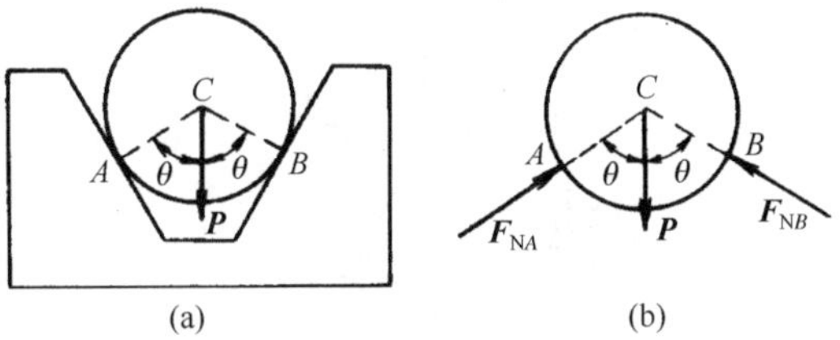

思图 2-1

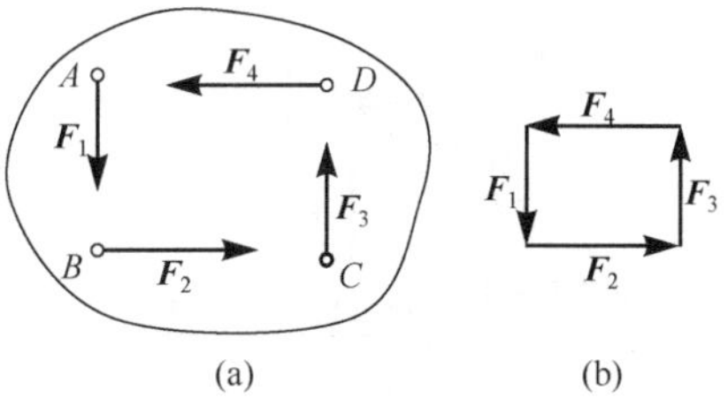

思图 2-2

习　　题

2-1　如题图 2-1 所示简易拔桩装置中，AB 和 AC 是绳索，两绳索连接于点 A、B 端固结于支架上，C 端连接于桩头上。当 F=5kN，θ= 10°时，求绳 AB 和 AC 的张力。

2-2　如题图 2-2 所示起重机架可借绕过滑轮 A 的绳索将重 W=20kN 的物体吊起，滑轮 A 用不计自重的杆 AB、AC 支承。不计滑轮的大小和重量，试求杆 AB 和 AC 所受的力。

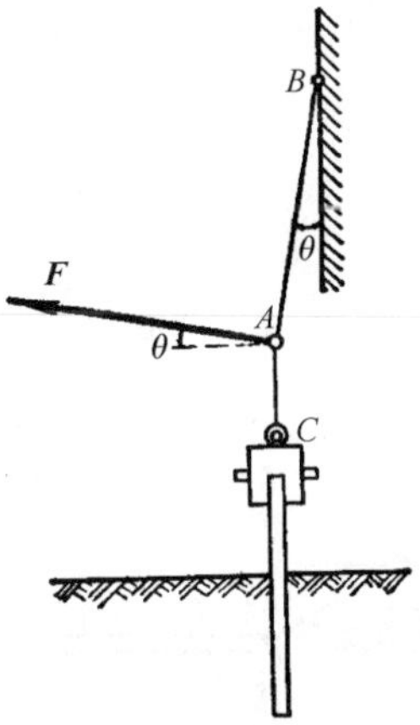

题图 2-1

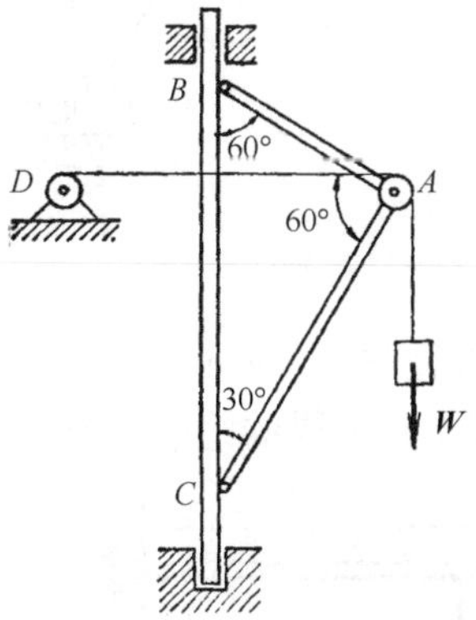

题图 2-2

2-3　吊桥 AB，长 L，重 W(重力可看成作用在 AB 中点)，一端用铰链 A 固定于地面，另一端用绳子吊住，绳子跨过光滑滑轮 C，并在其末端挂一重量为 P 的重物，且 AC=AB，如题图 2-3 所示。求平衡时吊桥 AB 的位置角度θ和 A 处的反力。

2-4　手柄 ABC 的 A 端是铰链支座，B 处与折杆 BD 用铰链 B 连接。各杆自重均不计，力 $\boldsymbol{F}$=400N，手柄在题图 2-4 所示位置平衡。求 A 处的反力。

2-5　题图 2-5 所示液压夹紧机构中，D 为固定铰链，B、C、E 为活动铰链。已知力 $\boldsymbol{F}$，机构平衡时角度见图，求此时工件 H 所受的压紧力。

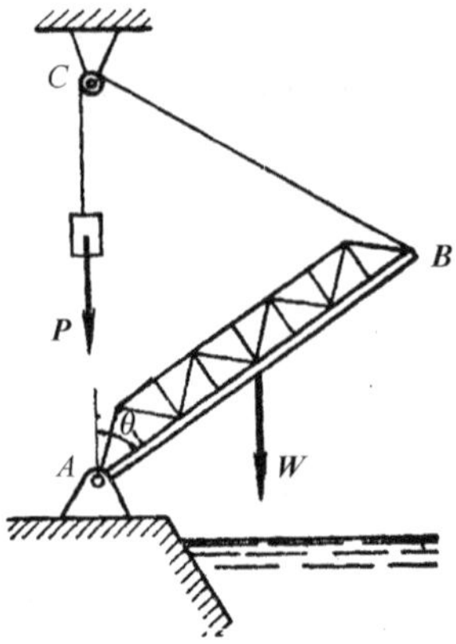

题图 2-3

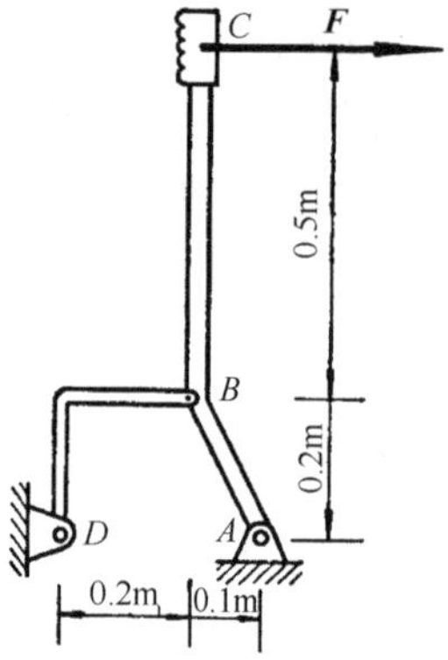

题图 2-4

2-6 铰链四杆机构 *CABD* 的 *CD* 边固定，在铰链 *A*、*B* 处有力 $\boldsymbol{F}_1$，$\boldsymbol{F}_2$ 作用，如题图 2-6 所示。该机构在图示位置平衡，杆重略去不计。求力 $\boldsymbol{F}_1$ 与 $\boldsymbol{F}_2$ 的关系。

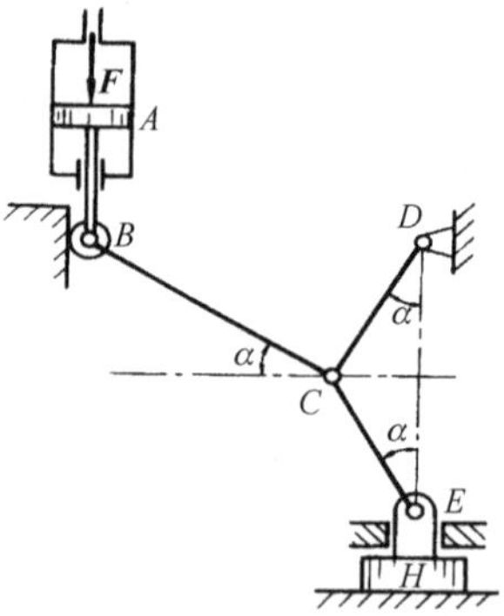

题图 2-5

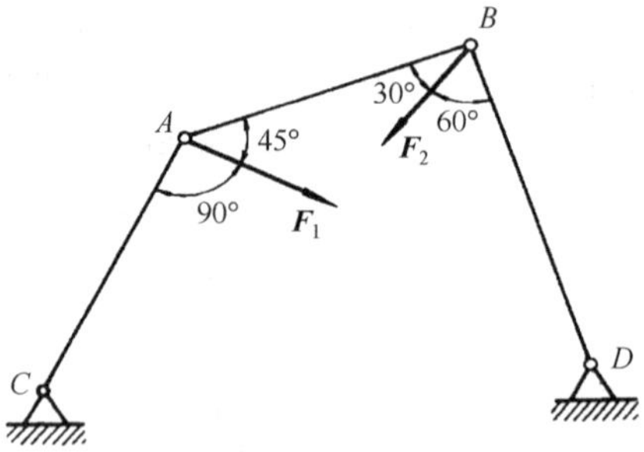

题图 2-6

2-7 如题图 2-7 所示直角杆 *AB* 上作用一力偶矩为 *M* 的力偶，试求直角杆在图示三种不同支承情况下，所受的约束反力。

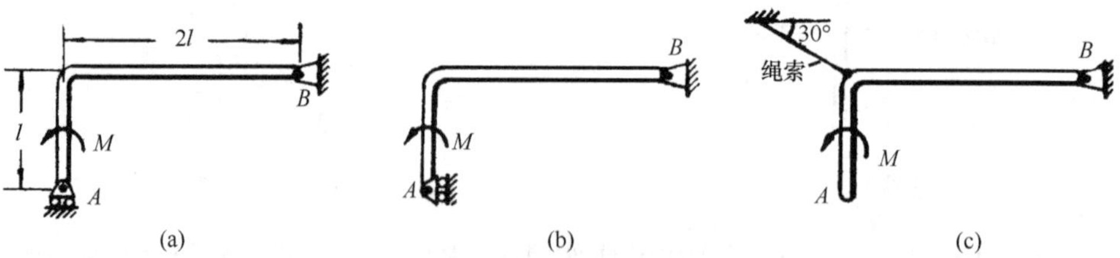

题图 2-7

2-8 题图 2-8 所示构架，不计自重，*F*=*F'*，求 *C*、*D* 处反力。

2-9 在题图 2-9 所示机构中，*a* =12cm，*b* =30cm，M_1=200N · m，M_2=1000N · m，求支座 *A*、*C* 的反力。

2-10 题图 2-10 所示杆 *AB* 有一导槽，该导槽套于杆 *CD* 的销钉 *E* 上。今在杆 *AB*、*CD* 上分别作用一力偶，已知其中力偶矩 M_1=1000N · m，不计杆重及摩擦。试求力偶矩 M_2 的大小。

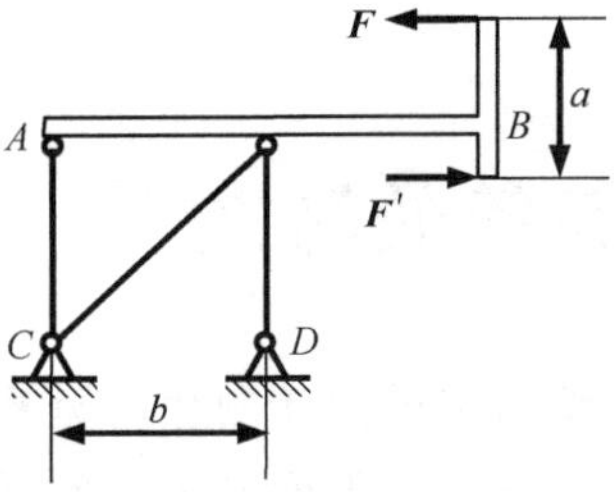

题图 2-8

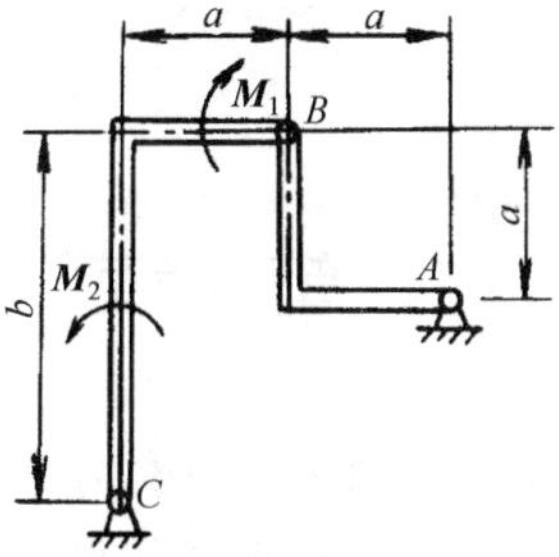

题图 2-9

2-11　铰链四杆机构 $OABO_1$ 在题图 2-11 所示位置平衡。已知：OA=0.4m，O_1B=0.6m，在 OA 上作用力偶的力偶矩为 M_1=1N · m。各杆的重量不计。试求力偶矩 M_2 的大小和杆 AB 的受力。

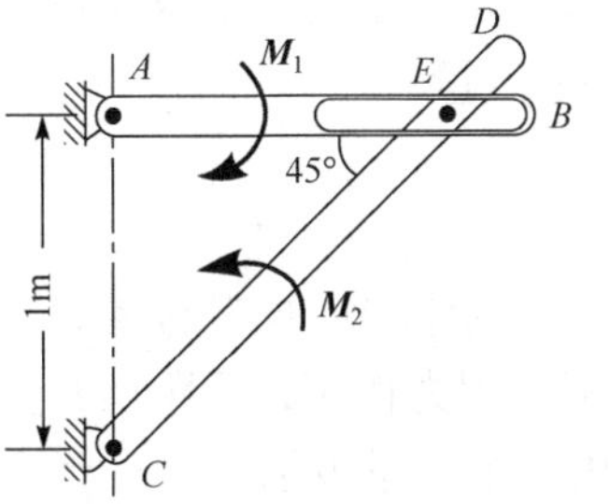

题图 2-10

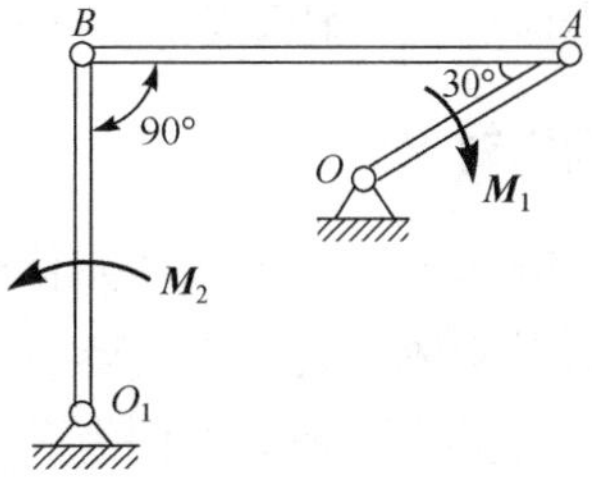

题图 2-11

第 3 章　作用于刚体的力系等效简化

工程实际问题中，研究对象的受力可能相当复杂。本章研究作用于刚体的力系的等效简化，揭示决定力系对刚体作用的本质性要素，为研究刚体的平衡问题和动力学问题提供理论依据，同时，在后续的材料力学等课程中，研究变形体力学时仍将得到引用。

3.1　力　　矩

力对刚体的作用效应包括移动和转动两种，其中力对刚体产生的移动效应可用力矢量度量；力对刚体产生的转动效应可用力对点之矩(简称**力矩**)来度量。

3.1.1　空间力对点之矩

作用于刚体上的力可以使刚体绕一点转动。力矩是力使刚体转动效应的度量。

空间力对刚体的转动效应不仅与力的大小、方向和矩心到力作用线的距离有关，而且还与矩心与力矢量所决定的平面有关。因此空间的力矩要用一个矢量表示。

如图 3-1 所示，空间力 $\boldsymbol{F}$ 对点 O 之矩矢量 $\boldsymbol{M}_O(\boldsymbol{F})$ 的定义为

$$\boldsymbol{M}_O(\boldsymbol{F}) = \boldsymbol{r} \times \boldsymbol{F} \tag{3-1}$$

式中，O 为矩心；$\boldsymbol{r}$ 为力 $\boldsymbol{F}$ 作用点相对矩心 O 的矢径。力矩矢量与 $\boldsymbol{r}$ 和 $\boldsymbol{F}$ 所决定的平面相垂直，指向按右手螺旋法则确定。力矩矢量的模(即大小)为

$$|\boldsymbol{M}_O(\boldsymbol{F})| = Fr\sin\alpha = Fh = 2S_{\Delta OAB} \tag{3-2}$$

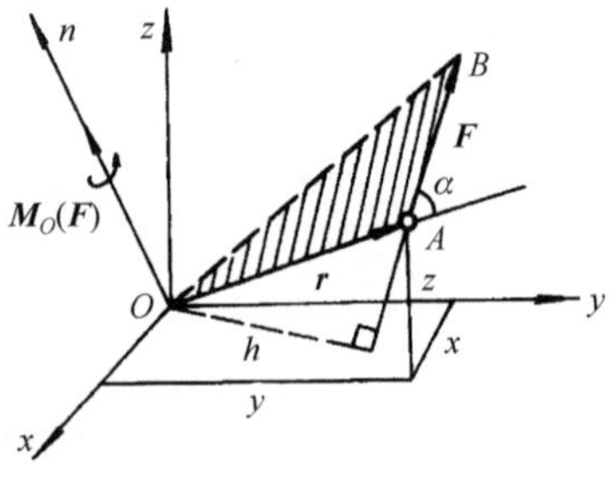

图 3-1

式中，h 为矩心 O 至力 $\boldsymbol{F}$ 作用线的距离，称为**力臂**。当力作用线通过矩心时，力臂为零，从而力矩等零。

在国际单位制中，力矩的单位是 N · m(牛顿 · 米)。

由于力矩矢量 $\boldsymbol{M}_O(\boldsymbol{F})$ 的大小和方向均与矩心 O 的位置有关，因此，空间的力矩是定位矢量，必须由矩心引出。

以 O 为原点建立直角坐标系 $Oxyz$ 如图 3-1 所示，设 $\boldsymbol{i}$、$\boldsymbol{j}$、$\boldsymbol{k}$ 分别为三个坐标轴单位向量，则有

$$\boldsymbol{r} = x\boldsymbol{i} + y\boldsymbol{j} + z\boldsymbol{k}, \quad \boldsymbol{F} = F_x\boldsymbol{i} + F_y\boldsymbol{j} + F_z\boldsymbol{k}$$

代入式(3-1)，得力 $\boldsymbol{F}$ 对点 O 之矩的解析表达式为

$$\boldsymbol{M}_O(\boldsymbol{F}) = \boldsymbol{r} \times \boldsymbol{F} = \begin{vmatrix} \boldsymbol{i} & \boldsymbol{j} & \boldsymbol{k} \\ x & y & z \\ F_x & F_y & F_z \end{vmatrix}$$

$$= (yF_z - zF_y)\boldsymbol{i} + (zF_x - xF_z)\boldsymbol{j} + (xF_y - yF_x)\boldsymbol{k}$$

单位矢量 $\boldsymbol{i}$、$\boldsymbol{j}$、$\boldsymbol{k}$ 前面的系数分别表示力矩矢量 $\boldsymbol{M}_O(\boldsymbol{F})$ 在 x、y、z 轴上的投影，即

$$\left.\begin{aligned}[\boldsymbol{M}_O(\boldsymbol{F})]_x &= yF_z - zF_y \\ [\boldsymbol{M}_O(\boldsymbol{F})]_y &= zF_x - xF_z \\ [\boldsymbol{M}_O(\boldsymbol{F})]_z &= xF_y - yF_x\end{aligned}\right\} \tag{3-3}$$

3.1.2　平面内力对点之矩

特殊情况下，作用于刚体上的各力作用线与矩心 O 在同一平面内，此时各力对 O 点之矩矢量共线，故用正负号即可表达力矩的转向。例如人们手握扳手拧动螺帽时就只有拧紧和松动两种可能(图 3-2)。因此平面内的力对点之矩是一代数量，其大小等于力的大小与力臂乘积，其正负号约定为力使刚体具有逆时针转动趋势时取正，反之则取负。即

$$M_O(\boldsymbol{F}) = \pm Fh \tag{3-4}$$

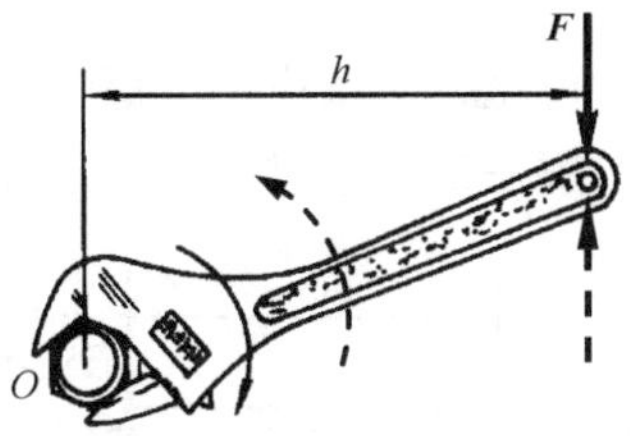

图 3-2

3.1.3　合力矩定理

设刚体上 A 点作用一共点力系 $\boldsymbol{F}_1, \boldsymbol{F}_2, \cdots, \boldsymbol{F}_n$，$\boldsymbol{r}$ 为 A 点相对某点 O 的位置矢径。则其合力 $\boldsymbol{F}_R = \sum_{i=1}^{n} \boldsymbol{F}_i$ 仍作用于该点。于是，力系诸力对 O 点的力矩之和为

$$\sum_{i=1}^{n} \boldsymbol{M}_O(\boldsymbol{F}) = \sum_{i=1}^{n} \boldsymbol{r} \times \boldsymbol{F}_i = \boldsymbol{r} \times \sum_{i=1}^{n} \boldsymbol{F}_i = \boldsymbol{r} \times \boldsymbol{F}_R = \boldsymbol{M}_O(\boldsymbol{F}_R)$$

即

$$\boldsymbol{M}_O(\boldsymbol{F}_R) = \sum_{i=1}^{n} \boldsymbol{M}_O(\boldsymbol{F}_i) \tag{3-5}$$

式(3-5)可归纳为以下结论：力系的合力对任一点之矩等于该力系各力对同一点之矩的矢量和。该结论称为**合力矩定理**。

当共点力系中诸力作用线位于同一平面时，式(3-5)变为

$$M_O(\boldsymbol{F}_R) = \sum_{i=1}^{n} M_O(\boldsymbol{F}_i) \tag{3-6}$$

例 3-1　槽形杆用螺钉固定于点 O，如图 3-3 所示。在杆端点 A 作用一力 $\boldsymbol{F}$，其大小为 400N，试求力 $\boldsymbol{F}$ 对点 O 的矩。

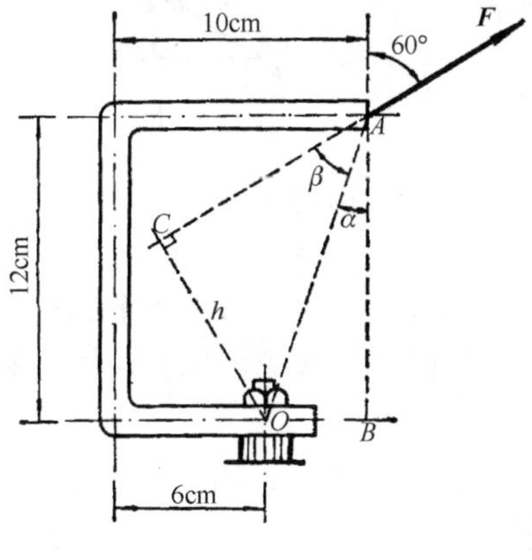

图 3-3

解　本题有两种解法。

解法一　直接根据定义式(3-4)求解。

$\boldsymbol{F}$ 的大小和方向已知，要计算力 $\boldsymbol{F}$ 对点 O 的矩，关键是找出力臂的长度 h。由给定的几何参数可得

$$\tan\alpha = \frac{10-6}{12} = 0.333$$

则　$$\alpha = 18.43^\circ$$

$$AO=\frac{BO}{\sin\alpha}=\frac{4}{0.3162}=12.65(\text{cm})$$

$$\beta=60°-\alpha=41.57°$$

则
$$h=AO\sin\beta=12.65\sin41.57°=8.39(\text{cm})$$

于是力对点的矩为

$$M_O(\boldsymbol{F})=-Fh=-400\times8.39$$
$$=-3356(\text{N}\cdot\text{cm})=-33.56(\text{N}\cdot\text{m})$$

可见，直接应用力矩的定义，计算力臂比较麻烦。

解法二 通过合力矩定理求解。

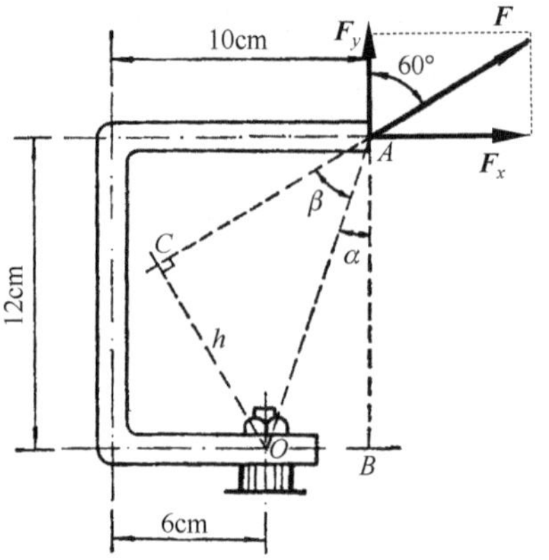

图 3-4

将力 $\boldsymbol{F}$ 分解为水平力 $\boldsymbol{F}_x$ 与铅垂力 $\boldsymbol{F}_y$(图 3-4)，有

$$F_x=F\sin60°=346.4(\text{N})$$
$$F_y=F\cos60°=200(\text{N})$$

由式(3-6)有

$$M_O(\boldsymbol{F})=M_O(\boldsymbol{F}_x)+M_O(\boldsymbol{F}_y)$$
$$=-346.4\times12+200\times(10-6)$$
$$=-3356(\text{N}\cdot\text{cm})$$
$$=-33.56(\text{N}\cdot\text{m})$$

两种不同途径，得到了相同的计算结果。但后者简单明了。

例 3-2 图 3-5(a)所示的圆柱直齿轮，受到啮合力 $\boldsymbol{F}$ 的作用。设 F=1400kN，压力角 α=20°，齿轮的啮合圆半径 r=60mm，试求力 $\boldsymbol{F}$ 对轴心 O 的力矩。

解 通过合力矩定理计算。

将力 F 分解为圆周力 $\boldsymbol{F}_t$ 和径向力 $\boldsymbol{F}_r$，如图 3-5(b)所示。

由于径向力 $\boldsymbol{F}_r$ 通过矩心 O，则

$$M_O(\boldsymbol{F})=M_O(\boldsymbol{F}_t)+M_O(\boldsymbol{F}_r)$$
$$=M_O(\boldsymbol{F}_t)=Fr\cos\alpha$$
$$=1400\times60\times\cos20°=78.93(\text{N}\cdot\text{m})$$

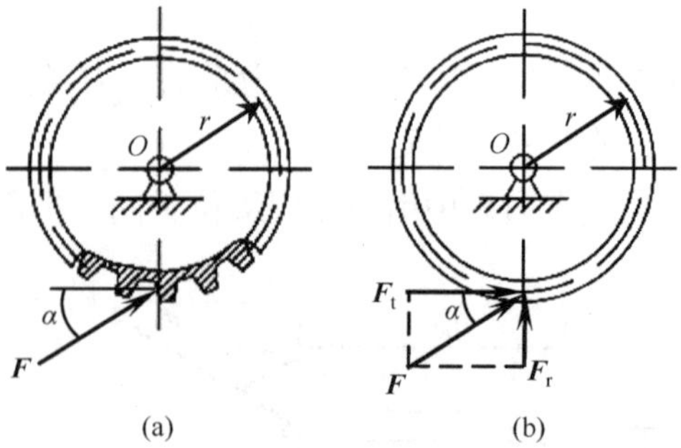

图 3-5

3.1.4 力对轴之矩

日常生活与工程实际中，力使刚体绕轴转动的实例很多。例如人们通过门把手对门施力，就可以开门或关门；通过带轮上的皮带拉力或齿轮之间的啮合力，来带动转子转动等。力使物体绕某轴转动的效应可用力对轴之矩进行量度。

设刚体上的 A 点作用一力 $\boldsymbol{F}$，其作用线与轴 z 既不平行，也不相交，如图 3-6 所示。通过 A 点作平面 Oxy 与 z 轴相垂直，O 表示该平面与 z 轴的交点。将力 $\boldsymbol{F}$ 正交分解为两个分力 $\boldsymbol{F}_z$ 和 $\boldsymbol{F}_{xy}$，其中分力 $\boldsymbol{F}_{xy}$ 即为力 $\boldsymbol{F}$ 在 Oxy 平面上的投影。实践表明，分力 $\boldsymbol{F}_z$ 对刚体绕

z 轴无转动效应，所以分力 $\boldsymbol{F}_{xy}$ 对 O 点之矩即可度量力 $\boldsymbol{F}$ 使刚体绕 z 轴的转动效应。由此定义：力对某轴之矩是力使刚体绕该轴转动效应的度量，它等于该力在垂直于该轴平面上的投影对轴与平面交点之矩。力对轴之矩是代数量，可表示为

$$M_z(\boldsymbol{F}) = M_O(\boldsymbol{F}_{xy}) = \pm F_{xy} \cdot h = \pm 2S_{\Delta OAB} \qquad (3\text{-}7)$$

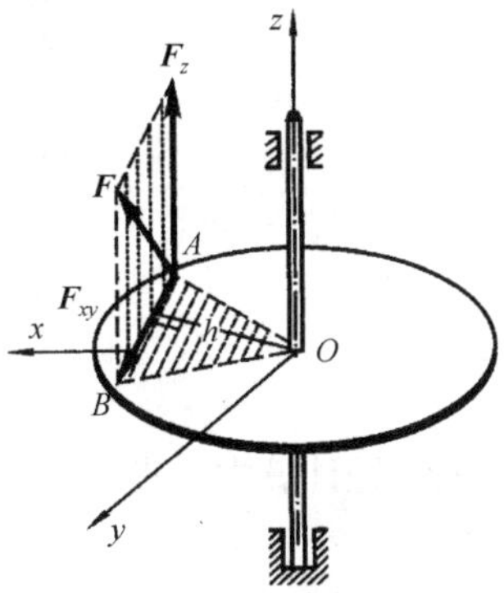

图 3-6

z 轴称为**矩轴**。式中的正负号表示力 $\boldsymbol{F}$ 使静止刚体绕矩轴转动的方向，通常按右手螺旋法则确定，即，从 Oz 轴的正端向负端看，分力 $\boldsymbol{F}_{xy}$ 使刚体绕轴有逆时针的转动趋势时，$M_z(\boldsymbol{F})$取正值，反之取负值。直接应用该式求解时，建议先由右手法则判断力矩的正负，再计算其大小。

由式(3-7)可知，力对轴之矩等于零的情形为：①力与矩轴相交(h=0)；②力与矩轴平行(F_{xy}=0)。可概括为：力与轴共面时，力对该轴之矩等于零。

力对轴之矩的单位是 N · m。

3.1.5　力对点之矩与力对轴之矩关系定理

设 O 为 z 轴上一点(图 3-7)，平面 I 过 O 点与 z 轴垂直。从几何角度看

$$|\boldsymbol{M}_O(\boldsymbol{F})| = 2S_{\Delta OAB}$$

$$|M_z(\boldsymbol{F})| = |M_O(\boldsymbol{F}_{xy})| = 2S_{\Delta OA_1B_1}$$

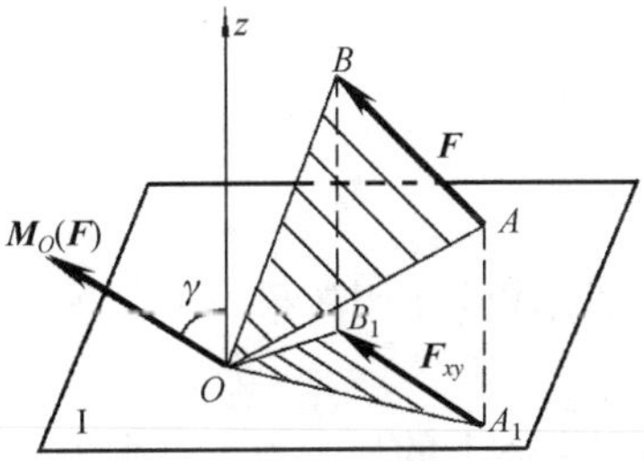

图 3-7

而ΔOA_1B_1 恰为 ΔOAB 在平面 I 上的投影；进一步可验证：当 $\boldsymbol{M}_O(\boldsymbol{F})$与 z 轴正向夹角γ为锐角时 $M_z(\boldsymbol{F})$为正，而γ为钝角时 $M_z(\boldsymbol{F})$为负。故有

$$M_z(\boldsymbol{F}) = |\boldsymbol{M}_O(\boldsymbol{F})| \cdot \cos\gamma = [\boldsymbol{M}_O(\boldsymbol{F})]_z \qquad (3\text{-}8)$$

即：力对点之矩矢量在经过该点的轴上的投影等于该力对该轴之矩。该结论又称为**力矩关系定理**。当 x、y、z 为过 O 点的三根右手正交坐标轴时，则有

$$\left.\begin{aligned}[\boldsymbol{M}_O(\boldsymbol{F})]_x &= M_x(\boldsymbol{F})\\ [\boldsymbol{M}_O(\boldsymbol{F})]_y &= M_y(\boldsymbol{F})\\ [\boldsymbol{M}_O(\boldsymbol{F})]_z &= M_z(\boldsymbol{F})\end{aligned}\right\} \qquad (3\text{-}9)$$

于是力对点之矩的分析表达式又可直接表示为

$$\boldsymbol{M}_O(\boldsymbol{F}) = M_x(\boldsymbol{F})\boldsymbol{i} + M_y(\boldsymbol{F})\boldsymbol{j} + M_z(\boldsymbol{F})\boldsymbol{k} \qquad (3\text{-}10)$$

上述定理所反映的对点与对轴之矩间的关系，对动力学中的动量矩同样适用。

例 3-3　试分别计算图 3-8 中作用于 A 点的力 $\boldsymbol{F}_1$、$\boldsymbol{F}_2$、$\boldsymbol{F}_3$ 对各坐标轴之矩的和。其中 F_1=10kN，F_2=5kN，F_3=20kN。尺寸如图所示。

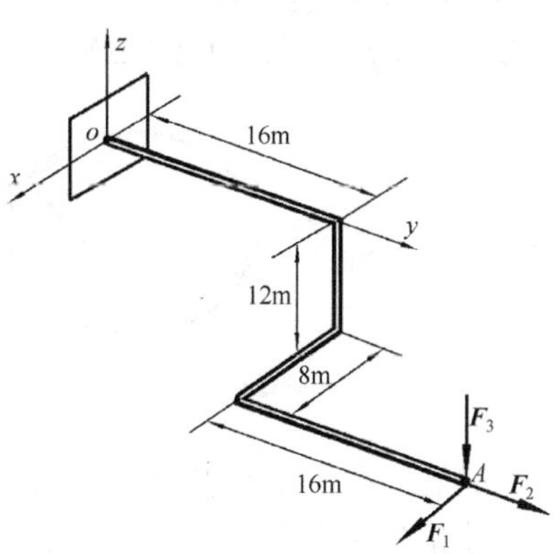

图 3-8

解　本题有两种解法。

(1) 直接根据力对轴之矩的定义计算，

$$\sum M_x(\boldsymbol{F}) = M_x(\boldsymbol{F}_1) + M_x(\boldsymbol{F}_2) + M_x(\boldsymbol{F}_3)$$
$$= 0 + 12F_2 - 32F_3 = -580(\text{kN}\cdot\text{m})$$
$$\sum M_y(\boldsymbol{F}) = M_y(\boldsymbol{F}_1) + M_y(\boldsymbol{F}_2) + M_y(\boldsymbol{F}_3)$$
$$= -12F_1 + 0 + 8F_3 = 40(\text{kN}\cdot\text{m})$$
$$\sum M_z(\boldsymbol{F}) = M_z(\boldsymbol{F}_1) + M_z(\boldsymbol{F}_2) + M_z(\boldsymbol{F}_3)$$
$$= -32F_1 + 8F_2 + 0 = -280(\text{kN}\cdot\text{m})$$

(2) 先计算力对点 O 之矩在 x、y、z 轴上的投影，再利用力矩关系定理得到力对 x、y、z 轴之矩。

力作用点 A 的坐标为：x=8m，y=32m，z=−12m。

力在坐标轴上的投影为：$F_x=F_1$=10kN，$F_y=F_2$=5kN，$F_z= -F_3= -20$kN。将以上数值代入式(3-3)，得

$$\sum\left[\boldsymbol{M}_O(\boldsymbol{F})\right]_x = 32\times(-20)-(-12)\times 5 = -580(\text{kN}\cdot\text{m})$$
$$\sum\left[\boldsymbol{M}_O(\boldsymbol{F})\right]_y = (-12)\times 10 - 8\times(-20) = 40(\text{kN}\cdot\text{m})$$
$$\sum\left[\boldsymbol{M}_O(\boldsymbol{F})\right]_z = 8\times 5 - 32\times 10 = -280(\text{kN}\cdot\text{m})$$

再由式(3-9)得

$$M_x(\boldsymbol{F}) = -580(\text{kN}\cdot\text{m}),\ M_y(\boldsymbol{F}) = 40(\text{kN}\cdot\text{m}),\ M_z(\boldsymbol{F}) = -280(\text{kN}\cdot\text{m})$$

3.2　力的平移定理

根据力的可传性原理，作用于刚体的力沿其作用线移动而对刚体的作用效果不变。若平行移动，则必需添加一定的附加条件才能保持等效。

设作用于刚体上 A 点的力 $\boldsymbol{F}$ (图 3-9)，为实现将其平行移动到刚体上的另一点 B，则根据加减平衡力系公理，可在 B 点加上一对平衡力 $\boldsymbol{F}'$、$\boldsymbol{F}''$，且 $\boldsymbol{F}=\boldsymbol{F}'=-\boldsymbol{F}''$。则力 $\boldsymbol{F}''$ 与 $\boldsymbol{F}$ 组成力偶，其力偶矩 $\boldsymbol{M}$ 的大小为 $Fh = M_B(\boldsymbol{F})$。由于 $\boldsymbol{F}=\boldsymbol{F}'$，于是，作用于刚体上 A 点的力 $\boldsymbol{F}$ 就平移到了 B 点，但同时多出了一个附加力偶。由此得结论：作用于刚体上的力可以等效地平移到刚体内任一指定点，但必须在力与指定点所确定的平面内附加一个力偶，其力偶矩等于该力对指定点之矩。并称此为**力的平移定理**。

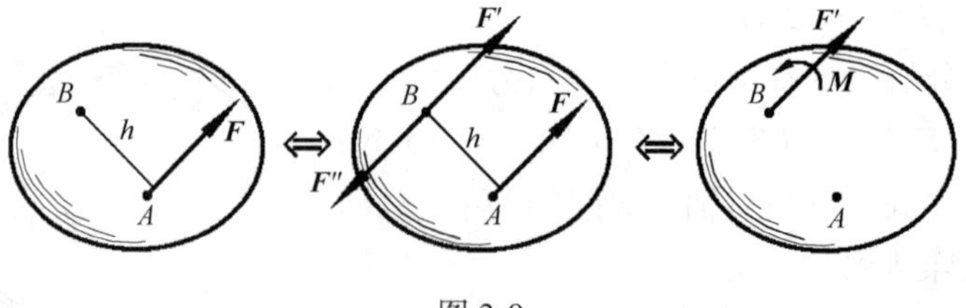

图 3-9

显然，图 3-9 的逆过程同样成立，即平面内的一个力和一个力偶总可以进一步经过平移等效简化为一个力。该力的大小方向保持不变，作用线平行移动了一个距离 d，其大小为

$$d = \frac{M}{F} \tag{3-11}$$

力的平移定理是一般力系简化的重要依据。

3.3　力系向一点简化

力的作用线在空间任意分布的力系称为**空间任意力系**，通常简称为**空间力系**。空间力系是力系中最一般的情况，其他力系均是它的特例。

3.3.1　空间力系向指定点简化

作用于刚体的空间任意力系 $\boldsymbol{F}_1,\boldsymbol{F}_2,\cdots,\boldsymbol{F}_n$，如图 3-10 所示。任选一指定点 O，称为**简化中心**。根据力的平移定理，将力系中各力平行移动到 O 点，同时各附加一相应的力偶。于是得到一个作用于 O 点的共点力系 $\boldsymbol{F}_1',\boldsymbol{F}_2',\cdots,\boldsymbol{F}_n'$ 和一个由附加力偶组成的空间力偶系 $\boldsymbol{M}_1,\boldsymbol{M}_2,\cdots,\boldsymbol{M}_n$。其中

$$\boldsymbol{F}_1'=\boldsymbol{F}_1,\ \boldsymbol{F}_2'=\boldsymbol{F}_2,\ \cdots,\ \boldsymbol{F}_n'=\boldsymbol{F}_n$$

$$\boldsymbol{M}_1=\boldsymbol{M}_O(\boldsymbol{F}_1),\boldsymbol{M}_2=\boldsymbol{M}_O(\boldsymbol{F}_2),\cdots,\boldsymbol{M}_n=\boldsymbol{M}_O(\boldsymbol{F}_n)$$

共点力系可合成作用于简化中心 O 的一个力，其大小和方向为

$$\boldsymbol{F}_\mathrm{R}=\sum\boldsymbol{F}_i'=\sum\boldsymbol{F}_i$$

空间力偶系可合成一个力偶，其力偶矩矢量

$$\boldsymbol{M}_O=\sum\boldsymbol{M}_i=\sum\boldsymbol{M}_O(\boldsymbol{F}_i)$$

由此得结论：空间力系向任一指定点简化，一般情况下可得到一个力和一个力偶，该力通过简化中心，其大小和方向等于力系各力的矢量和；该力偶的力偶矩矢量等于各力对简化中心之矩的矢量和。

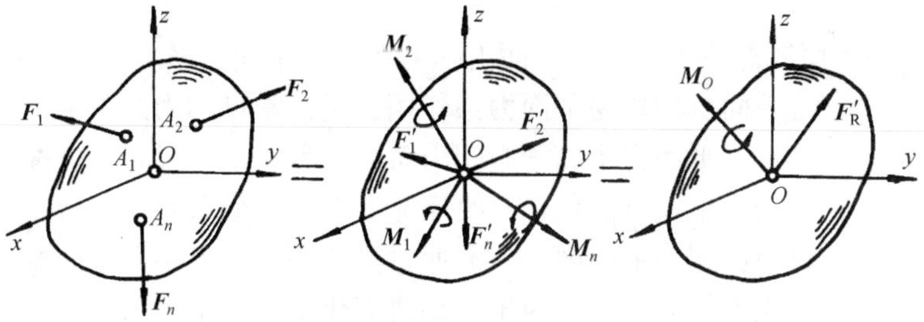

图 3-10

3.3.2　主矢和主矩

空间力系各力的矢量和称为力系的**主矢量**，简称为**主矢**，即

$$\boldsymbol{F}_\mathrm{R}'=\sum\boldsymbol{F}_i \tag{3-12}$$

对于给定的力系，主矢的大小和方向仅决定于力系中各力的大小和方向，而与简化中心的选择无关。主矢在三个坐标轴上的投影分别为

$$\left.\begin{aligned}F_{\mathrm{R}x}'&=\sum F_{ix}\\F_{\mathrm{R}y}'&=\sum F_{iy}\\F_{\mathrm{R}z}'&=\sum F_{iz}\end{aligned}\right\} \tag{3-13}$$

根据式(3-13)，读者还可进一步计算出主矢量的大小及方向余弦。

空间力系中各力对简化中心 O 之矩的矢量和称为力系对简化中心 O 的**主矩矢量**，简称为**主矩**，即

$$\boldsymbol{M}_O = \sum \boldsymbol{M}_O(\boldsymbol{F}_i) \tag{3-14}$$

力系的主矩一般随简化中心选取的不同而不同，故与简化中心选择有关。主矩在三个坐标轴上的投影分别为

$$\left.\begin{aligned} M_{Ox} &= \left[\sum \boldsymbol{M}_O(\boldsymbol{F}_i)\right]_x = \sum M_{ix} \\ M_{Oy} &= \left[\sum \boldsymbol{M}_O(\boldsymbol{F}_i)\right]_y = \sum M_{iy} \\ M_{Oz} &= \left[\sum \boldsymbol{M}_O(\boldsymbol{F}_i)\right]_z = \sum M_{iz} \end{aligned}\right\} \tag{3-15}$$

由式(3-15)，读者同样可进一步计算出主矩矢量的大小及方向余弦。

对于给定力系而言，力系的主矢与对某点的主矩均为不变量。从而力系对刚体的移动效应与绕某点的转动效应也相应确定。因此，力系的主矢和主矩矢是表征力系特性的两个特征量。

不难验证：组成力偶的二力，主矢量恒等于零，对任一点的主矩恒等于力偶矩矢量。从而表明：组成力偶的二力在任意轴上的投影之和恒等于零，对任一点之矩的和恒等于其力偶矩。

空间力系的简化结果还可进一步表述为：空间力系向任一指定点简化，一般情况下可得到一个力和一个力偶，该力通过简化中心，其大小和方向等于力系的主矢；该力偶的力偶矩矢量等于该力系对简化中心的主矩。

3.3.3 平面力系向指定点简化

力系中各力的作用线都位于同一个平面内的力系称为**平面力系**。工程中的各种平面结构、平面机构均受平面力系作用，是最常见的力系之一。

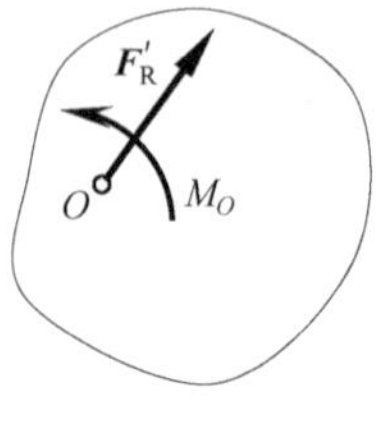

图 3-11

平面力系属于空间力系的一种特例。因此不难推断：平面力系向任一指定点简化，一般情况下得到一个力和一个力偶，且力和力偶作用在同一平面内。该力通过简化中心，大小和方向等于力系的主矢；该力偶的力偶矩等于力系对简化中心的主矩(图 3-11)。

平面力系对简化中心 O 的主矩 M_O 是代数量，且有

$$M_O = \sum M_O(\boldsymbol{F}_i) \tag{3-16}$$

3.4 力系简化结果的讨论

3.4.1 空间力系的最终简化结果

一般情况下，空间任意力系向一点简化得到一个力和一个力偶。下面根据主矢和主矩的不同情形，分四种情况作进一步的讨论。

1. 合成为一合力偶

当主矢 $\boldsymbol{F}'_R = 0$，主矩 $M_O \neq 0$ 时，空间任意力系的最终简化结果是一个合力偶，其力偶矩

就是力系对简化中心的主矩。在这种情况下，主矩与简化中心的选择无关。

2. 合成为一合力

(1)当主矢 $\boldsymbol{F}_{\mathrm{R}}' \neq 0$，主矩 $\boldsymbol{M}_O = 0$ 时，空间任意力系的简化结果为一合力，该合力通过简化中心 O，大小和方向等于力系的主矢 $\boldsymbol{F}_{\mathrm{R}}'$。

(2)当主矢 $\boldsymbol{F}_{\mathrm{R}}' \neq 0$，主矩 $\boldsymbol{M}_O \neq 0$，且 $\boldsymbol{F}_{\mathrm{R}}' \perp \boldsymbol{M}_O$ 时，如图 3-12 所示。根据力的平移定理的逆过程，可进一步简化成经过 O' 的合力 $\boldsymbol{F}_{\mathrm{R}}$，且 $\boldsymbol{F}_{\mathrm{R}} = \boldsymbol{F}_{\mathrm{R}}'$，$OO' = d = M_O / F_{\mathrm{R}}'$。

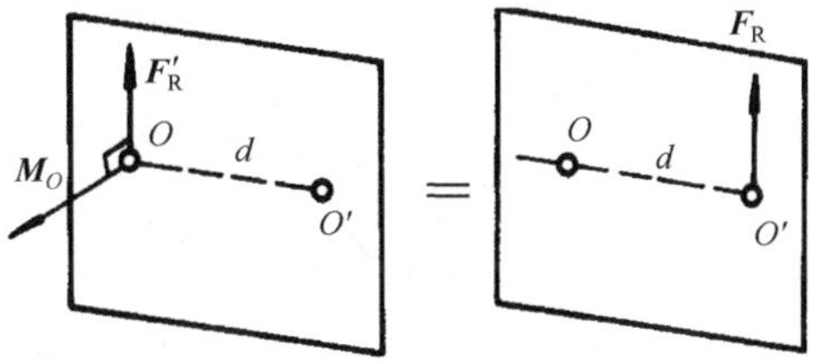

图 3-12

3. 合成为力螺旋

当主矢 $\boldsymbol{F}_{\mathrm{R}}' \neq 0$，主矩 $\boldsymbol{M}_O \neq 0$，且 $\boldsymbol{F}_{\mathrm{R}}'$ 不垂直 $\boldsymbol{M}_O$ 时，如图 3-13 所示。在 $\boldsymbol{M}_O$ 与 $\boldsymbol{F}_{\mathrm{R}}'$ 组成的平面内，将 $\boldsymbol{M}_O$ 分解为沿 $\boldsymbol{F}_{\mathrm{R}}'$ 与垂直 $\boldsymbol{F}_{\mathrm{R}}'$ 的两个分量 $\boldsymbol{M}_O'$ 与 $\boldsymbol{M}_O''$，由前面可知 $\boldsymbol{M}_O''$ 与 $\boldsymbol{F}_{\mathrm{R}}'$ 可进一步简化为经过作用点 O' 的一个力 $\boldsymbol{F}_{\mathrm{R}}$，且

$$\boldsymbol{F}_{\mathrm{R}} = \boldsymbol{F}_{\mathrm{R}}'; \quad OO' = d = \frac{M_O''}{F_{\mathrm{R}}'} = \frac{M_O \sin\varphi}{F_{\mathrm{R}}'}$$

再将力偶矩矢量 $\boldsymbol{M}_O'$ 移到 O' 点，于是力系最终简化为一个力和一个力偶，且力偶矩矢量与力矢量共线，称之为力螺旋。所谓力螺旋就是由一个力和一个力偶组成的力系，其中力垂直于力偶作用面。当力和力偶矩矢量同向时为右螺旋，反之为左螺旋。力的作用线称为力螺旋中心轴。

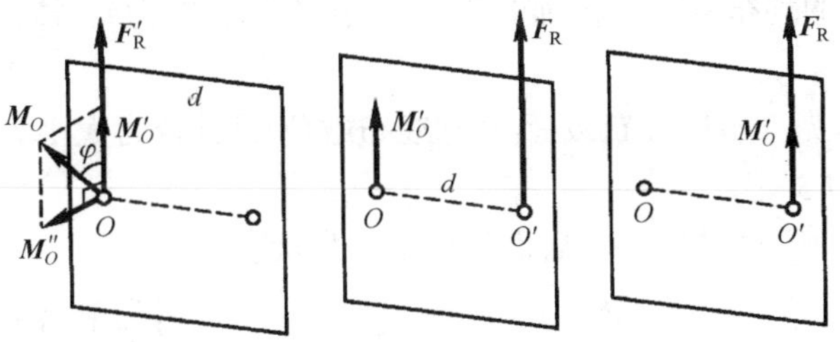

图 3-13

4. 空间力系平衡

主矢 $\boldsymbol{F}_{\mathrm{R}}'$=0，主矩 $\boldsymbol{M}_O = 0$，力系为平衡力系。将在下章讨论。

3.4.2　平面力系的最终简化结果

平面力系的主矢 $\boldsymbol{F}_{\mathrm{R}}'$ 与对简化中心 O 的主矩 $\boldsymbol{M}_O$ 在同一平面内。

力系的最终合成结果取决于力系主矢 $\boldsymbol{F}_{\mathrm{R}}'$ 和主矩 $\boldsymbol{M}_O$。

1. 合成为一合力偶

当主矢 $\boldsymbol{F}_{\mathrm{R}}' = 0$，主矩 $\boldsymbol{M}_O \neq 0$ 时，平面力系的最终简化结果是一个合力偶，其力偶矩就是力系对简化中心的主矩。在这种情况下，主矩与简化中心的选择无关。

2. 合成为一合力

力系主矢 $\boldsymbol{F}_{\mathrm{R}}' \neq 0$，则力系将合成一个合力。

(1)力系对简化中心 O 的主矩 $M_O=0$，则力系简化为一个通过 O 点的力 $\boldsymbol{F}_{\mathrm{R}} = \boldsymbol{F}_{\mathrm{R}}'$，即力系的合力；

(2)力系对简化中心 O 的主矩 $M_O \neq 0$，则力系简化后得到一个力和一个力偶(图 3-14(a))。由于力和力偶在同一平面内，可进一步合成一个合力 $\boldsymbol{F}_{\mathrm{R}}$ (图 3-14(b)、(c))。$\boldsymbol{F}_{\mathrm{R}}$ 到 O 点的距离为

$$d = \frac{M_O}{F_{\mathrm{R}}} = \frac{M_O}{F_{\mathrm{R}}'} \tag{3-17}$$

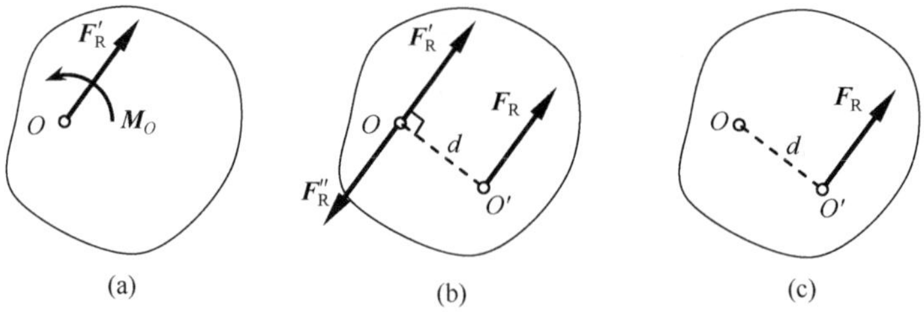

图 3-14

在求解工程实际问题时，常会遇到像结构的自重、风载、水压等分布载荷作用，这类载荷在一定范围之内连续作用，称为**分布力**或**分布载荷**。描述分布力的大小用单位作用面积(或单位长度、体积)上的载荷表示，称为**载荷集度** q。作为平面力系简化理论的具体应用，请读者自行证明以下平面分布载荷的合成结果。

- 图 3-15(a)所示的**均布载荷**，载荷集度为 q，作用线长度为 l，其合力大小为 $F=ql$，作用于长度 l 的中点。
- 图 3-15(b)所示为三角形分布载荷(又称**线布载荷**)，其合力大小为 $F = ql/2$，作用点距最大载荷集度作用点 $l/3$ 处。

为简化计算起见，上述结果将在后面的讨论中直接引用。

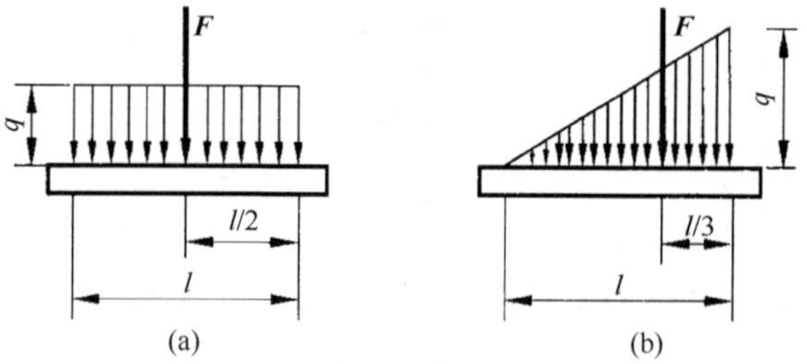

图 3-15

3. 平面力系平衡

当主矢 $\boldsymbol{F}_{\mathrm{R}}' = 0$，主矩 $M_O = 0$ 时，平面力系平衡。将在第 4 章讨论。

3.5　固定端约束

固定端约束(或称**插入端约束**)是工程中常见的一种约束形式。如地面对线杆、汽轮机叶

轮对叶片、放置于杯形基础中用细石混凝土填实的基础对混凝土柱体以及车床刀架对车刀(图 3-16)等均构成此种约束。该约束限制了被约束物体任何方向的移动和转动。下面应用空间力系简化理论来分析该约束的约束反力。

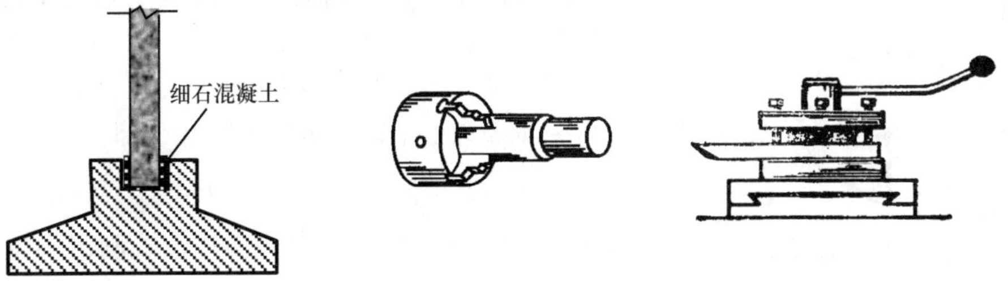

(a)　　(b)　　(c)

图 3-16

如图 3-17 所示，设 *AB* 杆的 *A* 端受固定端约束。当杆受到空间主动力系作用时，固定端必受到另一空间约束力系作用。将该约束力系向固定端的一点 *A* 进行简化，得到一个过点 *A* 的约束反力 $\boldsymbol{F}_R$ 和一个约束反力偶 $\boldsymbol{M}_A$，它们均为空间矢量，通常将它们沿三个坐标轴分解，分别得到正交的三个分力：$\boldsymbol{F}_x, \boldsymbol{F}_y, \boldsymbol{F}_z$ 和三个力偶 M_x, M_y, M_z 。

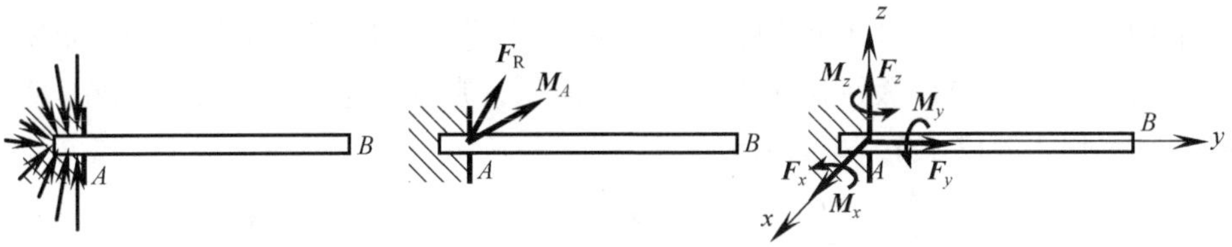

图 3-17

若主动力系在 *xy* 平面内,则平面的固定端约束只提供平面约束分力 $\boldsymbol{F}_x$, $\boldsymbol{F}_y$ 和平面内力偶 M 。

*3.6　重　　心

地心对物体的吸引力称为物体的**重力**，其大小就是物体的**重量**。物体重力的作用点称为物体的**重心**。物体处于地球表面附近，重力作用在该物体的每一微粒上，严格地讲，物体内各部分的重力的作用线汇交于地心一点。但由于一般物体的几何尺寸远比地球半径小得很多，所以各部分的重力可以看成是铅直向下的平行分布力系；求重心，也就是求该平行力系的合力作用点的位置。由实践经验可知，不论物体在空间什么位置或如何放置，其重心在物体中的相对位置是确定不变的。

在工程实际中，确定物体的重心位置十分重要，不论是物体的平衡还是运动变化，都与物体重心的位置密切相关。例如，为了保证起重机在满载与空载时的安全，其重心必须限定在某一规定范围内。又如高速转子的重心若不在转轴上，将会引起强烈振动，影响转子的正常运转，甚至造成破坏。相反，振动打桩机、混凝土振动器等，转动部分的重心又必须偏离轴线，才能发挥其预期的作用。

3.6.1 重心坐标

设物体如图 3-18 所示，体内任一微小部分 M_i 的重力为 $\boldsymbol{P}_i$。取直角坐标系 $Oxyz$，并令坐标平面 Oxy 在水平面内，z 轴铅直向上，与重力平行。设物体重心 C 的坐标为(x_C, y_C, z_C)；微小部分 M_i 的坐标为(x_i, y_i, z_i)。根据合力矩定理，物体的重力 $\boldsymbol{P}$ 对 y 轴、x 轴的矩分别等于各部分重力 $\boldsymbol{P}_i$ 对 y 轴、x 轴的矩的代数和，即

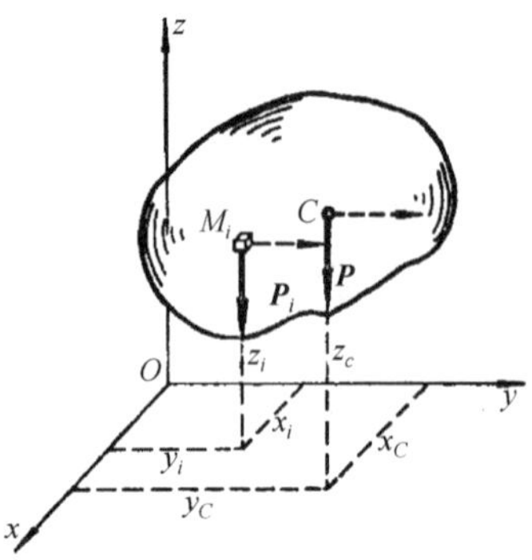

图 3-18

$$x_C \cdot P = \sum x_i \cdot P_i; \quad -y_C \cdot P = -\sum y_i \cdot P_i$$

由于物体的重心在物体中的相对位置确定不变，可将物体连同坐标系一起绕 x 轴顺时针转过 90°，使 y 轴朝下，这样，重力 $\boldsymbol{P}$ 和 $\boldsymbol{P}_i$ 都与 y 轴同向，如图 3-18 中有向虚线段所示。对 x 轴应用合力矩定理，有

$$-z_C \cdot P = -\sum z_i \cdot P_i$$

由上述三式，可分别求得物体重心的坐标公式为

$$x_C = \frac{\sum x_i \cdot P_i}{P}, \quad y_C = \frac{\sum y_i \cdot P_i}{P}, \quad z_C = \frac{\sum z_i \cdot P_i}{P} \tag{3-18}$$

对质量均匀的连续体，因其单位体积的重量γ为常量，此时，物体的重心即为物体的几何中心，又称为**形心**。以 ΔV_i 表示微小部分 M_i 的体积，则物体总体积为 $V=\sum\Delta V_i$。将 $P_i=\gamma\Delta V_i$ 以及 $P=\gamma V$ 分别代入式(3-18)，并消去γ，得

$$x_C = \frac{\sum x_i \cdot \Delta V_i}{V}, \quad y_C = \frac{\sum y_i \cdot \Delta V_i}{V}, \quad z_C = \frac{\sum z_i \cdot \Delta V_i}{V} \tag{3-19}$$

令 ΔV_i 趋近于零，在极限情况下，上式可写成积分形式

$$x_C = \frac{\int_V x\mathrm{d}V}{V}, \quad y_C = \frac{\int_V y\mathrm{d}V}{V}, \quad z_C = \frac{\int_V z\mathrm{d}V}{V} \tag{3-20}$$

对于匀质、等厚的平板，体积与其平面图形的面积成正比，由式(3-18)可得

$$x_C = \frac{\sum \Delta A_i \cdot x_i}{A}, \qquad y_C = \frac{\sum \Delta A_i \cdot y_i}{A} \tag{3-21}$$

3.6.2 确定重心位置的方法

工程实际中的物体(如构件和零、部件)大多是均质的简单形状的物体，或者是由几个简单形状的物体组成的组合体，因此，确定简单形状物体的重心，有着重要的实际意义。

图 3-19 是工程实际中几种常用型钢的截面形状，均具有对称面、对称轴或对称中心，对于这类均质物体，它们的重心必在对称面、对称轴或对称中心上。

对其他均质物体，确定重心的方法主要有积分法和分割法，分别介绍如下。

1. 积分法

对于简单形状物体的重心，一般可按重心坐标的积分公式求得。用积分法求重心的实例在高等数学中已列举不少，这里不再重复。通常可查阅有关工程手册。表 3-1 给出了几种常

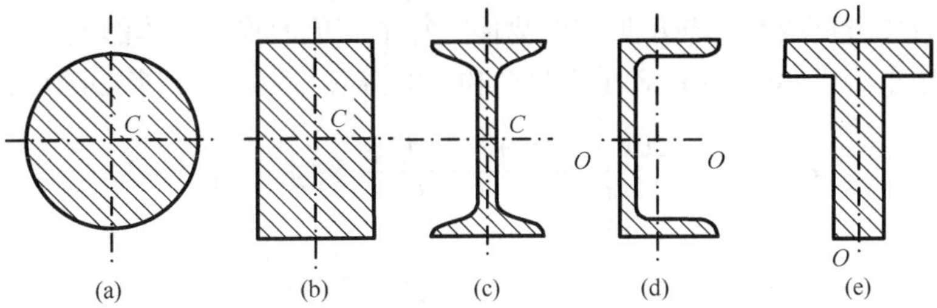

图 3-19

见的简单形状均质物体的重心位置，供参阅。

表 3-1　简单形状均质物体的重心

图形	重心坐标	图形	重心坐标
三角形 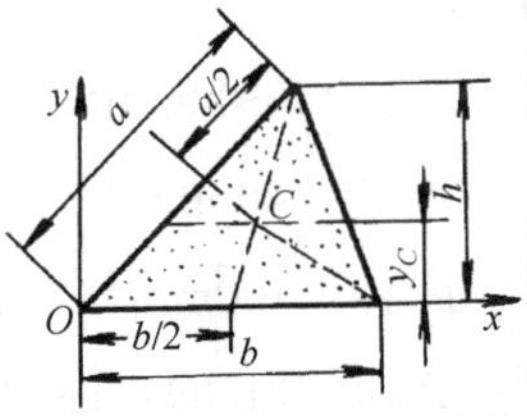	在中线的交点上 $y_C=\frac{1}{3}h$	梯形 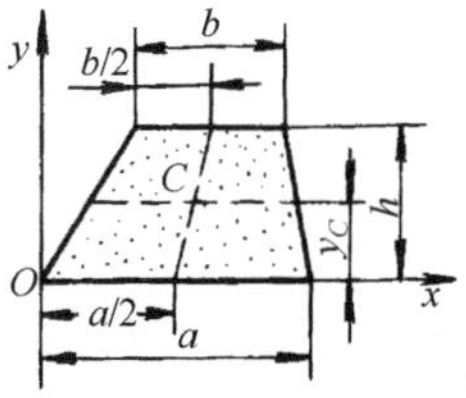	在上、下底中点的连线上 $y_C=\frac{h(a+2b)}{3(a+b)}$
圆弧 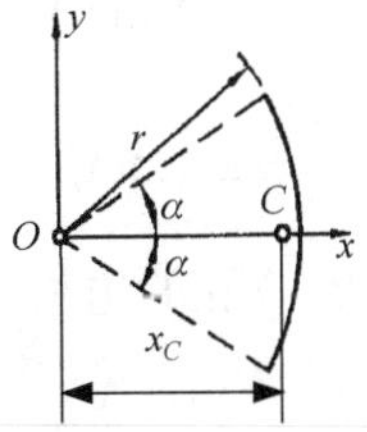	$x_C=\frac{r\sin\alpha}{\alpha}$ 对于半圆弧 $x_C=\frac{2r}{\pi}$	弓形 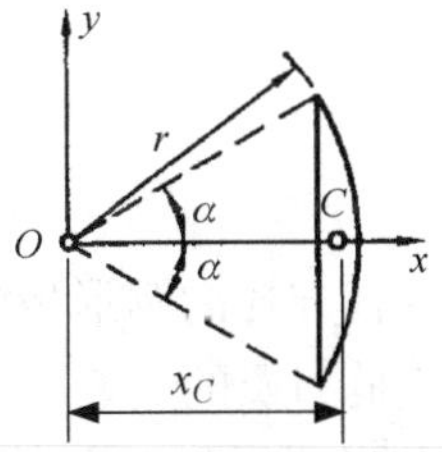	$x_C=\frac{2}{3}\frac{r^3\sin^3\alpha}{A}$ 面积 $A=\frac{r^2(2\alpha-\sin 2\alpha)}{2}$
扇形 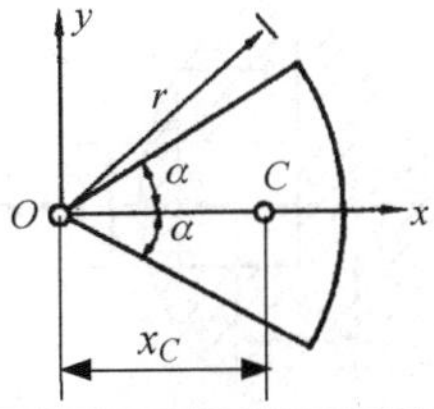	$x_C=\frac{2}{3}\frac{r\sin\alpha}{\alpha}$ 对于半圆 $x_C=\frac{4}{3}\frac{r}{\pi}$	半圆球体 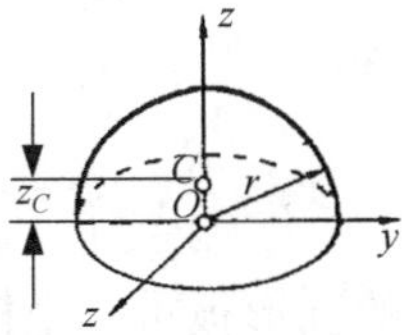	$z_C=\frac{3}{8}r$
部分圆环 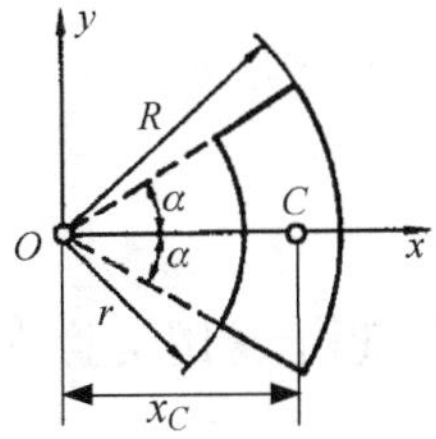	$x_C=\frac{2}{3}\left(\frac{R^3-r^3}{R^2-r^2}\right)\frac{\sin\alpha}{\alpha}$ 当 $\alpha=\frac{\pi}{2}$ 时 $x_C=\frac{4}{3\pi}\left(\frac{R^3-r^3}{R^2-r^2}\right)$	正圆锥体 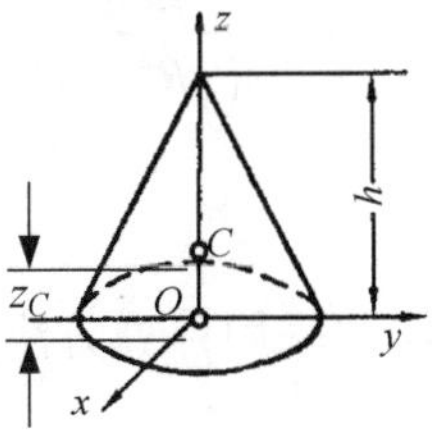	$z_C=\frac{1}{4}h$

2. 分割法

有些均质体可以看成是由几个简单形体组成的组合体，其重心位置可用分割法求出。分割法就是将组合体分割成几个简单形状的物体，每个简单形状的物体的重心可通过积分或查表求得，再应用重心坐标公式(3-18)求出整个物体的重心。组合面积形心的计算公式为

$$\left.\begin{aligned} x_C &= \frac{A_1x_1 + A_2x_2 + \cdots + A_nx_n}{A_1 + A_2 + \cdots + A_n} = \frac{\sum A_ix_i}{\sum A_i} \\ y_C &= \frac{A_1y_1 + A_2y_2 + \cdots + A_nx_n}{A_1 + A_2 + \cdots + A_n} = \frac{\sum A_iy_i}{\sum A_i} \end{aligned}\right\} \tag{3-22}$$

式中，x_i, y_i是面积A_i的形心坐标。

若在薄板(或物体)内缺少一部分，该缺少部分的面积(或体积)取为负值，故又称为**负面积法**(或**负体积法**)。

例 3-4　试求 Z 形截面重心的位置，其尺寸如图 3-20 所示，尺寸单位为 mm。

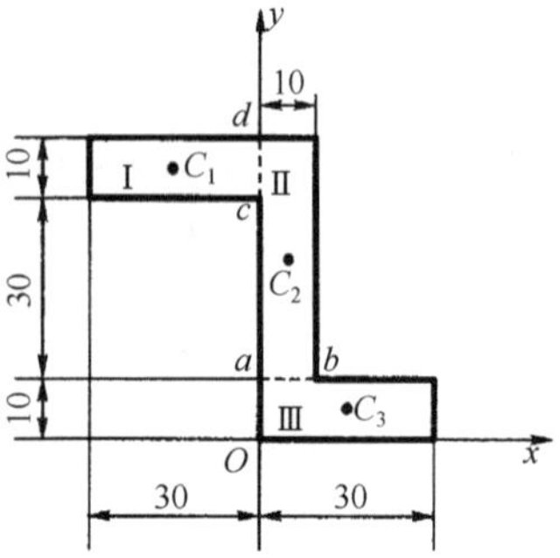

图 3-20

解　将该图形分割为Ⅰ、Ⅱ、Ⅲ三个矩形。

取坐标系如图 3-20 所示，由图得

$$x_1 = -15\text{mm}，\ y_1 = 45\text{mm}，\ A_1 = 30\times10 = 300\text{mm}^2$$

$$x_2 = 5\text{mm}，\ y_2 = 30\text{mm}，\ A_2 = 40\times10 = 400\text{mm}^2$$

$$x_3 = 15\text{mm}，\ y_3 = 5\text{mm}，\ A_3 = 30\times10 = 300\text{mm}^2$$

将以上数据代入式(3-22)，得该截面重心的坐标为

$$x_C = \frac{300\times(-15)+400\times5+300\times15}{300+400+300} = 2(\text{mm})$$

$$y_C = \frac{300\times45+400\times30+300\times5}{300+400+300} = 27(\text{mm})$$

例 3-5　求图 3-21 所示有方孔的圆形板的重心。已知圆形板的半径为 R，方孔的边长为 a，其中心在 $R/2$ 处。板的材料是匀质的。

解　将该图形分割为大圆面积和正方形面积两部分。

取坐标系如图 3-21 所示，面积对称于 x 轴，故重心必在该轴上，即 $y_C = 0$ 。由图得

$$x_1 = 0,\ A_1 = \pi R^2;\ \ x_2 = \frac{R}{2},\ A_2 = -a^2$$

代入式(3-22)，得该有方孔的圆形板重心坐标 x_C 为

$$x_C = \frac{0 - \frac{1}{2}a^2R}{\pi R^2 - a^2} = -\frac{a^2R}{2\left(\pi R^2 - a^2\right)}$$

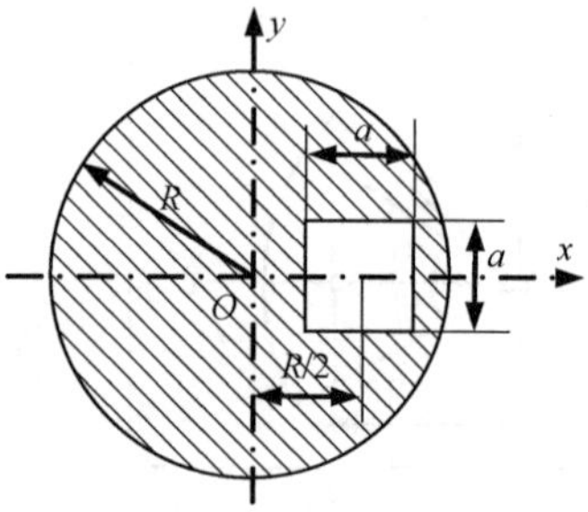

图 3-21

3. 实验法

对一些形状复杂的物体，采用计算方法来确定重心位置比较困难，工程上常用实验法。下面介绍两种方法。

(1) 悬挂法　该方法是求薄板或具有对称面的薄零件重心的简易方法。如图 3-22(a)所示，可在均质薄板上任取一点 A，然后将板用细绳悬挂于点 A，根据二力平衡条件，重心必在过悬挂点的铅直线上，于是过 A 点作铅垂线 AA_1；如图 3-22(b)所示，再将板悬挂于另一点 B，并

作出铅垂线 BB_1，则两直线的交点 C 即为重心。

(2) 称重法　如图 3-23 所示，为求压气机连杆的重心，可先秤出连杆的重量 P，再把连杆的一端放置在台秤上，而另端则放在固定支承点上，使连杆处于水平位置，此时由秤上读出的数字，即该端支反力 $\boldsymbol{F}_{\rm n}$ 的大小。

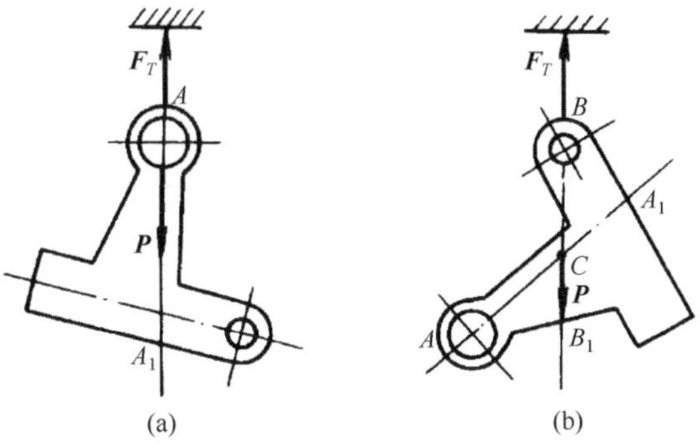

图 3-22

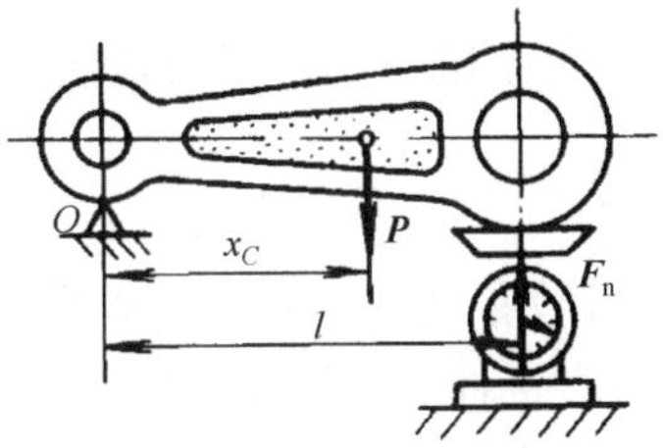

图 3-23

对连杆列平衡方程

$$\sum M_O(\boldsymbol{F})=0 \qquad Px_C - F_{\rm n}l = 0$$

$$x_C = F_{\rm n}l/P$$

式中的 l 可直接量得，重心距 O 点的距离 $x_C=\dfrac{F_{\rm n}l}{P}$ 即可算出。再利用连杆具有对称面，就可以确定连杆的重心位置。

3 根火柴吊起 8 瓶矿泉水

央视大型科普栏目《是真的吗》给出了“用火柴棍就能把瓶装水吊在桌边”的视频。请解释其中的力学原理。试分析各火柴棍的受力。

学 习 要 点

基本要求

1. 对于力矩应有清晰的理解。
2. 掌握力矩关系定理并能熟练地计算力对点之矩和力对轴之矩。
3. 掌握力系简化理论及力系简化方法。
4. 了解力系的简化结果。

5. 掌握固定端约束性质及其约束力的分析。
6. 掌握重心坐标公式，会计算均质组合形体的重心位置坐标。

本章重点

力对点之矩和力对轴之矩的计算。

本章难点

空间矢量的运算，空间结构的几何关系。

解题指导

1. 计算平面内力对点之矩常用的两种方法：
(1) 直接计算力臂，求力对点的矩。
(2) 应用合力矩定理，求力对点的矩。
2. 计算力对轴之矩常用的两种方法：
(1) 将力投影到垂直于轴的平面上，然后按平面上力对点的矩计算。
(2) 将力沿直角坐标轴分解，然后根据合力之矩定理计算。

思　考　题

思考 3-1　力对轴之矩和力对点之矩有什么区别和联系？

思考 3-2　什么情况下力对轴之矩等于零？

思考 3-3　从力偶理论知道，一力不能与力偶平衡。为什么思图 3-1 所示的轮子上的力偶 $\boldsymbol{M}$ 似乎与重物的力 $\boldsymbol{P}$ 相平衡呢？这种说法错在哪里？

思考 3-4　思图 3-2 所示三铰拱，在构件 AC 上作用有一力 $\boldsymbol{F}$，试问当求铰链 A、B、C 的约束力时，能否按力的平移定理将力 $\boldsymbol{F}$ 移到构件 BC 上？为什么？

思考 3-5　某力系向 A、B 两点简化的主矩均为零，则该力系合成的结果是什么？

思考 3-6　某平面力系向同一平面内任一点简化的结果都相同，则该力系最终的合成结果是什么？

思考 3-7　思图 3-3 所示在边长为 a 的立方体上作用大小均为 $\boldsymbol{F}$ 的两个力 $\boldsymbol{F}_1, \boldsymbol{F}_2$，试讨论此力系的合成结果。

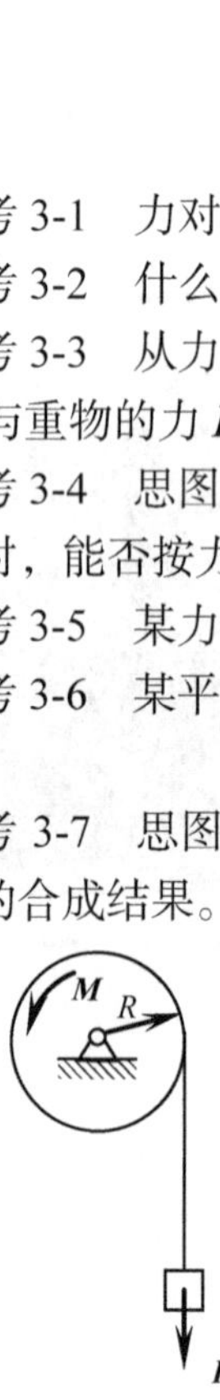

思图 3-1

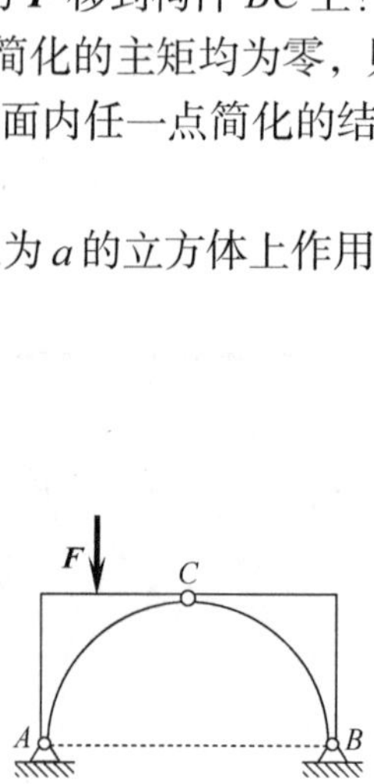

思图 3-2

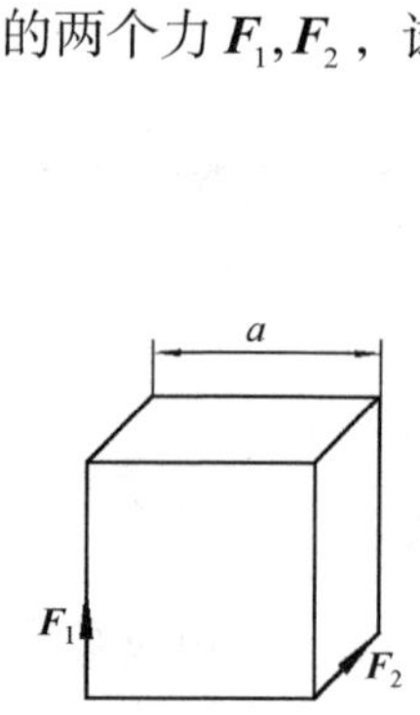

思图 3-3

思考 3-8　物体的重心是否一定在物体上？试举例说明之。

思考 3-9　计算某一物体重心的位置时，如果选取的坐标轴不同，重心的坐标是否改变？重心在物体内的位置是否会改变？

思考 3-10　当物体质量分布不均匀时，还可应用式(3-22)计算组合体的重心吗?为什么?

习　题

3-1　试计算题图 3-1 中力 $\boldsymbol{F}$ 对 O 点之矩。

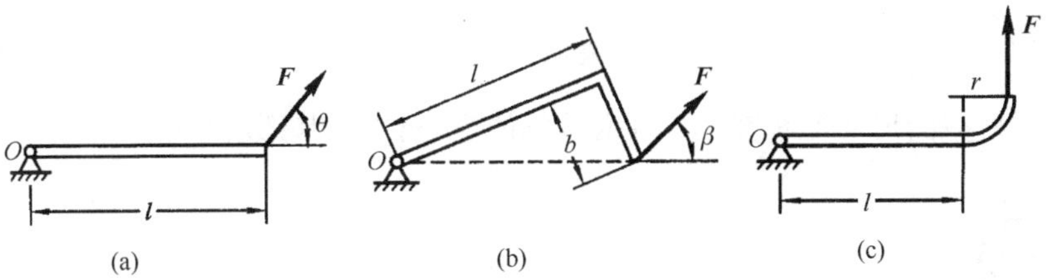

题图 3-1

3-2　作用在手柄上的力 $F=100\,\text{N}$ 如题图 3-2 所示，求力 $\boldsymbol{F}$ 对 x 轴之矩。

3-3　力 $\boldsymbol{F}$ 作用于水平圆盘边缘上一点，并垂直于半径，如题图 3-3 所示，其作用线在过该点而与圆周相切的平面内。已知圆盘半径为 r，$OO_1=a$。试求力 $\boldsymbol{F}$ 对 x、y、z 轴之矩。

3-4　在题图 3-4 所示长方体的顶点 B 处作用一力 $\boldsymbol{F}$。已知 $F=700\,\text{N}$。分别求力 $\boldsymbol{F}$ 对各坐标轴之矩，并写出力 $\boldsymbol{F}$ 对点 O 之矩矢量 $\boldsymbol{M}_O(\boldsymbol{F})$ 的解析表达式。

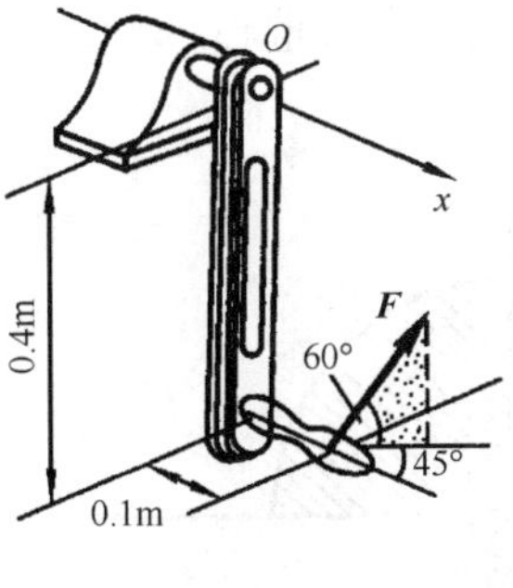

题图 3-2

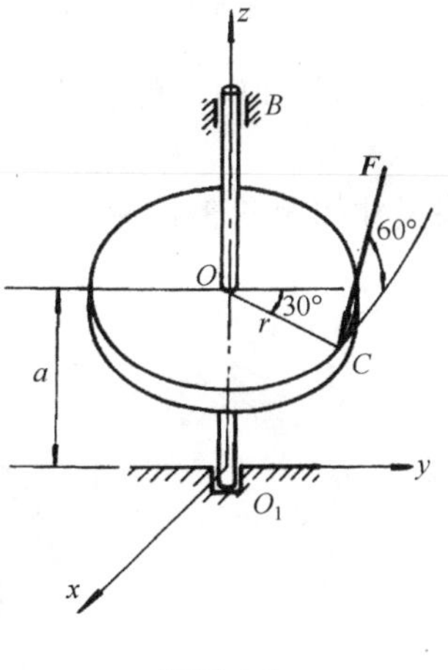

题图 3-3

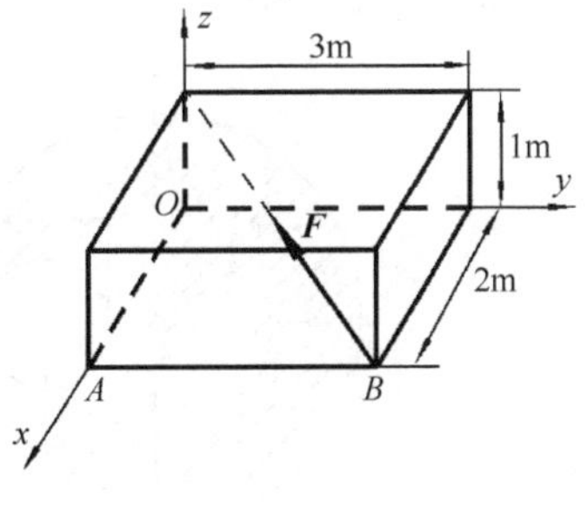

题图 3-4

3-5　立柱 OAB 垂直固定在地面上，柱上作用两力的大小分别为 $F_1=4\,\text{kN}, F_2=6\,\text{kN}$。结构和受力情况如题图 3-5 所示。设 $a=3\,\text{m}$。试分别求这两力对 O 点之矩。

3-6　题图 3-6 所示载荷 $F_1=100\sqrt{2}\,\text{N}$，$F_2=200\sqrt{3}\,\text{N}$，分别作用在正方体的顶点 A 和 B 处。试将此力系向 O 简化，并求其最终合成结果。

3-7　一空间力系如题图 3-7 所示。已知：$F_1=F_2=100\,\text{N}$，$M=20\,\text{N·m}$，$b=300\,\text{mm}$，$l=h=400\,\text{mm}$。试求力系的最终合成结果。

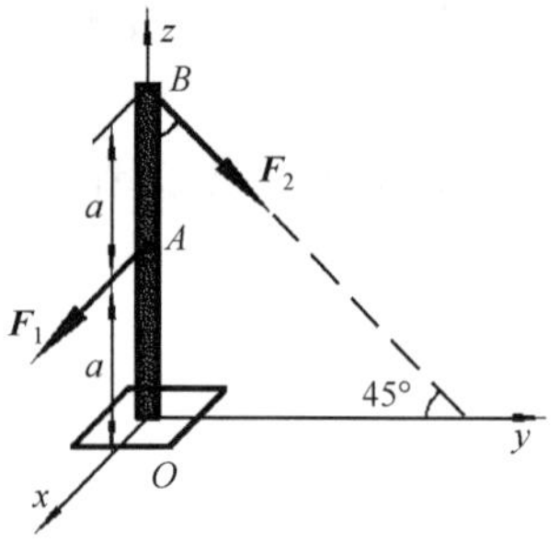

题图 3-5

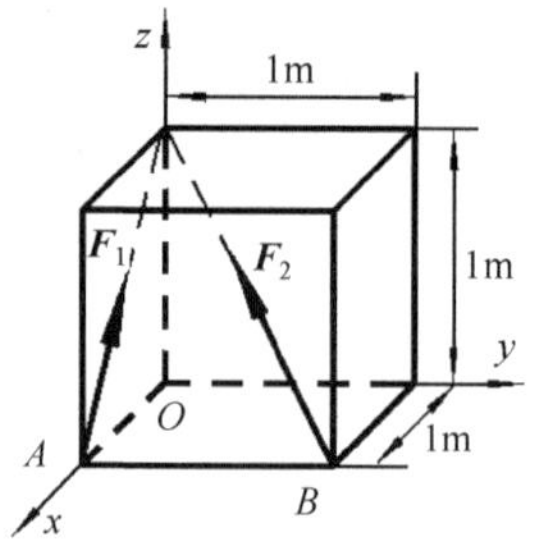

题图 3-6

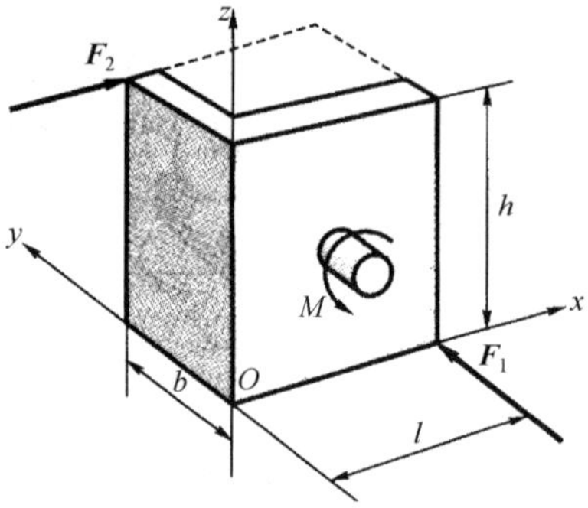

题图 3-7

3-8　各型材截面尺寸如题图 3-8 所示，单位为 cm。求其形心坐标。

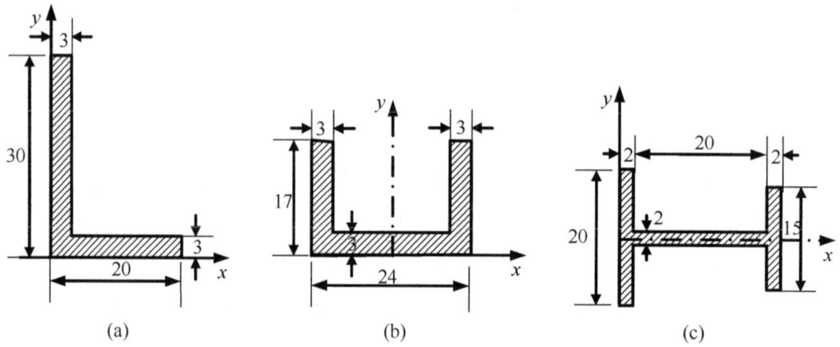

题图 3-8

3-9　题图 3-9 所示半径为 R 的大圆截面中，挖去半径为 r 的小圆，两圆圆心间的距离为 $R/2$。求此图形形心位置。

3-10　振动沉桩器中的偏心块尺寸如题图 3-10 所示，单位为 cm。求其重心。

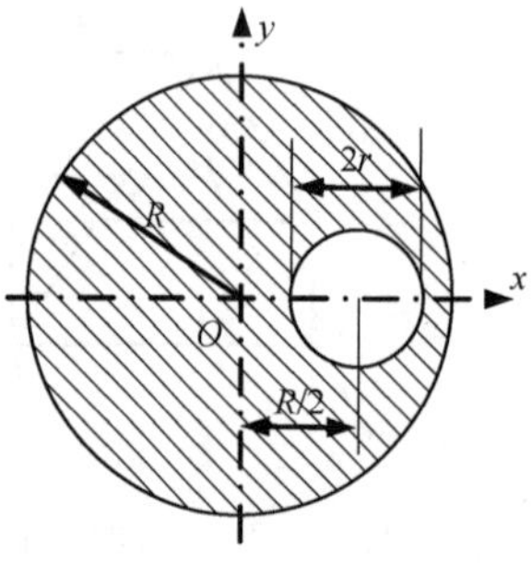

题图 3-9

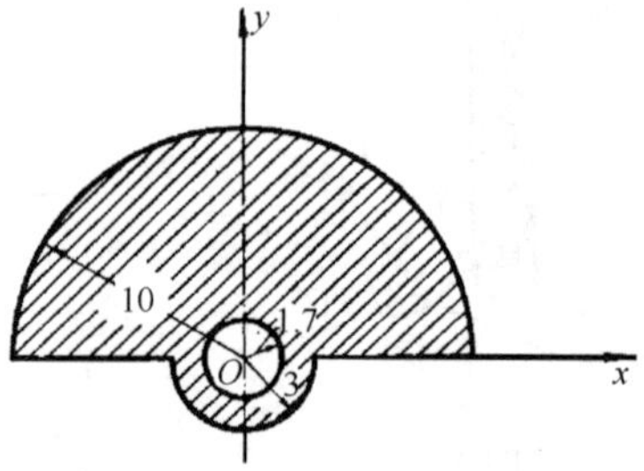

题图 3-10

第 4 章　力系的平衡

4.1　空间力系平衡方程

在上一章已经得出结论：空间一般力系平衡的必要和充分的条件是力系的主矢和力系对任一点 O 的主矩分别等于零。即

$$\left.\begin{aligned} \boldsymbol{F}_R' &= \sum \boldsymbol{F}_i = 0 \\ \boldsymbol{M}_O &= \sum \boldsymbol{M}_O(\boldsymbol{F}_i) = 0 \end{aligned}\right\} \tag{4-1}$$

设 x、y、z 为过 O 点的三个正交坐标轴，将上式分别向 x、y、z 轴投影，并应用力矩关系定理，得空间一般力系的**平衡方程**为

$$\left.\begin{aligned} &\sum F_x = 0, &&\sum F_y = 0, &&\sum F_z = 0 \\ &\sum M_x(\boldsymbol{F}) = 0, &&\sum M_y(\boldsymbol{F}) = 0, &&\sum M_z(\boldsymbol{F}) = 0 \end{aligned}\right\} \tag{4-2}$$

式中为了便于书写，略去了下标 i。空间一般力系具有 6 个独立平衡方程，可以解 6 个未知量。

例 4-1　图 4-1(a)所示为水轮机涡轮转子结构。已知大锥齿轮 D 上受的啮合反力可分解为：圆周力 $\boldsymbol{F}_\text{t}$，轴向力 $\boldsymbol{F}_\text{a}$，径向力 $\boldsymbol{F}_\text{r}$；且有比例关系：$F_\text{t}:F_\text{a}:F_\text{r}=1:0.32:0.17$；转动力矩 $M_z=1.2\text{kN}\cdot\text{m}$。转动轴及附件总重量 $G=12\text{kN}$；锥齿轮的平均半径为 $DE=r=0.6\text{m}$，其余尺寸如图。试求 A、B 两轴承处的约束反力。

解　(1)选取整体为研究对象，建立图 4-1 所示直角坐标系。

(2)受力分析。A 处为止推轴承，B 处为颈轴承，受力分析如图 4-1(b)所示。

(3)列平衡方程。先对 z 轴列力矩平衡方程，求出 F_t。

$$\sum M_z(\boldsymbol{F}) = 0,\quad M_z - F_\text{t}\cdot r = 0$$

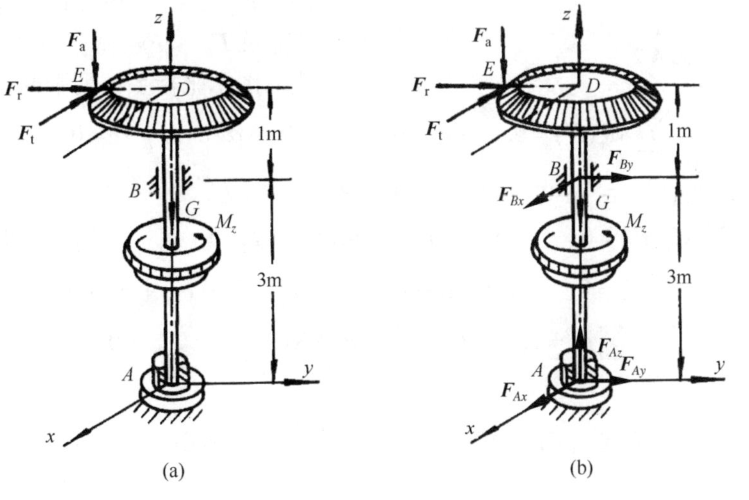

图 4-1

解得
$$F_t=\frac{M_z}{r}=\frac{1.2}{0.6}=2(\text{kN})$$

由三个力之间的比例关系可解得

$$F_a=0.32F_t=0.64(\text{kN}),\quad F_r=0.17F_t=0.34(\text{kN})$$

再分别对 y 轴和 x 轴列力矩平衡方程，分别求解 F_{Bx} 和 F_{By}。

$$\sum M_y(\boldsymbol{F})=0,\quad F_{Bx}\cdot 3-F_t\cdot 4=0$$

$$\sum M_x(\boldsymbol{F})=0,\quad F_a\cdot 0.6-F_r\cdot 4-F_{By}\cdot 3=0$$

解得
$$F_{Bx}=2.67\text{kN},\quad F_{By}=-0.325\text{kN}$$

再列出三个投影方程，求得其余 3 个未知力。

$$\sum F_z=0,\quad F_{Az}-F_a-G=0$$

$$\sum F_x=0,\quad F_{Ax}+F_{Bx}-F_t=0$$

$$\sum F_y=0,\quad F_{Ay}+F_{By}+F_r=0$$

解得
$$F_{Az}=12.64\text{kN},\quad F_{Ax}=-0.67\text{kN},\quad F_{Ay}=-0.015\text{kN}$$

F_{By}、F_{Ax}、F_{Ay} 计算结果为负，说明图示假设方向与实际方向相反。

例 4-2 图 4-2 所示水平传动轴上装有两个皮带轮，其直径 D_1=40cm，D_2=50cm。与轴承 A 的距离各为 a=1m，b=3m。轴承 A 与 B 间距离 l=4m。轮 1 上的皮带与铅垂线夹角 α=20°，轮 2 上的皮带水平放置。已知皮带张力 F_1=200N，F_2=400N，F_3=500N。设工作时传动轴受力平衡，轴及带轮的自重略去不计。试求张力 F_4 及两轴承反力。

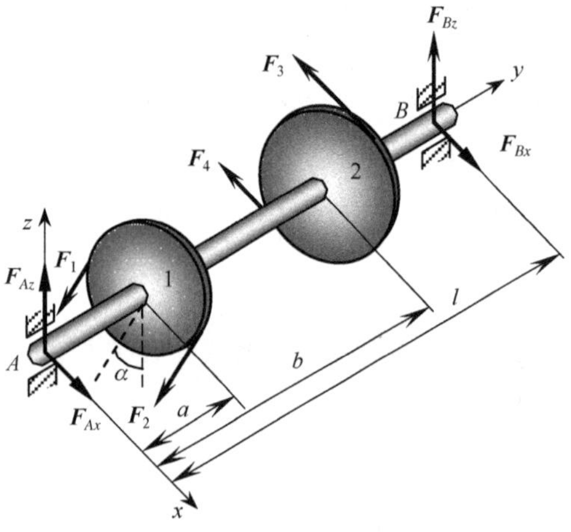

图 4-2

解 以传动轴 AB 为研究对象。

受力分析如图 4-2 所示。除皮带拉力 $\boldsymbol{F}_1$、$\boldsymbol{F}_2$、$\boldsymbol{F}_3$、$\boldsymbol{F}_4$ 之外，还受轴承 A、B 的约束反力 $\boldsymbol{F}_{Ax}$、$\boldsymbol{F}_{Az}$ 及 $\boldsymbol{F}_{Bx}$、$\boldsymbol{F}_{Bz}$。

选取图示坐标系，列平衡方程

$$\sum M_x(\boldsymbol{F})=0,\quad -F_1\cos\alpha\cdot a-F_2\cos\alpha\cdot a+F_{Bz}\cdot l=0$$

$$\sum M_y(\boldsymbol{F})=0,\quad -F_1\cdot D_1/2+F_2\cdot D_1/2-F_3\cdot D_2/2+F_4\cdot D_2/2=0$$

$$\sum M_z(\boldsymbol{F})=0,\quad F_1\sin\alpha\cdot a+F_2\sin\alpha\cdot a+F_3\cdot b+F_4\cdot b-F_{Bx}\cdot l=0$$

$$\sum F_x=0,\quad -F_1\sin\alpha-F_2\sin\alpha-F_3-F_4+F_{Ax}+F_{Bx}=0$$

$$\sum F_z=0,\quad -F_1\cos\alpha-F_2\cos\alpha+F_{Az}+F_{Bz}=0$$

解得

$$F_{Bz}=141\text{N},\quad F_4=340\text{N},\quad F_{Bx}=681\text{N},\quad F_{Ax}=364\text{N},\quad F_{Az}=423\text{N}$$

4.2　空间平行力系平衡方程

各力的作用线平行的空间力系，称为**空间平行力系**。取 z 轴与各力平行，则式(4-2)中的 $\sum F_x = 0, \sum F_y = 0, \sum M_z(\boldsymbol{F}) = 0$ 均为恒等式。故空间平行力系的独立平衡方程只有三个，即

$$\sum F_z = 0, \quad \sum M_x(\boldsymbol{F}) = 0, \quad \sum M_y(\boldsymbol{F}) = 0 \tag{4-3}$$

同理，也可以由式(4-2)导出**空间汇交力系**的平衡方程为

$$\sum F_x = 0, \quad \sum F_y = 0, \quad \sum F_z = 0 \tag{4-4}$$

例 4-3　图 4-3 所示的三轮小车，自重 P=8kN，作用于点 E，载荷 P_1=10kN，作用于点 C。求小车静止时地面对车轮的约束力。

解　研究对象：小车。

受力分析：如图 4-3 所示。其中 $\boldsymbol{P}$ 和 $\boldsymbol{P}_1$ 是主动力，$\boldsymbol{F}_A$、$\boldsymbol{F}_B$、$\boldsymbol{F}_D$ 为地面的约束力，此 5 个力相互平行，组成空间平行力系。

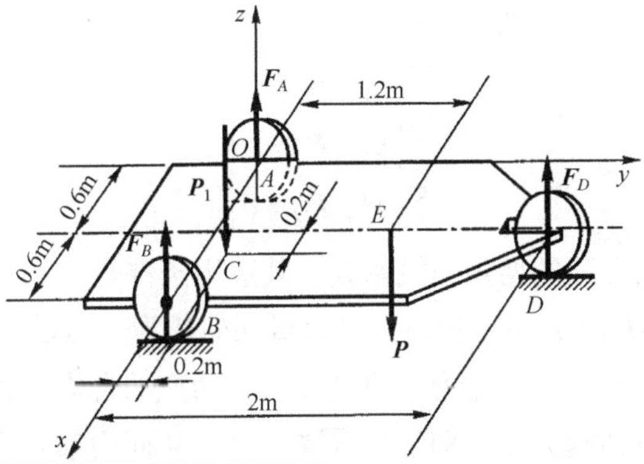

图 4-3

列平衡方程：对图示坐标系 $Oxyz$，有

$$\sum M_x(\boldsymbol{F}) = 0, \quad -0.2P_1 - 1.2P + 2F_D = 0$$

$$\sum M_y(\boldsymbol{F}) = 0, \quad 0.8P_1 + 0.6P - 1.2F_B - 0.6F_D = 0$$

$$\sum F_z = 0, \quad -P_1 - P + F_A + F_B + F_D = 0$$

解得

$$F_D\text{=5.8kN}, \quad F_B\text{=7.777kN}, \quad F_A\text{=4.423kN}$$

4.3　平面力系平衡方程

由平面力系的合成结果讨论可知：平面力系的主矢 $\boldsymbol{F}'_{\mathrm{R}}$ 和主矩 M_O 只要其中一个不为零，力系将最终合成一个合力或者一个合力偶。所以平面力系平衡的必要条件是力系的主矢和主矩同时等于零；反之，如果平面力系的主矢 $\boldsymbol{F}'_{\mathrm{R}}$ 和主矩 M_O 都等于零，则说明力系向一点简化所得到的汇交力系和力偶系各自平衡，从而决定与之等效的原平面力系也必定平衡。所以，

平面力系平衡的充分与必要条件是：力系的主矢和主矩同时等于零。即

$$\left.\begin{aligned}\sum \boldsymbol{F}_i = 0\\ \sum M_O(\boldsymbol{F}_i) = 0\end{aligned}\right\} \tag{4-5}$$

在直角坐标轴上投影式为

$$\left.\begin{aligned}\sum F_x = 0\\ \sum F_y = 0\\ \sum M_O(\boldsymbol{F}) = 0\end{aligned}\right\} \tag{4-6}$$

表达了各力在任意轴上的投影代数和与对任一点之矩的代数和分别等于零。式(4-6)称为平面力系的**平衡方程**，为方便书写，式中略去了下标 i。可见平面力系的平衡方程为三个独立的代数方程，可求解三个未知量。这种二个投影式和一个矩式组成的平衡方程是平面力系平衡方程的**基本形式**。

由于投影轴和矩心可以任取，故对同一平面平衡力系而言，即可列出无数个“平衡方程”，显然其中有许多方程并不独立，但从中总可选出独立的三个。由此可见，平衡方程可有多种形式，除式(4-6)外，还有以下两种表达形式。

$$\left.\begin{aligned}\sum F_x = 0\\ \sum M_A(\boldsymbol{F}) = 0\\ \sum M_B(\boldsymbol{F}) = 0\end{aligned}\right\} \tag{4-7}$$

式(4-7)称为平面力系平衡方程的**两矩一投影式**，其适用条件是：A、B 两矩心的连线不能与 x 轴垂直。因为虽满足 $\sum M_A(\boldsymbol{F}) = 0$，但该力系有可能简化为一通过 A 点的合力 $\boldsymbol{F}_A$；若还满足 $\sum M_B(\boldsymbol{F}) = 0$，则力系仍有可能简化为一通过 A、B 两点的合力；此时如果 x 轴与 AB 垂直，则此合力在 x 轴上的投影必然为零，即恒有 $\sum F_x = 0$，从而力系在满足式(4-7)的条件下，并不能排除存在通过 A、B 两点的合力的可能性。故要求 x 轴不垂直于 A、B 连线。

$$\left.\begin{aligned}\sum M_A(\boldsymbol{F}) = 0\\ \sum M_B(\boldsymbol{F}) = 0\\ \sum M_C(\boldsymbol{F}) = 0\end{aligned}\right\} \tag{4-8}$$

式(4-8)称为平面力系平衡方程的**三矩式**，其适用条件是：A、B、C 三矩心不共线。读者可用类似的方法自行论证。

例 4-4　起重机重 P_1=10kN，可绕铅直轴 AB 转动；起重机的挂钩上挂一重为 P_2=40kN 的重物，如图 4-4 所示。起重机的重心 C 到转动轴的距离为 1.5m，其他尺寸如图所示。求在止推轴承 A 和轴承 B 处的约束反力。

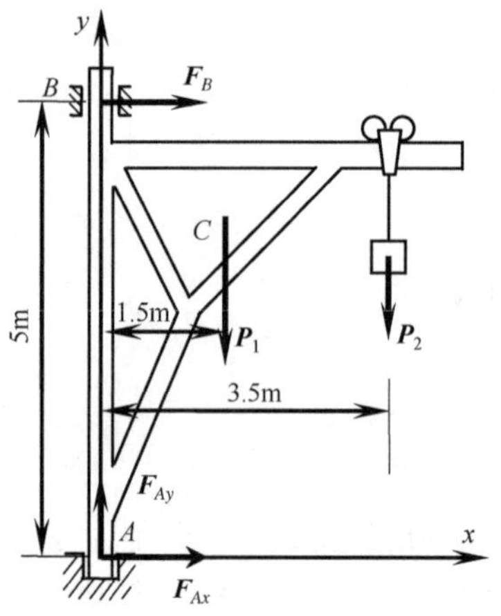

图 4-4

解　研究对象：起重机整体。

受力分析：受主动力有 $\boldsymbol{P}_1$ 和 $\boldsymbol{P}_2$。止推轴承 A 处有两个约束反力 $\boldsymbol{F}_{Ax}$、$\boldsymbol{F}_{Ay}$，轴承 B 处只有一个与转轴垂直的约束力 $\boldsymbol{F}_B$，这是一个平面任意力系，如图 4-4 所示。

列平衡方程：取图示坐标轴有

$$\sum F_x = 0,\quad F_{Ax} + F_B = 0$$

$$\sum F_y = 0,\quad F_{Ay} - P_1 - P_2 = 0$$

$$\sum M_A(\boldsymbol{F}) = 0,\quad -F_B \cdot 5 - P_1 \cdot 1.5 - P_2 \cdot 3.5 = 0$$

解方程得

$$F_{Ay} = 50\text{kN},\quad F_B = -31\text{kN},\quad F_{Ax} = 31\text{kN}$$

F_B数值为负，说明它的实际方向与假设的方向相反。

例 4-5　如图 4-5(a)所示，AC 梁重 $W = 6\text{kN}$，作用力 $P = 6\text{kN}$，力偶矩 $M = 4\text{kN·m}$，均布载荷集度 $q = 2\text{kN/m}$。若 $\theta = 30°$，求支座 A、B 的约束反力。

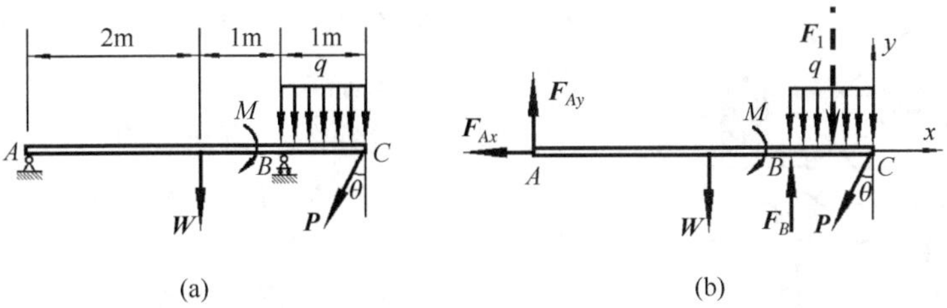

图 4-5

解　研究对象：AC 梁。

受力分析：铰链 A 处的约束反力大小用 $\boldsymbol{F}_{Ax}$、$\boldsymbol{F}_{Ay}$ 表示，B 处的约束反力为 $\boldsymbol{F}_B$，指向均为假设。分布载荷可用一个作用于 BC 中点，大小为 $F_1 = q \cdot BC$ 的合力代替，如图 4-5(b)所示。

列平衡方程：取坐标系 Cxy 如图 4-5(b)所示，有

$$\sum M_A(\boldsymbol{F}) = 0,\quad -W \cdot 2 - M + F_B \cdot 3 - F_1 \cdot 3.5 - P\cos\theta \cdot 4 = 0$$

$$\sum F_x = 0,\quad -F_{Ax} - P\sin\theta = 0$$

$$\sum F_y = 0,\quad F_{Ay} - W + F_B - F_1 - P\cos\theta = 0$$

解上述平衡方程，得

$$F_B = \frac{23 + 12\sqrt{3}}{3}\text{kN} = 14.6\text{kN}$$

$$F_{Ax} = -3\text{kN}$$

$$F_{Ay} = \frac{1 - 3\sqrt{3}}{3}\text{kN} = -1.4\text{kN}$$

负号表示 $\boldsymbol{F}_{Ax}$、$\boldsymbol{F}_{Ay}$ 的真实方向与受力图中假设的指向相反。

4.4　平面平行力系平衡方程

各力作用线都处在同一个平面内且相互平行的力系称为**平面平行力系**。平面平行力系是平面力系的一种特殊情况。若取 x 轴与平面平行力系各力作用线平行，由于各力作用线与 y 轴垂直，故有 $\sum F_y \equiv 0$，所以平面平行力系只有两个独立的平衡方程，分别表达如下：

$$\left.\begin{aligned}\sum F_x=0\\ \sum M_O(\boldsymbol{F})=0\end{aligned}\right\} \tag{4-9}$$

称为平面平行力系平衡方程的基本形式。

$$\left.\begin{aligned}\sum M_A(\boldsymbol{F})=0\\ \sum M_B(\boldsymbol{F})=0\end{aligned}\right\} \tag{4-10}$$

平面平衡力系平衡方程的两矩式，适用条件是：A、B 两点的连线不与力作用线平行。

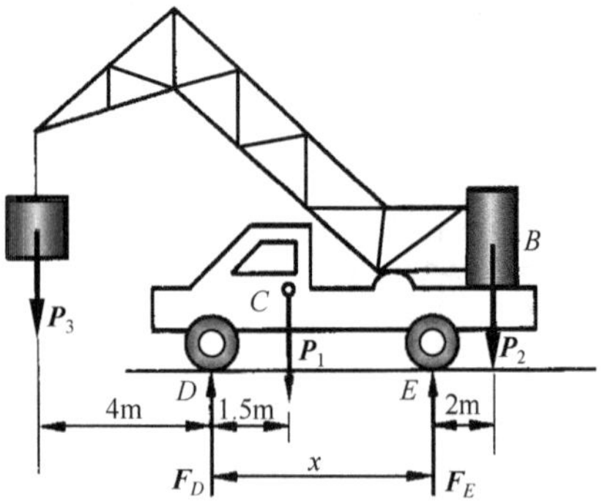

图 4-6

例 4-6　汽车起重机重 P_1=20kN，重心在 C 点，平衡块 B 重 P_2=20kN，尺寸如图 4-6 所示。求保证汽车起重机安全工作的最大起吊重量 $P_{3\max}$ 及前后轮间的最小距离 $x_{\min}$。

解　研究对象：汽车起重机。

受力分析：重力 $\boldsymbol{P}_1$、$\boldsymbol{P}_2$、载荷 $\boldsymbol{P}_3$，以及前、后轮所受到的约束力 $\boldsymbol{F}_D$、$\boldsymbol{F}_E$，如图 4-6 所示。

列平衡方程：保证汽车起重机安全工作，必须综合考虑以下两种因素。

(1) 空载时(P_3=0)，如果前后轮间的距离过小，起重机将绕后轮 E 向后翻到。当两轮间的距离达到极小值 $x_{\min}$ 时，起重机处于临界平衡状态，此时有 F_D =0。

$$\sum M_E(\boldsymbol{F})=0,\quad (x_{\min}-1.5)P_1-2P_2=0 \tag{a}$$

(2) 工作过程中，如果载荷过大时，起重机将绕前轮 D 向前翻到。当载荷达到最大值 $P_{3\max}$ 时，起重机处于临界平衡状态，此时有 F_E =0。

$$\sum M_D(\boldsymbol{F})=0,\quad 4P_{3\max}-1.5P_1-(x_{\min}+2)P_2=0 \tag{b}$$

联立以上两个方程，并将 P_1= P_2=20kN 代入，得

$$x_{\min}=3.5\text{m},\quad P_{3\max}=35\text{kN}$$

4.5　物体系统的平衡　静定与静不定问题

在工程实际中，更多遇到的是由多个物体组成的物体系统平衡问题，简称**系统平衡问题**。例如：一辆汽车、一台机器、一座大桥等，它们的平衡问题都是物体系统平衡的例子。

系统平衡时，系统内每一物体必然处于平衡状态。系统以外物体作用于系统上的力称为**系统外力**；系统内部各物体之间相互作用的力称为**系统内力**，显然，每一对系统内力均构成作用与反作用，必然成对出现，且满足大小相等、方向相反、作用线共线。

研究这类问题，不仅需要求出作用于系统上的未知外力，而且还常常需要求出系统的内力。因此，不仅要研究系统的整体平衡问题，而且还要研究系统内每个物体的平衡问题。

求解物体系统平衡问题的最简单的方法就是将整个系统拆成单个物体，分别列出各自相应的平衡方程，然后联立求解全部的未知量。设系统由 n 个物体组成，受平面任意力系作用，则共有 $3n$ 个独立方程。如果系统中有部分物体受平面汇交力系或平面平行力系作用，则系统

的独立平衡方程数目相应减少。

在工程实际中，有时为了提高结构的可靠性或减小结构变形量，往往会采用增加约束的方法，致使结构中未知量的个数多于可列的独立平衡方程个数。根据未知量个数和独立平衡方程个数的关系，将静力学平衡问题分为静定问题和静不定问题。

静定问题：系统所包含的未知量个数等于独立的平衡方程个数，全部未知量都能由平衡方程求解的平衡问题；**静不定问题**：系统所包含的未知量个数大于独立的平衡方程个数，所有未知量不能由平衡方程全部求解的平衡问题。静不定问题也称为**超静定问题**。未知量个数与系统独立平衡方程数之差称为**静不定次数**或**超静定次数**。

例如，重量为 P 的重物用两根钢丝绳悬挂，如图 4-7(a)所示，重物受到平面汇交力系的作用而处于平衡，可列出两个独立的平衡方程，而所含未知量也是两个，故属于静定问题；若为了安全起见，用三根钢丝绳悬吊该重物，如图 4-7(b)所示，则此重物仍受平面汇交力系的作用，可列出的独立的平衡方程数仍为两个，但未知量增为三个，此时问题属于静不定问题。

又如，图 4-8(a)所示的转子受到在 A、B 两端受到轴承支承而处于平衡，轮盘重 P (轴重量不计)。因为转子在平面平行力系作用处于平衡，可列出的独立平衡方程个数与未知量个数同为两个，故属于静定问题；若用三个轴承进行支承，如图 4-8(b)所示，则此时转子仍受平面平行力系的作用，独立的平衡方程式个数未变，而未知量增为三个，故此时的问题属于静不定问题。

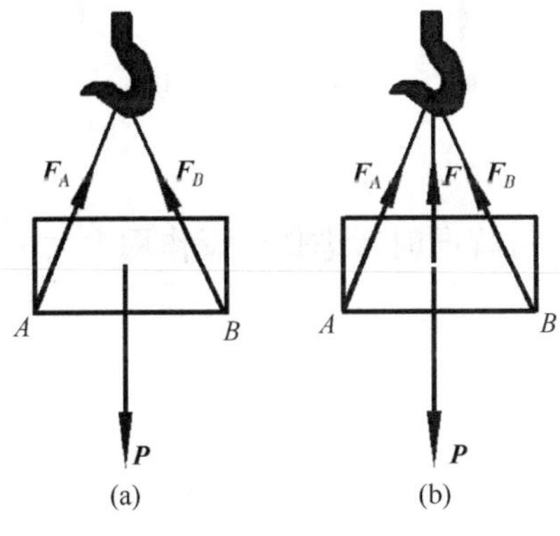

图 4-7

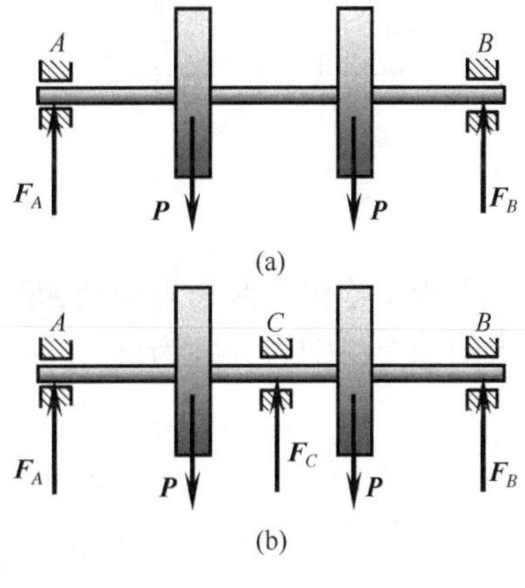

图 4-8

对于静不定问题必然满足平衡条件，在求解时还必须考虑物体的变形，以便得到相应的补充方程。此类问题将在材料力学、结构力学等后续课程中进行研究。

求解静定系统的平衡问题时，可以选取每个物体作为研究对象，以便列出与物体个数相应的全部平衡方程联立求解。该方法虽然可行，但缺乏针对性，还增加了求解的工作量和难度。因此针对求解问题，合理选取研究对象，灵活应用平衡条件，寻求并掌握一定的求解技巧，无疑对快捷、正确求解大有益处。

下面通过例题进行说明。

例 4-7　已知三铰拱架如图 4-9(a)所示。拱架左右对称，各重为 P；A，B 为固定铰支座，刚架之间以铰链连接。左架在高 h 处受水平力 $\boldsymbol{F}$ 的作用，其他尺寸如图所示。求铰链 A、B 处的约束反力。

解　本题是由两个刚体组成的系统平衡问题。

解法Ⅰ　(1) 选取左刚架为研究对象，受力如图 4-9(b)所示。取 C 为矩心列平衡方程

$$\sum F_x = 0, \quad F_{Ax} + F + F_{Cx} = 0$$
$$\sum F_y = 0, \quad -F_{Ay} - P + F_{Cy} = 0$$
$$\sum M_C(F) = 0, \quad F_{Ax} \cdot H + F_{Ay} \cdot l/2 + P \cdot (l/2 - a) + F(H - h) = 0$$

(2) 选取右刚架为研究对象，受力如图 4-9(c)所示。左右刚架间相互作用力应满足作用和反作用公理。取 C 为矩心列平衡方程

$$\sum F_x = 0, \quad F_{Bx} - F'_{Cx} = 0$$
$$\sum F_y = 0, \quad -F_{By} - P - F'_{Cy} = 0$$
$$\sum M_C(\boldsymbol{F}) = 0, \quad F_{Bx} \cdot H - F_{By} \cdot l/2 - P \cdot (l/2 - a) = 0$$

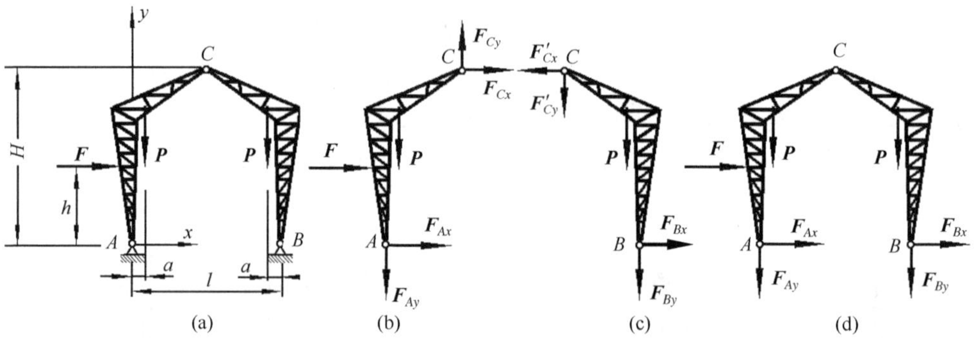

图 4-9

每个方程中都包含两个未知数，联立求解上述六个方程同时考虑作用反作用力大小相等，可得待求的四个未知力分别为

$$F_{Ax} = [2Pa - F(2H - h)]/2H$$
$$F_{Ay} = Fh/l - P$$
$$F_{Bx} = -(Fh + 2Pa)/2H$$
$$F_{By} = -P - Fh/l$$

解法Ⅱ　(1) 以整体为研究对象，受力如图 4-9(d)所示。分别以 A、B 为矩心列平衡方程

$$\sum M_B(\boldsymbol{F}) = 0, \quad F_{Ay} \cdot l + P \cdot (l - a) + P \cdot a - F \cdot h = 0 \tag{a}$$
$$\sum M_A(\boldsymbol{F}) = 0, \quad -F_{By} \cdot l - P \cdot (l - a) - P \cdot a - F \cdot h = 0 \tag{b}$$
$$\sum F_x = 0, \quad F_{Ax} + F_{Bx} + F = 0 \tag{c}$$

由式(a)解出

$$F_{Ay} = -P + Fh/l$$

由式(b)解出

$$F_{By} = -Fh/l - P$$

(2) 选取右刚架为研究对象，受力如图 4-9(c)所示，列平衡方程

$$\sum M_C(\boldsymbol{F})=0,\quad F_{Bx}\cdot H-F_{By}\cdot l/2-P\cdot(l/2-a)=0 \tag{d}$$

由式(d)解出

$$F_{Bx}=-(Fh+2Pa)/2H$$

代入式(c)解出

$$F_{Ax}=(2Pa-F(2H-h))/2H$$

讨论：解法Ⅱ中先后取两次研究对象，由四个有效方程解四个待求未知力，且未出现联立求解过程。主要得益于合理地选取研究对象和恰当地选择平衡方程形式。具体体现在：

① 以整体为研究对象，不涉及未知内力 $\boldsymbol{F}_{Cx}$、$\boldsymbol{F}_{Cy}$；整体受四个未知约束力作用而无未知力偶，分别以其中三个未知力的交点为矩心，建立力矩平衡方程，可方便求出其中的两个待求未知力。

② 以右刚架为研究对象时，以不需求解的未知内力 $\boldsymbol{F}_{Cx}$、$\boldsymbol{F}_{Cy}$ 的交点 C 为矩心，该两力在力矩平衡方程中不出现。

③ 求得三个未知力后，即可代入形式比较简单的方程(c)，求得最后的待求未知力 F_{Ax}。

思考 1：若以整体为研究对象，能建立四个相互独立的“平衡方程”？这样取一次研究对象就能解出待求的四个未知力吗？

思考 2：若分别取整体、左刚架、右刚架为研究对象，这样就可列出 9 个平衡方程，它们之间相互独立吗？

例 4-8　系统结构与尺寸如图 4-10(a)所示，杆件 AB 与 BC 通过铰链连接，自重不计。均布载荷集度为 q，力偶矩大小为 M，转向如图。求 A、C 处的约束反力。

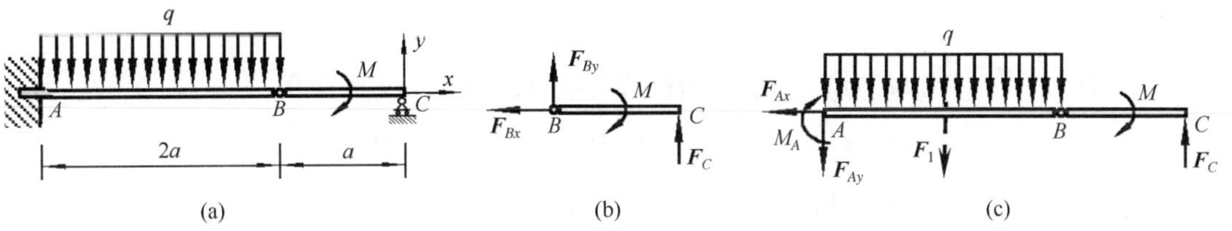

图 4-10

解　A 处为平面插入端约束，约束反力既包括力 $\boldsymbol{F}_{Ax}$、$\boldsymbol{F}_{Ay}$，也包括力偶 M_A。

(1)首先选取杆件 BC 为研究对象，受力如图 4-10(b)所示。取 B 为矩心列平衡方程

$$\sum M_B(\boldsymbol{F})=0,\quad F_C\cdot a-M=0$$

解得

$$F_C=\frac{M}{a}$$

(2)选取整体为研究对象，受力如图 4-10(c)所示。分布力 q 可用一个作用于 AB 中点，大小为 $F_1=q\cdot\overline{AB}$ 的力代替。列平衡方程

$$\sum F_x=0,\quad -F_{Ax}=0$$

$$\sum F_y=0,\quad -F_{Ay}-F_1+F_C=0$$

$$\sum M_A(\mathrm{F})=0,\quad F_C\cdot 3a-M-F_1\cdot a-M_A=0$$

解得

$$F_{Ax}=0,\quad F_{Ay}=M/a-2qa,\quad M_A=2M-2qa^2$$

思考：本例与例 4-7 的解法Ⅱ对比，由于插入端约束的存在，求解策略有何调整？

例 4-9 如图 4-11(a)所示构架，杆 AB 与 CE 在中点以销钉 D 连接，已知物重 $P=10\text{kN}$，$AD=DB=2\text{m}$，$CD=DE=1.5\text{m}$，不计摩擦及杆、滑轮的重量。求杆 BC 内力及 AB 杆作用于销钉 D 处力的大小。

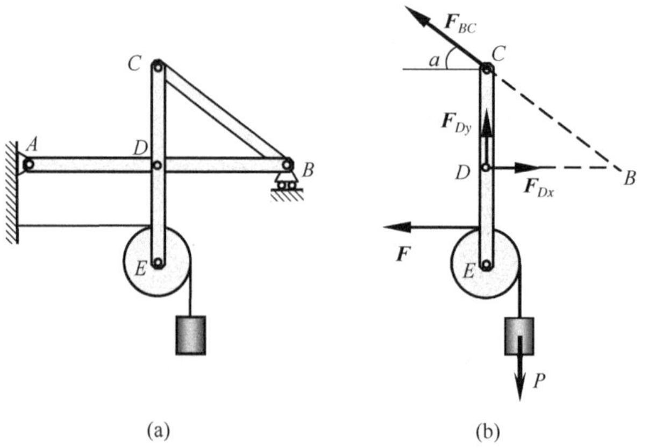

图 4-11

解 选取研究对象：杆 CE (带有销钉 D)以及滑轮、绳索、重物组成的系统。

受力分析如图 4-11(b)所示，$\boldsymbol{F}_{BC}$ 为链杆 BC 的约束力，$\boldsymbol{F}_{Dx}$、$\boldsymbol{F}_{Dy}$ 为 AB 杆作用于销钉 D 的力，绳的拉力 $F=P$。研究对象在平面力系下处于平衡，分别以未知力的交点 D、C、B 为矩心列平衡方程

$$\sum M_D(\boldsymbol{F})=0,\quad F_{BC}\cos\alpha\cdot\overline{CD}-F\cdot(\overline{DE}-R)-P\cdot R=0$$

$$\sum M_C(\boldsymbol{F})=0,\quad F_{Dx}\cdot\overline{CD}-F\cdot(\overline{CE}-R)-P\cdot R=0$$

$$\sum M_B(\boldsymbol{F})=0,\quad -F_{Dy}\cdot\overline{DB}-F\cdot(\overline{DE}-R)+P\cdot(\overline{DB}-R)=0$$

由几何关系 $\cos\alpha=\overline{CD}/\overline{BC}=0.8$，解上述方程，可得

$$F_{BC}=12.5\text{kN},\quad F_{Dx}=20\text{kN},\quad F_{Dy}=2.5\text{kN}$$

由以上例题可以看出，在研究系统平衡问题时，研究对象及平衡方程应根据题意灵活选取，以便用最简便的方法求得待求未知量。

4.6 平面简单桁架的内力计算

桁架是由若干直杆在两端通过焊接、铆接所构成的几何形状不变的工程承载结构。其优点是杆件主要承受拉力或压力，能够充分发挥一般钢材抗拉、压性能强的优势，具有用料省、自重轻、承载能力强等优点，因此在工程中应用广泛。起重机架、高压线塔、油田井架以及铁路桥梁等，多采用这种结构。

各杆件轴线都在同一平面内的桁架，称为**平面桁架**；各杆件轴线不在同一平面内的桁

架，称为**空间桁架**。桁架中各杆轴线的交点称为**节点**。一般说来，由三根杆与三个节点组成一个基本三角形后，在此基础上如果每增加二根杆件和一个节点，便新增一个三角形，这样的桁架称为**平面简单桁架**，如图 4-12 所示。

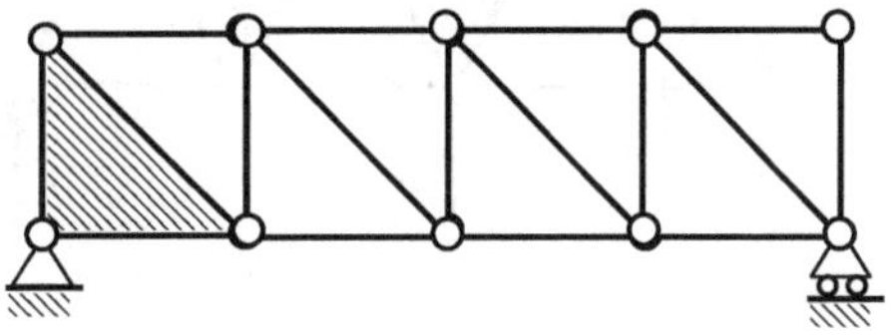

图 4-12

工程实际中，桁架中的杆件连接形式各不相同，但测试结果显示在相同载荷作用下，不同连接形式下的同一杆件内力误差并不大；而且误差还随着载荷的增大而减小；杆件愈细、愈长误差相对减小。因此，为了简化理论分析计算，建立桁架的力学模型时，采用以下的假设：

(1) 桁架中每根杆件的两端均为理想铰链连接，即各杆件能绕节点自由转动；

(2) 桁架中的每根杆件的轴线均为一条直线；

(3) 所有杆件的轴线均相交于理想铰链的几何中心；

(4) 各杆件自重不计，外载荷均加在理想绞的几何中心，即桁架的节点。

满足以上假设的桁架称之为**理想桁架**。理想桁架的各杆件均为二力杆件，只产生轴向的拉、压变形。可以证明，理想桁架为静定问题。

对桁架的内力计算，其目的是要求出每根杆件的内力大小及受力特性(拉力或压力)，从而为设计杆件的材料、尺寸与承载能力的校核(强度、刚度和稳定性)提供依据。对于简单理想桁架，各杆件所传递的力均可通过力系的平衡方程来计算。通常采用的方法有节点法与截面法两种。无论采用哪种方法，一般都应首先求得支座的约束反力。为了便于通过计算结果的正、负号来判断各杆件的受力特性，在分析受力时，一般事先假定各杆件均承受拉力。

本节仅讨论平面简单桁架的内力计算问题。

节点法是以节点作为研究对象求解各杆件受力的方法。其要点是：依次取各节点为研究对象并画出相应的受力图；应用汇交力系的平衡条件列平衡方程求出各杆件的未知力。该方法一般适用于桁架的设计计算。对于平面理想桁架，各节点受平面汇交力系作用，对应有 2 个平衡方程。因此应注意正确选取研究节点的顺序，以使所取节点既有已知力作用，又使未知力数目与平衡方程数目相等，从而避免求解联立方程，简化计算过程。

截面法是假想通过一个截面截取桁架的某一部分作为研究对象，求解被截杆件的受力的求解方法。此时被截杆件的内力作为研究对象的外力，可应用相应力系的平衡条件列平衡方程求出。该方法一般适用于桁架的校核或某些指定杆件内力的计算。对于平面理想桁架，研究对象受平面一般力系作用，对应有 3 个平衡方程。因此，一般说来，被截杆件的数目不应超过相应的平衡方程个数。

例 4-10　试用节点法和截面法求出图 4-13 所示的平面桁架中的 6、7、8 杆件的内力，假设各杆件的长度为 a。

解　(1)求支座约束反力：以整体作为研究对象，受力分析如图 4-13 所示。

由平面力系的平衡条件列平衡方程

$$\sum M_A(\boldsymbol{F})=0,\quad 3aF_G-aW=0$$

解得

$$F_G=W/3$$

(2)节点法：依次取节点 G、F、E、D、C、B 为研究对象，受力分析分别如图 4-14 所示。

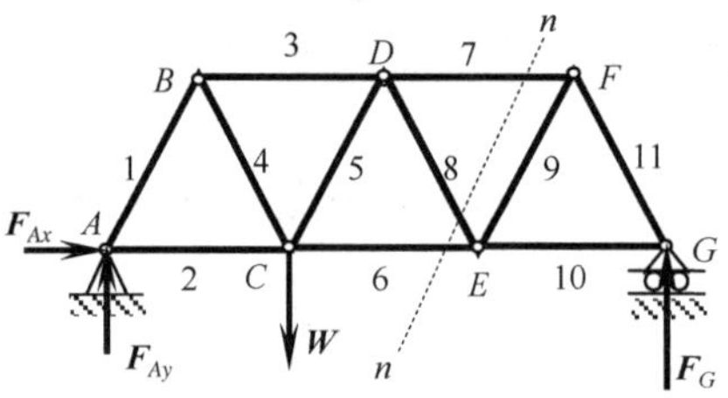

图 4-13

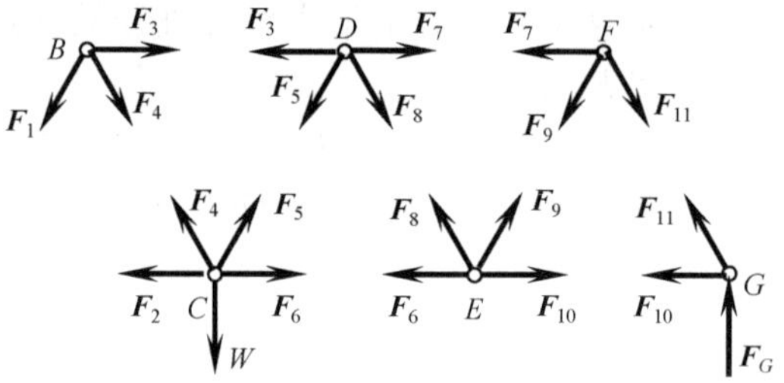

图 4-14

对节点 G，由平面汇交力系的平衡条件列平衡方程

$$\sum F_y = 0, \quad F_G + F_{11}\sin 60° = 0$$

$$\sum F_x = 0, \quad -F_{10} - F_{11}\cos 60° = 0$$

得

$$F_{11} = -\frac{F_G}{\sin 60°} = -\frac{2}{9}\sqrt{3}W, \quad F_{10} = \frac{1}{9}\sqrt{3}W$$

对节点 F，由平面汇交力系的平衡条件列平衡方程

$$\sum F_y = 0, \qquad -F_{11}\sin 60° - F_9 \sin 60° = 0$$

$$\sum F_x = 0, \quad F_{11}\cos 60° - F_7 - F_9\cos 60° = 0$$

得

$$F_9 = -F_{11} = \frac{2}{9}\sqrt{3}W, \quad F_7 = -\frac{2}{9}\sqrt{3}W$$

对节点 E，由平面汇交力系的平衡条件列平衡方程

$$\sum F_y = 0, \quad F_8 \sin 60° + F_9 \sin 60° = 0$$

$$\sum F_x = 0, \quad F_{10} + F_9\cos 60° - F_6 - F_8\cos 60° = 0$$

得

$$F_8 = -F_9 = -\frac{2}{9}\sqrt{3}W, \quad F_6 = \frac{1}{3}\sqrt{3}W$$

依次对节点 D、C、B 列平衡方程，即可求得全部杆件的内力。

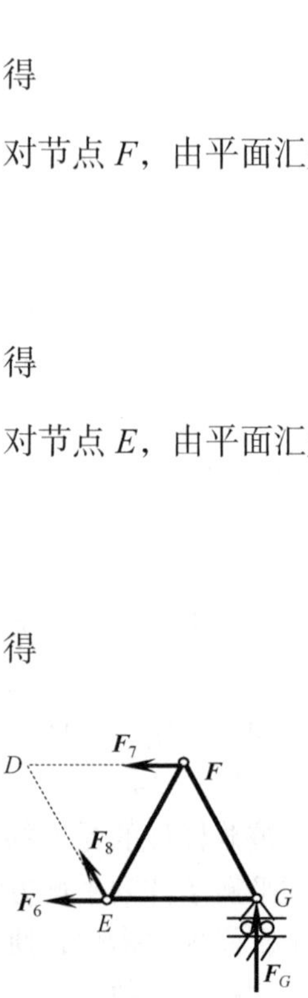

图 4-15

(3)截面法：用假想截面 n-n 将整个桁架分为两个部分，如图 4-13 所示，取右边部分作为研究对象，受力分析如图 4-15 所示。

分别以未知力的汇交点 D、E 为矩心列平衡条件列平衡方程

$$\sum M_D(\boldsymbol{F}) = 0, \quad 1.5aF_G - \frac{\sqrt{3}}{2}aF_6 = 0$$

得

$$F_6 = \sqrt{3}W/3$$

$$\sum M_E(\boldsymbol{F}) = 0, \quad aF_G + \frac{\sqrt{3}}{2}aF_7 = 0$$

得

$$F_7 = -2\sqrt{3}W/9$$

$$\sum F_x = 0, \quad -F_6 - F_7 - F_8\cos 60° = 0$$

得

$$F_8 = -2\sqrt{3}W/9$$

构件的内力

截面法也是材料力学课程中求构件内力的基本方法。一般步骤如下：

1. 欲求构件某一截面上的内力，就假想沿该截面将构件一分为二。

2. 取其中的一部分作为研究对象，并进行受力分析。弃去部分对研究部分的作用，以截面上的内力代替。

3. 截面上内力类型和分布规律，一般可由平衡概念来分析。

4. 内力的大小和方向，由平衡方程求得。

参考上述步骤，试计算图示简支梁各段的内力。

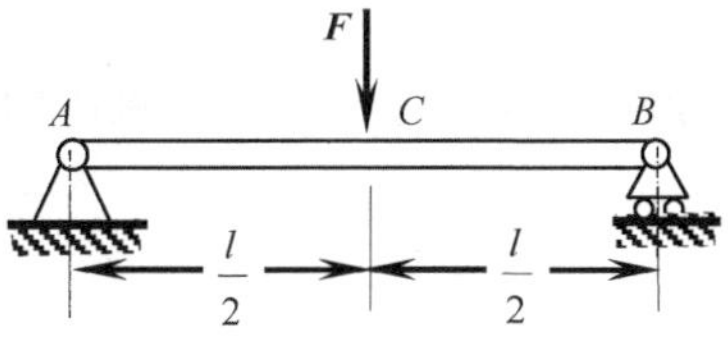

学习要点

基本要求

1. 能应用平衡条件求解空间任意力系的平衡问题。
2. 能熟练地计算在平面力系作用下的单个物体和简单物体系统的平衡问题。
3. 了解静定与静不定概念。
4. 掌握平面简单桁架内力计算的两种方法。

本章重点

平面任意力系作用下的单个物体和简单物体系统的平衡问题。

本章难点

空间约束力的分析，空间结构的几何关系的正确视别。

解题指导

求解力系的平衡问题方法如下：

1. 选取研究对象。

根据问题求解需要，研究对象可以取结构整体，也可以取结构内的部分构件组合或单个构件。一般情况下，若求系统外力，则优先考虑取整体作为研究对象，若待求未知数的个数多于力系的平衡方程数目，则再根据需要选取既有待求量作用，又有已知力作用的相应部分构件组合或单个构件作为补充研究对象；若求系统内力，则优先考虑系统内既包括待求量，又有已知力作用的部分构件组合或单个构件作为研究对象，若未知数的个数多于力系的平衡方程数目，则再根据需要选取相应部分构件组合或单个构件作为补充研究对象。

2. 画受力图。

受力图必须在所选取的研究对象的简图上画出其所受的全部主动力和约束反力，研究对象的内力不画。约束反力务必根据约束性质，在作用点画出，切忌主观臆断。各力必须有相应大写英文字母标注，作用力与反作用力必须用同一大写英文字母加撇表示，且体现“反向”。

3. 列平衡方程。

各自的根据研究对象所受力系性质，给出相应平衡条件，列出相应平衡方程。对应不同力系，平衡方程数目唯一，切忌列出多于对应力系平衡方程数目的“多余平衡方程”。

为避减少平衡方程中的未知量数目，力求一个平衡方程求解一个未知数，可合理应用矩式平衡方程，且将力矩矩心选取在未知力的汇交点上。

4. 求解。

求解过程中，一定要注意作用力与反作用力“等值”。

思 考 题

思考 4-1　大小相等的 3 个力分别沿等边三角形的 3 条边作用，如思图 4-1 所示，该力系是否为平衡力系？

思考 4-2　平面汇交力系的平衡方程中，可否取两个力矩方程，或一个力矩方程和一个投影方程？这时，其矩心和投影轴的选择有什么限制？

思考 4-3　传动轴若用两个止推轴承支承，每个轴承有三个未知力，共六个未知量。而空间任意力系的平衡方程恰好有 6 个，是否为静定问题？

思考 4-4　思图 4-2 所示桁架中哪些杆件的内力等于零？

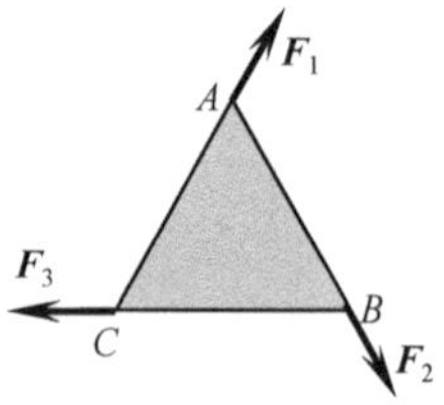

思图 4-1

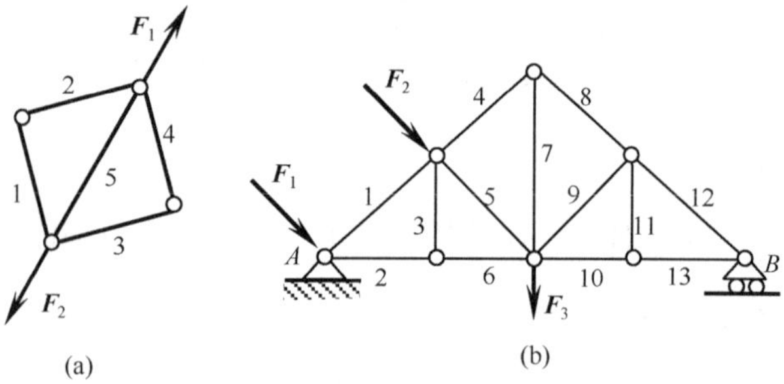

思图 4-2

习　　题

4-1　电线杆 AB 长 10m，在其顶端受大小等于 8.4kN 的水平力 $\boldsymbol{F}$ 作用。杆的底端 A 可视为球铰链，并由 BD、DE 两钢索维持杆的平衡，如题图 4-1 所示。试求钢索的拉力和 A 支座的反力。

4-2　边长为 a 的等边三角形板 ABC 用两端是铰链的三根铅直杆 1、2、3 和三根与水平面成 30°的斜杆 4、5、6 支承在水平位置。在板面内作用一矩为 M 的力偶，转向如题图 4-2 所示。如板和杆的重量不计，求各杆的内力。

4-3　作用于齿轮上的啮合力 $\boldsymbol{F}$ 推动带轮 D 绕水平轴 AB 做匀速转动。已知紧边带的拉力为 200N，松边带的拉力为 100N，尺寸如题图 4-3 所示。求力 $\boldsymbol{F}$ 的大小和轴承 A、B

的约束力。

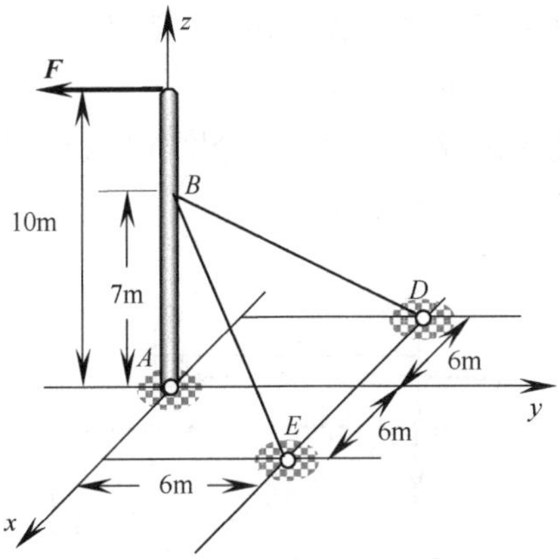

题图 4-1

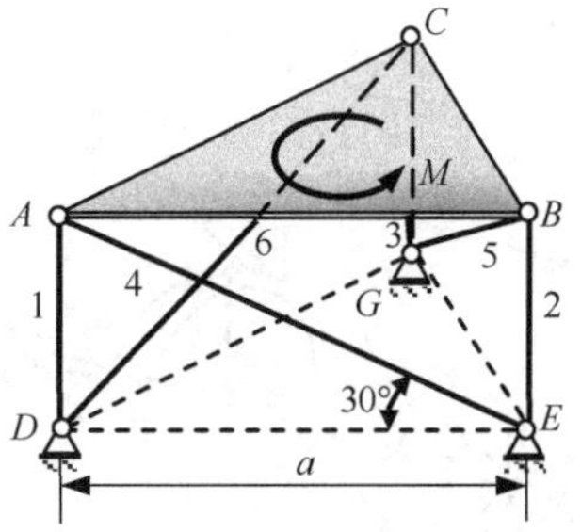

题图 4-2

4-4　题图 4-4 所示手摇钻由支点 B、钻头 A 和一个弯曲的手柄组成。当支点 B 处加压力 $\boldsymbol{F}_x$、$\boldsymbol{F}_y$ 和 $\boldsymbol{F}_z$，以及手柄上加力 $\boldsymbol{F}$ 后，即可带动钻头绕轴 AB 转动而钻孔，已知 F_z=50 N，F=150N。求：(1)钻头受到的阻抗力偶矩 M；(2)材料给钻头的反力 $\boldsymbol{F}_{Ax}$、$\boldsymbol{F}_{Ay}$ 和 $\boldsymbol{F}_{Az}$ 的值；(3)压力 $\boldsymbol{F}_x$ 和 $\boldsymbol{F}_y$ 的值。

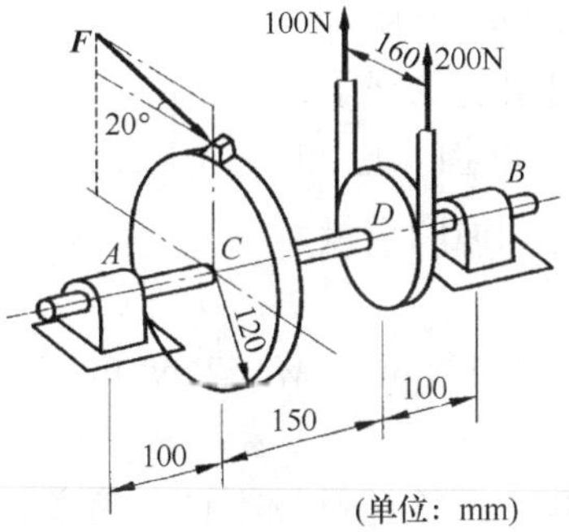

(单位：mm)

题图 4-3

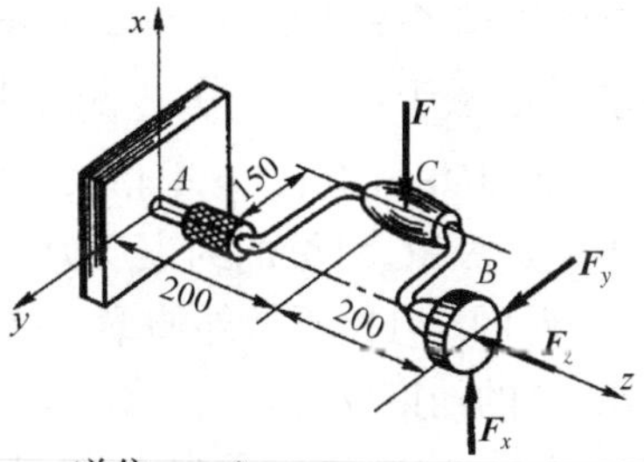

(单位：mm)

题图 4-4

4-5　如题图 4-5 所示，已知镗刀杆刀头上受切削力 F_z=500N，径向力 F_x=150N，轴向力 F_y=75N，刀尖位于 Oxy 平面内，其坐标 x=75mm，y=200mm。刀杆重量不计，试求刀杆左端 O 处的约束力。

4-6　脚踏式操纵装置如题图 4-6 所示。已知 F_{P}=300N，α=30°，a=9cm，b=15cm，c=18cm。当装置平衡时，求铅直操纵杆上产生的拉力 $\boldsymbol{F}$ 和轴承 A、B 的反力。

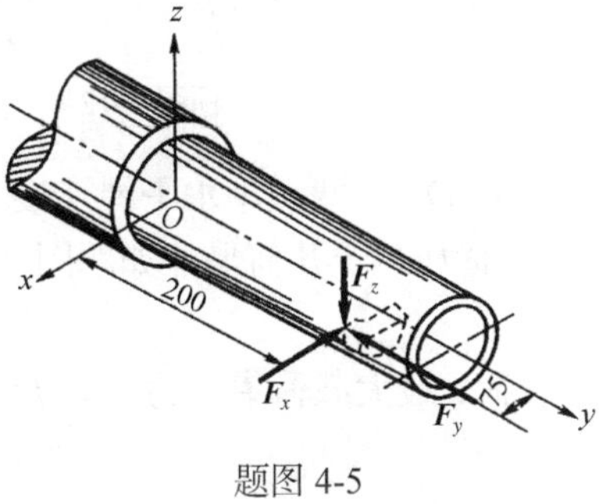

题图 4-5

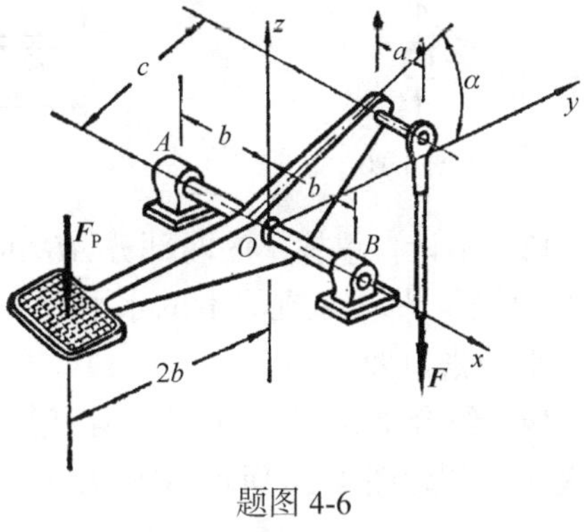

题图 4-6

4-7　题图 4-7 所示某传动轴装有皮带轮，其半径分别为 r_1=20cm，r_2=25cm。轮 I 的皮带是水平的，其张力 $F_1 = 2F_1' = 5000\text{N}$；轮 II 的皮带与铅垂线的夹角 β =30°，其张力 $F_2 = 2F_2'$。求传动轴匀速转动时的张力 F_2、F_2' 和轴承反力。图中长度单位为 mm。

4-8　如题图 4-8 所示刚体上 A、B、C、D 四点连线构成一矩形。并分别作用着大小均等于 F 的力 $\boldsymbol{F}_1$、$\boldsymbol{F}_2$、$\boldsymbol{F}_3$ 和 $\boldsymbol{F}_4$。试求该力系向矩形中心 O 点简化的结果。

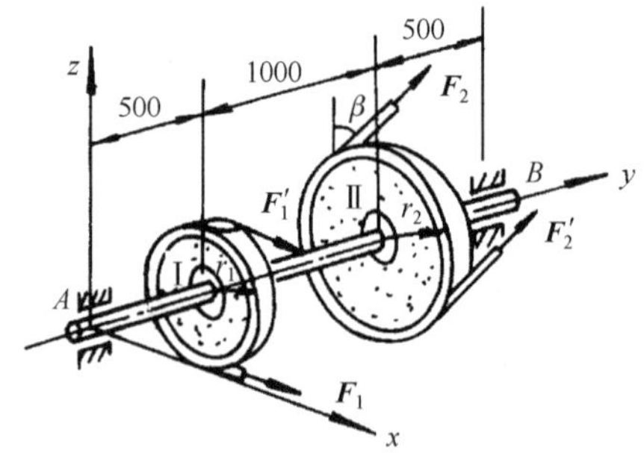

题图 4-7

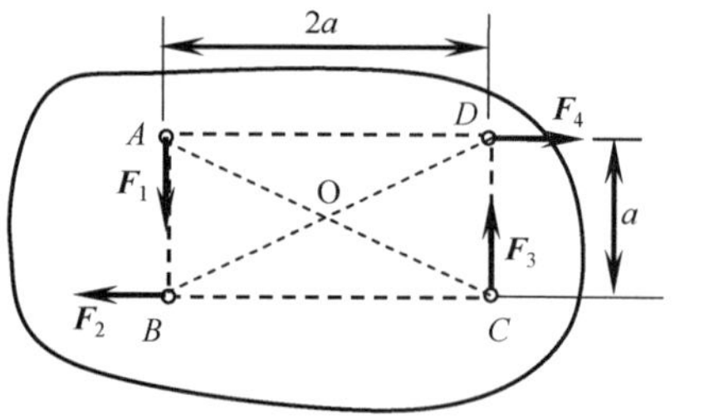

题图 4-8

4-9　如题图 4-9 所示正方形各边长为 1m，受三力作用如图。已知各力的大小均为 10N。求此力系向 A 点简化的结果，并给出此力系最终的合成结果。

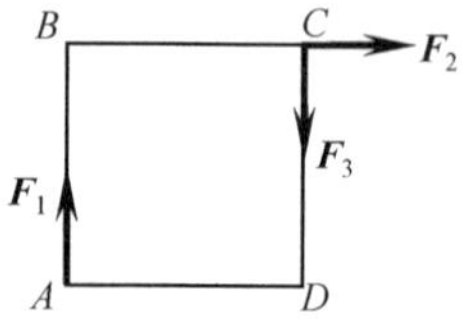

题图 4-9

4-10　水平梁 AB 由铰链 A 和柔索 BC 所支持，如题图 4-10 所示。在梁上 D 处用销子安装半径为 $r = 0.1\text{m}$ 的滑轮。有一跨过滑轮的绳子，其一端水平地系于墙上，另一端悬挂有重 $G = 1800\text{N}$ 的重物。已知 $\overline{AD} = 0.2\text{m}$，$\overline{BD} = 0.4\text{m}$，$\alpha = 45°$，且不计梁、杆、滑轮和绳的重量。求铰链 A 和柔索 BC 对梁的约束反力。

4-11　题图 4-11 所示外伸梁，已知 $F = 1.5\text{kN}$，$q = 0.5\text{kN/m}$，$M = 2\text{kN}\cdot\text{m}$，$a = 2\text{m}$。求支座 B、C 的约束反力。

4-12　已知均质物体重量 $G = 10\text{kN}$，水平力 $F = 3\text{kN}$，各杆重量不计，有关尺寸如题图 4-12 所示。求杆 AC、BD、BC 的受力。

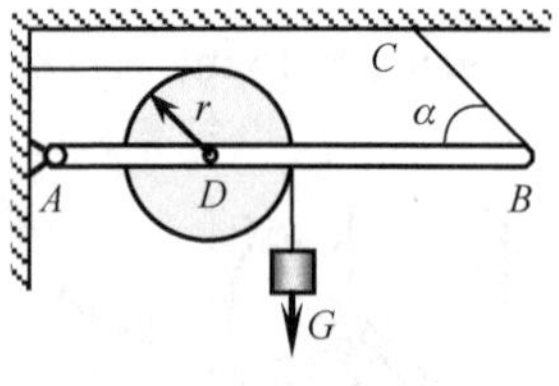

题图 4-10

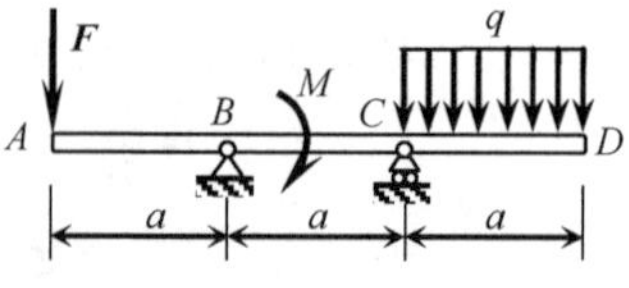

题图 4-11

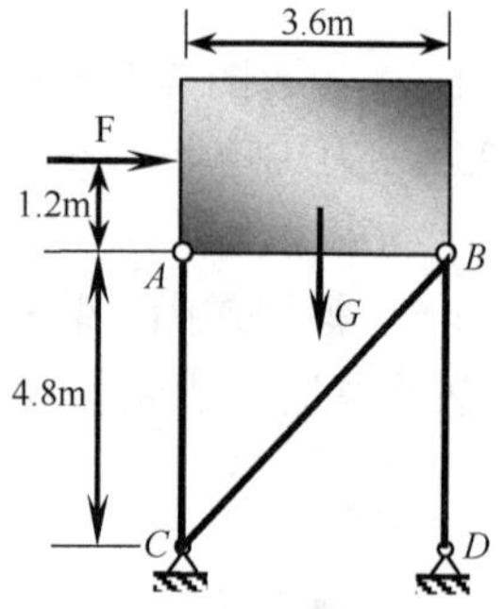

题图 4-12

4-13　不计自重梯子的两部分 AB 和 AC 在点 A 铰接，在 D、E 两点用水平绳连接，如题图 4-13 所示。梯子放在光滑的水平面上，其一边作用有铅垂力 $\boldsymbol{F}$，几何尺寸如题图 4-13 所示。求绳的张力大小。

4-14　组合梁 ABC 上作用一集中力 $\boldsymbol{F}$ 和三角形分布载荷，最大载荷集度为 $q = 2P/a$，其支承及载荷如题图 4-14 所示。求 A、C 处的约束反力。

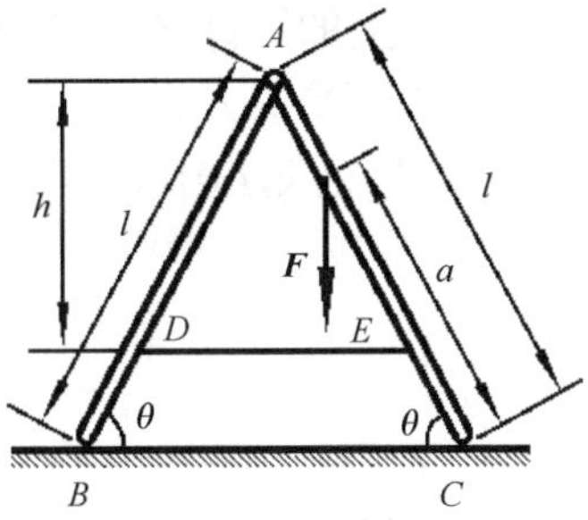

题图 4-13

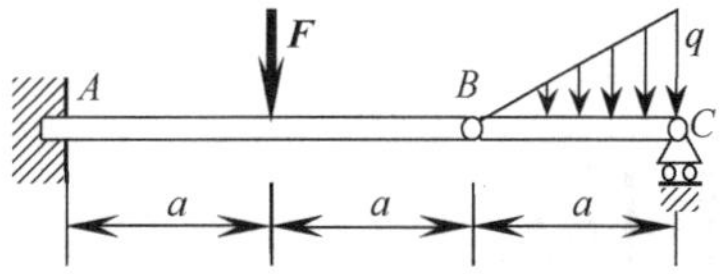

题图 4-14

4-15　三铰刚架的尺寸、支承及载荷如题图4-15所示。已知 $F_1 = 10\text{kN}$，$F_2 = 12\text{kN}$，力偶矩 $M = 25\text{kN}\cdot\text{m}$，均布载荷集度 $q = 2\text{kN/m}$，$\theta = 60°$。不计构件自重，求 A、B 处的约束反力。

4-16　如题图 4-16 所示重 G 的物体由不计重量的杆 AB、CD 和滑轮支撑。已知 $\overline{AB} = \overline{AC} = a$，$\overline{CB} = \overline{BD}$，$r = a/2$。求 A、C 处的约束反力。

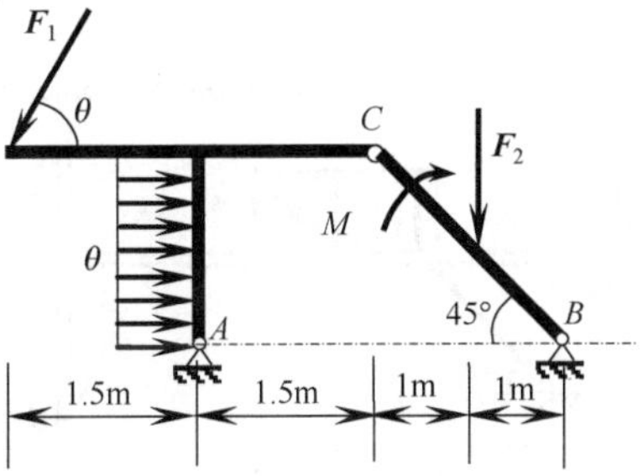

题图 4-15

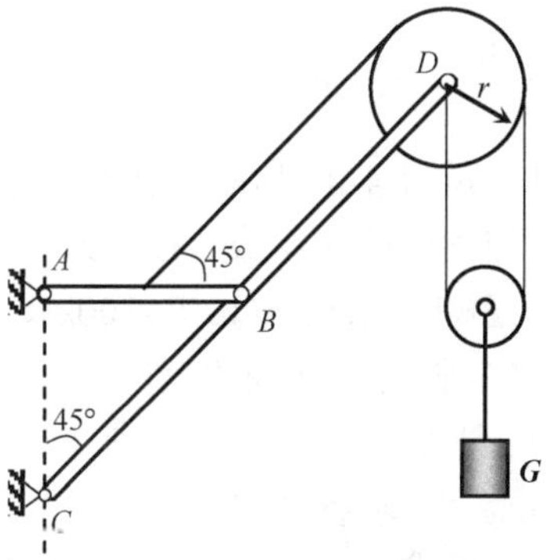

题图 4-16

4-17　题图 4-17 所示构架由杆 AB 和杆 BC 铰接组成。已知 $P = 20\text{kN}$，$\overline{AD} = \overline{DB} = 1\text{m}$，$\overline{AC} = 2\text{m}$，两滑轮半径皆为 30 cm，不计摩擦以及滑轮及杆的重量。求 A、C 处的约束反力。

4-18　题图 4-18 所示支架由四杆 AB、AC、DE、MH 所组成。各部分均用光滑铰链相连，AC 杆铅垂，在水平杆 AB 的 B 端悬挂一重物，其重量为 $G = 500\text{N}$，各杆重量不计，求斜杆 DE、MH 的内力及 C 处的约束反力。

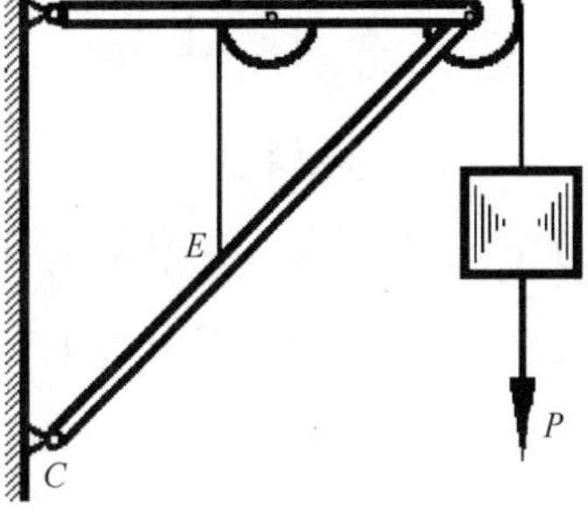

题图 4-17

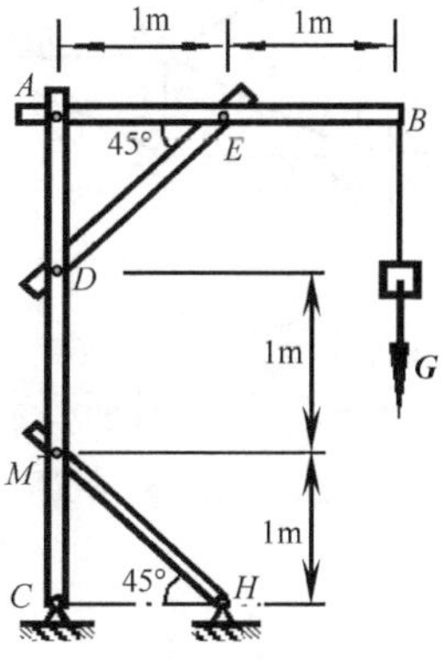

题图 4-18

4-19　题图 4-19 所示构架 ABC 由 AB 、AC 和 DF 组成，DF 上的销钉 E 可在 AC 的槽内滑动。求在水平 DF 的一端作用铅直力 $\boldsymbol{F}$ 时，AB 上的 A、D 和 B 所受的力。

4-20　题图 4-20 所示平面结构由 AC 与 CB 铰接而成，自重不计。已知 F=100kN, q=50kN/m, M=40kN · m, l=1m。试求固定端 A 处约束反力。

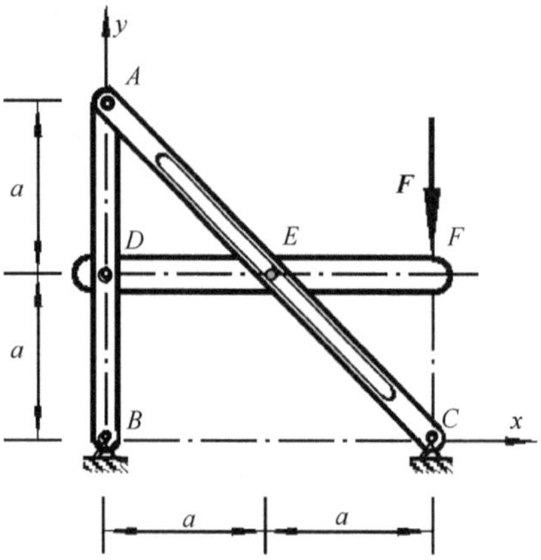

题图 4-19

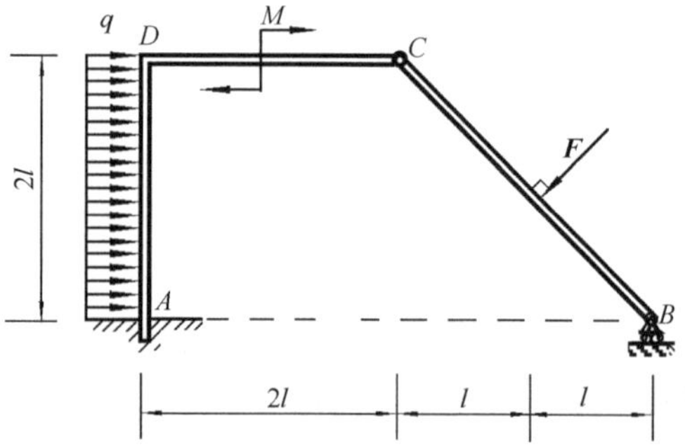

题图 4-20

4-21　题图 4-21 所示结构由丁字形梁 ABC、直梁 CE 与支杆 DH 组成，C、D 点为铰接，均不计自重。已知 q=200kN/m, F=100kN, M=50kN · m, L=2m。试求固定端 A 处约束反力。

4-22　平面桁架结构如题图 4-22 所示。节点 D 上作用载荷 $\boldsymbol{P}$，求各杆内力。

4-23　试求题图 4-23 所示桁架各杆内力(图中长度单位为 m)。

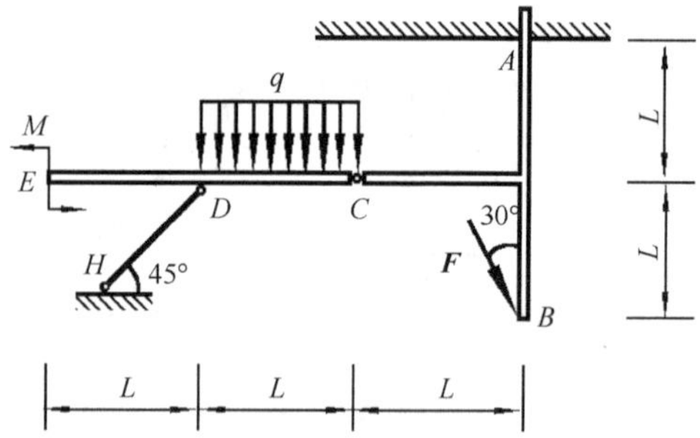

题图 4-21

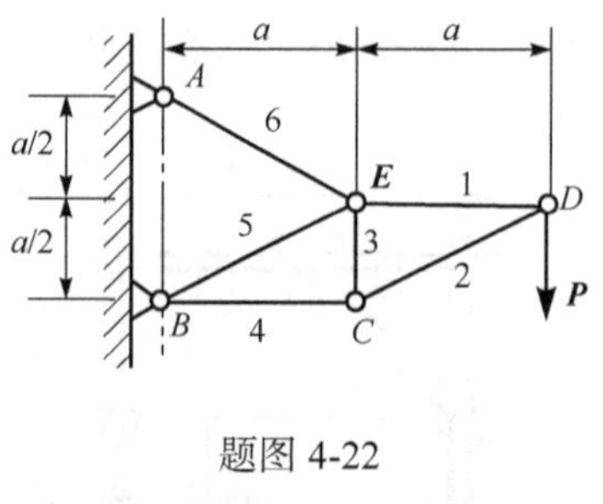

题图 4-22

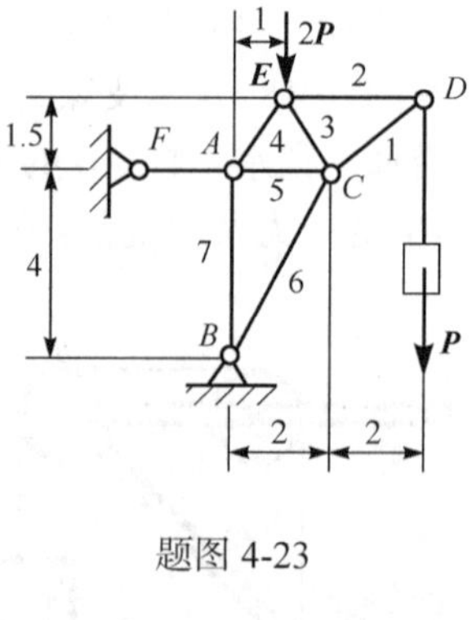

题图 4-23

4-24　平面桁架尺寸及所受载荷如题图 4-24 所示。试求杆件 1、2 和 3 的内力。

4-25　桁架受力如题图 4-25 所示，已知 F_1=10kN，F_2= F_3=20kN。试求桁架 4、5、7、10 杆的内力。

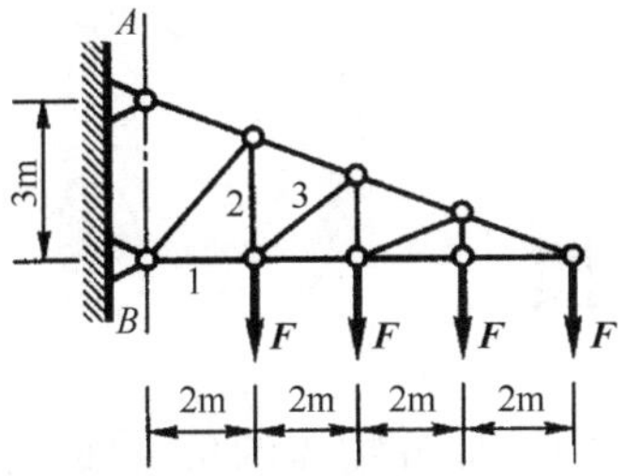
A
B
3m
1
2
3
F
F
F
F
2m
2m
2m
2m

题图 4-24

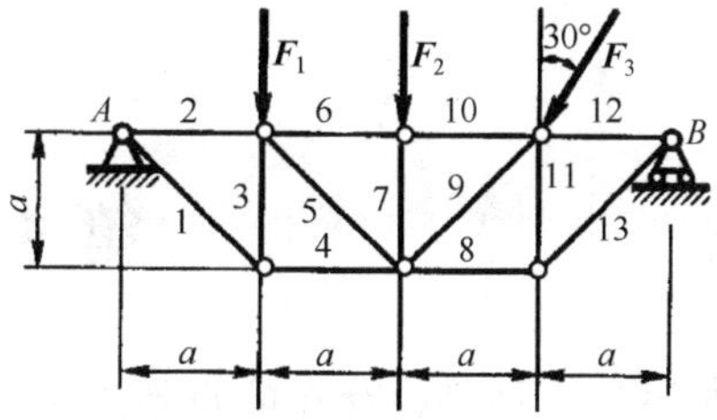
F1
F2
F3
30°
A
B
1
2
3
4
5
6
7
8
9
10
11
12
13
a
a
a
a
a

题图 4-25

第 5 章　摩　擦

摩擦是一种普遍存在的自然现象。只是在机械工程中，部分物体的接触面之间均具有较好的润滑，此时摩擦对物体的运动影响甚微，故在讨论约束时抽象出了光滑面之类的常见约束。然而在有些机械工程中，摩擦却对物体的运动起着决定性的作用。例如制动器依靠摩擦力来实现刹车，摩擦离合器依靠摩擦来传递运动；再如发动机的活塞与气缸壁之间，会因摩擦而导致发热与磨损，转轴与轴承座之间会因摩擦而导致轴承烧瓦等。对于这类问题的研究若再略去摩擦，将会得到理论与实际不符的错误结果，甚至还会导致对事故原因的误判。

本章仅结合摩擦的性质，讨论考虑摩擦时的物体平衡问题，而不涉及摩擦产生的机理。

5.1　滑动摩擦性质

滑动摩擦是指两相互接触的物体之间具有相对滑动的趋势或相对滑动时，在其接触处的公切面内所产生的相互阻碍现象。产生这一现象的阻力称为摩擦力，当物体之间仅具有相对滑动趋势时，该阻力称为静摩擦力；当物体间已发生相对滑动时，该阻力称为动摩擦力。

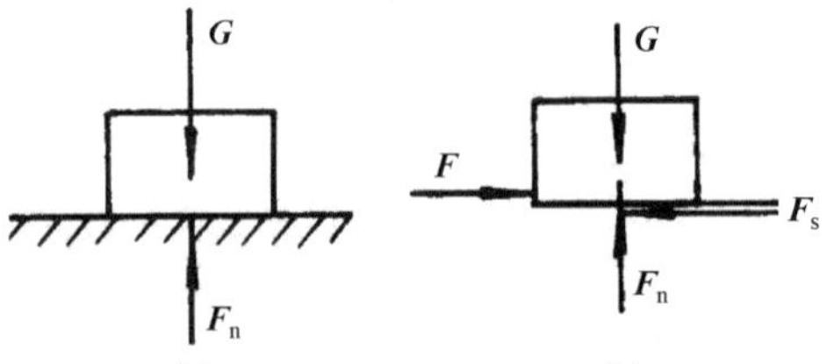

(a)　(b)

图 5-1

在图 5-1(a)中，将静止物体放在粗糙的水平面上，摩擦力等于零；而在图 5-1(b)中，在该物体上施加一个大小可变的水平力 $\boldsymbol{F}$，并由零逐渐增大，只要不超过某一临界值 $\boldsymbol{F}_C$，物体仅有滑动趋势，但仍将保持静止。故静摩擦力 $\boldsymbol{F}_s$ 与主动力 $\boldsymbol{F}$ 保持大小相等、方向相反。可见静摩擦力具有约束力的特征，它随主动力 $\boldsymbol{F}$ 的增大而增大。但静摩擦力 $\boldsymbol{F}_s$ 不可能随主动力 $\boldsymbol{F}$ 的增大而无限地增大。当 $F=F_C$ 时，物块达到平衡的临界状态，此时的静摩擦力达到最大值，称为**最大静摩擦力**，以 $\boldsymbol{F}_{max}$ 表示。当 $F>F_C$ 后，物块开始滑动，动摩擦力 $\boldsymbol{F}_d$ 产生。由此得以下经验结论：

(1) 静摩擦力 $\boldsymbol{F}_s$ 沿接触面的公切线，方向与物块的相对滑动趋势方向相反；大小可在零与最大值之间随主动力的变化而变，即

$$0 \leqslant F_s \leqslant F_{max} \tag{5-1}$$

(2) 实验表明，最大静摩擦力 $\boldsymbol{F}_{max}$ 的大小与正压力 $\boldsymbol{F}_n$ 的大小成正比，即

$$F_{max} = f_s F_n \tag{5-2}$$

上式称为**静摩擦定律**或**库仑摩擦定律**。式中 f_s 为无量纲比例常数，称为**静摩擦因数**，取决于两接触物体的材料和接触表面的状态(粗糙程度、温度、湿度等)，而与接触面积的大小无关，一般由实验测定。常用材料的静摩擦因数见表 5-1。

表 5-1　常用材料的静摩擦因数

接触物的材料	静摩擦因数		接触物的材料	静摩擦因数	
	无润滑剂	有润滑剂		无润滑剂	有润滑剂
钢-钢	0.15	0.10~0.12	青铜-青铜		0.1
钢-青铜	0.15	0.10~0.12	皮革-铸铁	0.4	0.15
钢-铸铁	0.3		木材-木材	0.6	0.1
铸铁-铸铁		0.18	砖-混凝土	0.76	

(3)动摩擦力 $\boldsymbol{F}_\text{d}$ 的方向与物块的相对滑动方向相反，大小与正压力 $\boldsymbol{F}_\text{n}$ 的大小成正比，即

$$F_\text{d} = f F_\text{n} \tag{5-3}$$

式中，f 为**动摩擦因数**。一般情况下，动摩擦因数略小于静摩擦因数。

5.2　考虑摩擦的平衡问题

5.2.1　考虑摩擦的平衡问题

考虑摩擦时的平衡问题也是通过平衡条件解决的，只是在受力分析和建立平衡方程时需将摩擦力考虑在内，因此，正确分析摩擦力对求解非常重要。原则上摩擦力总是沿着接触面的切线并与物体相对滑动趋势相反，它的大小一般都是未知的，要应用平衡条件来确定。只有在物体处于平衡的临界状态时，才可以由式(5-2)列出补充方程。必须指出，由于摩擦力 F_s 可以在零到 $F_{\max}$ 之间变化，因此，考虑摩擦的平衡问题，其解也必定有一个范围，即所谓平衡范围。在受力简单的问题中，可以直接将不等关系式(5-1)与平衡方程联立求解得出平衡范围；但更多情况下则事先假定物体处于平衡的临界状态，由相应的滑动趋势确定最大静摩擦力的真实方向，并补充关系等式(5-2)，再与平衡方程联立求出待求量相应的极限值，最后根据题意判断出平衡范围。

例 5-1　重 P=980N 的物体，放在一倾角 α=30°的斜面上，已知接触面间的摩擦因数 f_s=0.2，今有一大小为 F=588N 的力沿斜面推物体，如图 5-2(a)所示。问物体在斜面上处于静止还是运动？若静止其摩擦力为多大？

解　此类问题，属于“判定物体平衡，求摩擦力”问题。求解这类问题，可先假定物体静止，计算出静摩擦力 F_s 和最大摩擦力 $F_{\max}$，比较 F_s 和 $F_{\max}$ 即可确定物体的运动状况。

研究对象：物块。

受力分析：物块受 $\boldsymbol{P}$、$\boldsymbol{F}_\text{s}$、$\boldsymbol{F}_\text{n}$、$\boldsymbol{F}$ 作用。假设物块处于静止，则静摩擦力 $\boldsymbol{F}_\text{s}$ 沿着斜面指向未知，方向假设向上，其受力图如图 5-2(b)所示。

列平衡方程

$$\sum F_x = 0,\ \ F + F_\text{s} - P\sin\alpha = 0 \tag{a}$$

$$\sum F_y = 0,\ \ F_\text{n} - P\cos\alpha = 0 \tag{b}$$

由式(a)求得

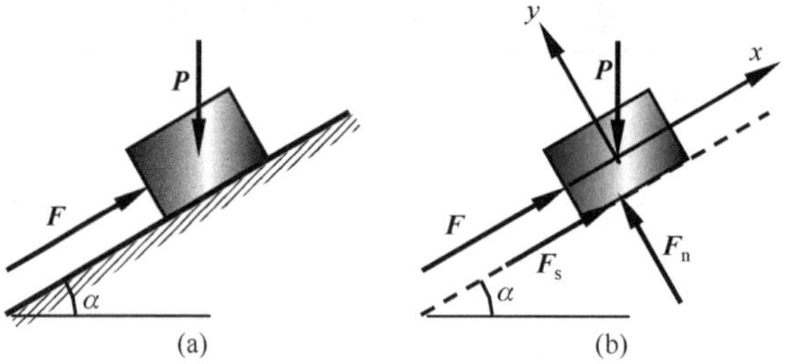

图 5-2

$$F_s = P\sin\alpha - F = -98(\mathrm{N})$$

由式(b)求得

$$F_n = P\cos\alpha = 848.7(\mathrm{N})$$

据此，得

$$F_{max} = f_s F_n = 169.72(\mathrm{N})$$

因为

$$|F_s| = 98\mathrm{N} < F_{max} = 169.72(\mathrm{N})$$

所以物体在斜面上处于静止，静摩擦力的大小 F_s=98N，方向沿斜面向下(与图设相反)。

例 5-2 某变速机构中滑移齿轮如图 5-3(a)所示。已知齿轮孔与轴间的摩擦因数为 f_s，齿轮与轴接触面的长度为 b。问拨叉(图中未画出)作用在齿轮上的 **F** 力到轴线的距离 a 为多大，齿轮才不会被卡住。设齿轮的重量忽略不计。

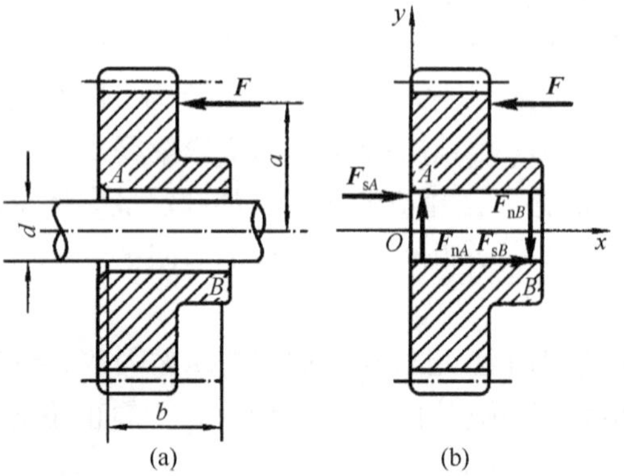

图 5-3

解 很显然，距离 a 越小，齿轮就越不易卡住，因此，该问题属于“求物体平衡范围”问题。求解这类问题，一般先假定物体处于平衡的临界状态，此时的摩擦力达到最大值，大小由式(5-2)确定，方向与临界滑动的趋势方向相反，然后通过平衡方程求出对应的极值，再根据题意用不等式表示平衡的取值范围。

研究对象：齿轮。

受力分析：实际上，齿轮孔与轴之间一般都有间隙，齿轮在拨叉的推动下会发生倾斜，此时齿轮与轴就在 A、B 两点接触。先考虑平衡的临界情况(即齿轮有向左移动趋势，处于将动而尚未动时)，A、B 两点的摩擦力均达到最大值，方向均水平向右。齿轮的受力如图 5-3(b)所示。

列平衡方程

$$\sum F_x = 0,\quad F_{sA} + F_{sB} - F = 0$$

$$\sum F_y = 0,\quad F_{nA} - F_{nB} = 0$$

$$\sum M_O(\boldsymbol{F}) = 0,\quad Fa - F_{nB}b - F_{sA}\frac{d}{2} + F_{sB}\frac{d}{2} = 0$$

补充条件为

$$F_{sA} = f_s F_{nA}, \quad F_{sB} = f_s F_{nB}$$

联立以上五式，可解得

$$a = \frac{b}{2f_s}$$

该结果为对应于临界状态下距离 a 的极大值，根据题意可知。因此，保证齿轮不被卡住的条件为

$$a < \frac{b}{2f_s}$$

例 5-3　制动器的构造及尺寸如图 5-4(a)所示。制动块 C 与鼓轮表面间的摩擦因数为 f_s，试求制动鼓轮逆时针转动所需的最小力 $\boldsymbol{F}_{\min}$。

解　此类问题属“求物体的平衡临界状态的临界极值”问题，也可视为是“求物体平衡范围”问题的一种特殊情况。

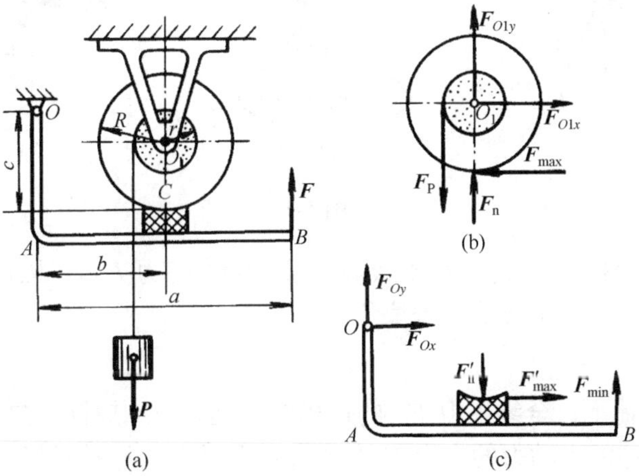

图 5-4

研究对象：鼓轮。

受力分析：如图 5-4(b)所示。注意当 $\boldsymbol{F}$ 为最小值时，鼓轮将处于平衡临界状态，有逆时针转动趋势；此时摩擦力达最大值，其方向水平向左。

列平衡方程

$$\sum M_{O1}(\boldsymbol{F}) = 0, \quad F_P r - F_{\max} R = 0$$

研究对象：制动杆。

受力分析：如图 5-4(c)所示。对应临界平衡状态时的制动力为最小值。

列平衡方程

$$\sum M_O(\boldsymbol{F}) = 0, \quad F_{\min} a + F'_{\max} c - F'_n b = 0$$

补充条件为

$$F_{\max} = F'_{\max} = f_s F_n, \quad F'_n = F_n, \quad F_P = P$$

联立以上方程解得

$$F_{min} = \frac{Pr}{aR}\left(\frac{b}{f_s} - c\right)$$

5.2.2 摩擦角与自锁现象

静摩擦力 $\boldsymbol{F}_s$ 与法向约束力 $\boldsymbol{F}_n$ 的合力 $\boldsymbol{F}_{Rs}$ 称为**全约束力**，全约束力与接触面的公法线成一偏角α，$\tan\alpha = F_s/F_n$，如图 5-5(a)所示。当物块处于平衡的临界状态时，静摩擦力达到最大值，偏角α也达到最大值φ，如图 5-5(b)所示。全约束力与法线间的夹角的最大值φ称为**摩擦角**。以公法线为轴，2φ为顶角的正圆锥称为**摩擦锥**。显然

$$\tan\varphi = \frac{F_{max}}{F_n} = \frac{f_s F_n}{F_n} = f_s \tag{5-4}$$

即摩擦角的正切等于静摩擦因数 f_s。

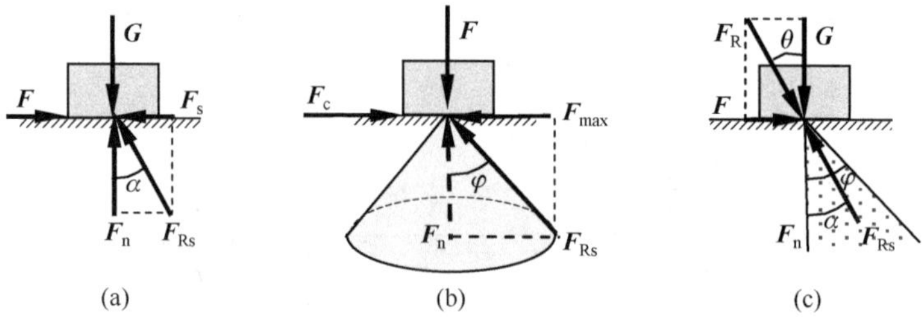

图 5-5

物体平衡时，静摩擦力 F_s 总是小于或等于最大静摩擦力 F_{max}，因而全约束力 $\boldsymbol{F}_{Rs}$ 与接触面法线间的夹角α也总是小于或等于摩擦角φ，即

$$\alpha \leqslant \varphi \tag{5-5}$$

上式表明，在任何载荷下，全约束力 $\boldsymbol{F}_{Rs}$ 的作用线永远处于摩擦锥之内。

可见，作用于物体的主动力的合力 $\boldsymbol{F}_R$ 的作用线只要位于摩擦角锥之内，则无论该合力有多大，摩擦面总能产生相应的全约束力 $\boldsymbol{F}_{Rs}$ 与之形成二力平衡。这种现象称为**自锁**，如图 5-5(c)所示。

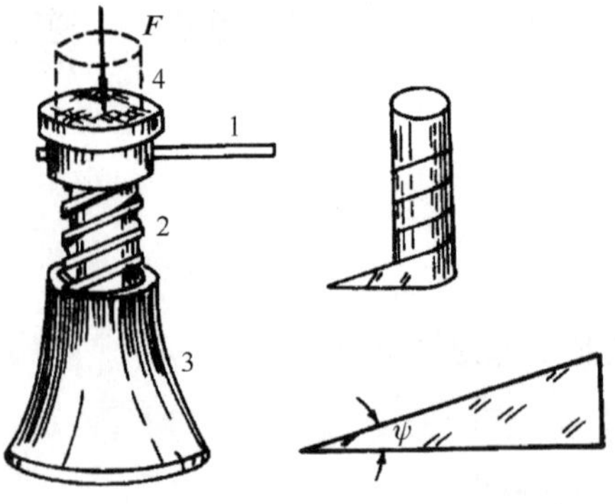

图 5-6

反之，如果作用于物体的主动力的合力的作用线一旦位于摩擦角锥之外，则无论该合力有多小，摩擦面却不能产生相应的全约束力与之形成二力平衡，此时的物体必然产生运动。

摩擦自锁现象在日常生活和工程技术领域都有许多应用。例如工程中利用自锁条件来设计一些夹具，使它们在工作时能夹紧工件。为确保图 5-6 所示的螺旋千斤顶能安全承载，设计时要求螺杆 2 的螺纹升角ψ必须小于螺杆与螺母 3 之间的摩擦角。与此相反的是在有些问题中则要求避免自锁或“卡住”。例如儿童乐园内的滑梯，无论儿童的体重如何均能轻松滑动。

机车的牵引力

实际应用的**机车牵引力**按照力的传递过程可分为几种，由电能(电力机车)或燃料的化学能(热力机车)转变为使动轮旋转的内力矩，最终通过轮轨粘着关系形成作用于动轮轮周上的切向外力，称为**轮周牵引力**；机车用来牵引列车的牵引力等于轮周牵引力减去机车全部运行阻力，称为**车钩牵引力**(或称挽钩牵引力)。

请问：机车的重量越轻，机车的牵引力就越大。是这样吗？为什么？

机车的牵引力一般随着速度的增大而减小，试分析其中的主要原因。

5.3　滚动摩擦概念

当圆轮在物体的表面滚动或有滚动的趋势时，将受到来自接触面的阻碍力偶的作用。该力偶称为**滚动摩阻**，简称**滚阻**。

实际上，当圆轮在物体的表面滚动或有滚动的趋势时，由于变形的客观存在，接触面作用于圆轮的约束力是一个不对称于接触点 A 的分布力系(图 5-7(a))。将该力系向点 A 简化，得到三个分量分别是：法向反力 $\boldsymbol{F}_n$、滑动摩擦力 $\boldsymbol{F}_s$ 及滚动摩阻 M_f，如图 5-7(b)所示。实践证明，与滑动摩擦力一样，滚动摩阻 M_f 也具有最大值 M_{max}，而且 M_{max} 与法向反力 $\boldsymbol{F}_n$ 成正比。由此可知：

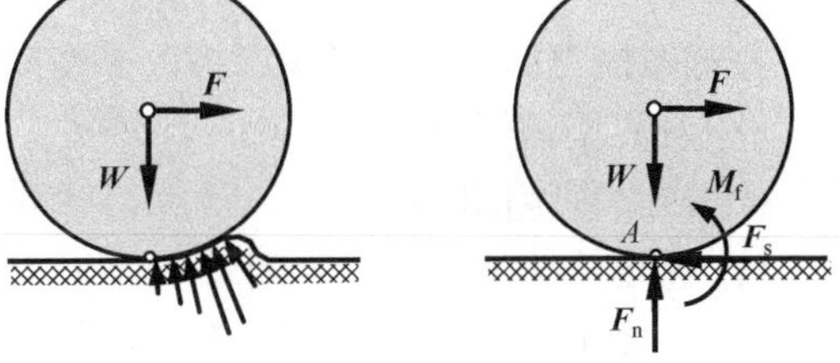

(a)　(b)

图 5-7

(1) 滚动摩阻 M_f 的转向与圆轮相对滚动的趋势转向相反；大小可在零与最大值之间随主动力的变化而变，即

$$0 \leqslant M_f \leqslant M_{max} \tag{5-6}$$

(2) 最大滚动摩阻 M_{max} 的大小与正压力 $\boldsymbol{F}_n$ 的大小成正比，即

$$M_{max} = \delta F_n \tag{5-7}$$

式中，δ 称为**滚动摩阻因数**。与滑动摩擦因数不同，δ 具有长度的量纲，单位一般用 mm，可由实验测定。

求解有滚动摩阻的平衡问题与求解有滑动摩擦的平衡问题完全类似。在受力图中除出现滑动摩擦力外，还出现滚动摩阻力偶；列方程时，除静力学平衡方程及滑动摩擦的物理条件式(5-1)或式(5-2)外，还应补充滚动摩阻的物理条件式(5-6)或式(5-7)。

由图 5-7(b)可以看出，欲使车轮滚动，须 $Fr > M_{\max} = \delta F_{\mathrm{n}}$，或 $F > (\delta/r)F_{\mathrm{n}}$ (r 为圆轮半径)；欲使车轮滑动前进，须 $F > F_{\max} = f_{\mathrm{s}}F_{\mathrm{n}}$。由于实际问题中 $\delta/r \ll f_{\mathrm{s}}$，所以滚动前进比滑动前进容易得多。因此，在交通机械中，广泛采用轮子；在搬运重物时，常利用滚杠；在旋转机械中，大量采用滚珠轴承。

学习要点

基本要求

1. 能区分滑动摩擦力与极限滑动摩擦力。对滑动摩擦定律有清晰的理解。
2. 能熟练地计算考虑摩擦力时物体的平衡问题(解析法)。
3. 理解摩擦角的概念和自锁现象。
4. 了解滚动摩阻概念及滚动摩阻定律。

本章重点

考虑摩擦时物体的平衡问题(解析法)。

本章难点

考虑摩擦时物体的平衡范围。

解题指导

按静摩擦力的性质，考虑摩擦的平衡问题大致分为三类：

(1) 临界平衡问题；

(2) 求平衡范围问题；

(3) 判定物体是否平衡的问题。

三类习题的解法各有特点，其中临界平衡问题的解法是基本的。

1. 临界平衡问题解法的特点。

(1) 设物体处于平衡的临界状态，并相应确定静摩擦力的方向，补充方程 $F_{\max}=f_N$。

(2) 列平衡方程，并与(1)中的补充方程联立求解，所得结果即临界的平衡条件。

2. 求平衡范围问题。

此类问题既可以是求力的大小变化范围、力的作用线位置变化范围，也可以是求几何角度的变化范围、几何长度的变化范围。

这类习题的解法与临界平衡问题的解法相类似，其差别如下：

(1) 根据求得的临界平衡条件，需要进一步根据题意分析平衡范围。

(2) 如问题有两个临界平衡位置(在平面力系中，因摩擦力有两个可能方向)，先分别解二个临界平衡问题，再进一步根据题意分析平衡范围。

思考题

思考 5-1　物体所受滑动摩擦力的方向与物体运动的方向永远相反，此说法是否正确？

思考 5-2 静止的物体一定受到静摩擦力吗？运动的物体一定不受静摩擦力吗？

思考 5-3 轮子一般是滚动容易滑动难，所以在平衡分析时，可以不考虑滑动摩擦力。此说法是否正确？

思考 5-4 如思图 5-1 所示，物块重 W，与水平面间的摩擦因数为 f，要使物块向右移动，则在图示两种施力方式中，哪种更省力？

思考 5-5 物块重 W，置于粗糙平面上。作用线在摩擦角之外作用一力 $\boldsymbol{F}$，如思图 5-2 所示。若该力极其微小，问物块是否能够平衡？为什么？

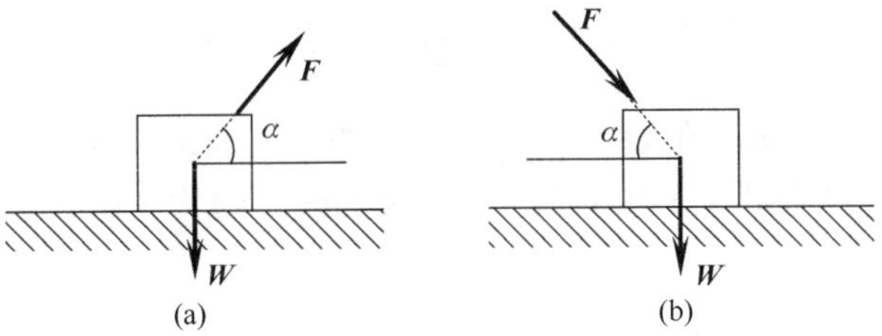

思图 5-1

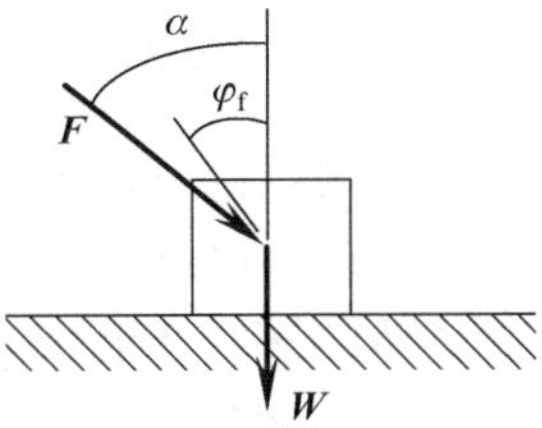

思图 5-2

习 题

5-1 题图 5-1 所示斜面上的物块重 W=980N，物块与斜面间的静摩擦因数 f_s=0.2，动摩擦因数 f_d=0.17。当水平主动力分别为 F=500N 和 F=100N 两种情况时，(1)问物块是否滑动；(2)求实际的摩擦力的大小和方向。

5-2 一均匀平板利用两个支柱搁在粗糙的水平面上，如板重 G=100N，两支柱与固定平面的摩擦因数分别为 f_{s1}=0.2，f_{s2}=0.3。其尺寸如题图 5-2 所示，单位为 m。求平板仍处于平衡时的最大水平拉力 F。

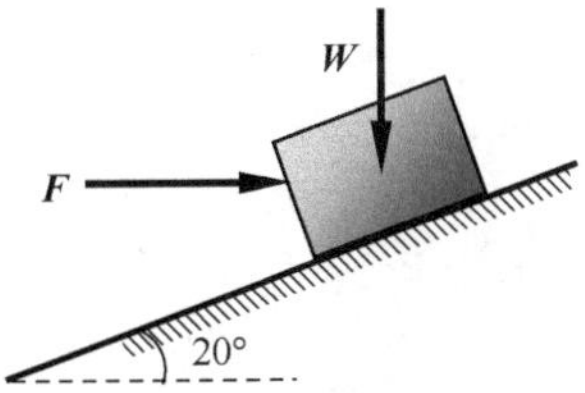

题图 5-1

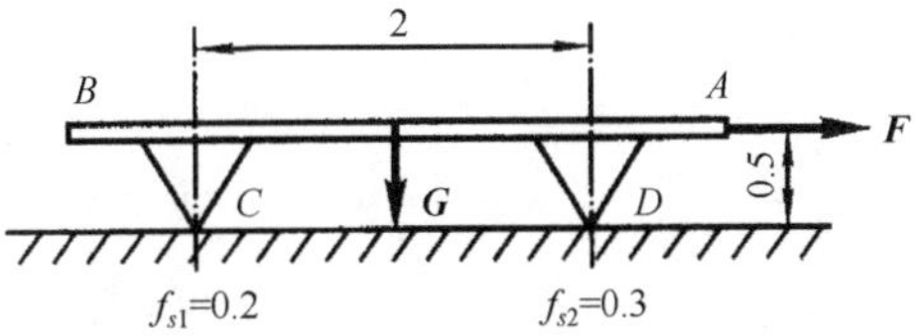

题图 5-2

5-3 绞车的制动器由带制动块 D 的杠杆和鼓轮 C 组成，尺寸如题图 5-3 所示。已知制动块与鼓轮间摩擦因数为 f_s，提升的重物重 G，不计杠杆及鼓轮重量，问在杆端 B 最少应加多大的铅垂力 $\boldsymbol{F}$ 方能安全制动？

5-4 题图 5-4 所示为一机床夹具中常用的偏心夹紧装置，转动偏心轮手柄，就可升高 O_1 点，使杠杆压紧工件。已知偏心轮半径为 r，与台面间摩擦因数为 f_s。若不计偏心轮自重，要在图示位置夹紧工件后不致自动松开，偏心距 e 应为多少？

5-5 压延机由直径均为的 $d = 50\text{cm}$ 两轮构成，两轮反向转动，如题图 5-5 所示。两轮间的间隙 $a = 0.5\text{cm}$，烧红的钢板与轮间的摩擦因数 $f_s = 0.1$。问能压延的钢板厚度是多少？

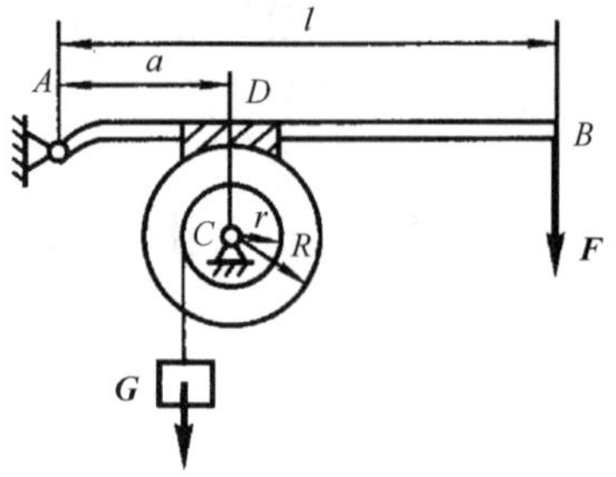

题图 5-3

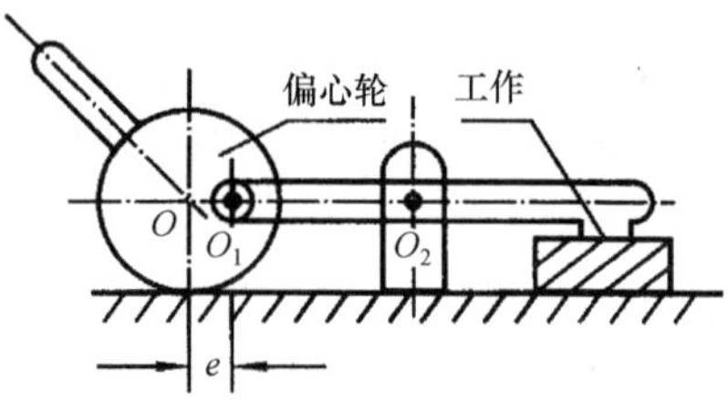

题图 5-4

5-6 砖夹的宽度为 0.25m，曲杆 *AGB* 与 *GCED* 在 *G* 点铰接，尺寸如题图 5-6 所示，单位为 mm。设砖重 *P*=120N，提起砖的力 ***F*** 作用在砖夹的中心线上，砖夹与砖之间的摩擦因数 f_s=0.5。求距离 *b* 为多大才能把砖夹起。

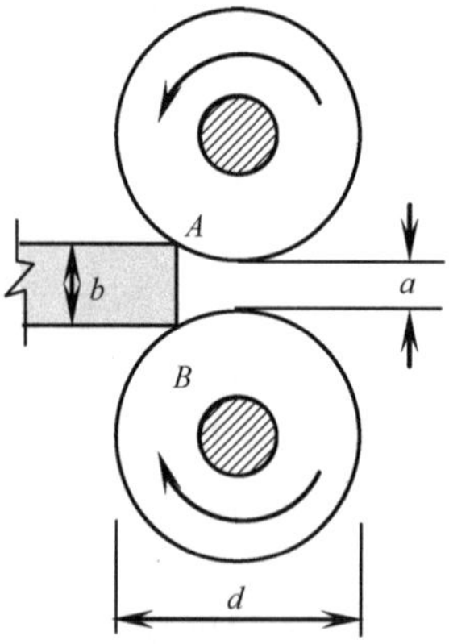

题图 5-5

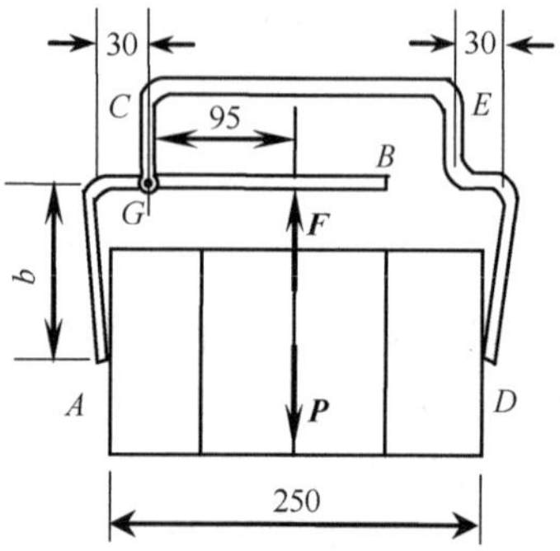

题图 5-6

第二篇　运　动　学

运动学研究物体机械运动的几何性质，不涉及影响物体运动的物理因素(如力和质量等)。运动学与静力学，共同为研究动力学作必要的准备。同时，运动学本身在工程中还有直接的应用。例如，在机器与机构的设计过程中，就需要应用运动学的理论对各类机构进行运动特性的分析，以实现预期的运动要求。

物体的运动是绝对的，但物体的运动描述却是相对的。例如地球同步卫星相对于太阳在永不停息地运动，但相对于地球却永远静止，这就是**运动的相对性**。因此，当描述运动时，必须首先明确**参考物体**，并建立与其固结的**参考坐标系**(简称**参考系**)。描述物体相对参考坐标系位置的参量就是**坐标**。对一般工程问题，如不作特别说明，总取参考坐标系与地球表面固结。

运动学的研究对象是**点**和**刚体**。点是指没有大小、没有质量，在空间占有确定位置的几何点。而刚体可视为是由无数多个点所组成的形状不变系统。刚体运动的研究本质上归结为其上各点运动的研究。

同一物体在不同的问题中可以抽象为不同的模型。例如研究宇宙飞船在空间飞行的轨道问题，可以不考虑其大小，而视其为几何点。但在研究控制飞船飞行姿态问题时，则必需将其视为刚体。刚体的运动形式是多样性的。例如：车间里行车的移动，汽轮机叶轮的转动，马路上车轮的滚动以及太空中导弹的飞行等，各自的运动形式和描述方法的差别甚大。点的运动与刚体运动的研究相互渗透、互为依托，最终建立了描述机械运动的系统工具。

运动的描述方法可分为几何法和解析法两种形式。**几何法**建立各瞬时描述运动的矢径、速度、加速度等矢量之间的几何关系，适合于研究某一特定瞬时的运动性质，形象直观，也便于作定性分析。**解析法**则从建立运动方程出发，通过数学求导获得速度与加速度及运动特性，适合于研究运动的时间历程，也便于计算机求解。解析法、几何法两种方法各有所长，在运动学中均有应用。

第 6 章　运动学基础

本章作为运动学的基础，主要介绍点的运动及刚体简单运动。其中所涉及的基本概念及基本公式，渗透于整个运动学和动力学，应用极为灵活，影响十分深远。

6.1　点 的 运 动

本节研究点的运动。重点介绍用直角坐标法、矢量法、自然法建立点的运动方程，确定点的运动轨迹、速度及加速度。

6.1.1　直角坐标法和矢量法

1. 点的运动方程和轨迹

取直角坐标系 $Oxyz$ 与参考体固连。动点 M 每一瞬时在直角坐标系 $Oxyz$ 中的位置可以用它的坐标 x、y、z 唯一确定，如图 6-1 所示。M 点运动时，三个坐标 x、y、z 均随时间变化，可以表示为时间 t 的单值连续函数，即

$$x = f_1(t), \quad y = f_2(t), \quad z = f_3(t) \tag{6-1}$$

方程组(6-1)描述了点在直角坐标系中的运动规律，称为点的**直角坐标形式的运动方程**。

从方程组(6-1)中消去时间 t，则得点的**轨迹方程**。

如果从坐标原点 O 向动点 M 引矢径 $\boldsymbol{r}$，由图 6-1 可明显看出

$$\boldsymbol{r} = x\boldsymbol{i} + y\boldsymbol{j} + z\boldsymbol{k} \tag{6-2}$$

式中，$\boldsymbol{i}$、$\boldsymbol{j}$、$\boldsymbol{k}$ 分别为沿坐标轴 x、y、z 的单位矢量，大小、方向不随时间而改变。显然，M 点运动时，矢径 $\boldsymbol{r}$ 的大小和方向均随时间变化，是时间 t 的单值连续函数，可以写成

$$\boldsymbol{r} = \boldsymbol{r}(t) \tag{6-3}$$

式(6-3)也表明了点的位置随时间变化的规律，称为点的**矢量形式的运动方程**。矢径 $\boldsymbol{r}$ 的端点在参考系中描绘出的曲线称为**矢端曲线**，即为点的**运动轨迹**。

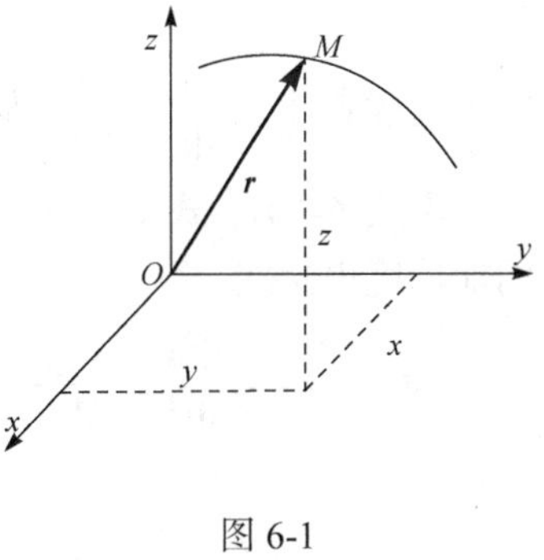

图 6-1

2. 点的速度和加速度

点的速度是描述点在某一瞬时运动快慢和运动方向的物理量。如果用矢径 $\boldsymbol{r}$ 表示点在参考系中的位置，根据导数的物理意义可知，点的速度等于点的矢径对时间 $\boldsymbol{t}$ 的一阶导数，即

$$\boldsymbol{v} = \frac{\mathrm{d}\boldsymbol{r}}{\mathrm{d}t} = \dot{\boldsymbol{r}} \tag{6-4}$$

速度是矢量，它具有瞬时性，t 瞬时 M 点的速度沿轨迹上 M 点的切线，指向点的运动方向(图 6-2)；速度的大小等于$\left|\dfrac{\mathrm{d}\boldsymbol{r}}{\mathrm{d}t}\right|$。这里请读者注意$\dfrac{\mathrm{d}\boldsymbol{r}}{\mathrm{d}t}$、$\left|\dfrac{\mathrm{d}\boldsymbol{r}}{\mathrm{d}t}\right|$及$\dfrac{\mathrm{d}|\boldsymbol{r}|}{\mathrm{d}t}$的区别。

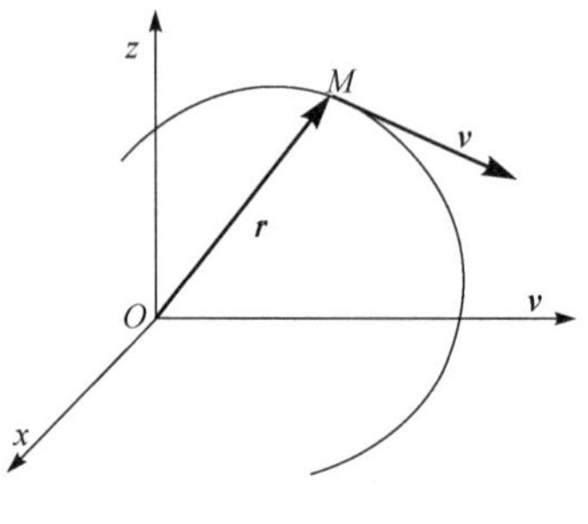

图 6-2

由关系式(6-2)，点的速度可表示为

$$\boldsymbol{v}=\dot{\boldsymbol{r}}=\frac{\mathrm{d}x}{\mathrm{d}t}\boldsymbol{i}+\frac{\mathrm{d}y}{\mathrm{d}t}\boldsymbol{j}+\frac{\mathrm{d}z}{\mathrm{d}t}\boldsymbol{k} \tag{6-5}$$

如果将速度直接向 x 、y 、z 轴投影，得到

$$\boldsymbol{v}=v_x\boldsymbol{i}+v_y\boldsymbol{j}+v_z\boldsymbol{k} \tag{6-6}$$

对比式(6-5)、式(6-6)，得到

$$v_x=\frac{\mathrm{d}x}{\mathrm{d}t}=\dot{x},\qquad v_y=\frac{\mathrm{d}y}{\mathrm{d}t}=\dot{y},\qquad v_z=\frac{\mathrm{d}z}{\mathrm{d}t}=\dot{z} \tag{6-7}$$

即点的速度在直角坐标轴上的投影等于对应坐标对时间的一阶导数。

已知点的速度沿三个坐标轴的投影，可以求得点的速度大小为

$$v=\sqrt{\dot{x}^2+\dot{y}^2+\dot{z}^2} \tag{6-8}$$

速度 $\boldsymbol{v}$ 的方向余弦为

$$\cos(\boldsymbol{v},\boldsymbol{i})=\frac{v_x}{v},\qquad \cos(\boldsymbol{v},\boldsymbol{j})=\frac{v_y}{v},\qquad \cos(\boldsymbol{v},\boldsymbol{k})=\frac{v_z}{v} \tag{6-9}$$

点的加速度是描述点的速度大小和方向变化率的物理量。由导数的物理意义，点的加速度等于点的速度对时间的一阶导数，或是矢径对时间的二阶导数，即

$$\boldsymbol{a}=\frac{\mathrm{d}\boldsymbol{v}}{\mathrm{d}t}=\frac{\mathrm{d}^2\boldsymbol{r}}{\mathrm{d}t^2} \tag{6-10}$$

加速度也是矢量，它的大小等于$\left|\dfrac{\mathrm{d}\boldsymbol{v}}{\mathrm{d}t}\right|$，方向沿 $\Delta t\to 0$ 时，$\Delta\boldsymbol{v}$ 的极限方向，如图 6-3 所示。这里也请读者注意$\dfrac{\mathrm{d}\boldsymbol{v}}{\mathrm{d}t}$、$\left|\dfrac{\mathrm{d}\boldsymbol{v}}{\mathrm{d}t}\right|$及$\dfrac{\mathrm{d}|\boldsymbol{v}|}{\mathrm{d}t}$的区别。

由式(6-10)、式(6-6)和式(6-7)，可得到直角坐标系中点的加速度表达式

$$\boldsymbol{a}=\dot{\boldsymbol{v}}=\ddot{\boldsymbol{r}}=\frac{\mathrm{d}^2x}{\mathrm{d}t^2}\boldsymbol{i}+\frac{\mathrm{d}^2y}{\mathrm{d}t^2}\boldsymbol{j}+\frac{\mathrm{d}^2z}{\mathrm{d}t^2}\boldsymbol{k}=\ddot{x}\boldsymbol{i}+\ddot{y}\boldsymbol{j}+\ddot{z}\boldsymbol{k} \tag{6-11}$$

而且

$$a_x=\ddot{x},\quad a_y=\ddot{y},\quad a_z=\ddot{z} \tag{6-12}$$

式中，a_x、a_y、a_z 分别为加速度在 x 、y 、z 轴上的投影，即点的加速度在直角坐标轴上的投影等于对应的坐标对时间的二阶导数。

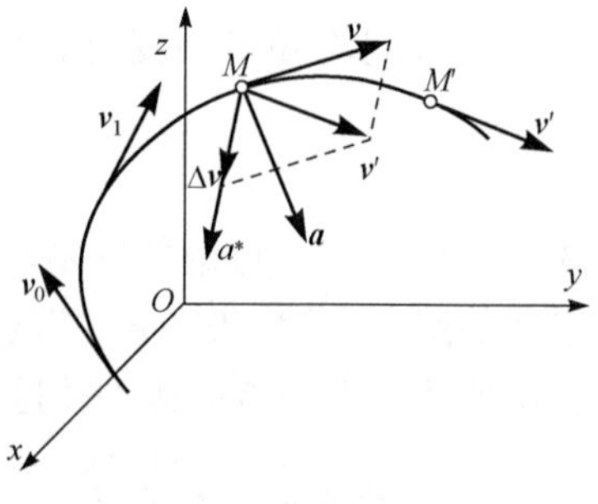

图 6-3

加速度 $\boldsymbol{a}$ 的大小和方向余弦分别为

$$a=\sqrt{\ddot{x}^2+\ddot{y}^2+\ddot{z}^2} \tag{6-13}$$

$$\cos(\boldsymbol{a},\boldsymbol{i})=\frac{a_x}{a},\quad \cos(\boldsymbol{a},\boldsymbol{j})=\frac{a_y}{a},\quad \cos(\boldsymbol{a},\boldsymbol{k})=\frac{a_z}{a} \tag{6-14}$$

上述直角坐标法和矢量法描述点的运动方程、速度、加速度的表达形式，适用于一般空间曲线运动。当点作平面运动时，取点所在平面为 Oxy，则 $z(t)\equiv 0$，上述公式仍成立。

当需要对位置、速度、加速度作具体表达时，常常用直角坐标法；而矢量法表达形式简洁，常用于概念的定义及公式的推导和证明。

例 6-1　曲柄滑块机构如图 6-4 所示。曲柄 OA 绕固定轴 O 转动，A 端用铰链与连杆 AB 连接，连杆的 B 端通过铰链带动滑块沿水平滑槽运动。已知 $AB=OA=l$，曲柄与水平线夹角 φ 的变化规律为 $\varphi=\omega t$，ω 为常量。试求连杆 AB 上任一点 M 的运动方程、轨迹，以及速度和加速度在 x、y 轴上的投影。

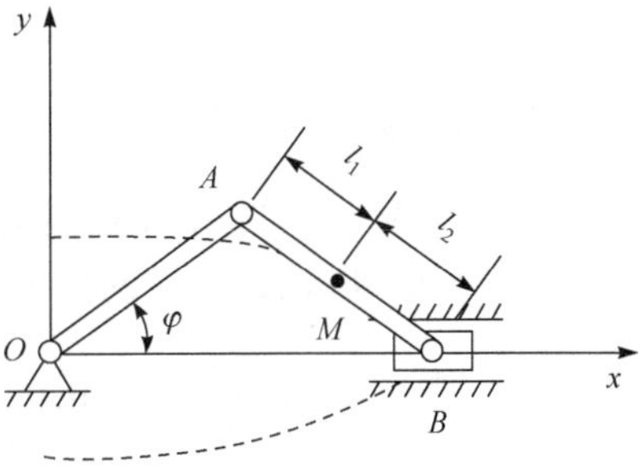

图 6-4

解　(1) 研究对象：点 M。

(2) 运动方程：取直角坐标系 Oxy 如图 6-4 所示。设点 M 到 A，B 点的距离分别为 l_1 和 l_2，则点 M 在任意时刻 t 的坐标为

$$\left.\begin{aligned} x&=(l+l_1)\cos\omega t\\ y&=l_2\sin\omega t\end{aligned}\right\}$$

这就是点 M 的直角坐标形式的运动方程。

(3) 轨迹方程：从上组方程中消去参数 t，得到点 M 的轨迹方程为

$$\frac{x^2}{(l+l_1)^2}+\frac{y^2}{l_2^{\,2}}=1$$

可见点 M 的轨迹是一个中心在点 O，半轴长各为(l_1+l_2)和 l_2 的椭圆。

(4) 速度在 x 轴和 y 轴上的投影分别为

$$v_x=\frac{\mathrm{d}x}{\mathrm{d}t}=-(l+l_1)\omega\sin\omega t$$

$$v_y=\frac{\mathrm{d}y}{\mathrm{d}t}=l_2\omega\cos\omega t$$

(5) 加速度在 x 轴和 y 轴上的投影分别为

$$a_x=\frac{\mathrm{d}v_x}{\mathrm{d}t}=-(l+l_1)\omega^2\cos\omega t$$

$$a_y=\frac{\mathrm{d}v_y}{\mathrm{d}t}=-l_2\omega^2\sin\omega t$$

6.1.2　自然法

1. 点的运动方程

设点 M 相对参考系的运动轨迹已知。如图 6-5 所示，在点的运动轨迹上任取一固定点 O 为坐标原点，规定曲线某一方向为正，则弧长 OM 冠以适当的正负号即称为点 M 的**弧坐标**。

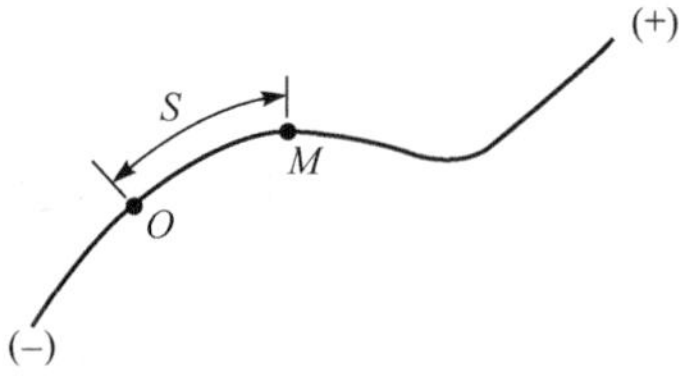

图 6-5

M 点在曲线上的位置由弧坐标唯一确定。点在运动过程中，弧坐标是时间的单值连续函数，即

$$s = s(t) \tag{6-15}$$

式(6-15)表示点沿已知轨迹的运动规律，称为**点的弧坐标形式的运动方程**。

弧坐标法的特点是结合轨迹的自然形状来描述点沿轨迹运动的规律，故又称**自然法**。

2. 点的速度

设动点 M 沿轨迹由 M 点运动到 M' 点，经过 Δt 时间间隔，对应的位移为 $\Delta \boldsymbol{r}$，以 Δs 表示点在 Δt 时间间隔内弧坐标的增量(图 6-6)，根据点的速度的定义

$$\boldsymbol{v} = \lim_{\Delta t \to 0} \frac{\Delta \boldsymbol{r}}{\Delta t} = \lim_{\substack{\Delta t \to 0 \\ \Delta s \to 0}} \left(\frac{\Delta \boldsymbol{r}}{\Delta s} \cdot \frac{\Delta s}{\Delta t} \right) = \left(\lim_{\Delta s \to 0} \frac{\Delta \boldsymbol{r}}{\Delta s} \right) \cdot \left(\lim_{\Delta t \to 0} \frac{\Delta s}{\Delta t} \right) = \left(\lim_{\Delta s \to 0} \frac{\Delta \boldsymbol{r}}{\Delta s} \right) \cdot \frac{\mathrm{d}s}{\mathrm{d}t}$$

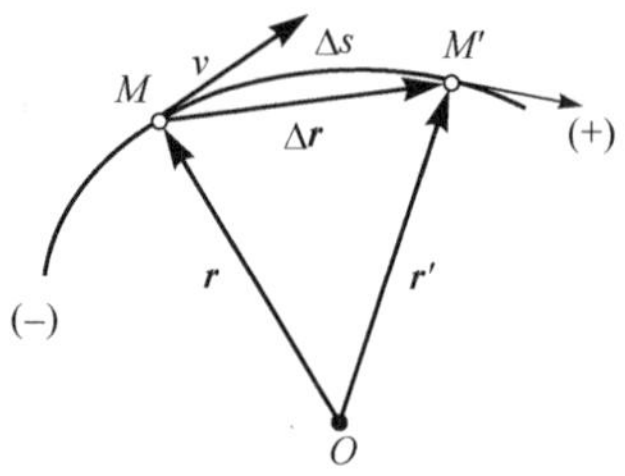

图 6-6

当 $\Delta t \to 0$ 时，$|\Delta s| \doteq |\Delta \boldsymbol{r}|$，上式右边第一项的大小为 $\lim\limits_{\Delta s \to 0} \left| \dfrac{\Delta \mathrm{r}}{\Delta s} \right| = 1$，而 $\dfrac{\Delta \boldsymbol{r}}{\Delta s}$ 的极限方向沿 M 处的轨迹切线正向，即

$$\lim_{\Delta s \to 0} \frac{\Delta \boldsymbol{r}}{\Delta s} = \boldsymbol{\tau}$$

由此得

$$\boldsymbol{v} = \frac{\mathrm{d}s}{\mathrm{d}t} \boldsymbol{\tau} \tag{6-16}$$

式中，$\boldsymbol{\tau}$ 为轨迹切线的单位矢量，指向与弧坐标正向一致。设速度 $\boldsymbol{v}$ 在切线方向的投影为 v_τ，则

$$v_\tau = \frac{\mathrm{d}s}{\mathrm{d}t} \tag{6-17}$$

$$\boldsymbol{v} = v_\tau \boldsymbol{\tau} \tag{6-18}$$

式中，$\boldsymbol{v}$ 是矢量；v_τ 是代数量，速度 $\boldsymbol{v}$ 的大小 $v = |v_\tau| = \left| \dfrac{\mathrm{d}s}{\mathrm{d}t} \right|$。即动点速度的大小等于弧坐标对时间的一阶导数的绝对值，方向沿轨迹切线，指向由 $\dfrac{\mathrm{d}s}{\mathrm{d}t}$ 的正负号决定。

3. 空间曲线的几何要素

1) 自然轴系

如图 6-7(a)所示，曲线上 M 点的切线为 MT，邻近点 M' 点的切线为 $M'T'$，一般情况下，这两条切线并不在同一平面内。过 M 点作与切线 $M'T'$ 平行的直线 MT_1，则 MT 和 MT_1 可确定一平面。当点 M' 逐渐趋近于点 M 时，MT_1 随 $M'T'$ 变化，MT 和 MT_1 所确定的平面将绕切线 MT 逐渐旋转，并趋近于一个极限位置，此极限平面称为曲线在 M 点的**密切面**，如图 6-7(b)所示。显然，平面曲线上任一点的密切面就是曲线所在平面；对于空间曲线，在 M 点邻近的一段弧线在略去高阶小量后可以看成是在 M 点的密切面内；换句话说，空间曲线的无限小弧

段可看成是密切面内的平面曲线。过 M 点作垂直于切线 MT 的平面，该平面称为曲线在 M 点的**法面**。法面和密切面的交线称为曲线在 M 点的**主法线**。法面内过 M 点与主法线垂直的线称为曲线在 M 点的**副法线**。如图 6-7(b)所示，以 M 点为原点，曲线在该点的切线 MT 、主法线 MN 和副法线 MB 组成相互垂直的三个坐标轴，称为曲线在 M 点的**自然轴系**。

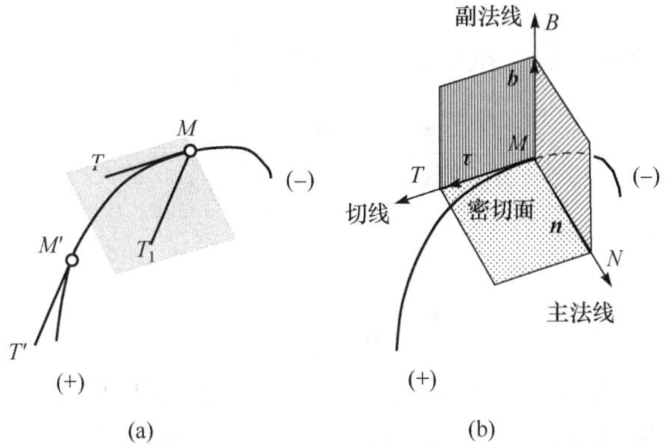

图 6-7

自然轴系上的切线单位矢量前面已有规定。其他两个单位矢量的规定如下：主法线的单位矢量用 $\boldsymbol{n}$ 表示，指向曲线内凹一侧；副法线的单位矢量用 $\boldsymbol{b}$ 表示，指向与 $\boldsymbol{\tau}$ 、$\boldsymbol{n}$ 构成右手系，即

$$\boldsymbol{b} = \boldsymbol{\tau} \times \boldsymbol{n}$$

显然，自然轴系各坐标轴的方向随 M 点在曲线上的位置不同而改变。

2) 曲率

为了表示轨迹曲线的弯曲程度，引入参数曲率与曲率半径。如图 6-8 所示，点 M 沿轨迹经过弧长 Δs 运动到点 M' ，设点 M 处曲线的切向单位矢量为 $\boldsymbol{\tau}$ ，点 M' 处的单位矢量为 $\boldsymbol{\tau}'$ ，而切线经过 Δs 时转过的角度为 $\Delta\varphi$ ，则 $\dfrac{\Delta\varphi}{\Delta s}$ 称为 M 点到 M' 点这一段曲线的**平均曲率**，它的极限值取绝对值称为点 M 处的**曲率**。曲率的倒数称为**曲率半径**，用 ρ 表示，则有

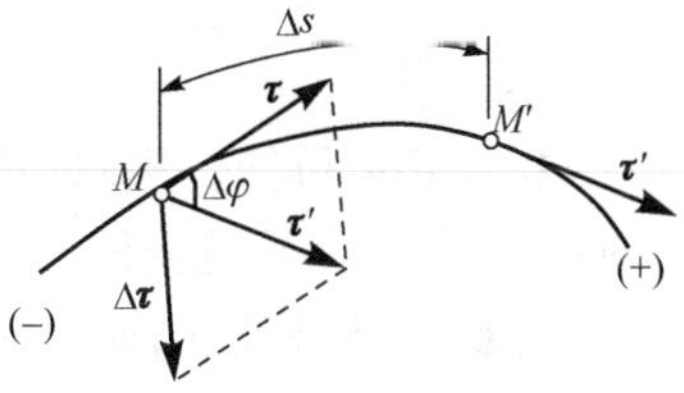

图 6-8

$$\frac{1}{\rho} = \lim_{\Delta s \to 0}\left|\frac{\Delta\varphi}{\Delta s}\right| = \left|\frac{\mathrm{d}\varphi}{\mathrm{d}s}\right|$$

3) $\boldsymbol{\tau}$ 、$\boldsymbol{n}$ 、$\dfrac{1}{\rho}$ 的关系

由图 6-8 可见

$$|\Delta\boldsymbol{\tau}| = 2|\boldsymbol{\tau}|\sin\frac{\Delta\varphi}{2} \doteq \Delta\varphi$$

当 $\Delta s \to 0$ 时，$\Delta\varphi \to 0$ ，$\Delta\boldsymbol{\tau}$ 在密切平面内与 $\boldsymbol{\tau}$ 垂直，$\dfrac{\Delta\boldsymbol{\tau}}{\Delta s}$ 与 $\boldsymbol{n}$ 方向一致。因此，有

$$\frac{\mathrm{d}\boldsymbol{\tau}}{\mathrm{d}s} = \lim_{\Delta s \to 0}\frac{\Delta\boldsymbol{\tau}}{\Delta s} = \lim_{\Delta s \to 0}\frac{\Delta\varphi}{\Delta s}\boldsymbol{n} = \frac{1}{\rho}\boldsymbol{n} \tag{6-19}$$

4. 点的切向加速度和法向加速度

将式(6-18)对时间 t 求一阶导数，由于 v_τ，τ 均为变量，得到动点的加速度

$$\boldsymbol{a}=\frac{\mathrm{d}\boldsymbol{v}}{\mathrm{d}t}=\frac{\mathrm{d}v_\tau}{\mathrm{d}t}\boldsymbol{\tau}+v_\tau\frac{\mathrm{d}\boldsymbol{\tau}}{\mathrm{d}t}$$

上式右边第二项包含有切向单位矢量对时间的导数 $\frac{\mathrm{d}\boldsymbol{\tau}}{\mathrm{d}t}$，利用式(6-19)，有

$$\frac{\mathrm{d}\boldsymbol{\tau}}{\mathrm{d}t}=\frac{\mathrm{d}\boldsymbol{\tau}}{\mathrm{d}s}\cdot\frac{\mathrm{d}s}{\mathrm{d}t}=\frac{\mathrm{d}s}{\mathrm{d}t}\cdot\frac{1}{\rho}\boldsymbol{n}=\frac{v_\tau}{\rho}\boldsymbol{n}$$

由于 $v_\tau^2=v^2$，所以

$$\boldsymbol{a}=\frac{\mathrm{d}v_\tau}{\mathrm{d}t}\boldsymbol{\tau}+\frac{v^2}{\rho}\boldsymbol{n} \tag{6-20}$$

式(6-20)是加速度沿自然坐标轴的分解表达式。第一项称为**切向加速度**，它表示点的速度大小的变化率；第二项称为**法向加速度**，它表示点的速度方向的变化率。从上式可以看出，加速度沿副法线方向的分量等于零。即加速度矢量位于轨迹上动点所在位置的密切面内。

若以 $\boldsymbol{a}_\tau$ 表示切向加速度分量，$\boldsymbol{a}_\mathrm{n}$ 表示法向加速度分量，$\boldsymbol{a}_\mathrm{b}$ 表示副法向加速度分量，则

$$\boldsymbol{a}_\tau=\frac{\mathrm{d}v_\tau}{\mathrm{d}t}\boldsymbol{\tau},\quad \boldsymbol{a}_\mathrm{n}=\frac{v^2}{\rho}\boldsymbol{n},\quad \boldsymbol{a}_\mathrm{b}=0 \tag{6-21}$$

$$a_\tau=\frac{\mathrm{d}v_\tau}{\mathrm{d}t}=\frac{\mathrm{d}^2s}{\mathrm{d}t^2},\quad a_\mathrm{n}=\frac{v^2}{\rho},\quad a_\mathrm{b}=0 \tag{6-22}$$

全加速度的大小和方向可由下式决定

$$a=\sqrt{a_\tau^2+a_\mathrm{n}^2},\quad \tan\theta=\frac{|a_\tau|}{a_\mathrm{n}} \tag{6-23}$$

由图 6-9 可知，法向加速度总是指向轨迹内凹的一侧，沿主法线正向，所以全加速度的方向也总是偏向轨迹内凹一侧。

例 6-2　导杆机构如图 6-10 所示。曲柄 OA 绕轴 O 转动，通过滑块 A 带动导杆 O_1B 绕轴 O_1 摆动。已知 $\varphi=\omega t$，ω 为常量，$OA=O_1O=r$，$O_1B=l$。试求杆端 B 点的运动方程、速度和加速度。

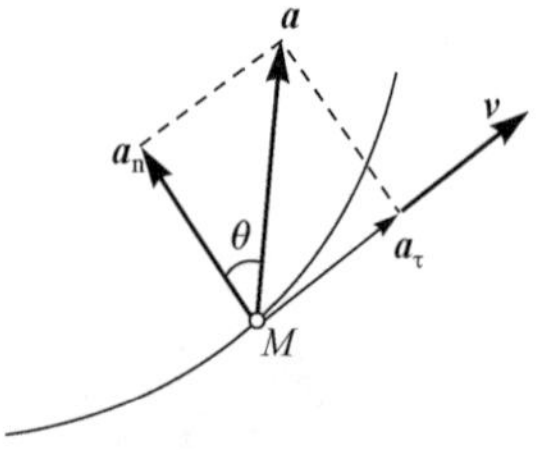

图 6-9

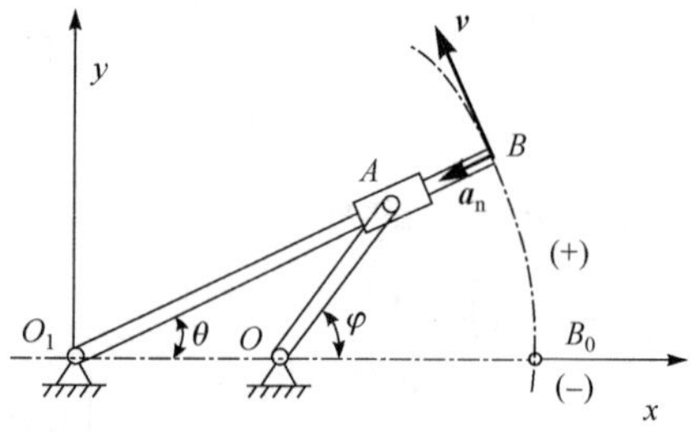

图 6-10

解　(1) 研究对象：点 B。

(2) 运动方程：点 B 沿以 O_1 点为圆心、l 为半径作圆周运动。以 θ 表示杆 O_1B 与直线 O_1O 之间的夹角，取 t 等于零时点 B 的位置 B_0 为弧坐标原点，弧坐标正向与 θ 增加的方向一致，如图 6-10 所示。于是，在瞬时 t，点 B 的弧坐标为

$$s = l\theta = \frac{1}{2}l\varphi = \frac{1}{2}l\omega t$$

上式即为点 B 的运动方程。

(3) 速度：根据速度的自然法表示式可得

$$v = \frac{\mathrm{d}s}{\mathrm{d}t} = \frac{1}{2}l\omega$$

方向沿轨迹切线方向，如图 6-10 所示。

(4) 加速度：点 B 的切向加速度和法向加速度的大小分别为

$$a_\tau = \frac{\mathrm{d}v_\tau}{\mathrm{d}t} = 0, \quad a_\mathrm{n} = \frac{v^2}{l} = \frac{1}{4}l\omega^2$$

故点 B 的加速度 $\boldsymbol{a}$ 的大小为

$$a = a_\mathrm{n} = \frac{1}{4}l\omega^2$$

方向与 $\boldsymbol{a}_\mathrm{n}$ 一致，沿 BO_1 指向 O_1 点。

例 6-3　列车沿半径为 R=800 m 的圆弧轨道作匀加速运动。如初速度为零，经过 2min 后，速度达到 54km/h。求列车在起点和末点的加速度。

解　由于列车沿圆弧轨道作匀加速运动，切向加速度 $a_\tau = \frac{\mathrm{d}v}{\mathrm{d}t}$=恒量。于是有方程

$$\mathrm{d}v = a_\tau \mathrm{d}t$$

积分一次，并考虑到初速度为零，得

$$v = a_\tau t$$

当 t=2min=120s 时，v=54km/h=15m/s，代入上式，求得

$$a_\tau = \frac{15}{120} = 0.125(\mathrm{m/s^2})$$

在起点，因 v_0=0，因此法向加速度等于零，列车只有切向加速度 a_τ，所以

$$a_0 = a_\tau = 0.125(\mathrm{m/s^2})$$

在末点时速度不等于零，既有切向加速度，又有法向加速度，而

$$a_\tau = 0.125\mathrm{m/s^2}, \quad a_\mathrm{n} = \frac{v^2}{R} = \frac{15^2}{800} = 0.281(\mathrm{m/s^2})$$

所以末点的全加速度大小为

$$a = \sqrt{a_\tau^2 + a_\mathrm{n}^2} = 0.308(\mathrm{m/s^2})$$

末点的全加速度与法向的夹角 θ 为

$$\tan\theta = \frac{a_\tau}{a_\mathrm{n}} = 0.443; \quad 即\ \theta = 23°54'$$

6.2　刚体的基本运动

刚体的基本运动包括平行移动和定轴转动，是工程中最简单的刚体运动形式，也是研究

复杂运动的基础。

6.2.1 刚体的平动

刚体在运动过程中，若其上任意直线始终与它的初始位置平行，则称刚体作**平行移动**，简称为**平动**。工程上很多运动属于平动，如活塞在汽缸中的运动，车床上刀架的运动和摆动式送料槽的运动(图 6-11)等。

根据刚体平动的定义，可以证明：刚体平动时其上各点运动规律完全相同。

如图 6-12 所示，在平动刚体内任取两点 A 和 B，以 $\boldsymbol{r}_A$ 和 $\boldsymbol{r}_B$ 分别表示 A 点和 B 点的矢径。矢端曲线分别是 A 点和 B 点的轨迹。刚体作平动，在整个运动过程中矢量 $\overrightarrow{BA}$ 的长度、方向都不改变，即 $\overrightarrow{BA}$ 是常矢量。由图 6-12 可知

$$\boldsymbol{r}_A = \boldsymbol{r}_B + \overrightarrow{BA} \tag{6-24}$$

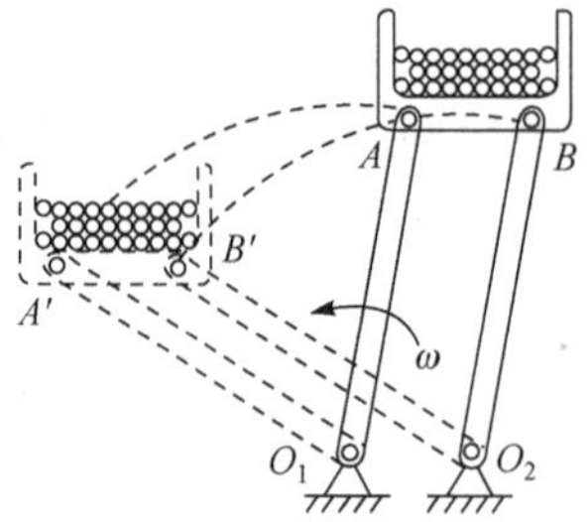

图 6-11

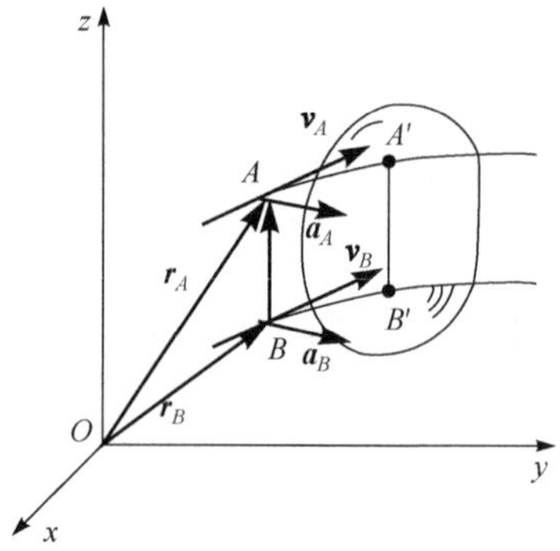

图 6-12

因此只要把 B 点的轨迹沿着矢量 $\overrightarrow{BA}$ 方向平行移动一段距离 BA，就能与 A 点轨迹完全重合。这说明平动刚体上各点轨迹形状相同，只是相互平移了一段距离。

将式(6-24)对时间 t 求一阶和二阶导数，由于 $\overrightarrow{BA}$ 是常矢量，得到

$$\frac{\mathrm{d}\boldsymbol{r}_A}{\mathrm{d}t} = \frac{\mathrm{d}\boldsymbol{r}_B}{\mathrm{d}t}, \quad 即\ \boldsymbol{v}_A = \boldsymbol{v}_B \tag{6-25}$$

$$\frac{\mathrm{d}^2\boldsymbol{r}_A}{\mathrm{d}t^2} = \frac{\mathrm{d}^2\boldsymbol{r}_B}{\mathrm{d}t^2}, \quad 即\ \boldsymbol{a}_A = \boldsymbol{a}_B \tag{6-26}$$

这说明刚体平动时，在同一瞬时刚体内各点具有相同的速度和加速度。

由上面的讨论可知，如果平动刚体上某一点的运动已知，就完全可以确定整个刚体的运动。由此，解决刚体平动问题的关键在于正确识别出其运动形式并选择合适的点来描述刚体运动。对于平面内运动的刚体，若其上有一条直线方位始终不变，则刚体平动；对于空间运动的刚体，若其上有两条非平行直线方位始终不变，则可以判定刚体平动。

根据平动刚体内点的运动轨迹的形状不同，刚体平动可分为直线平动、平面曲线平动和空间曲线平动。

6.2.2 刚体的定轴转动

刚体在运动过程中，如果其上(或其延拓部分)有一条直线始终保持不动，则称刚体作定

轴转动，简称为**转动**。该不动的直线称为**转轴**。如电机转子、离心泵叶轮和车床的主轴等都是定轴转动的实例。

1. 刚体定轴转动的运动方程　角速度与角加速度

选定参考坐标系 $Oxyz$，并设转轴与 Oz 轴重合。过转轴作两个半平面，其中一个为固定平面 N_0，另一个 N 与刚体固结。则描述半平面 N 的角坐标 φ 即可完全确定刚体在空间的位置(图 6-13)，所以转动刚体具有一个自由度。φ 为代数量，其正负按右手螺旋法则确定，并称为刚体的**转角**或**位置角**。刚体转动过程中，φ 是时间 t 的单值连续函数，则刚体定轴转动的运动方程为

$$\varphi=\varphi(t) \tag{6-27}$$

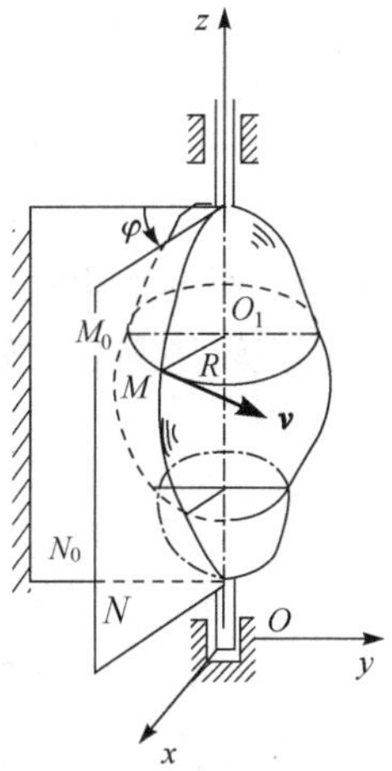

图 6-13

φ 的单位为弧度(rad)。

转角对时间的一阶导数称为**角速度**，以此度量刚体转动的方向及快慢，用 ω 表示

$$\omega=\frac{\mathrm{d}\varphi}{\mathrm{d}t} \tag{6-28}$$

角速度的单位为弧度/秒(rad/s)。

工程中把机器每分钟的转数称为机器的**转速** n(r/min)，并以此表示机器转动的快慢程度。转速与角速度的换算公式为

$$\omega=\frac{2\pi n}{60}=\frac{\pi n}{30} \tag{6-29}$$

角速度对时间的一阶导数称为**角加速度**，以此度量角速度的转向及大小变化，用 α 表示

$$\alpha=\frac{\mathrm{d}\omega}{\mathrm{d}t}=\frac{\mathrm{d}^2\varphi}{\mathrm{d}t^2} \tag{6-30}$$

角加速度的单位为弧度/秒^2(rad/s^2)。

当 α 与 ω 同号时，刚体作加速转动，异号时作减速转动。

如果已知刚体的转动方程，通过微分就可以求得它的角速度与角加速度方程。反之，如果已知转动刚体的角加速度方程，通过积分可以求得刚体的角速度方程以及转动方程。

2. 转动刚体内各点的速度与加速度

刚体绕定轴转动时，除转轴外，刚体上其余各点都在垂直于转轴的平面内作圆周运动，圆心在转轴上，如图 6-14 所示。

设刚体内任一点 M 到转轴的垂直距离为 R。取 φ 角为零时 M 点所在位置为弧坐标原点，弧坐标的正向与转角 φ 增加的方向一致，则 M 点的运动方程为

$$s=R\varphi \tag{6-31}$$

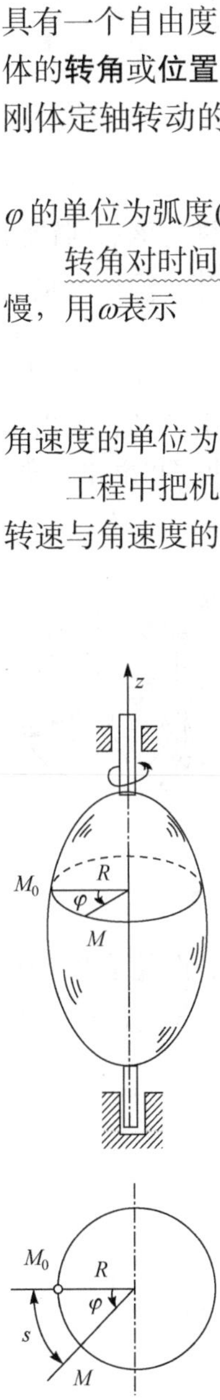

图 6-14

M 点的速度、加速度分别为

$$v = \frac{\mathrm{d}s}{\mathrm{d}t} = R\frac{\mathrm{d}\varphi}{\mathrm{d}t} = R\omega \tag{6-32}$$

$$a_\tau = \frac{\mathrm{d}v}{\mathrm{d}t} = R\frac{\mathrm{d}\omega}{\mathrm{d}t} = R\alpha \tag{6-33}$$

$$a_\mathrm{n} = \frac{v^2}{\rho} = \frac{(R\omega)^2}{R} = R\omega^2 \tag{6-34}$$

其中，速度和切向加速度的方位沿轨迹切线，指向分别由 ω 、α 的正负决定；法向加速度恒指该点轨迹圆心，如图 6-15 所示。全加速度的大小和方向分别为

$$\left.\begin{aligned} a &= \sqrt{a_\tau^2 + a_\mathrm{n}^2} = R\sqrt{\alpha^2 + \omega^4} \\ \tan\theta &= \frac{|a_\tau|}{a_\mathrm{n}} = \frac{|R\alpha|}{R\omega^2} = \frac{|\alpha|}{\omega^2} \end{aligned}\right\} \tag{6-35}$$

由此可见，在每一瞬时，定轴转动刚体内各点的速度和加速度的大小分别与该点到转轴的垂直距离 R 成正比；在垂直于转轴的截面上，同一半径上各点的速度呈直角三角形分布，各点的加速度呈锐角三角形分布。如图 6-16 所示。

例 6-3　图 6-17 表示一对外啮合的圆柱齿轮(图中只画出两齿轮的节圆轮廓)。设某瞬时，主动轮 I 以角速度 ω_1 和角加速度 α_1 绕固定轴 O_1 转动，并与绕固定轴 O_2 转动的从动轮 II 相啮合。设两齿轮节圆半径分别为 r_1 和 r_2，齿数分别为 z_1 和 z_2。求从动轮 II 的角速度和角加速度，并求两轮啮合点的速度和加速度。

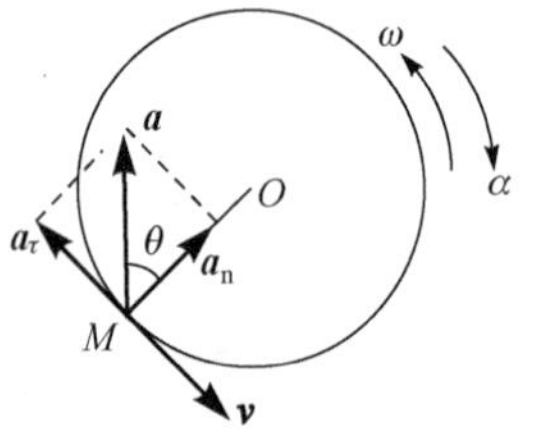

图 6-15

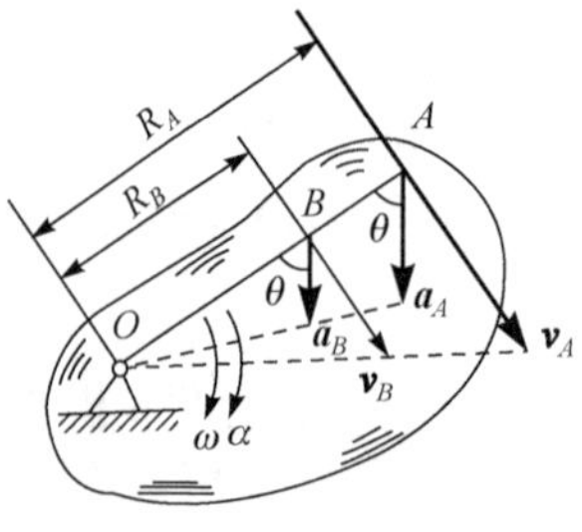

图 6-16

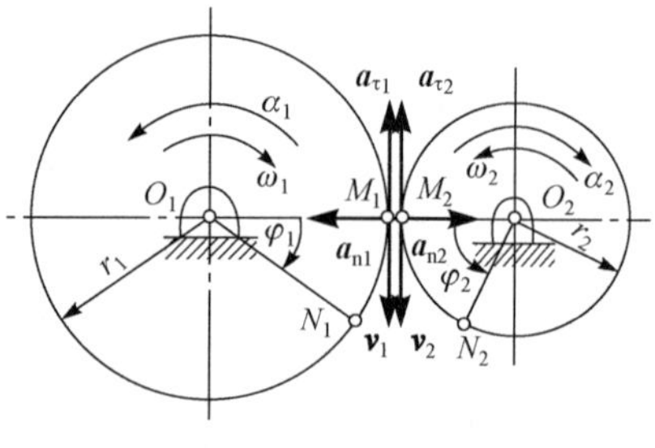

图 6-17

解　齿轮传动时，两节圆接触点不发生相对滑动，故在给定时间间隔内，两轮节圆上滚过的弧长相等，即 $s_1 = r_1\varphi_1 = s_2 = r_2\varphi_2$，所以有

$$r_1\varphi_1 = r_2\varphi_2$$

将上式对时间 t 求导，得

$$r_1\omega_1 = r_2\omega_2, \qquad \frac{\omega_2}{\omega_1} = \frac{r_1}{r_2}$$

$$r_1\alpha_1 = r_2\alpha_2, \qquad \frac{\alpha_2}{\alpha_1} = \frac{r_1}{r_2}$$

于是，从动轮 II 的角速度和角加速度大小分别为

$$\omega_2 = \frac{r_1}{r_2}\cdot\omega_1, \qquad \alpha_2 = \frac{r_1}{r_2}\cdot\alpha_1$$

因此，两齿轮啮合传动时，角速度之比和角加速度之比均与其节圆半径成反比。又因为

齿轮节圆半径与齿数成正比，故有

$$\frac{\omega_1}{\omega_2}=\frac{\alpha_1}{\alpha_2}=\frac{r_2}{r_1}=\frac{z_2}{z_1}$$

由 $r_1\omega_1=r_2\omega_2$，$r_1\alpha_1=r_2\alpha_2$，可以得到

$$v_1=v_2\,,\qquad a_{\tau_1}=a_{\tau_2}$$

即：啮合点 M_1、M_2 的速度相等，切向加速度也相等，但两点法向加速度不相等，分别为

$$a_{n_1}=r_1\cdot\omega_1^2\,,\qquad a_{n_2}=r_2\cdot\omega_2^2$$

机械工程中，常把主动轮和从动轮的转速之比称为**传动比**，并以符号 i 表示。本例中

$$i=-\frac{n_1}{n_2}=-\frac{\omega_1}{\omega_2}=-\frac{r_2}{r_1}=-\frac{z_2}{z_1}$$

负号表示该对啮合齿轮的转向相反。若是一对内啮合齿轮则取正号。

由若干齿轮组成的传动系统称为**轮系**，将具有固定转轴的轮系称为**定轴轮系**。轮系中首末两轮的转速或角速度之比称为**轮系的传动比**，用 i_{AB} 表示，其中 A 代表首轮，B 代表末轮。且有

$$i_{AB}=(-1)^n\frac{\text{各从动轮齿数乘积}}{\text{各主动轮齿数乘积}} \tag{6-36}$$

其中 n 为外啮合齿轮的对数。

角速度矢量与角加速度矢量

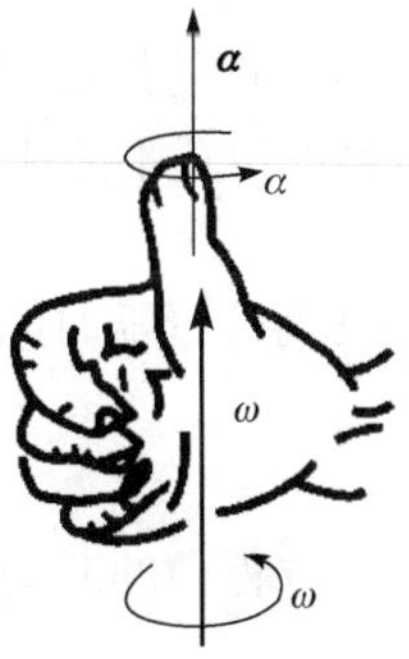

定义角速度矢量 $\boldsymbol{\omega}=\omega\boldsymbol{k}=\dfrac{\mathrm{d}\varphi}{\mathrm{d}t}\boldsymbol{k}$；

角加速度矢量

$$\boldsymbol{\alpha}=\alpha\boldsymbol{k}=\frac{\mathrm{d}\omega}{\mathrm{d}t}\boldsymbol{k}=\frac{\mathrm{d}^2\varphi}{\mathrm{d}t^2}\boldsymbol{k}$$

$\boldsymbol{\omega}$、$\boldsymbol{\alpha}$ 方向服从右手规则。式中的 $\boldsymbol{k}$ 表示沿转轴正向的单位矢量。

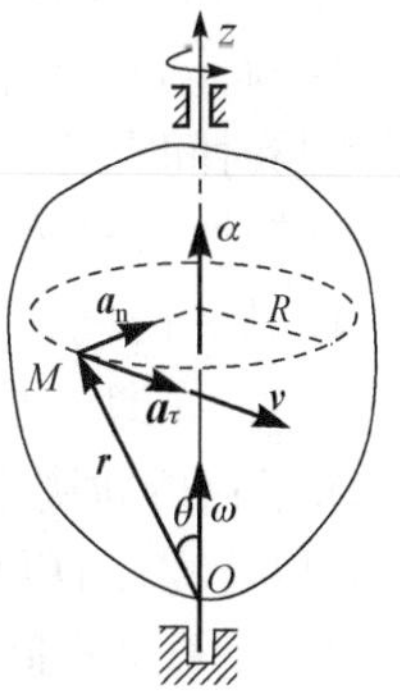

试证明转动刚体内一点的速度、加速度的矢积表达式分别为

$$\boldsymbol{v}=\boldsymbol{\omega}\times\boldsymbol{r}$$
$$\boldsymbol{a}=\boldsymbol{a}_\tau+\boldsymbol{a}_n=\boldsymbol{\alpha}\times\boldsymbol{r}+\boldsymbol{\omega}\times\boldsymbol{v}$$

学 习 要 点

基本要求

1. 能用矢量法建立点的运动方程，求速度和加速度。

2. 能熟练地应用直角坐标法建立点的运动方程，求轨迹、速度和加速度。

3. 能熟练地应用自然法求点在平面上做曲线运动时的运动方程、速度和加速度，并正确理解切向加速度和法向加速度的物理意义。

4. 明确刚体作基本运动的具体特征，并根据刚体基本运动的特征能正确判断刚体作基本运动的具体形式。

5. 能熟练计算基本运动刚体上任一点的运动轨迹、速度和加速度。

6. 掌握传动比的概念及其公式的应用。

本章重点

1. 用直角坐标法描述点的运动(运动方程、速度、加速度)。

2. 用自然法描述点的平面曲线运动(点沿已知轨迹的运动方程、切向加速度、法向加速度)。

3. 刚体的平动及其运动特征。

4. 刚体的定轴转动，转动方程、角速度与角加速度。

5. 转动刚体内各点的速度和加速度。

解题指导

1. 用坐标法(直角坐标法、自然法等)描述点的运动。

点的运动轨迹未知情况下，一般选用直角坐标法；点的运动轨迹已知情况下，一般选用自然法，亦可选用直角坐标法。

1) 建立运动方程的具体步骤如下：

(1) 确定研究对象，即确定所要研究的动点(或刚体上一点)。

(2) 根据所选用的方法，选择对应的坐标系，并要明确坐标系是固定在什么物体上。

(3) 确定点运动的开始位置，然后将动点放在任意位置，用某一参量表示点的位置。所选参量应与时间有关。不能将点放在特殊位置(如初、末位置)，因为特定时刻的位置不能代表点的位置随时间变化的函数关系。

(4) 代入时间 t 找出坐标与时间 t 的函数关系，就得到动点在空间的几何位置随时间 t 的变化关系，亦即动点相对于坐标的运动规律——运动方程。

2) 求点的轨迹方程方法如下：

先要建立以直角坐标表示的点的运动方程(包括题给或自行建立)，将方程中的时间 t 消去，得到动点的空间坐标之间的函数关系，就是动点的轨迹方程。

3) 求点的速度、加速度方法如下：

建立运动方程后，根据已知量和需求量，可用数学求导方法、矢量合成法则以及法向加速度公式 $a_{\mathrm{n}}=\dfrac{v^2}{\rho}$，来求得动点的速度、切向加速度、法向加速度以及全加速度。

2. 刚体基本运动的描述。

刚体的运动为平动，则刚体的运动可用刚体上某一点的运动来代表，这样，就可以用点的运动学来求刚体的运动。

刚体的运动是定轴传动，常见的解题类型和求解方法如下：

(1) 已知刚体的运动规律(包括自行建立的方程)，求角速度和角加速度，需用数学求导法则解决；反过来，已知刚体转动的角加速度和初始条件，求刚体转动的角速度或转动方程，可根据数学积分运算求解。

(2) 已知刚体的转动规律，角速度或角加速度(包括自行求出的)，求刚体上某点的速度和加速度；反过来，已知刚体上某一点的速度或加速度，求刚体转动的角速度或角加速度，可根据公式求解。

3. 刚体系统的运动描述方法。

首先判明每个刚体是作平动还是绕定轴转动。再从已知刚体的运动，求与它连接的另一个刚体的运动。需根据两个刚体接触点的(传递点)速度或切向加速度相等的原则，依次按照“刚体—传递点—刚体”的程序求解。即从已知的转动刚体的运动，求传递点的速度、加速度，再求另一个转动刚体的运动。

若是轮系可直接应用传动比公式。

思　考　题

思考 6-1　$\dfrac{\mathrm{d}\boldsymbol{v}}{\mathrm{d}t}$和$\dfrac{\mathrm{d}v}{\mathrm{d}t}$、$\dfrac{\mathrm{d}\boldsymbol{r}}{\mathrm{d}t}$和$\dfrac{\mathrm{d}r}{\mathrm{d}t}$是否相同？什么情况下$\left|\dfrac{\mathrm{d}\boldsymbol{v}}{\mathrm{d}t}\right|=\dfrac{\mathrm{d}|\boldsymbol{v}|}{\mathrm{d}t}$、$\left|\dfrac{\mathrm{d}\boldsymbol{r}}{\mathrm{d}t}\right|=\dfrac{\mathrm{d}|\boldsymbol{r}|}{\mathrm{d}t}$？

思考 6-2　若$v\neq 0$，$a\neq 0$，试指出思图 6-1 所画点 M 沿曲线 AB 运动时的加速度情况是否可能，为什么？

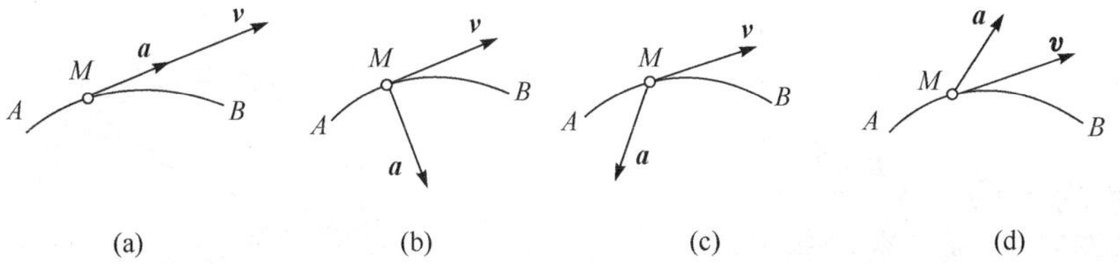

思图 6-1

思考 6-3　点做曲线运动时，其全加速度是否可能等于零？其法向加速度是否可能等于零？并指出在哪些情况下等于零。

思考 6-4　点 M 沿螺旋线自外向内运动，如思图 6-2 所示，它走过的弧长与时间的一次方成正比，问点的加速度是越来越大、还是越来越小？这点越跑越快、还是越跑越慢？

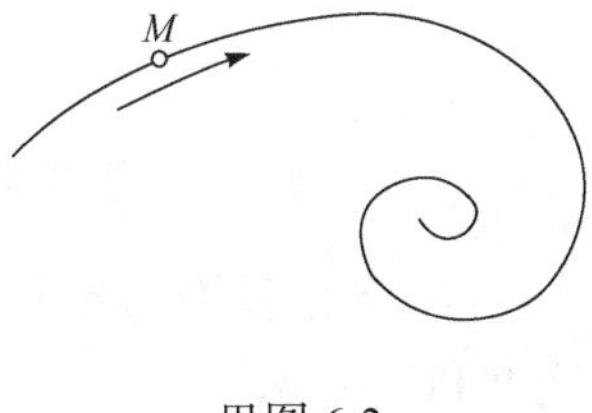

思图 6-2

思考 6-5　平动刚体上各点的运动轨迹是否一定是直线？

思考 6-6　刚体绕定轴转动，已知刚体上任意两点的速度方位，问能不能确定转轴的位置？

习　题

6-1　题图 6-1 所示曲线规尺，已知$\overline{OA}=\overline{AB}=200\text{mm}$，$\overline{CD}=\overline{DE}=\overline{AC}=\overline{AE}=50\text{mm}$。如杆 OA 以等角速度$\omega=\dfrac{\pi}{5}\text{rad/s}$绕 O 轴转动，并且当运动开始时，杆 OA 水平向右，求尺上点 D 的

运动方程和轨迹。

6-2　题图 6-2 所示半圆形凸轮以匀速 $v_0 = 1\text{cm/s}$ 向右作水平运动，带动活塞杆 AB 沿铅垂方向运动。$t = 0$ 时，活塞杆 A 端在凸轮的最高点，凸轮半径 $R = 8\text{cm}$，试求杆端点 A 的运动方程和速度。

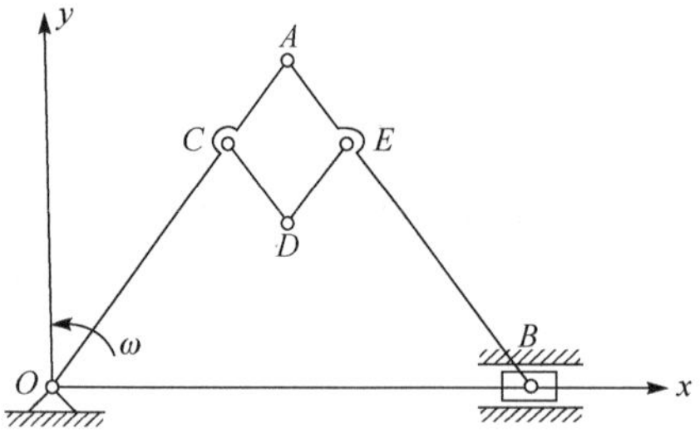

题图 6-1

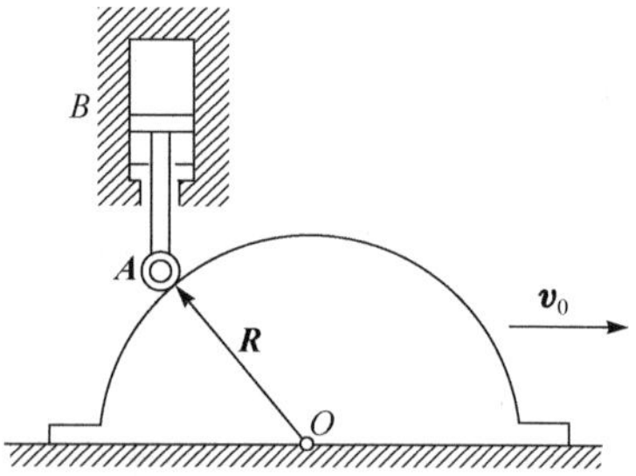

题图 6-2

6-3　杆 AB 长 l，以匀角速度 ω 绕点 B 转动，角 φ 的变化规律为 $\varphi = \omega t$。与杆连接的滑块 D 按 $s = c + b\sin\omega t$ 沿水平方向作简谐运动，如题图 6-3 所示，其中 c 和 b 均为常数。求点 A 的轨迹。

6-4　如题图 6-4 所示，在半径为 R 的铁圈上套一小环 M；另一直杆 AB 穿入小环 M，并绕铁圈上的 A 轴逆钟向转动($\varphi = \omega t$, 式中 ω 为常量)。铁圈固定不动。

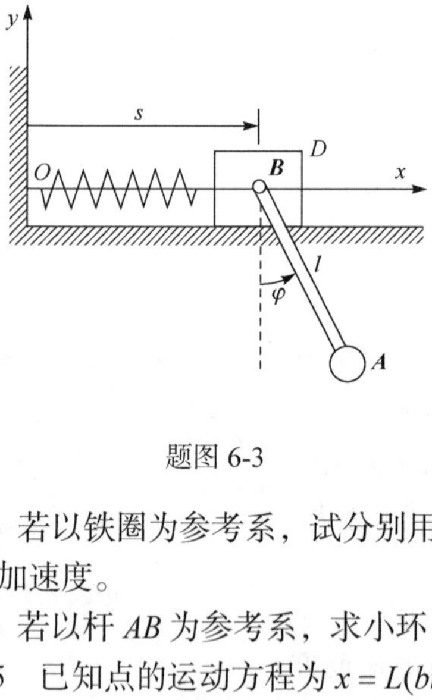

题图 6-3

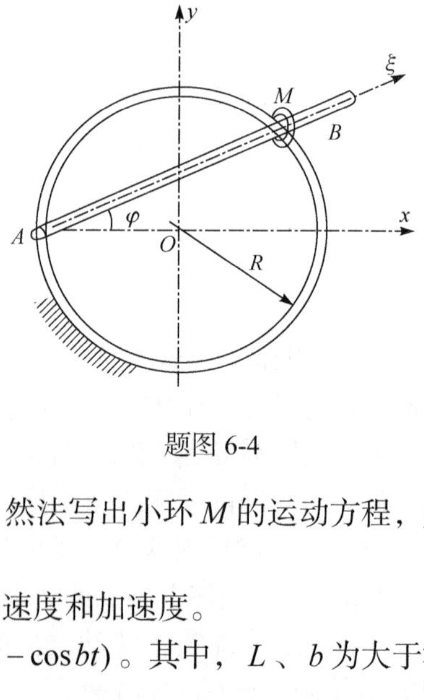

题图 6-4

(1) 若以铁圈为参考系，试分别用直角坐标法和自然法写出小环 M 的运动方程，并求其速度和加速度。

(2) 若以杆 AB 为参考系，求小环 M 的运动方程、速度和加速度。

6-5　已知点的运动方程为 $x = L(bt - \sin bt), y = L(L - \cos bt)$。其中，$L$、$b$ 为大于零的常数。求该点运动轨迹的曲率半径。

6-6　如题图 6-5 所示，杆 OA 和 O_1B 分别绕 O 轴和 O_1 轴转动，用十字形滑块 D 将两杆连接。在运动过程中，两杆保持相交成直角。已知：$\overline{OO_1} = a$；$\varphi = kt$，其中 k 为常数。求滑块 D 的速度和相对于 OA 的速度。

6-7　在题图 6-6 所示机构中，已知 $\overline{O_1A} = \overline{O_2B} = \overline{AM} = r = 0.2\text{m}$，$\overline{O_1O_2} = \overline{AB}$。如 O_1 轮按 $\varphi = 15\pi t$ 的规律转动，其中 φ 以 rad 计，t 以 s 计。试求 $t = 0.5\text{s}$ 时，AB 杆上 M 点的位置以及速度和加速度，并图示其真实方向。

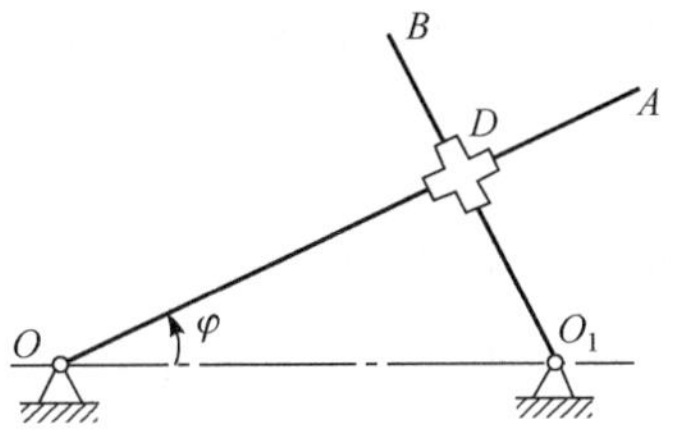

题图 6-5

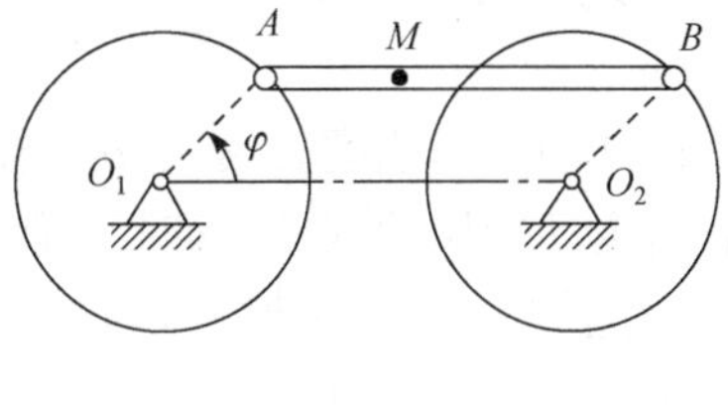

题图 6-6

6-8　搅拌机的构造如题图 6-7 所示。已知$\overline{O_1A}=\overline{O_2B}=R$，$\overline{AB}=\overline{O_1O_2}$，杆$O_1A$以不变的转速$n$转动。试问杆件$BAM$作什么运动？给出$M$点的运动轨迹并计算其速度和加速度。

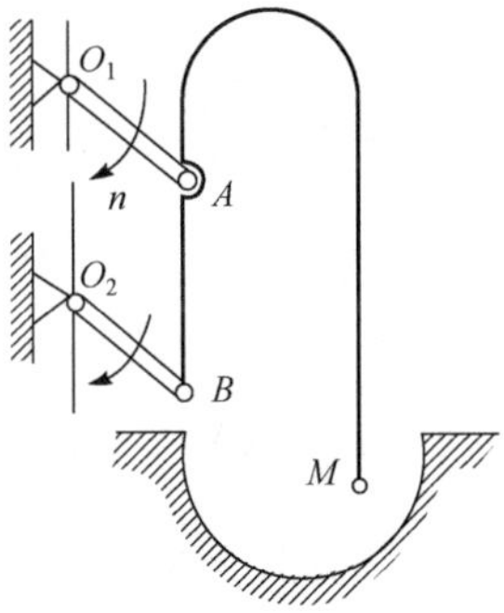

题图 6-7

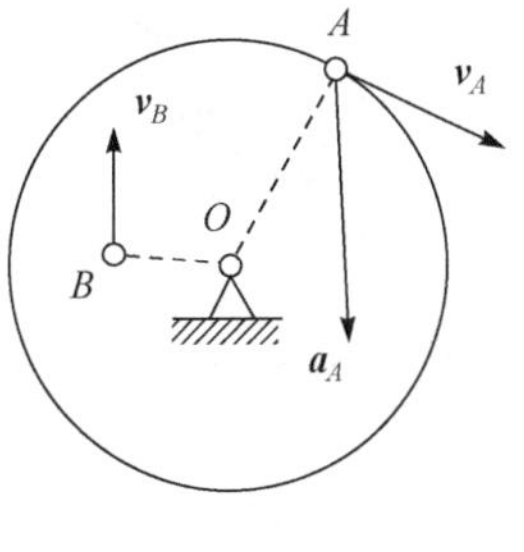

题图 6-8

6-9　题图 6-8 所示一绕轴O转动的皮带轮，某瞬时轮缘上点A的速度大小为$v_A=50\text{cm/s}$，加速度大小为$a_A=150\text{cm/s}^2$；轮内另一点B的速度大小为$v_B=10\text{cm/s}$。已知A、B两点到轮轴的距离相差20cm。求该瞬时：

(1) 皮带轮的角速度；

(2) 皮带轮的角加速度及B点的加速度。

6-10　如题图 6-9 所示，时钟内由秒针A到分针B的齿轮传动机构由四个齿轮组成，轮Ⅱ和轮Ⅲ刚性连接，齿数分别为：$z_1=8, z_2=60, z_4=64$。求齿轮Ⅲ的齿数。

6-11　千斤顶机构如题图 6-10 所示。已知：手柄A与齿轮 1 固结，转速为30r/min，齿轮 1～4 齿数分别为$z_1=6, z_2=24, z_3=8, z_4=32$；齿轮 5 的半径为$r_5=4\text{cm}$。试求齿条的速度。

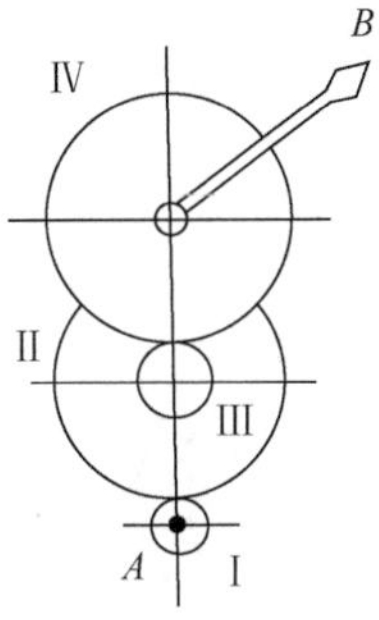

题图 6-9

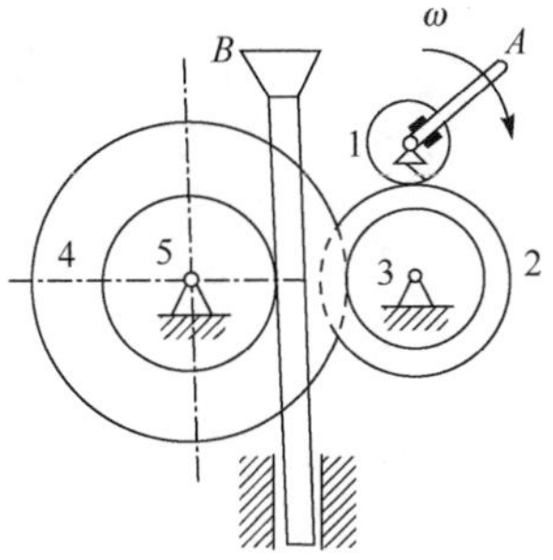

题图 6-10

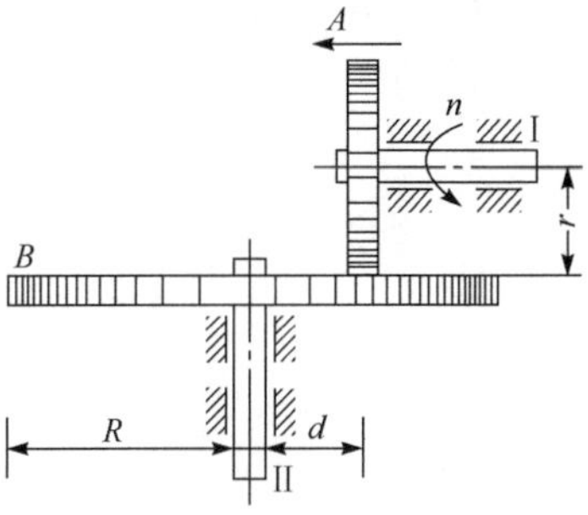

题图 6-11

6-12　题图 6-11 所示摩擦传动机构的主轴Ⅰ转速为$n=600\text{r/min}$，并按箭头A所示方向移动，轮盘接触点距离 d 的变化规律为 $d = 100 - 5t$，其中 d 以 mm 计，t 以 s 计。已知 $r = 50\text{mm}$，$R = 150\text{mm}$。求：

(1) 轴 II 的角加速度(表示成 d 的函数)；

(2) 当主动轮移动到 $d = r$ 时，轮 B 边缘上一点的全加速度。

6-13　题图 6-12 所示槽杆 OA 可绕垂直图面的轴 O 转动，固结在方块上的销钉 B 嵌在槽内。设方块以匀速 $\boldsymbol{v}$ 沿水平方向运动，$t = 0$ 时，OA 恰在铅垂位置，并知尺寸 b。求 OA 杆之角速度及角加速度。

6-14　题图 6-13 所示曲柄 O_1A 和 O_2B 的长度均等于 $2r$，并以相同的匀角速度 ω_0 分别绕 O_1 轴和 O_2 轴转动。通过固结在 AB 上的齿轮 I，带动齿轮 II 绕 O 轴转动。两齿轮半径均为 r。求 I 和 II 轮缘上任意一点的加速度。

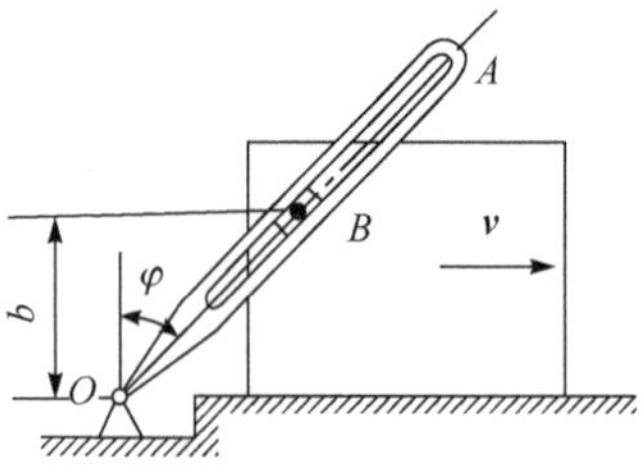

题图 6-12

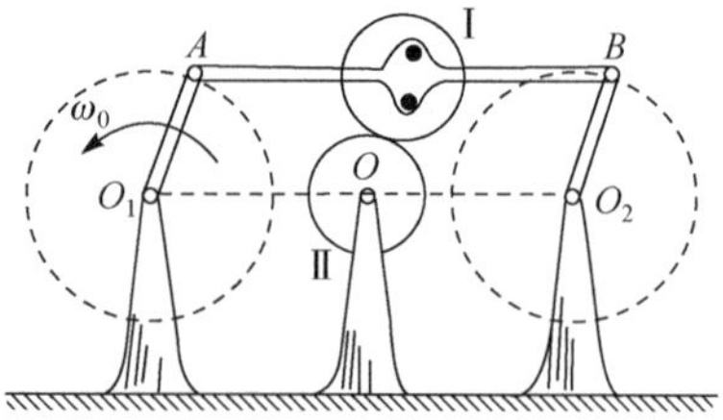

题图 6-13

第 7 章　刚体的平面运动

刚体的平面运动是工程中常见一种较复杂的刚体运动形式。本章通过运动简化、分解，主要介绍计算刚体上点的速度的三种方法：基点法、投影法和瞬心法。

7.1　刚体平面运动基本概念及运动方程

7.1.1　平面运动特点及运动的简化

刚体在运动过程中，如果其上任一点至某固定平面间的距离保持不变，则称刚体(相对于固定平面)作平面运动。刚体上每一点的运动轨迹均为平面曲线。例如图 7-1 中沿直线轨道滚动的车轮，曲柄连杆机构中连杆 AB 以及行星齿轮机构中行星齿轮等，其运动形式均为平面运动。

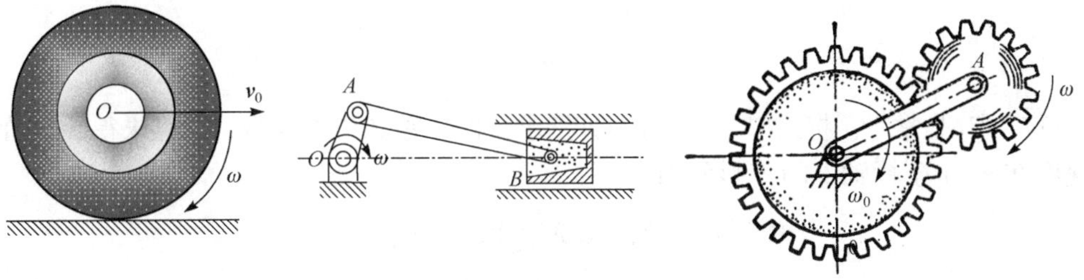

(a)　(b)　(c)

图 7-1

设固定平面为 L_0(图 7-2)，作与 L_0 平行的另一固定平面 L 与刚体截得一个图形 S，则刚体作平面运动时，图形 S 就在固定平面 L 中运动。垂直于图形 S 的任一线段 A_1A_2 始终保持与自身平行，即作平动，因此其上各点的运动均与直线和图形的交点 O' 的运动相同。这样，O'点的运动就可以代表整个直线的运动，平面图形 S 的运动就可代表整个刚体的运动。刚体的平面运动就可简化为平面图形 S 在其自身平面内运动。

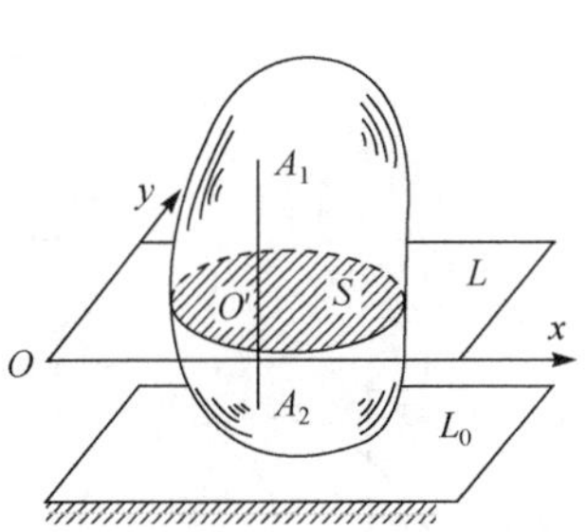

图 7-2

7.1.2　平面运动方程

为了确定平面图形 S 的位置，在平面 L 上取固定坐标系 Oxy，在平面图形上任取一点 O'，称为**基点**，通过该点再取一直线段 $O'A$。显然，图形 S 的位置将随直线段 $O'A$ 的位置确定而定，如图 7-3 所示。

过基点 O' 作 $O'x'$ 始终与固定坐标轴 Ox 保持平行，这样，线段 $O'A$ 的位置就可以由基点 O' 的坐标 $x_{O'}$、$y_{O'}$，以及线段 $O'A$ 与 $O'x'$ 轴的夹角 φ 来确定。当图形 S 运动时，坐标 $x_{O'}$、$y_{O'}$ 及

φ 都是时间 t 的单值连续函数，可表示为

$$\left.\begin{aligned} x_{O'} &= f_1(t) \\ y_{O'} &= f_2(t) \\ \varphi &= f_3(t) \end{aligned}\right\} \tag{7-1}$$

式(7-1)描述了图形 S 的运动规律，又称为**平面运动方程**。

进一步还可写出图形内任一点 M(图 7-4 所示)的运动方程

$$\left.\begin{aligned} x_M &= x_{O'} + \overline{O'M}\cos(\varphi+\theta) \\ y_M &= y_{O'} + \overline{O'M}\sin(\varphi+\theta) \end{aligned}\right\} \tag{7-2a}$$

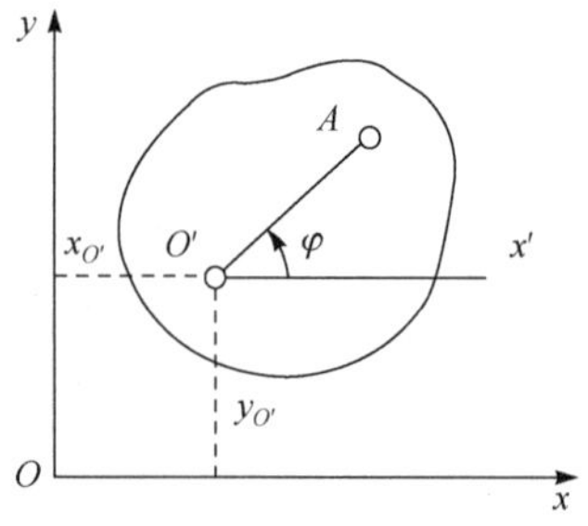

图 7-3

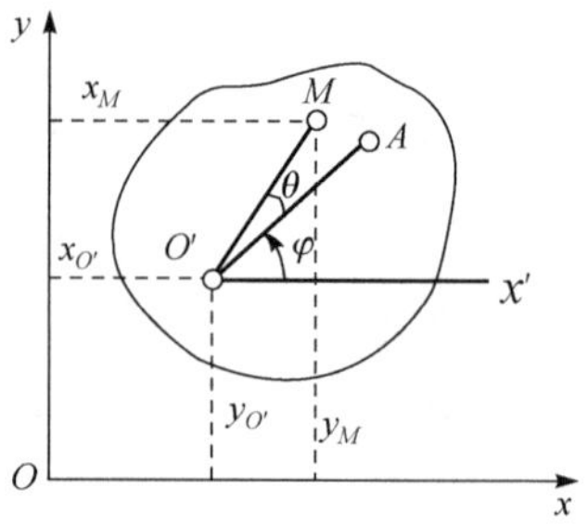

图 7-4

式中，$\overline{O'M}$ 和 θ 是常量。将式(7-2a)对时间分别求一次导数和二次导数，即可求得 M 点的速度和加速度在 x、y 坐标轴上的投影分别为

$$\left.\begin{aligned} \dot{x}_M &= \dot{x}_{O'} - \overline{O'M}\dot{\varphi}\sin(\varphi+\theta) \\ \dot{y}_M &= \dot{y}_{O'} + \overline{O'M}\dot{\varphi}\cos(\varphi+\theta) \end{aligned}\right\} \tag{7-2b}$$

$$\left.\begin{aligned} \ddot{x}_M &= \ddot{x}_{O'} - \overline{O'M}\dot{\varphi}^2\cos(\varphi+\theta) - \overline{O'M}\ddot{\varphi}\sin(\varphi+\theta) \\ \ddot{y}_M &= \ddot{y}_{O'} - \overline{O'M}\dot{\varphi}^2\sin(\varphi+\theta) + \overline{O'M}\ddot{\varphi}\cos(\varphi+\theta) \end{aligned}\right\} \tag{7-2c}$$

7.2 刚体平面运动分解为平动和转动

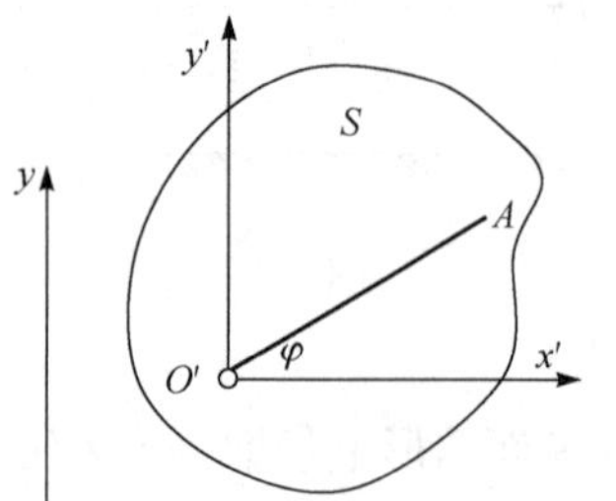

图 7-5

在平面图形上任取一点 O' 作为基点，以基点 O' 为原点假想作动系 $O'x'y'$，$O'x'$ 轴、$O'y'$ 轴的方向始终分别平行于定系坐标轴 Ox 和 Oy，如图 7-5 所示。则动系相对定系作平动，称为**平动系**，可用基点 O' 的运动 $x_{O'} = f_1(t)$，$y_{O'} = f_2(t)$ 描述；平面图形相对平动系作转动，用 $\varphi = f_3(t)$ 描述。这样就赋予了式(7-1)更为直观的物理意义。

由式(7-1)可见，平面图形 S 的运动有两种特殊情况：

(1)若 φ=常数，则说明图形在运动过程中，线段 $O'A$ 方向保持不变。这时平面图形在平面内作平动，其上各点的运动与基点 O' 的运动规律相同。

(2) 若 $x_{O'}$、$y_{O'}$均为常数，则说明图形在运动过程中，点 O' 保持不动。此时平面图形绕通过 O'点且垂直图形的固定轴转动。

可见，一般情况下的刚体平面运动可分解为两个部分：

· 跟随平动坐标系的平动，简称为随基点的平动；

· 相对平动坐标系绕基点的转动，简称为绕基点的转动。

按照合成运动的观点，刚体平面运动可以看做是平动和转动的合成运动，或者说刚体平面运动可分解为平动和转动。

应当注意，平面图形在运动分解过程中，基点的选取是任意的。如图 7-6 所示，设平面图形由位置 I 运动到位置 II，图形上的直线 AB 随之运动到 $A'B'$。若以 A 点为基点，图形的平面运动就可以看成是随 A 点平移到 $A'B''$，同时绕 A'点逆钟向转过$\Delta\varphi_A$角度到达 $A'B'$位置；若以 B 点为基点，图形的平面运动则可看成是随 B 点平移到 $B'A''$，同时绕 B'点逆钟向转$\Delta\varphi_B$ 角度到达 $A'B'$ 位置。一般情况下，A、B 两点的运动不相等，即 $\overrightarrow{AA'} \neq \overrightarrow{BB'}$，故图形随基点的平动部分与基点的选择有关；另一方面，由于相对基点所转过的角度无论大小与转向都相同，即$\Delta\varphi_A=\Delta\varphi_B=\Delta\varphi$，从而有 $\omega = \dot{\varphi}$，称为**平面运动的角速度**，因此相对基点的转动部分与基点的选择无关。换言之，刚体作平面运动的角速度与基点选择无关。

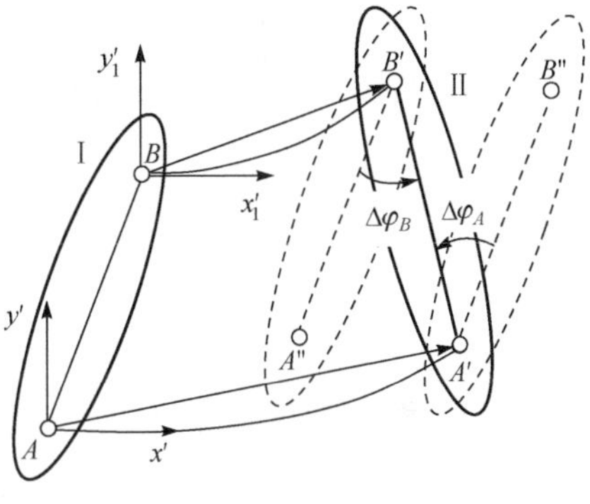

图 7-6

7.3　刚体平面运动的速度分析

7.3.1　相对转动概念

如图 7-7 所示，由于以基点 O'为原点的坐标系 $O'x'y'$ 为平动系，所以 x'、y' 坐标轴的单位矢量 $\boldsymbol{i}'$、$\boldsymbol{j}'$都是常矢量。图形上任一点相对基点的矢径 $\boldsymbol{r}'$可以用 M 点的直角坐标(x', y')表示为

$$\boldsymbol{r}' = x'\boldsymbol{i}' + y'\boldsymbol{j}' \tag{7-3}$$

平面图形绕基点 O' 转动，图形上任一点 M 相对于平动坐标系作圆周运动，相对速度用 $\boldsymbol{v}_{MO'}$ 表示，其解析表示式为

$$\boldsymbol{v}_{MO'} = \dot{x}'\boldsymbol{i}' + \dot{y}'\boldsymbol{j}' \tag{7-4}$$

相对加速度用 $\boldsymbol{a}_{MO'}$ 表示，其解析表示式为

$$\boldsymbol{a}_{MO'} = \ddot{x}'\boldsymbol{i}' + \ddot{y}'\boldsymbol{j}' \tag{7-5}$$

另外，根据定轴转动刚体上点的速度公式(6-32)，点 M 相对于平动坐标系的速度大小为

$$v_{MO'} = \overline{O'M} \cdot \omega \tag{7-6}$$

式中，ω为平面图形的角速度。$\boldsymbol{v}_{MO'}$ 的方向垂直于 $\overline{O'M}$ 指向转动的一方(图 7-7)。

根据定轴转动刚体上点的加速度公式(6-33)和式(6-34)，点 M 相对于平动坐标系的切向、法向加速度大小分别为

$$a_{MO'}^{\tau} = \overline{MO'} \cdot \alpha, \quad a_{MO'}^{n} = \overline{MO'} \cdot \omega^2 \tag{7-7}$$

式中，α为平面图形的角加速度。如图 7-8 所示，$\boldsymbol{a}_{MO'}^{\tau}$ 的方向垂直于$\overline{O'M}$，指向与图形的角加速度α转向对应；$\boldsymbol{a}_{MO'}^{n}$ 指向基点 O'。

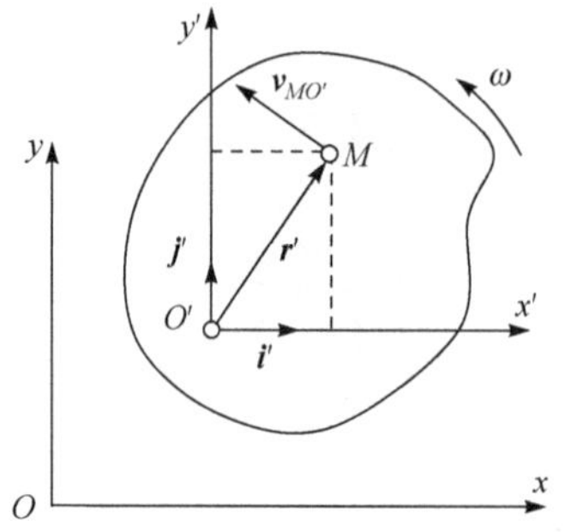

图 7-7

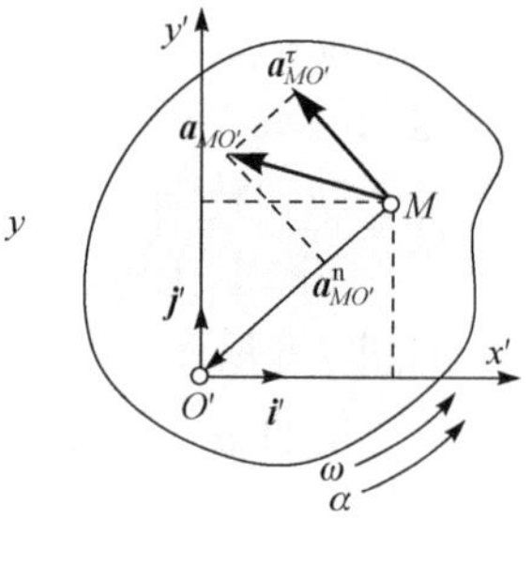

图 7-8

7.3.2　速度合成法(基点法)

设图形上任一点 M 相对于定坐标系 Oxy 的原点 O 的矢径为 $\boldsymbol{r}$，相对于基点 O' (平坐标系 $O'x'y'$ 的原点)的矢径为 $\boldsymbol{r}'$；基点 O' 相对于定坐标系 Oxy 的原点 O 的矢径为 $\boldsymbol{r}_{O'}$。由图 7-9，各矢径间的关系为

$$\boldsymbol{r} = \boldsymbol{r}_{O'} + \boldsymbol{r}'$$

考虑到式(7-3)，上式可写成

$$\boldsymbol{r} = \boldsymbol{r}_{O'} + x'\boldsymbol{i}' + y'\boldsymbol{j}' \tag{7-8}$$

式(7-8)两边对时间求一次导数，并注意到 $\boldsymbol{i}'$、$\boldsymbol{j}'$都是常矢量，有

$$\frac{\mathrm{d}\boldsymbol{r}}{\mathrm{d}t} = \frac{\mathrm{d}\boldsymbol{r}_{O'}}{\mathrm{d}t} + \dot{x}'\boldsymbol{i}' + \dot{y}'\boldsymbol{j}' \tag{7-9}$$

该式左端表示 M 点相对定坐标系的速度 $\boldsymbol{v}_M$，右端第一项表示基点 O' 的速度 $\boldsymbol{v}_{O'}$。根据式(7-4)，右端后两项表示 M 点相对基点 O' (平动坐标系)作圆周运动的速度 $\boldsymbol{v}_{MO'}$，其大小由式(7-6)确定。因此有

$$\boldsymbol{v}_M = \boldsymbol{v}_{O'} + \boldsymbol{v}_{MO'} \tag{7-10}$$

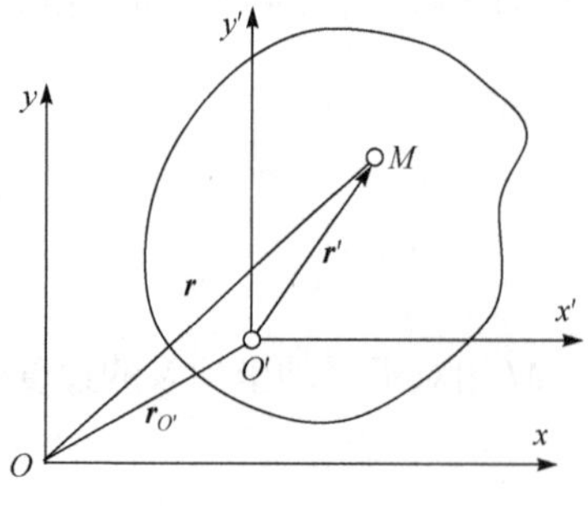

图 7-9

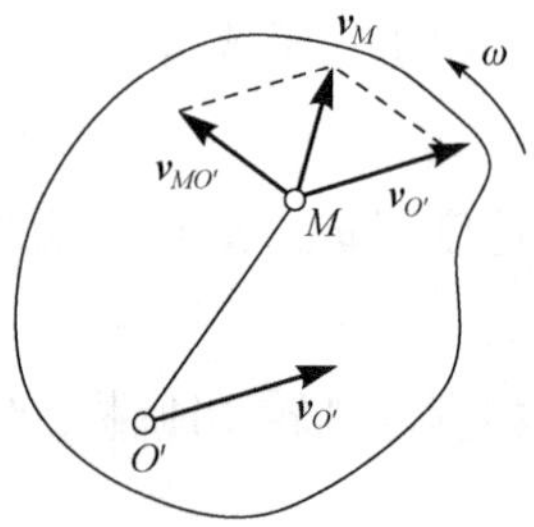

图 7-10

其中，$v_{MO'} = \overline{O'M} \cdot \omega$；方向垂直于$\overline{O'M}$ 指向转动的一方。即：平面图形上任一点的速度等于

基点的速度与该点相对于基点(严格讲，应为相对于以基点为原点的平动系)运动速度的矢量和。图 7-10 给出了式(7-10)所表示的矢量合成图。这种求解平面图形上任一点速度的方法，称为**基点法或合成法**。

式(7-10)是一个平面矢量方程。一般取速度已知的点为基点，可解出两个未知量。

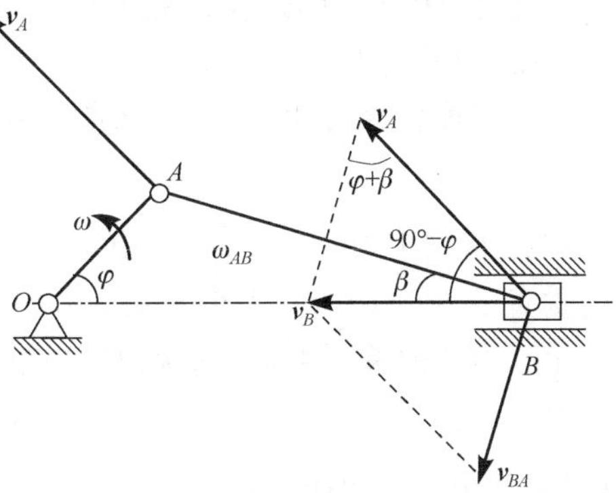

图 7-11

例 7-1　曲柄滑块机构如图 7-11 所示。已知曲柄 $OA=r$，以匀角速度 ω 转动，连杆 AB 长为 l。求图示位置(φ，β 为已知)滑块 B 的速度 $\boldsymbol{v}_B$ 及连杆 AB 的角速度 ω_{AB}。

解　(1) 机构运动分析。

连杆 AB 作平面运动，曲柄 OA 作定轴转动，A 点运动已知，B 点作直线运动。

(2) 速度分析。

研究 AB 杆，取 A 点为基点，分析 B 点(即滑块)的速度，根据速度合成法有

$$\boldsymbol{v}_B=\boldsymbol{v}_A+\boldsymbol{v}_{BA}$$

其中：$\boldsymbol{v}_A$ 大小为 $v_A=r\omega$，方向垂直于 OA，指向如图 7-11 所示；$\boldsymbol{v}_B$ 大小未知，方向沿 OB 直线；$\boldsymbol{v}_{BA}$ 大小未知，方向垂直于 AB 杆；在 B 点作速度矢量平行四边形，使 $\boldsymbol{v}_B$ 位于对角线，由此定出 $\boldsymbol{v}_B$、$\boldsymbol{v}_{BA}$ 的指向，如图 7-11 所示。由几何关系可求得：滑块 B 速度

$$v_B=\frac{v_A\sin(\varphi+\beta)}{\cos\beta}=\frac{r\omega\sin(\varphi+\beta)}{\cos\beta}$$

方向水平向左。

滑块 B 相对于基点 A 的速度　$$v_{BA}=\frac{v_A\cos\varphi}{\cos\beta}=\frac{r\omega\cos\varphi}{\cos\beta}$$

因为　$$v_{BA}=l\cdot\omega_{AB}$$

所以，连杆 AB 的角速度　$$\omega_{AB}=\frac{r\omega\cos\varphi}{l\cos\beta}$$

由基点 A 的位置及 $\boldsymbol{v}_{BA}$ 的方向，可确定出 ω_{AB} 的转向为顺时针。

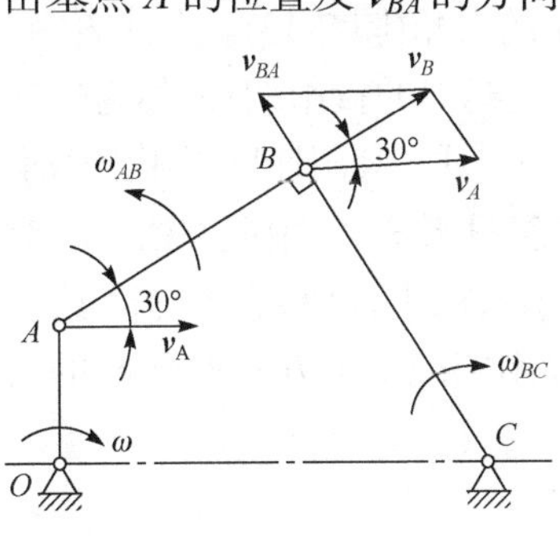

图 7-12

(3) 求得 ω_{AB} 后，即可进一步求 AB 上其他点(例如 AB 中点 C)的速度。读者可自行分析求解。

思考：(1) 能否选 B 点作为基点应用速度合成法进行分析求解？

(2) 试分析当 $\varphi=90°$、$0°$ 瞬时位置，滑块 B 的速度及连杆 AB 的角速度。

例 7-2　四连杆机构如图 7-12 所示。设曲柄长 $OA=0.5\text{m}$，连杆长 $AB=1\text{m}$，曲柄以匀角速度 $\omega=4\text{rad/s}$ 作顺钟向转动。试求图示瞬时 $(AB\perp BC)$ B 点的速度、连杆 AB 及摇杆 BC 的角速度。

解　(1) 机构运动分析。

连杆 AB 作平面运动，曲柄 OA 及摇杆 BC 作定轴转动；A 点运动已知，B 点作圆周运动。

(2) 速度分析。

研究连杆 AB，取 A 点为基点，分析 B 点的速度，根据速度合成法有

$$\boldsymbol{v}_B = \boldsymbol{v}_A + \boldsymbol{v}_{BA}$$

其中：$\boldsymbol{v}_A$ 大小为 $v_A = OA \cdot \omega = 2\text{m/s}$，方向垂直于 OA，指向如图 7-12 所示；$\boldsymbol{v}_B$ 大小未知，方向垂直于 BC 杆；$\boldsymbol{v}_{BA}$ 大小未知，方向垂直于 AB 杆；在 B 点作速度矢量平行四边形如图 7-12 所示，由几何关系可得：此瞬时 B 点的速度

$$v_B = v_A \cos 30° = 1.732(\text{m/s})$$

BC 杆此瞬时的角速度为

$$\omega_{BC} = \frac{v_B}{BC} = 1.5(\text{rad/s})$$

其中：$BC = 1.15\text{m}$，ω_{BC} 转向为顺时针。

B 点相对于基点 A 的速度

$$v_{BA} = v_A \sin 30° = 1(\text{m/s})$$

因为 $v_{BA} = AB \cdot \omega_{AB}$，得 AB 杆在此瞬时的角速度为

$$\omega_{AB} = \frac{v_{BA}}{AB} = 1(\text{rad/s})$$

转向为逆时针。

本题也可以取 B 点为基点分析求解。读者可自行分析求解。

7.3.3　速度投影法

将式(7-10)的两端各速度矢量分别向 O' 与 M 两点的连线上投影，并注意到 $\boldsymbol{v}_{MO'} \perp \overline{O'M}$，则有

$$[\boldsymbol{v}_M]_{O'M} = [\boldsymbol{v}_{O'}]_{O'M} \tag{7-11a}$$

或

$$v_{O'} \cos\theta = v_M \cos\beta \tag{7-11b}$$

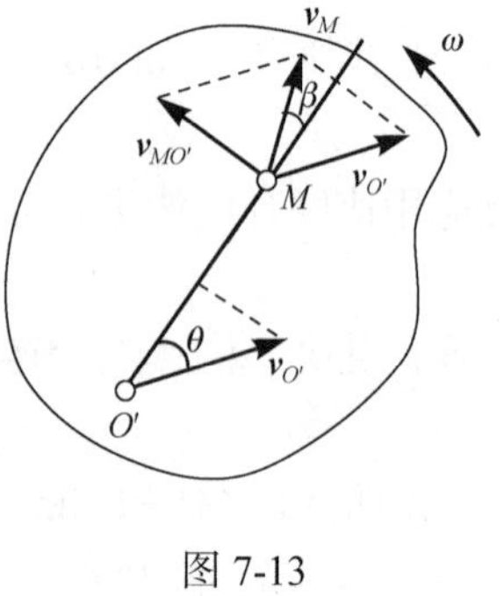

图 7-13

式中，θ、β 分别表示 $\boldsymbol{v}_{O'}$ 和 $\boldsymbol{v}_M$ 与 $\overrightarrow{O'M}$ 的夹角(图 7-13)。上式表明：平面图形内任意两点的速度在这两点连线上的投影相等，称为**速度投影定理**。该定理反映了刚体不变形的性质。应用速度投影定理求平面图形上一点的速度的方法称为**速度投影法**。应用该方法有时对求解问题显得很方便。例如图 7-12 所示机构中，已知点 A 的速度 $\boldsymbol{v}_A$ 和点 B 的速度 $\boldsymbol{v}_B$ 的方位，应用速度投影定理即可方便求出 $\boldsymbol{v}_B$ 的大小为：$v_B = v_A \cos 30°$。

应用该方法时应注意以下几点：

(1) 该定理反映了刚体形状不变的特性，故适用于作任何运动的刚体。

(2) 速度投影方程不出现动点相对于基点的速度，故不能用此方法求解刚体平面运动的角

速度。

(3) 当平面图形内两点的速度与其连线垂直时，速度投影方程为恒等式，投影法失效。

(4) 如图 7-14 所示，当平面图形内两点的速度平行、同向且与这两点的连线不垂直时，由 $v_A \cos\theta = v_B \cos\theta$，得

$$\boldsymbol{v}_B = \boldsymbol{v}_A, \quad \boldsymbol{v}_{BA} = 0$$

即该瞬时刚体运动的角速度等于零，刚体上各点速度相同，称刚体作**瞬时平动**。

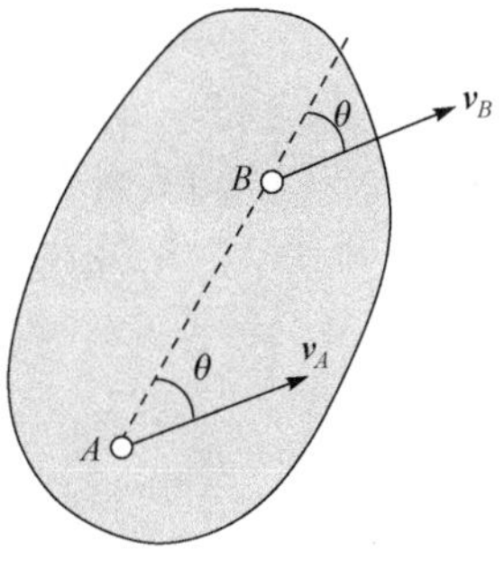

图 7-14

7.3.4 瞬时速度中心法

角速度不等于零的任意瞬时，平面图形内(或其延拓部分上)速度为零的点 P，称为平面图形在该瞬时的**瞬时速度中心**，简称为**速度瞬心**。如果取 P 点作基点，则因基点的速度 $\boldsymbol{v}_P = 0$，所以图形内任一点 M 的速度

$$\boldsymbol{v}_M = \boldsymbol{v}_{MP} \tag{7-12}$$

此时图形上各点的速度分布与图形绕速度瞬心作定轴转动的情况完全相同(图 7-15)。利用速度瞬心求解平面图形内点的速度的方法称为**速度瞬心法**，简称为**瞬心法**。

可以证明，在角速度不等于零的任意瞬时，平面图形的速度瞬心唯一存在。如图 7-16 所示，设某瞬时平面图形的角速度为ω，其上一点 O'的速度为 $\boldsymbol{v}_{O'}$。过 O'点作 $\boldsymbol{v}_{O'}$的垂线，并在由 $\boldsymbol{v}_{O'}$顺ω转向转过 90°的一侧上取一点 P，使$\overline{O'P} = v_{O'} / \omega$。以点 O'为基点，点 P 为动点，由速度合成定理，得

$$v_P = v_{O'} - v_{PO'} = v_{O'} - \overline{O'P} \cdot \omega = 0$$

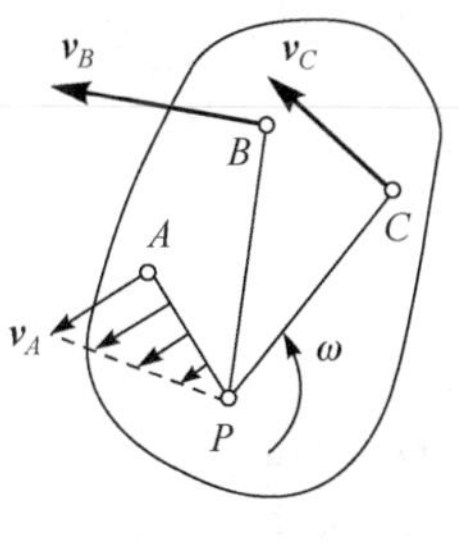

图 7-15

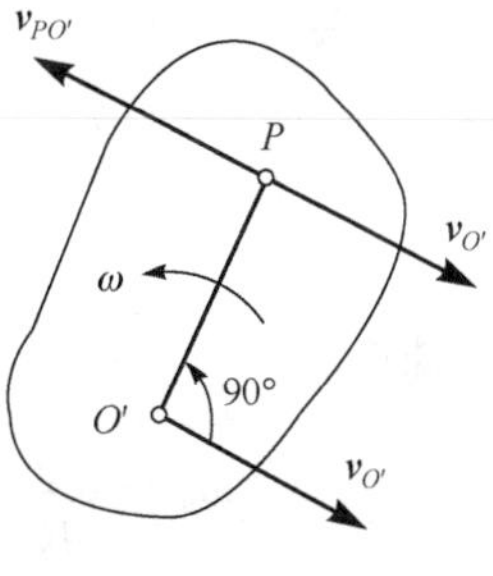

图 7-16

可见，点 P 即为该瞬时平面图形的速度瞬心。

运用速度瞬心法求解的关键在于正确确定速度瞬心。几种常用方法如下：

(1) 当平面图形沿某一固定面作纯滚动时，图形上与固定面的接触点，其速度为零，即为平面图形的速度瞬心，如图 7-17(a)所示。

(2) 已知某瞬时平面图形上任意两点 A、B 速度的方向，并且互不平行(图 7-17b)，此时，过 A、B 两点分别作两点速度的垂线，其交点即为平面图形的速度瞬心。

(3) 如果某瞬时，平面图形上 A、B 两点的速度垂线重合，如图 7-17(c)所示。则两速度矢端的连线与垂线 AB 的交点，即为速度瞬心。

(4) 图形作瞬时平动，则速度瞬心趋向无穷远处。

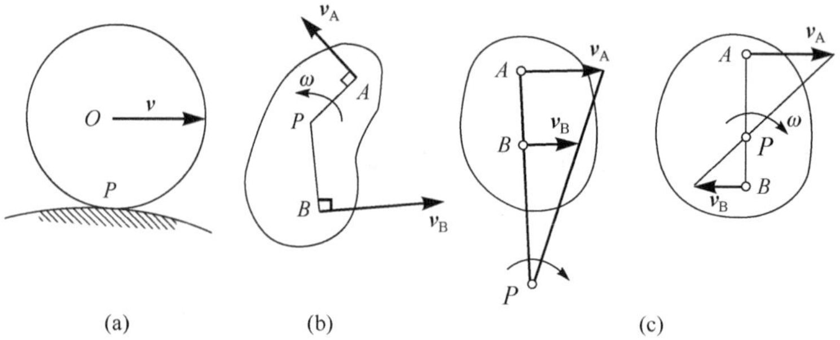

图 7-17

必须指出：在不同的瞬时，图形有不同的速度瞬心；某瞬时速度瞬心的速度为零，但加速度并不为零。

例 7-3 用瞬心法解例 7-1，求连杆 AB 的角速度 ω_{AB} 及滑块 B 的速度 v_B。

解 连杆 AB 作平面运动，曲柄 OA 作定轴转动。A 点的速度 $\boldsymbol{v}_A$ 的大小为 $r\omega$，方向垂直于曲柄 OA；B 点的速度方位沿 OB 直线。过 A、B 两点分别作其速度的垂线，相交的 C 点就是连杆 AB 在图示瞬时的速度瞬心，如图 7-18(a)所示。

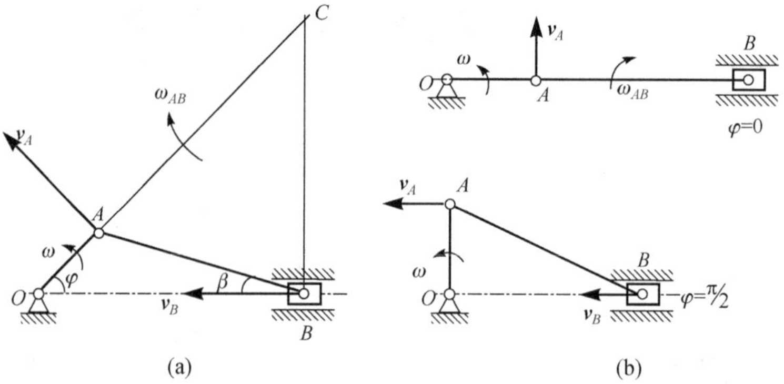

图 7-18

连杆的角速度为

$$\omega_{AB}=\frac{v_A}{\overline{AC}}=\frac{r\omega}{\dfrac{l}{\sin(90°-\varphi)}\cdot\sin(90°-\beta)}=\frac{r\omega\cos\varphi}{l\cos\beta}$$

转向为顺时针。

杆上 B 点(即滑块 B)的速度为

$$v_B=\overline{BC}\cdot\omega_{AB}=\frac{l\sin(\varphi+\beta)}{\sin(90°-\varphi)}\cdot\frac{r\omega\cos\varphi}{l\cos\beta}=\frac{r\omega\sin(\varphi+\beta)}{\cos\beta}$$

方向水平向左。

可见，只要找到速度瞬心，应用瞬心法求解速度非常方便。

若应用速度投影法只求滑块 B 的速度，显然也是方便的。

另外，如果机构处于图 7-18(b)所示位置。当 $\varphi=0°$ 瞬时：连杆 AB 的速度瞬心恰好在 B

点，此时 $\boldsymbol{v}_B = 0$；连杆 AB 的角速度 $\omega_{AB} = \dfrac{v_A}{l} = \dfrac{r}{l}\omega$，转向为顺时针。当 $\varphi = 90°$ 瞬时：$\boldsymbol{v}_A = \boldsymbol{v}_B$，连杆 AB 作瞬时平动，$\omega_{AB} = 0$。

由此可见，同一构件在不同瞬时的速度瞬心位置不同。

例 7-4　圆轮沿直线轨道作纯滚动，如图 7-19(a)所示。已知圆轮半径 R，轮心速度 $\boldsymbol{v}_O$，试用瞬心法求轮上 A、D、M 点的速度。

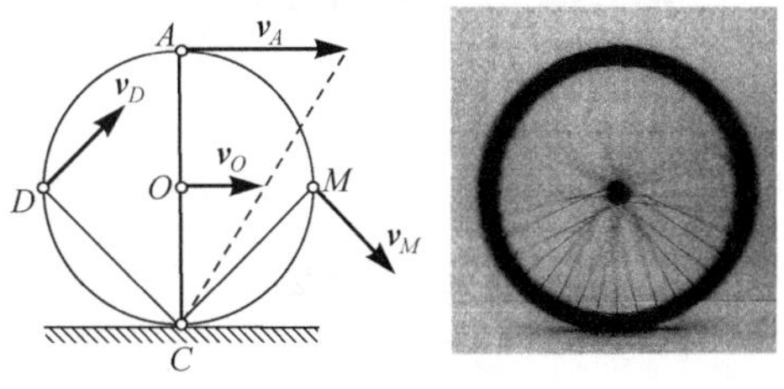

(a)　　(b)

图 7-19

解　轮作平面运动，且纯滚动，则轮与地面接触点 C 为速度瞬心，轮的角速度为

$$\omega = \frac{v_O}{R}$$

转向顺时针。

由瞬心法很容易求出

$$v_A = \overline{CA}\cdot\omega = 2R\omega = 2v_O$$

$$v_D = \overline{CD}\cdot\omega = \sqrt{2}R\omega = \sqrt{2}v_O$$

$$v_M = \overline{CM}\cdot\omega = \sqrt{2}R\omega = \sqrt{2}v_O$$

各点速度方向如图 7-19(a)所示；图 7-19(b)为沿地面滚动的自行车车轮照片，从照片上辐条的清晰度上，可反映出轮上各点的速度大小与该点到速度瞬心 C 的距离成正比的关系(离地面愈远，速度愈大，辐条愈不清楚)。

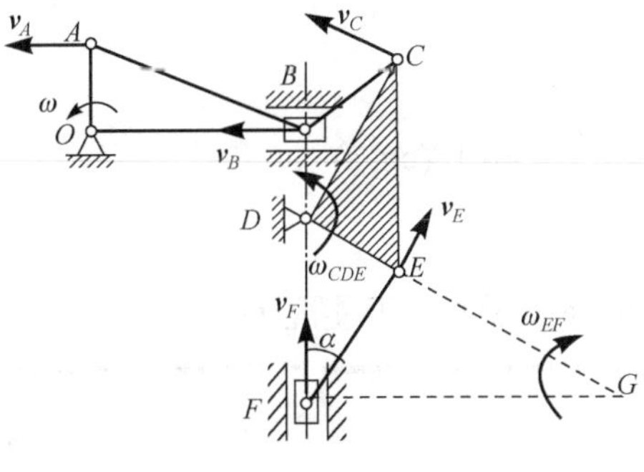

图 7-20

例 7-5　图 7-20 所示平面机构。已知：曲柄 $\overline{OA} = 10\text{cm}$，$\omega = 4\text{rad/s}$，$DE$=10cm，$\overline{EF} = 10\sqrt{3}\text{cm}$。在图示位置，曲柄 OA 与水平线 OB 垂直，B、D 和 F 在同一铅垂线上，$\overline{BD} = 10\text{cm}$，且 $DE \perp EF$。求该瞬时，杆 EF 的角速度和滑块 F 的速度。

解　(1) 曲柄 OA 定轴转动有

$$v_A = \overline{OA}\cdot\omega = 10\times 40 = 40(\text{cm/s})$$

方向水平向左。

(2) 连杆 AB 作平面运动。

因为 A、B 两点速度平行，故连杆 AB 作瞬时平动。B 点速度大小

$$v_B = v_A = 40\,\text{cm/s}$$

方向同 $\boldsymbol{v}_A$。

(3) 连杆 BC 作平面运动。

因为板 CDE 绕 D 轴转动，可知 $\boldsymbol{v}_C$ 必垂直于 DC，作 $\boldsymbol{v}_B$、$\boldsymbol{v}_C$ 的垂线恰好交于 D 点，故 D 点即为连杆 BC 的速度瞬心。连杆 BC 的角速度为

$$\omega_{BC} = \frac{v_B}{BD} = \frac{40}{10} = 4(\text{rad/s})$$

转向为逆时针。C 点的速度为

$$v_C = \overline{CD} \cdot \omega_{BC}$$

(4) 三角板 CDE 作定轴转动。

角速度为

$$\omega_{CDE} = \frac{v_C}{\overline{CD}} = \omega_{BC} = 4(\text{rad/s})$$

转向为逆时针。E 点速度为

$$v_E = \overline{DE} \cdot \omega_{CDE} = 10 \times 4 = 40(\text{cm/s})$$

方向垂直于 DE。

(5) 连杆 EF 作平面运动。

F 点速度沿铅垂线。由 E、F 点分别作速度的垂线，得交点 G，即为 EF 杆的速度瞬心。在图示位置由几何关系

$$\tan\alpha = \frac{\overline{DE}}{\overline{EF}} = \frac{10}{10\sqrt{3}}$$

即

$$\alpha = 30^\circ$$

$$\overline{EG} = \overline{EF} \cdot \tan 60^\circ = 10\sqrt{3} \cdot \sqrt{3} = 30(\text{cm})$$

于是，杆 EF 的角速度为

$$\omega_{EF} = \frac{v_E}{\overline{EG}} = \frac{40}{30} = 1.33(\text{rad/s})$$

转向为顺时针。杆 EF 上 F 点的速度即滑块的速度，为

$$v_F = \overline{FG} \cdot \omega_{EF} = \frac{\overline{EG}}{\sin 60^\circ} \cdot \omega_{EF} = 30 \times \frac{2}{\sqrt{3}} \times \frac{40}{30} = 46.18(\text{cm/s})$$

方向铅垂向上。

从本例可见，在同一瞬时，各平面运动刚体有各自的速度瞬心，不能混淆。

相对速度瞬心

对于平面机构而言，各构件均作平面运动。故在“机械原理”课程中，**速度瞬心**又定义为互相作平面相对运动的两构件上，瞬时相对速度为零的点。也就是瞬时速度相等的重合点(即等速重合点)。若该点的绝对速度为零则为**绝对速度瞬心**，若该点的绝对速度不等于零则为**相对**速度瞬心。

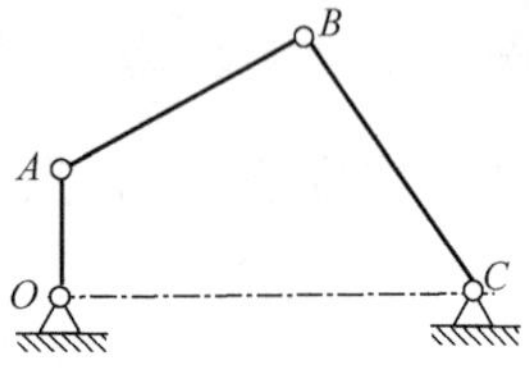

请问本书所定义的速度瞬心属于绝对还是相对速度瞬心？

图示四杆机构所包含了多少个绝对速度瞬心和相对速度瞬心？

*7.4　刚体平面运动的加速度分析

将式(7-9)两边对时间 t 在求一次导数，得

$$\frac{\mathrm{d}^2\boldsymbol{r}}{\mathrm{d}t^2}=\frac{\mathrm{d}^2\boldsymbol{r}_{O'}}{\mathrm{d}t^2}+\ddot{x}'\boldsymbol{i}'+\ddot{y}'\boldsymbol{j}'$$

该式左端项表示 M 点相对定坐标系的加速度 $\boldsymbol{a}_M$，右端第一项表示基点 O' 的加速度 $\boldsymbol{a}_{O'}$。根据式(7-5)，右端后两项表示 M 点相对基点 O' (平动坐标系)作圆周运动的加速度 $\boldsymbol{a}_{MO'}$。因此有

$$\boldsymbol{a}_M=\boldsymbol{a}_{O'}+\boldsymbol{a}_{MO'}$$

再根据式(7-7)，上式可写成

$$\boldsymbol{a}_M=\boldsymbol{a}_{O'}+\boldsymbol{a}_{MO'}^{\tau}+\boldsymbol{a}_{MO'}^{\mathrm{n}} \tag{7-13}$$

该式的矢量合成关系如图 7-21 所示，由此可求得图形上任一点的加速度。表明平面图形上任一点的加速度，等于基点的加速度与该点相对于基点的法向加速度和切向加速度的矢量和。

式(7-13)为平面内的矢量方程，矢量个数一般多于三个，故多用投影法。具体应用时，可将矢量方程式(7-13)向任选的两个坐标轴投影，得到两个代数方程，从而可求两个未知量。

刚体作平面运动，其速度瞬心具有加速度，下面例子可以说明。

例 7-6　车轮沿直线轨道作纯滚动，如图 7-22 所示。已知车轮半径为 R，轮心 O 的速度为 $\boldsymbol{v}_O$，加速度为 $\boldsymbol{a}_O$。试求速度瞬心 C 点的加速度。

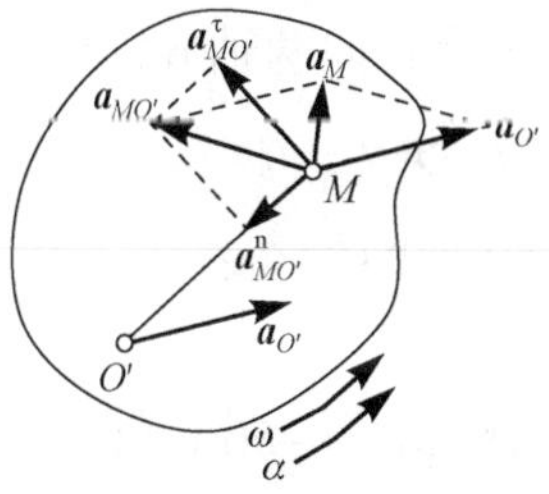

图 7-21

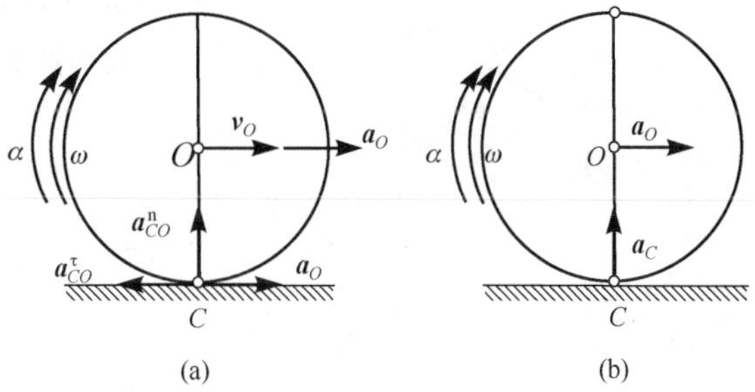

图 7-22

解　(1) 先求车轮的角速度 ω 和角加速度 α。

车轮纯滚动时，速度瞬心为 C 点，角速度为

$$\omega=\frac{v_O}{R}$$

转向由 $\boldsymbol{v}_O$ 的方向确定为顺时钟方向。上述关系不仅在图示瞬时成立，而且在任一瞬时均成立，故可求导。因为轮心 O 作直线运动，故有 $\frac{\mathrm{d}v_O}{\mathrm{d}t}=a_O$。则车轮的角加速度

$$\alpha=\frac{\mathrm{d}\omega}{\mathrm{d}t}=\frac{\mathrm{d}}{\mathrm{d}t}\left(\frac{v_O}{R}\right)=\frac{1}{R}\frac{\mathrm{d}v_O}{\mathrm{d}t}=\frac{a_O}{R}$$

转向与 ω 相同也为顺时针。

(2) 求车轮上速度瞬心 C 的加速度。

车轮作平面运动。取轮心 O 为基点，按照加速度公式可得 C 点的加速度

$$\boldsymbol{a}_C = \boldsymbol{a}_O + \boldsymbol{a}_{CO}^{\tau} + \boldsymbol{a}_{CO}^{n}$$

式中，$a_{CO}^{\tau} = R\alpha = a_O$，方向水平向左；$a_{CO}^{n} = \omega^2 R = \dfrac{v_O^2}{R}$，方向由 C 指向轮心 O，加速度矢量如图 7-22(a)所示。由于 $\boldsymbol{a}_O$ 与 $\boldsymbol{a}_{CO}^{\tau}$ 的大小相等，方向相反，所以合成结果是

$$a_C = a_{CO}^{n} = R\omega^2$$

由此可知，速度瞬心 C 的加速度不等于零。当车轮沿地面上只滚不滑时，速度瞬心 C 的加速度指向轮心 O，如图 7-22(b)所示。

例 7-7　求例 7-2 机构中图示瞬时($\theta = 30°$)B 点的加速度、连杆 AB 及杆 CB 的角加速度。

解　AB 杆作平面运动，由例 7-2 速度分析已经求得 ω_{AB}、ω_{BC}(或 v_B)。

A 点加速度已知。取 A 点为基点，分析 B 点的加速度。根据加速度公式 $\boldsymbol{a}_B = \boldsymbol{a}_A + \boldsymbol{a}_{BA}^{\tau} + \boldsymbol{a}_{BA}^{n}$，具体化为

$$\boldsymbol{a}_B^{\tau} + \boldsymbol{a}_B^{n} = \boldsymbol{a}_A + \boldsymbol{a}_{BA}^{\tau} + \boldsymbol{a}_{BA}^{n}$$

其中：

$$a_A = a_A^{n} = \overline{OA} \cdot \omega^2 = 0.5 \times 4^2 = 8(\text{m/s}^2)\text{；}$$

$$a_B^{n} = \overline{CB} \cdot \omega_{BC}^2 = 1.15 \times 1.5^2 = 2.6(\text{m/s}^2)\text{；}$$

$$a_{BA}^{n} = AB \cdot \omega_{AB}^2 = 1 \times 1^2 = 1(\text{m/s}^2)\text{；}$$

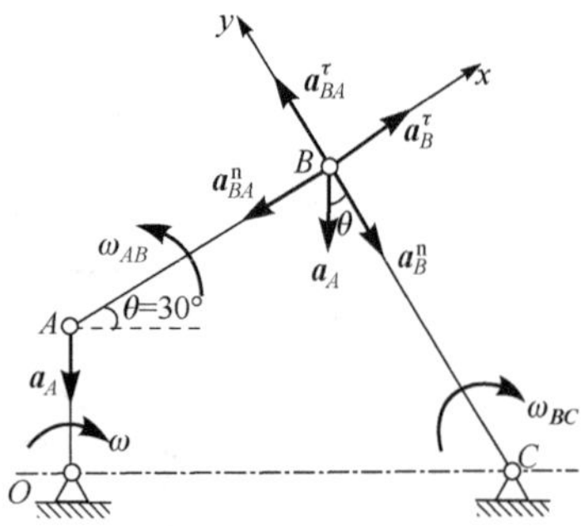

图 7-23

$\boldsymbol{a}_B^{\tau}$、$\boldsymbol{a}_{BA}^{\tau}$ 大小未知，方向假设如图。作 B 点加速度矢量如图 7-23 所示。

取投影轴 Bx、By，并将上式向两轴分别投影，得

$$a_B^{\tau} = -a_A \sin\theta - a_{BA}^{n}$$

$$-a_B^{n} = -a_A \cos\theta + a_{BA}^{\tau}$$

代入数值，解得

$$a_B^{\tau} = -a_A \sin\theta - a_{BA}^{n} = -5(\text{m/s}^2)$$

上式中负号说明 $\boldsymbol{a}_B^{\tau}$ 与图中假设方向相反。

$$a_{BA}^{\tau} = a_A \cos\theta - a_B^{n} = 4.3(\text{m/s}^2)$$

则 B 点的全加速度为

$$a_B = \sqrt{(a_B^{\tau})^2 + (a_B^{n})^2} = \sqrt{(-5)^2 + (2.6)^2} = 5.64(\text{m/s}^2)$$

杆 AB 的角加速度大小为

$$\alpha_{AB} = \frac{a_{BA}^{\tau}}{\overline{AB}} = \frac{4.3}{1} = 4.3(\text{rad/s}^2)$$

转向逆时针。

杆 CB 的角加速度大小为

$$\alpha_{CB} = \frac{\left|a_B^{\tau}\right|}{\overline{CB}} = \frac{5}{1.15} = 4.3(\text{rad/s}^2)$$

转向逆时针。

学 习 要 点

基本要求

1. 明确刚体平面运动的特征，掌握研究平面运动的方法(运动的合成与分解)，能够正确地判断机构中作平面运动的刚体。

2. 能熟练地应用基点法、瞬心法和速度投影定理求平面图形上任一点的速度。

*3. 会应用基点法求平面图形上任一点的加速度。

本章重点

应用基点法、瞬心法和速度投影定理求平面图形上任一点的速度。

本章难点

平动坐标系以及平面运动分解为平动和转动的概念建立。

解题指导

求解平面运动构件上一点的速度(包括构件的角速度)和加速度(包括构件的角加速度)方法如下：

(1) 从平面运动机构中的主动件开始，逐个分析机构中各构件的运动形式(平动、转动、平面运动等)。

(2) 从平面运动机构中的主动件开始，根据各构件之间的相互约束方式，判断构件之间连接点的速度和加速度(包括大小和方向)。

① 当两个刚体用铰链连接时，其铰链中心处的速度与加速度相同。

② 当两物体的接触面有相对滑动时，相互接触的两点的速度与加速度均不相同，但其相对速度沿公切线方向。如曲柄滑块机构中的滑块与固滑道接触并产生相对滑动，滑块速度只能沿接触点的公切线方向。

③ 当两个物体相互间作纯滚动接触时，它们相互接触的两点的瞬时速度相等，但加速度并不相同。

(3) 用基点法求速度、加速度或角速度、角加速度时，通常要确定基点的速度和加速度。然后逐个分析速度或加速度矢量式中其他几个要素，如果只有两个未知要素，则问题可解。如果多于两个未知要素，就需要另找补充方程。

(4) 用瞬心法求速度的关键是找瞬心，再根据平面图形上某点(连接点或接触点)的已知速度求平面图形的角速度，最后求出平面图形上任何点的速度。但一定要注意，每一个平面图形有它自己的速度瞬心和角速度，不能把几个图形放在一起去找“瞬心”和“角速度”。用瞬心法求速度比较简单，尤其是计算平面图形上两个以上点的速度时更为方便。

(5) 用速度投影定理求速度时，应已知图形内一点的速度的大小和方向，又知另一点速度的方向，来求这一点速度的大小。这种方法多用于机构中的连杆，因为在连杆上与其他构件连接点的速度的大小或方向是比较容易确定的。可见，用速度投影定理求速度的大小比较方便，若用来求平面运动刚体的角速度就不方便了。

思 考 题

思考 7-1　思图 7-1 所示拖车的车轮 A 与垫滚 B 的半径均为 r。问当拖车以速度 $\boldsymbol{v}$ 前进时，轮 A 与垫滚的角速度是否相等？(设 A、B 与地面间无滑动)

思考 7-2　思图 7-2 所示平面运动刚体(平面图形)上 B 点的速度为 $\boldsymbol{v}_B$，若以 A 点为基点，则 B 点绕 A 点(相对于以基点 A 为原点的平动坐标系)作圆周运动的速度 $\boldsymbol{v}_{BA}$ 的值是否等于 $v_B \sin\beta$？为什么？若 A 点速度已知，$\boldsymbol{v}_{BA}$ 应如何求得？

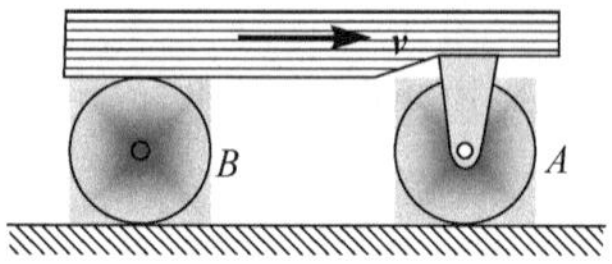

思图 7-1

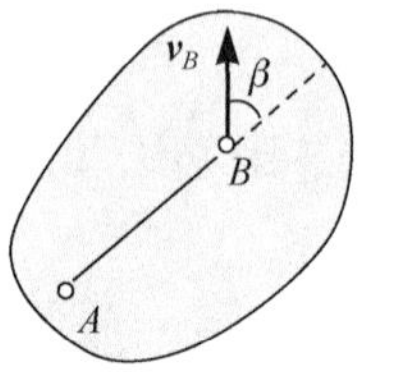

思图 7-2

思考 7-3　如思图 7-3 所示，平面图形上两点 A、B 的速度方向能是这样的吗？为什么？

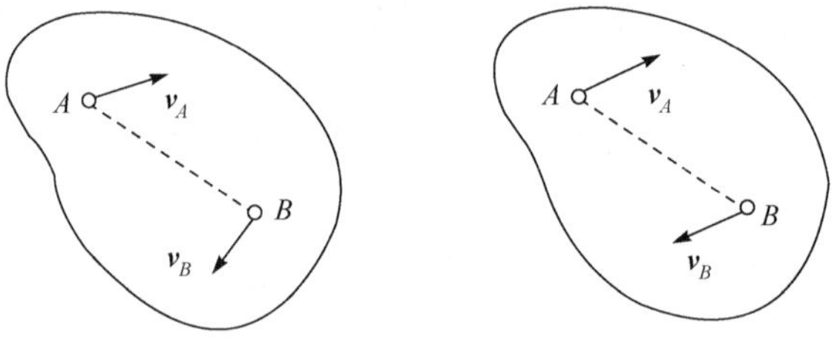

思图 7-3

思考 7-4　在思图 7-4 所示瞬时，已知 $O_1A//O_2B$ 且 $O_1A=O_2B$，则两杆此时各自转动的角速度是否相等？角加速度是否相等？

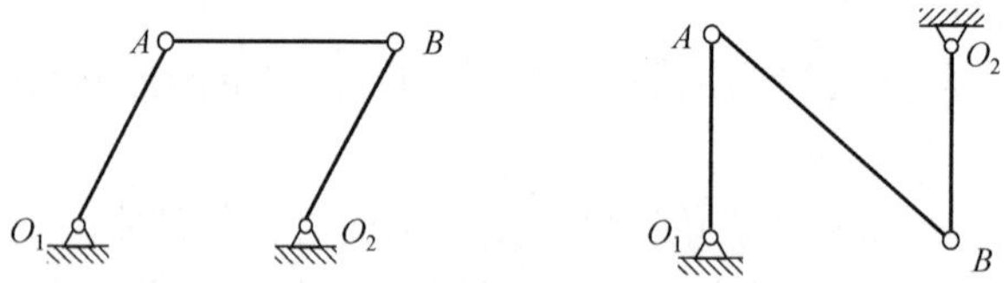

思图 7-4

思考 7-5　如思图 7-5 所示，O_1A 杆的角速度为ω_1，板 ABC 和杆 O_1A 铰接，则图中 O_1A 和 AC 上各点的速度分布规律对不对？

思考 7-6　如思图 7-6 所示，两个相同的绕线盘用同一速度 $\boldsymbol{v}$ 拉动，已知 $R=2r$ 设两轮在水平面上只滚不滑，问哪种情况滚得快？

*思考 7-7　刚体作瞬时平动时，其上各点的速度、加速度都相等吗？为什么？

*思考 7-8　刚体作瞬时转动时，其上各点的速度、加速度分布都分别与刚体绕速度瞬心转动相同吗？为什么？

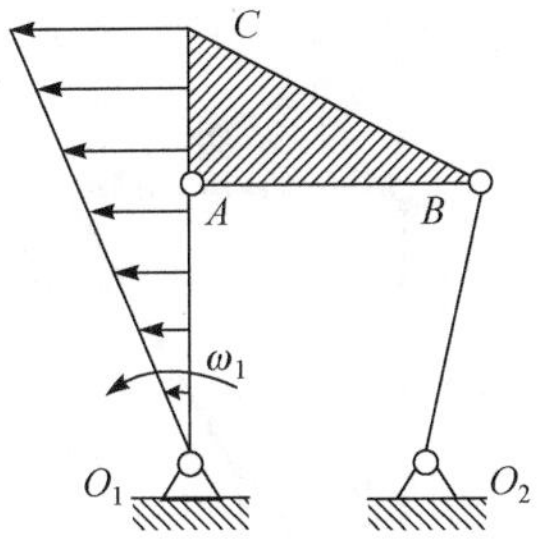

思图 7-5

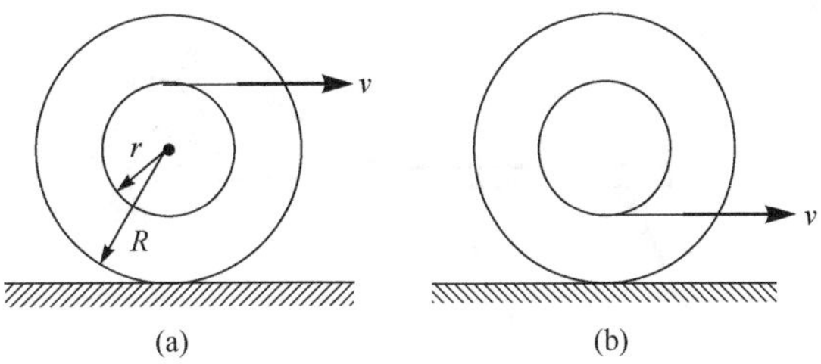

思图 7-6

习　　题

7-1　题图 7-1 所示两平板以匀速度 $v_1 = 6\text{m/s}$ 与 $v_2 = 2\text{m/s}$ 做同方向运动，平板间夹一半径 $r = 0.5\text{m}$ 的圆盘，圆盘在平板间滚动而不滑动，求圆盘的角速度及其中心 O 的速度。

7-2　题图 7-2 所示火车车轮在钢轨上滚动，轮心速度为 $\boldsymbol{v}_O$。设车轮直径为 $2r$，凸缘直径为 $2R$，试求轮周上 A、B 点及凸缘上 C、D 点的速度。

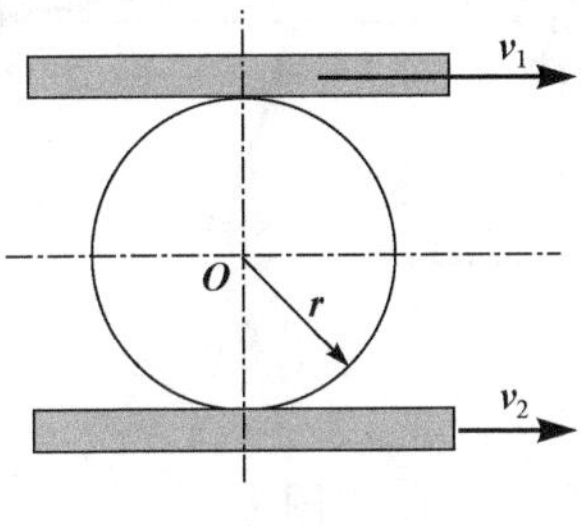

题图 7-1

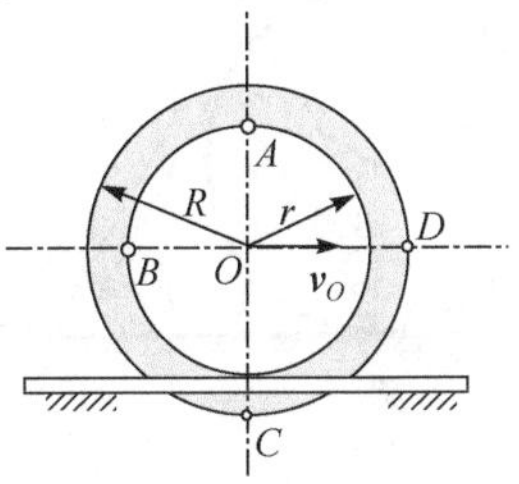

题图 7-2

7-3　题图 7-3 所示曲柄滑块机构中，已知曲柄长为 r，连杆长为 l，曲柄的角速度 ω_0 为常量，试求题图 7-3 所示两特殊位置时，连杆的角速度。

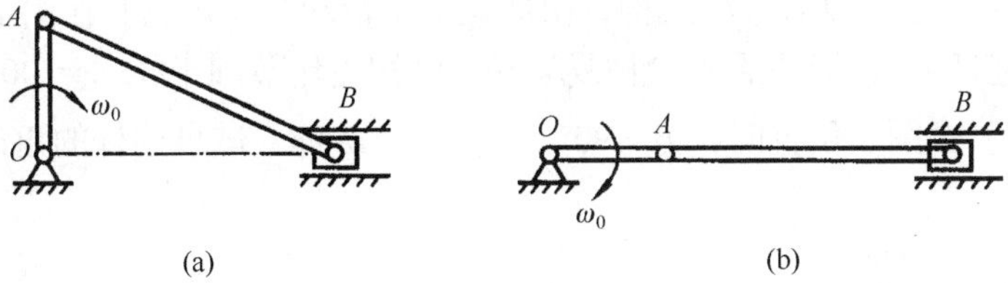

题图 7-3

7-4　题图 7-4 所示筛动机构中，筛子由曲柄连杆机构带动而作平动。已知曲柄 OA 的转速 $n_{OA} = 40\text{r/min}$，$OA = 30\text{cm}$。当筛子 BC 运动到与点 O 在同一水平线上时 $\angle BAO = 90°$。求此瞬时筛子 BC 的速度。

7-5　题图 7-5 所示四连杆机构由曲柄 O_1A 带动。已知：$\omega_{O_1A} = 2\text{rad/s}$，$O_1A = 10\text{cm}$，$O_1O_2 = 5\text{cm}$，$AD = 5\text{cm}$。当 O_1A 铅垂时，AB 平行于 O_1O_2，且 AD 与 O_1A 在同一直线上，$\varphi = 30°$。试求三角板 ABD 的角速度和 D 点的速度。

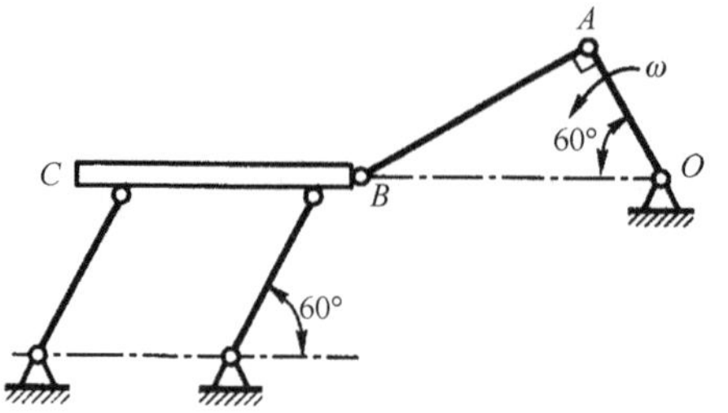

题图 7-4

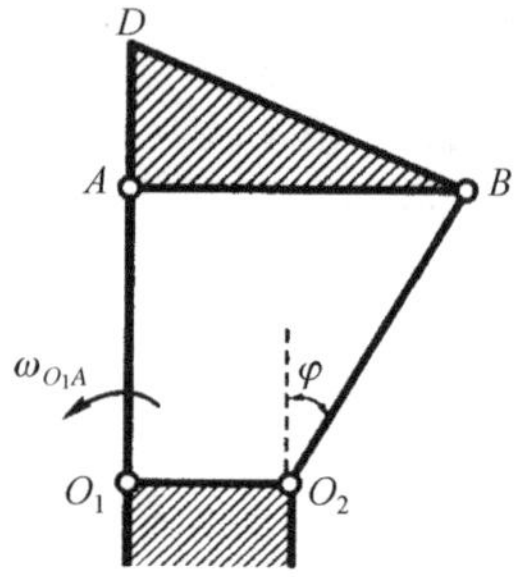

题图 7-5

7-6　题图 7-6 所示直杆 *AB* 与圆柱 *C* 相切，*A* 点以匀速 60cm/s 沿水平线向右滑动。圆柱在水平面上滚动，直径为 20cm。假设杆与圆柱之间及圆柱与地面之间均无滑动，试求在图示位置圆柱的角速度。

7-7　题图 7-7 所示配汽机构，曲柄 *OA* 以匀角速度 ω=20rad/s 转动。已知：*OA*=40cm，$AC=CB=20\sqrt{37}\text{cm}$。求当 $\varphi=90°$ 和 $\varphi=0°$ 时，配汽机构中气阀杆 *DE* 的速度。

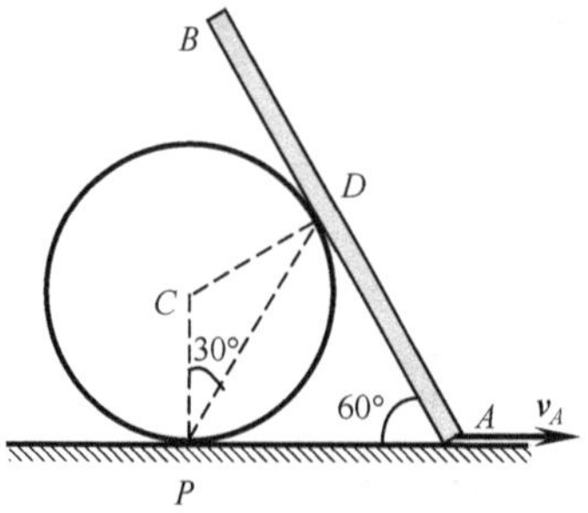

题图 7-6

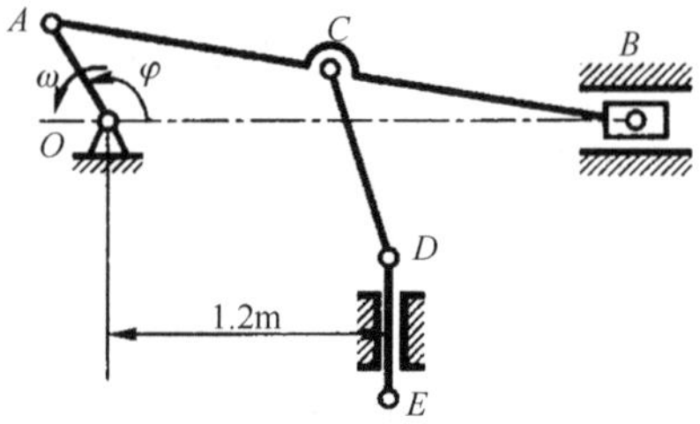

题图 7-7

7-8　题图 7-8 所示剪断钢材用的飞剪的连杆机构。当曲柄 *OA* 转动时，连杆 *AB* 使摆杆 *BF* 绕 *F* 点摆动，装有刀片的滑块 *C* 由连杆 *BC* 带动做上下往复运动。已知曲柄的角速度为 ω，$OA=r$，$BF=BC=l$。试求图示位置剪刀的速度 $\boldsymbol{v}_C$。

7-9　题图 7-9 所示往复式连杆机构，由曲柄 *OA* 带动行星齿轮Ⅱ在固定齿轮Ⅰ上滚动。行星齿轮Ⅱ通过连杆 *BC*，带动活塞 *C* 往复运动。已知齿轮节圆半径 r_1=100mm，r_2=200mm，$BC=200\sqrt{26}\text{mm}$。在图示位置时，$\beta=90°$，ω_{OA}=0.5rad/s。试求连杆的角速度及 *B*、*C* 点的速度。

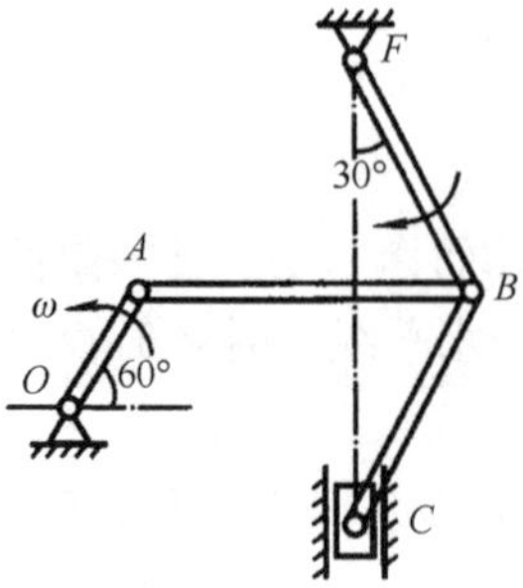

题图 7-8

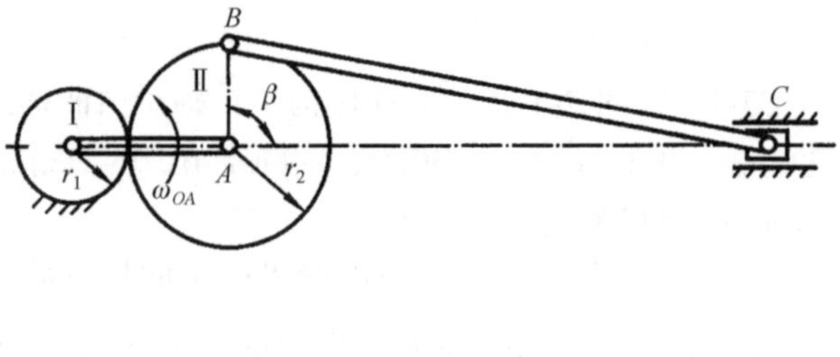

题图 7-9

7-10　题图 7-10 所示机构中，AB 杆一端连滚子 A 以 v_A=16cm/s 沿水平方向匀速运动，中间活套在可绕 O 轴转动的套管内，某瞬时的结构尺寸如图示。试求此时 AB 杆的角速度与另一端 B 的速度。

7-11　砂轮高速转动装置如题图 7-11 所示。砂轮装在轮 I 上，可随轮 I 高速转动。已知：杆 O_1O_2 以转速 n_4=900r/min 绕 O_1 轴转动，O_2 处铰接半径为 r_2 的齿轮 II，当杆 O_1O_2 转动时，轮 II 在半径为 r_3 的固定内齿轮上滚动，并使半径为 r_1 的轮 I 绕 O_1 轴转动，$\dfrac{r_3}{r_1}=11$。求轮 I 的转速。

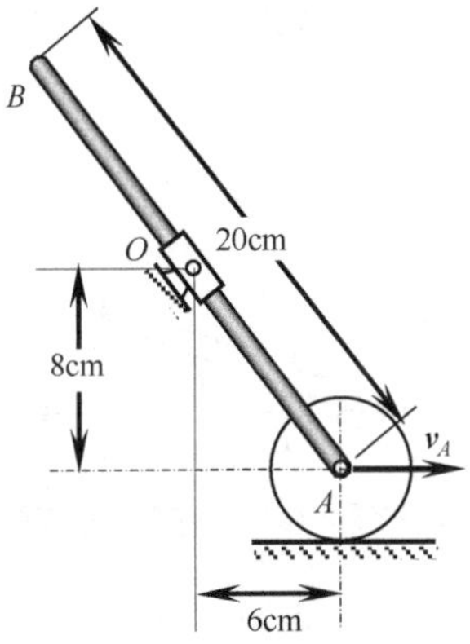

题图 7-10

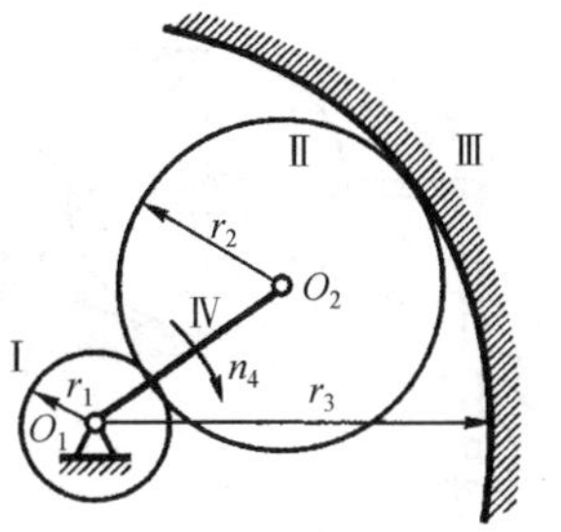

题图 7-11

7-12　行星机构如题图 7-12 所示。杆 OA 以匀角速度ω_0绕 O 轴逆时针转动，借连杆 AB 带动曲柄 O_1B；齿轮 II 与连杆刚连成一体，并与活套在 O_1 轴上的齿轮 I 相啮合。已知：齿轮半径 $r_1=r_2=30\sqrt{3}\text{cm}$，$OA=75\text{cm}$，$AB=150\text{cm}$，$\omega_0=6\text{rad/s}$。求当$\theta$=60°、$\beta$=90°时，曲柄 O_1B 及齿轮 I 的角速度。

7-13　题图 7-13 所示曲柄滑块机构，曲柄 OA 长为 20cm，以匀角速度ω_0 =10rad/s 转动，带动长为 100cm 的连杆 AB，使滑块 B 沿铅垂方向运动。求当曲柄与连杆相互垂直，并与水平线各成角 $\alpha=45°$ 与 $\beta=45°$ 时，连杆的角速度以及滑块 B 的速度。

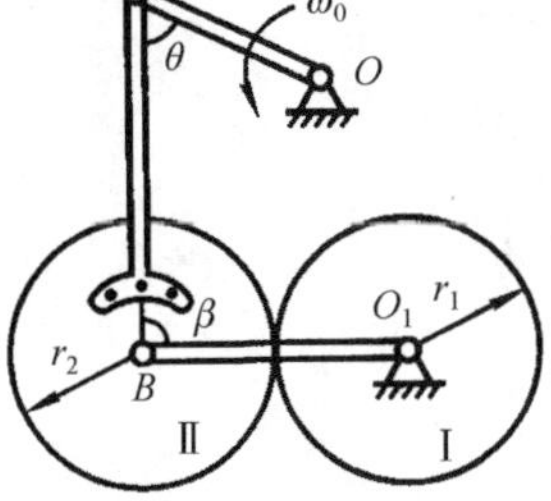

题图 7-12

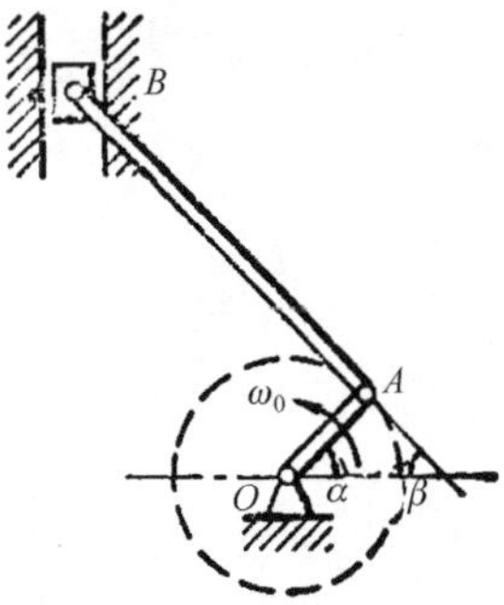

题图 7-13

7-14　直角尺 BCD 的两端 B、D 分别与直杆 AB、DE 铰接，而 AB、DE 可分别绕 A、E 轴转动。设在题图 7-14 所示位置时，AB 杆的角速度为ω。求此时 DE 杆的角速度。

*7-15　曲柄 OA 以恒定的角速度 $\omega = 2\text{rad/s}$ 绕轴 O 转动，并借助连杆 AB 驱动半径为 r 的轮子在半径为 R 的圆弧槽中作无滑动的滚动。设 $OA=AB=R=2r=1\text{m}$，求题图 7-15 所示瞬时点 B 和点 C 的速度与加速度。

*7-16　半径均为 r 的两轮用长为 l 的杆 O_2A 相连，如题图 7-16 所示；前轮轮心 O_1 匀速运动，其速度为 $\boldsymbol{v}$，两轮皆作纯滚动。求图示位置时，后轮的角速度与角加速度。

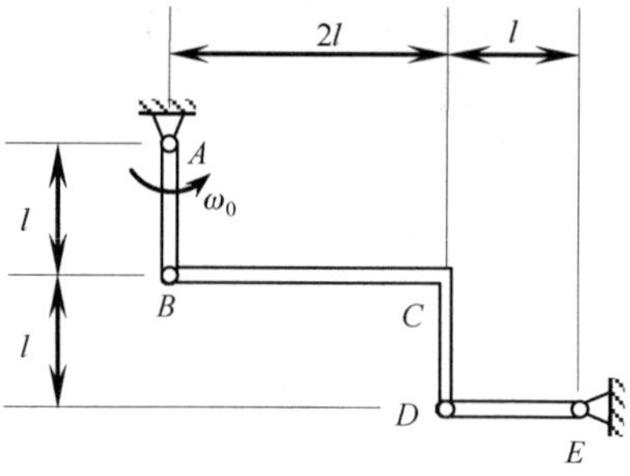

题图 7-14

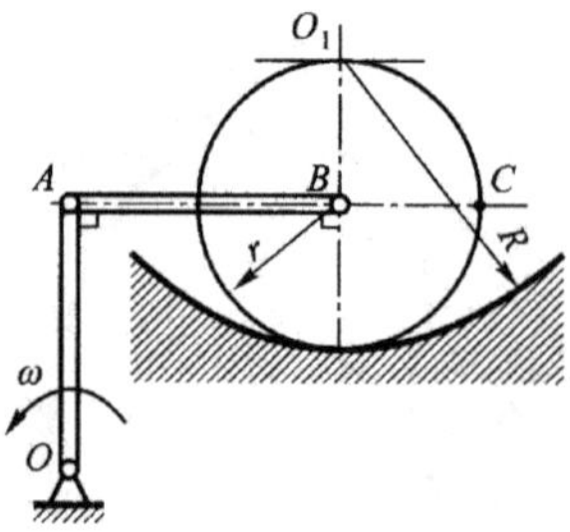

题图 7-15

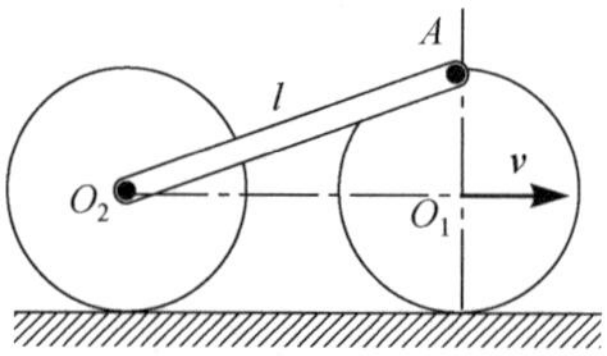

题图 7-16

第 8 章　点的合成运动

由于运动具有相对性，所以物体相对不同参考系的运动是不同的。本章分析点的合成运动，主要建立某一瞬时点的速度合成和加速度合成规律。

8.1　合成运动中的基本概念

工程中常会遇到点相对于某参考系运动，而该参考系又相对于另外一个参考系运动的情况。

例如在垂直升降的直升机中观察螺旋桨上的一点 M 作圆周运动；然而站在地面观察螺旋桨上的点 M 则作螺旋曲线运动(图 8-1)。

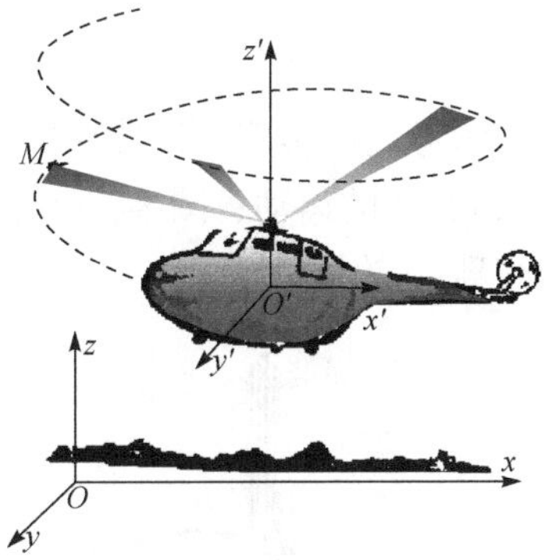

图 8-1

一般而言，一个点对于不同的参考系运动的轨迹、速度、加速度是不相同的，产生这种差别的原因在于参考系之间具有相对运动。仍以图 8-1 所示的直升机为例，螺旋桨上的一点 M 相对于地面和机舱的观察结果差异，在于飞机相对于地面在作垂直升降。飞机若静止在停机坪上启动螺旋桨，则地面观察与机内观察，螺旋桨上的一点 M 均作同一规律的圆周运动。可见，飞机垂直升降时，地面观察到的 M 点的螺旋线运动是 M 点相对机身作圆周运动和机身相对地面作直线平动合成的结果。

8.1.1　三个对象与三种运动

点的合成运动研究点相对两个不同参考系运动之间的关系。为此定义：

研究的对象称为**动点**；

第一个参考系称为固定参考系，简称为**定系**；

第二个参考系称为动参考系，简称为**动系**。

三者必须在三个不同的物体之上。对一般工程问题，人们习惯将定系与地面(或机架)固结，此时可不必作特殊说明；但有时要面对多种运动的复合，就需要逐次选取定系与不同的物体固结，此时必需逐一说明。

其次定义三种运动：

绝对运动　动点相对于定系的运动；

相对运动　动点相对于动系的运动；

牵连运动　动系相对于定系的运动。

必须指出：动点的绝对运动和相对运动都属点的运动，可能是直线运动或曲线运动；而牵连运动则属刚体的运动，可能是平动、转动或其他较复杂的刚体运动形式。

例如图 8-2(a)中沿直线轨道滚动的车轮轮缘上一点 M 相对车身作圆周运动，车身相对地面作直线平行移动，所以轮缘上一点 M 相对地面作复合的平面旋轮线运动；图 8-2(b)所示车床在加工工件时，车刀尖 M 沿工件表面作螺旋线运动，工件相对车床床身作定轴转动，车刀尖 M 相对车床床身作复合的直线运动。

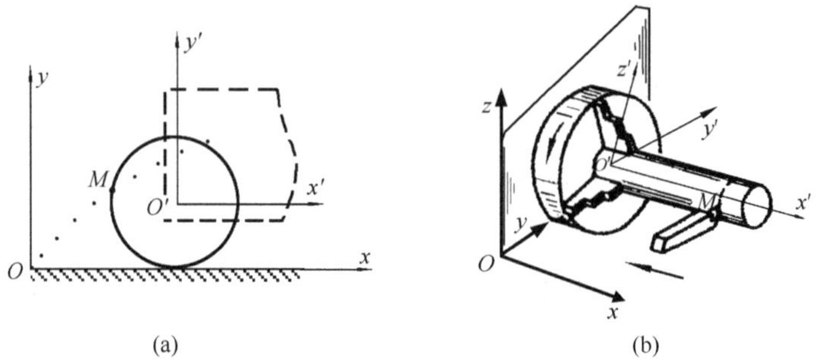

图 8-2

参考上述实例，请读者用复合运动的方法自行分析图 8-3(a)所示盘形凸轮机构中，顶杆 AB 端点 A 的运动；图 8-3(b)所示曲柄摇杆机构中，滑块 A 的运动以及图 8-3(c)所示转动圆环内小球 M 的运动。

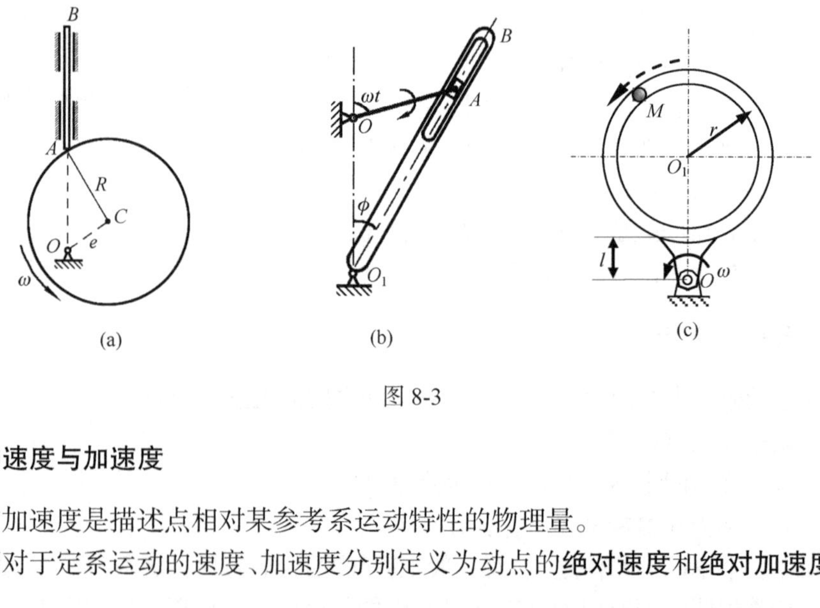

图 8-3

8.1.2　三种速度与加速度

速度与加速度是描述点相对某参考系运动特性的物理量。

动点相对于定系运动的速度、加速度分别定义为动点的**绝对速度**和**绝对加速度**，相应用 $\boldsymbol{v}_a$ 和 $\boldsymbol{a}_a$ 表示；

动点相对于动系运动的速度、加速度分别定义为动点的**相对速度**、**相对加速度**，相应用 $\boldsymbol{v}_r$ 和 $\boldsymbol{a}_r$ 表示；

动系的牵连运动属刚体运动，一般情况下其上各点的速度、加速度都各不相同。而动系上能对动点的运动起“牵连”作用的则是与动点重合的点，故定义某瞬时动参考系上与动点重合的点为该瞬时**动点的牵连点**；牵连点相对定系的速度、加速度分别称为动点的**牵连速度**和**牵连加速度**，相应用 $\boldsymbol{v}_e$ 和 $\boldsymbol{a}_e$ 表示。应当特别注意：某瞬时，动点与该瞬时的牵连点位置重合，但却分别属于两个不同运动物体上的点；由于动点有相对运动，所以不同瞬时动点的牵连点是动系上不同的点。

例如将动参考系固连在行驶中的轮船上，定参考系固连在河岸上，则漫步在甲板上的旅客(动点)某瞬时的牵连点，就是该瞬时旅客在甲板上落脚的那一点，该点的速度和加速度就是此时旅客的牵连速度和牵连加速度。

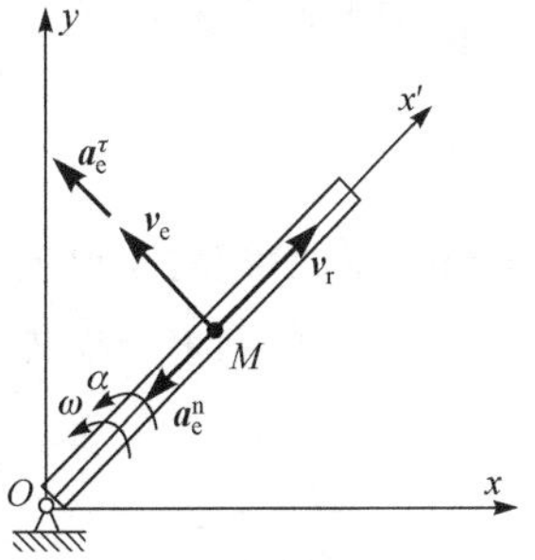

图 8-4

又如图 8-4 所示的直管以角速度ω，角加速度α绕 O 轴转动，小球 M 以相对速度$\boldsymbol{v}_r$沿管运动。若取小球 M 为动点，动参考系与管子固连，则牵连运动为管子绕 O 轴的转动，动点 M 的牵连点是管壁上此时与小球 M 相重合的点。牵连速度$\boldsymbol{v}_e$的大小等于$\overline{OM}\cdot\omega$，方向垂直于管子；牵连法向加速度$\boldsymbol{a}_e^n$，其大小等于$\overline{OM}\cdot\omega^2$，方向沿管子指向 O 点；牵连切向加速度$\boldsymbol{a}_e^\tau$，其大小等于$\overline{OM}\cdot\alpha$，方向也垂直于管子，如图 8-4 所示。

8.2　速度合成定理

下面研究绝对运动、相对运动、牵连运动中速度之间的关系。

设动点 M 沿曲线 AB 运动，同时曲线 AB 又相对定系 $Oxyz$ 作任意运动，如图 8-5 所示。将动系 $O'x'y'z'$ 与曲线 AB 固连(图中未画出)，则动点沿曲线 AB 的运动是相对运动，曲线 AB 相对定系的运动是牵连运动，动点 M 相对定系的运动是绝对运动。

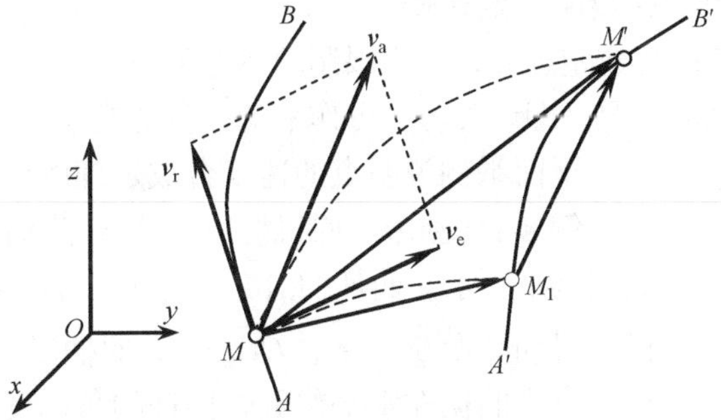

图 8-5

在瞬时 t，曲线在 AB 位置，动点位于曲线 AB 上的 M 处，经过时间间隔Δt后，AB 运动到新位置$A'B'$，动点运动到曲线$A'B'$上的 M'处。在这一过程中，动点一方面随同曲线(动系)由点 M 运动到 M_1 处，这是瞬时 t 动点的牵连点的运动；同时动点 M 又沿曲线由 M_1 处运动到 M' 处，这是动点的相对运动；根据三种运动的定义可知，图 8-5 中的弧 MM'为动点的绝对轨迹，矢量$\overrightarrow{MM'}$为动点的绝对位移；弧 M_1M'是动点的相对轨迹，矢量$\overrightarrow{M_1M'}$为动点的相对位移；弧 MM_1 是瞬时 t 动点的牵连点的运动轨迹，矢量$\overrightarrow{MM_1}$为瞬时 t 动点的牵连点的位移。

由图 8-5 中的几何关系可知，三个位移之间的关系为

$$\overrightarrow{MM'}=\overrightarrow{MM_1}+\overrightarrow{M_1M'}$$

将上式各项分别除以Δt，并令$\Delta t\to 0$，取极限得

$$\lim_{\Delta t \to 0} \frac{\overrightarrow{MM'}}{\Delta t} = \lim_{\Delta t \to 0} \frac{\overrightarrow{MM_1}}{\Delta t} + \lim_{\Delta t \to 0} \frac{\overrightarrow{M_1M'}}{\Delta t} \tag{a}$$

根据速度的定义，式(a)左端为动点 M 在瞬时 t 的绝对速度，即

$$\boldsymbol{v}_{\mathrm{a}} = \lim_{\Delta t \to 0} \frac{\overrightarrow{MM'}}{\Delta t}$$

$\boldsymbol{v}_{\mathrm{a}}$ 的方向沿绝对轨迹曲线 MM' 在 M 点的切线方向。

式(a)右端第一项为瞬时 t 动点牵连点的速度，即动点的牵连速度

$$\boldsymbol{v}_{\mathrm{e}} = \lim_{\Delta t \to 0} \frac{\overrightarrow{MM_1}}{\Delta t}$$

$\boldsymbol{v}_{\mathrm{e}}$ 的方向沿牵连点的轨迹曲线 MM_1 在 M 点的切线方向。

式(a)右端第二项为动点在瞬时 t 的相对速度，即

$$\boldsymbol{v}_{\mathrm{r}} = \lim_{\Delta t \to 0} \frac{\overrightarrow{M_1M'}}{\Delta t}$$

当 $\Delta t \to 0$ 时，曲线由位置 $A'B'$ 无限趋近于位置 AB，所以瞬时 t 动点的相对速度 $\boldsymbol{v}_{\mathrm{r}}$ 的方向沿曲线 AB 在 M 点的切线方向。

将以上结果代入式(a)，得

$$\boldsymbol{v}_{\mathrm{a}} = \boldsymbol{v}_{\mathrm{e}} + \boldsymbol{v}_{\mathrm{r}} \tag{8-1}$$

由此得到点的**速度合成定理**：动点在某瞬时的绝对速度等于它在该瞬时的牵连速度与相对速度的矢量和。表明动点的绝对速度可以由牵连速度与相对速度所构成的平行四边形的对角线来确定。该平行四边形称为**速度平行四边形**。

应该指出，在推导速度合成定理时，并未限制动参考系作什么样的运动，因此这个定理适用于牵连运动是任何运动的情况，即动参考系可作平动、转动或其他任何较复杂的刚体运动。

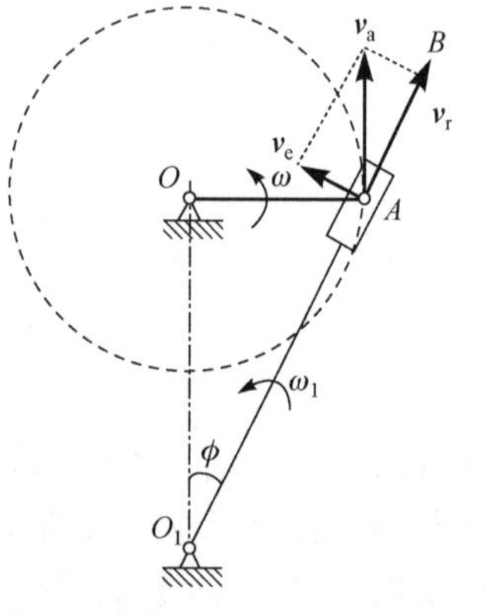

图 8-6

下面举例说明点的速度合成定理的应用。

例 8-1　刨床急回机构由滑块 A、曲柄 OA 与摇杆 O_1B 所组成，如图 8-6 所示。曲柄的 A 端与滑块以铰链连接，滑块 A 可在 O_1B 杆上滑动。设 $\overline{OA}=r$，$\overline{OO_1}=l$，曲柄以匀角速度 ω 绕固定轴 O 转动。求当曲柄在水平位置时摇杆的角速度 ω_1。

解　(1) 动点、动系选取及三种运动分析。

本机构中由于滑块 A 可在摇杆 O_1B 上滑动，因此

动点：滑块 A；

动系：固连于摇杆 O_1B 上；

绝对运动：圆周运动(滑块 A 相对机架的运动)；

相对运动：直线运动(滑块 A 相对摇杆 O_1B 的运动)；

牵连运动：定轴转动(摇杆 O_1B 相对于机架的运动)。

(2) 速度分析。

绝对速度 $\boldsymbol{v}_{\mathrm{a}}$：大小 $v_{\mathrm{a}} = r\omega$；方向已知，与曲柄 OA 垂直；

相对速度 $\boldsymbol{v}_{\mathrm{r}}$：大小未知，方向沿 O_1B；

牵连速度 $\boldsymbol{v}_{\mathrm{e}}$：大小未知，方向垂直于 O_1B。

根据速度合成定理 $\boldsymbol{v}_a = \boldsymbol{v}_e + \boldsymbol{v}_r$ 作速度平行四边形，如图 8-6 所示。注意 $\boldsymbol{v}_a$ 位于平行四边形的对角线上，由此定出 $\boldsymbol{v}_e$ 和 $\boldsymbol{v}_r$ 的指向。

(3) 求解未知量。

由速度平行四边形几何关系，可求出图示位置牵连速度

$$v_e = v_a \sin\phi = r\omega\frac{r}{\sqrt{r^2+l^2}} = \frac{r^2\omega}{\sqrt{r^2+l^2}}$$

设摇杆 O_1B 在图示瞬时的角速度为 ω_1，则 $v_e = \overline{O_1A}\cdot\omega_1$，由此得摇杆的角速度为

$$\omega_1 = \frac{v_e}{\overline{O_1A}} = \frac{r^2\omega}{r^2+l^2}$$

ω_1 的转向为逆时针(由 v_e 的方向确定)。

注意　本例由于是针对 OA 处于水平的特殊位置进行研究，所以几何关系 $\sin\phi = r/\overline{O_1A} = r/\sqrt{r^2+l^2}$ 仅在该位置成立，相应所求的结果也只是该位置的瞬时结果。

例 8-2　半径为 R、偏心距为 e 的凸轮，以匀角速度 ω 绕 O 轴转动，推动顶杆 AB 沿铅垂导轨滑动，如图 8-7(a)所示。求当 $OC \perp AC$ 瞬时顶杆 AB 的速度。

解　(1) 动点、动系选取及三种运动分析。

动点：杆 AB 上的 A 点；

动系：偏心轮；

绝对运动：直线运动；

相对运动：圆周运动；

牵连运动：定轴转动；

(2) 速度分析。

绝对速度 $\boldsymbol{v}_a$：大小未知，方向沿铅垂方向；

相对速度 $\boldsymbol{v}_r$：大小未知，方向沿圆凸轮切线；

牵连速度 $\boldsymbol{v}_e$：大小 $v_e = \overline{OA}\cdot\omega = \sqrt{R^2+e^2}\omega$，方向已知，垂直于 OA。

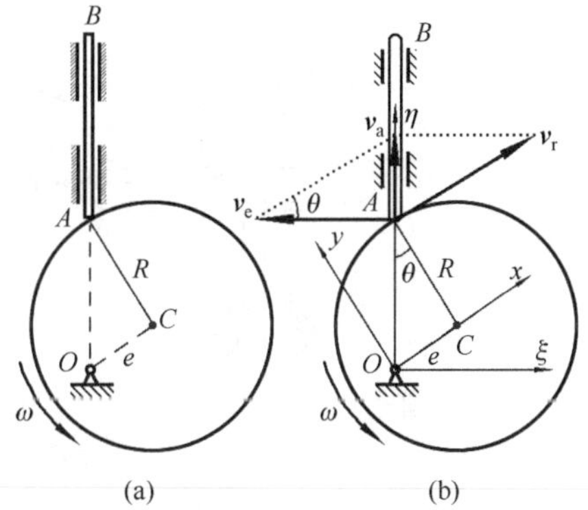

图 8-7

根据速度合成定理 $\boldsymbol{v}_a = \boldsymbol{v}_e + \boldsymbol{v}_r$ 作速度平行四边形，如图 8-7(b)所示。

(3) 求解未知量。

由速度平行四边形几何关系，可求出图示位置绝对速度和相对速度分别为

$$v_a = v_e \tan\theta = \frac{e}{R}\sqrt{R^2+e^2}\,\omega$$

$$v_r = \frac{v_e}{\cos\theta} = \frac{R^2+e^2}{R}\omega$$

由于杆 AB 作平动，故其上任一点的速度等于 v_a。

思考：本题如取动点为“轮心 C ”，动系固连于杆 AB 上，是否可行?

例 8-3　简易冲床的曲柄滑道机构如图 8-8 所示。曲柄 $\overline{OA} = r$ 绕 O 轴以匀角速度 ω 转动，滑块 A 在滑道 BC 中滑动，并带动滑杆 BCD 在滑槽中上下平动。当 φ=30°时，试求滑杆 BCD 的速度。

解　(1) 动点、动系选取及三种运动分析。

动点：滑块中心 A；

动系：滑杆 BCD。

绝对运动：以 O 为圆心的圆周运动；

相对运动：沿滑道 BC 的直线运动；

牵连运动：滑杆的上下平动。

(2) 速度分析。

绝对速度 $\boldsymbol{v}_a$：方向垂直 OA 与ω转向一致，大小 $v_a=r\omega$；

相对速度 $\boldsymbol{v}_r$：方向沿滑道 BC，大小未知；

牵连速度 $\boldsymbol{v}_e$：方向沿铅垂线，大小未知。

(3) 求解未知量。

作速度平行四边形如图 8-8 所示。由几何关系得

$$v_e = v_a \sin\varphi = \frac{1}{2} r\omega$$

$$v_r = v_a \cos\varphi = \frac{\sqrt{3}}{2} r\omega$$

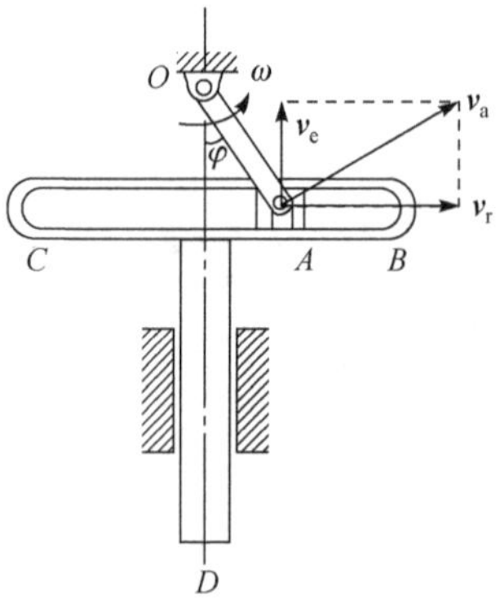

图 8-8

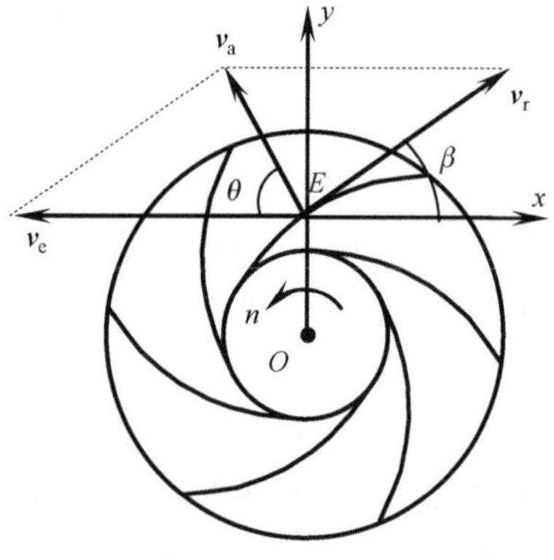

图 8-9

例 8-4　离心水泵的叶轮绕 O 轴转动如图 8-9 所示，转速 n=1450r/min。水沿叶片做相对运动。叶片上一点 E 至 O 轴距离 r=7.5cm。当 OE 位于铅垂位置时，叶片在 E 点的切线与水平线的夹角为β=20°。设已知在 E 点处水滴的绝对速度方向与水平线夹角θ=75°。试求水滴绝对速度和相对速度的大小。

解　(1) 动点、动系选取及三种运动分析。

动点：E 点处水滴；

动系：固连于叶轮；

定系：固连于机架；

绝对运动：平面曲线运动；

相对运动：沿叶片的曲线运动；

牵连运动：随叶轮的转动。

$$\omega = \frac{2\pi n}{60} = 151.77\,(\text{rad/s})$$

(2) 速度分析。

绝对速度：$\boldsymbol{v}_a$ 方位已知，与水平夹角 θ=75°；

牵连速度：$\boldsymbol{v}_e = r\omega$，方向垂直于 OE；

相对速度：$\boldsymbol{v}_r$ 方向已知，沿叶片在 E 点的切线，与水平线的夹角为 β=20°。

(3) 应用速度合成定理求解。

根据速度合成定理 $\boldsymbol{v}_a = \boldsymbol{v}_e + \boldsymbol{v}_r$ 可得速度矢量合成图，如图 8-9 所示。

由几何关系，得

$$\frac{v_e}{\sin(180° - \beta - \theta)} = \frac{v_a}{\sin\beta} = \frac{v_r}{\sin\theta}$$

$$v_a = \frac{v_e}{\sin(180° - \beta - \theta)}\sin\beta = \frac{r\omega\sin 20°}{\sin(20° + 75°)} = 3.91(\text{m/s})$$

$$v_r = \frac{v_e}{\sin(180° - \beta - \theta)}\sin\theta = \frac{r\omega\sin 75°}{\sin(20° + 75°)} = 11.04(\text{m/s})$$

例 8-5　两轮船 A 和 B 分别以匀速度 $v_A = v_B = 36$ km/h 行驶，如图 8-10(a)所示。A 船沿直线向东，B 船则沿以 O 为圆心、ρ 为半径的圆弧行驶。已知 ρ=100m。设在图示瞬时，$\phi = 30°$，$s = 50$m。试求此瞬时：(1) B 船相对于 A 船的速度；(2)A 船相对于 B 船的速度；

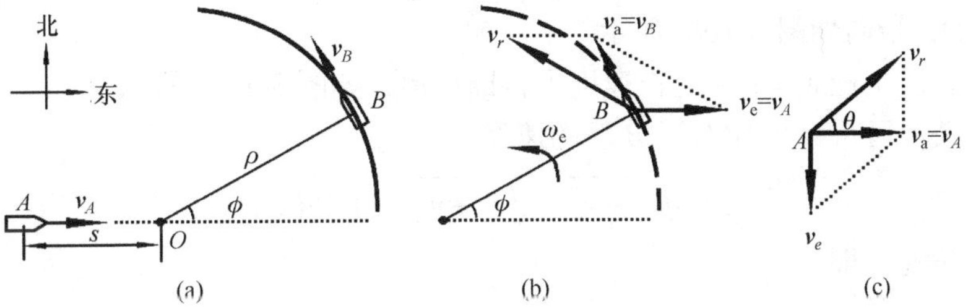

图 8-10

解　(1) 求 B 船相对于 A 船的速度。

① 动点、动系选取及三种运动分析。

动点：取 B 船为动点；

动系：固连于 A 船(A 视为刚体)；

绝对运动：以 O 为圆心、ρ 为半径的圆周运动；

相对运动：平面曲线运动；

牵连运动：直线平动。

② 速度分析。

绝对速度：$\boldsymbol{v}_a = \boldsymbol{v}_B$；

相对速度：$\boldsymbol{v}_r$ 大小、方向均未知；

牵连速度：$\boldsymbol{v}_e = \boldsymbol{v}_A$。

根据速度合成定理 $\boldsymbol{v}_a = \boldsymbol{v}_e + \boldsymbol{v}_r$ 作速度平行四边形，如图 8-10(b)所示。

根据几何关系可得 B 船相对于 A 船的速度

$$v_r = 2v_a\cos 30° = 17.3(\text{m/s})$$

$\boldsymbol{v}_r$ 的方向为北偏西 30°。

(2) 求 A 船相对于 B 船的速度；

① 动点、动系选取及三种运动分析。

动点：取 A 船为动点；

动系：固连于 B 船(B 视为刚体)；

绝对运动：匀速直线运动；

相对运动：平面曲线运动；

牵连运动：绕 O 轴转动，转动角速度为

$$\omega_e = \frac{v_B}{\rho} = 0.1(\text{rad/s})$$

转向逆时针。

② 速度分析。

绝对速度：$\boldsymbol{v}_a = \boldsymbol{v}_A$；

相对速度：$\boldsymbol{v}_r$ 大小、方向均未知；

牵连速度：该瞬时的牵连点是动系(B 船延拓部分)上与动点 A 相重合的点，所以牵连速度的大小为

$$v_e = OA \cdot \omega_e = s\omega_e = 5(\text{m/s})$$

方向垂直于 AO，指向如图 8-10(c)所示。

根据速度合成定理 $\boldsymbol{v}_a = \boldsymbol{v}_e + \boldsymbol{v}_r$ 作速度平行四边形，如图 8-10(c)所示。

根据几何关系可得 A 船相对于 B 船的速度

$$v_r = \sqrt{v_a^2 + v_e^2} = \sqrt{v_A^2 + v_e^2} = 11.18(\text{m/s})$$

$\boldsymbol{v}_r$ 的方向为东偏北，即

$$\cos\theta = \frac{v_a}{v_r} = 0.8945$$

即 $\theta = 26.56°$ 东偏北

本例可见：A 船相对 B 船的速度与 B 船相对 A 船的速度有严格的运动学定义，两者之间不存在直观想象的“等值、反向”关系。

雨滴的相对运动

汽车静止时，车内的人从矩形车窗 $ABCD$ 看到窗外雨滴的运动方向如线段①所示。在汽车快速行驶过程中，乘客所看到车窗上的雨滴却总是向后倾斜运动的，这是为什么？

设在汽车从静止开始匀加速启动阶段的 t_1、t_2 两个时刻，看到雨滴的运动方向分别如线段②、③所示，图中 E 是 AB 的中点。请给出 t_1、t_2 之间的关系。

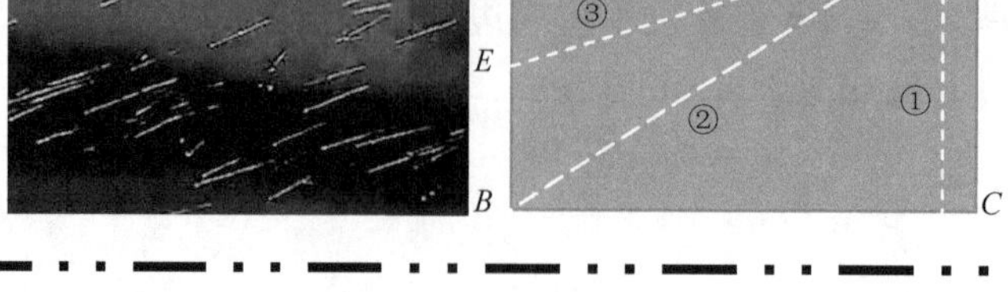

8.3　牵连运动为平动时的加速度合成定理

设动系 $O'x'y'z'$ 相对定系 $Oxyz$ 为作平动，如图 8-11 所示，因而动系上各点的速度、加速度分别与 O'点的速度、加速度相同，即

$$\boldsymbol{v}_{\mathrm{e}}=\boldsymbol{v}_{O'}\ ,\qquad \boldsymbol{a}_{\mathrm{e}}=\boldsymbol{a}_{O'}=\frac{\mathrm{d}\boldsymbol{v}_{O'}}{\mathrm{d}t}$$

动点 M 的相对速度 $\boldsymbol{v}_{\mathrm{r}}$、相对加速度 $\boldsymbol{a}_{\mathrm{r}}$ 可分别以解析形式表达为

$$\boldsymbol{v}_{\mathrm{r}}=\dot{x}'\boldsymbol{i}'+\dot{y}'\boldsymbol{j}'+\dot{z}'\boldsymbol{k}'\ ;\qquad \boldsymbol{a}_{\mathrm{r}}=\ddot{x}'\boldsymbol{i}'+\ddot{y}'\boldsymbol{j}'+\ddot{z}'\boldsymbol{k}'$$

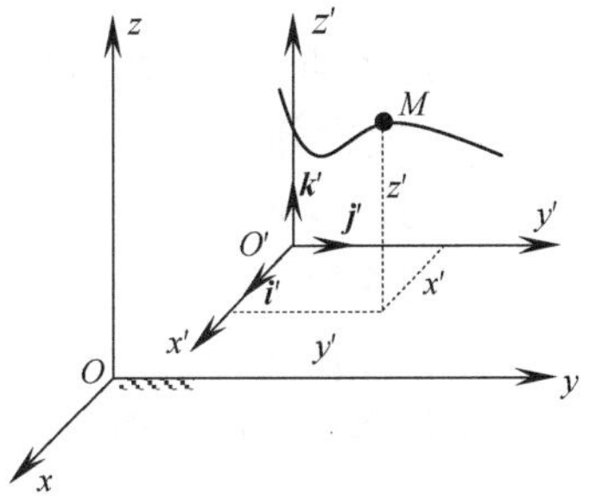

图 8-11

式中，x'、y'、z' 为动点 M 在平动系 $O'x'y'z'$ 中的三个坐标；$\boldsymbol{i}'$、$\boldsymbol{j}'$、$\boldsymbol{k}'$ 为平动系 $O'x'y'z'$ 的三个单位矢量。

将速度合成定理式(8-1)对时间求导，并注意到平动系的三个单位向量 $\boldsymbol{i}'$、$\boldsymbol{j}'$、$\boldsymbol{k}'$ 均为常矢量，对时间的导数为零，得

$$\begin{aligned}\frac{\mathrm{d}\boldsymbol{v}_{\mathrm{a}}}{\mathrm{d}t}&=\frac{\mathrm{d}\boldsymbol{v}_{\mathrm{e}}}{\mathrm{d}t}+\frac{\mathrm{d}\boldsymbol{v}_{\mathrm{r}}}{\mathrm{d}t}\\&=\frac{\mathrm{d}\boldsymbol{v}_{O'}}{\mathrm{d}t}+\frac{\mathrm{d}}{\mathrm{d}t}\left(\dot{x}'\boldsymbol{i}'+\dot{y}'\boldsymbol{j}'+\dot{z}'\boldsymbol{k}'\right)\\&=\frac{\mathrm{d}\boldsymbol{v}_{O'}}{\mathrm{d}t}+\left(\ddot{x}'\boldsymbol{i}'+\ddot{y}'\boldsymbol{j}'+\ddot{z}'\boldsymbol{k}'\right)\end{aligned}$$

上式左端项即为动点的绝对加速度 $\boldsymbol{a}_{\mathrm{a}}$，右端首项即为动点的牵连加速度 $\boldsymbol{a}_{\mathrm{e}}$，右端第二项即为动点的相对加速度 $\boldsymbol{a}_{\mathrm{r}}$。由此得

$$\boldsymbol{a}_{\mathrm{a}}=\boldsymbol{a}_{\mathrm{e}}+\boldsymbol{a}_{\mathrm{r}}\tag{8-2}$$

即动系作平动时，动点的绝对加速度等于牵连加速度与相对加速度的矢量和。从表达形式而言，牵连运动为平动时的加速度合成定理式(8-2)与速度合成定理式(8-1)雷同，但就各式中的每一矢量来讲，一般情况下的各加速度则分别包括了切向、法向两个分量。

例 8-6　半径为 R 的半圆形凸轮沿水平方向向右移动，使顶杆 AB 沿铅垂导轨滑动，如图 8-12(a)所示。在图示位置 $\phi=45°$ 时，凸轮具有速度 $\boldsymbol{v}_0$ 和加速度 $\boldsymbol{a}_0$，求该瞬时顶杆 AB 的速度和加速度。

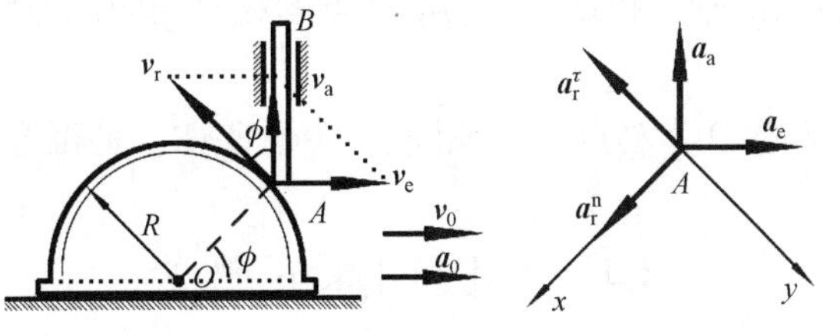

(a)　　(b)

图 8-12

解 (1) 动点、动系的选取及三种运动分析。

动点：*AB* 杆上 *A* 点；

动系：半圆形凸轮；

绝对运动：沿铅垂方向的直线运动；

相对运动：以 *O* 为圆心，以 *R* 为半径的圆周运动；

牵连运动：随半圆形凸轮沿水平方向的平动。

(2) 速度分析。

绝对速度 $\boldsymbol{v}_{\mathrm{a}}$：大小未知，方向沿铅垂方向；

相对速度 $\boldsymbol{v}_{\mathrm{r}}$：大小未知，方向垂直于 *AO*；

牵连速度 $\boldsymbol{v}_{\mathrm{e}}$：$\boldsymbol{v}_{\mathrm{e}}=\boldsymbol{v}_0$，大小方向均已知。

根据速度合成定理 $\boldsymbol{v}_{\mathrm{a}}=\boldsymbol{v}_{\mathrm{e}}+\boldsymbol{v}_{\mathrm{r}}$ 作速度平行四边形，如图 8-12(a)所示，可求得相对速度

$$v_{\mathrm{r}}=\frac{v_{\mathrm{e}}}{\sin\phi}=\frac{v_0}{\sin 45^\circ}=\sqrt{2}v_0$$

顶杆 *A* 点的绝对速度为

$$v_{\mathrm{a}}=\tan\phi\cdot v_{\mathrm{e}}=v_0$$

因为顶杆 *AB* 作平动，故 $\boldsymbol{v}_{\mathrm{a}}$ 就是顶杆运动的速度。

(3) 加速度分析。

根据牵连运动为平动时加速度合成定理

$$\boldsymbol{a}_{\mathrm{a}}=\boldsymbol{a}_{\mathrm{e}}+\boldsymbol{a}_{\mathrm{r}}$$

其中，绝对加速度：$\boldsymbol{a}_{\mathrm{a}}$ 大小未知，方向沿铅垂方向，指向假设向上。

相对加速度：$\boldsymbol{a}_{\mathrm{r}}$ 分为切向加速度 $\boldsymbol{a}_{\mathrm{r}}^{\tau}$ 和法向加速度 $\boldsymbol{a}_{\mathrm{r}}^{\mathrm{n}}$，且 $\boldsymbol{a}_{\mathrm{r}}^{\tau}$ 大小未知，方向沿相对运动轨迹圆在 *A* 点的切线方向，指向假设；$a_{\mathrm{r}}^{\mathrm{n}}=\dfrac{v_{\mathrm{r}}^2}{R}=\dfrac{2v_0^2}{R}$，方向沿半径 *AO*，指向圆心 *O*。

牵连加速度：$\boldsymbol{a}_{\mathrm{e}}=\boldsymbol{a}_0$。

作加速度矢量图，如图 8-12(b)所示，将加速度矢量式在 *Ax* 轴上投影得

$$-a_{\mathrm{a}}\sin\phi=-a_{\mathrm{e}}\cos\phi+a_{\mathrm{r}}^{\mathrm{n}}$$

当 $\phi=45^\circ$ 时，解出动点 *A* 的绝对加速度

$$a_{\mathrm{a}}=a_0\cot\phi-\frac{2v_0{}^2}{R\sin\phi}=a_0-\frac{2\sqrt{2}v_0{}^2}{R}$$

因为顶杆 *AB* 作平动，故 $\boldsymbol{a}_{\mathrm{a}}$ 就是顶杆的加速度。

若将加速度矢量式在 *Ay* 轴上投影，可求得动点的相对切向加速度 a_{r}^{τ} 的大小，请读者自行分析。

思考：本题以凸轮圆心 *O* 为动点，动系固连于顶杆 *AB*，是否可行？

8.4 科氏加速度概念

本节仅以实例引出科氏加速度的概念。

图 8-13 所示的小球 *M* 用细绳静止悬挂于天花板上，水平圆盘绕垂直于盘面的中心轴 *O*

以匀角速度ω 转动。设小球 M 距 O 轴的距离为 r，则小球相对圆盘作圆周运动。若取小球为动点，圆盘为动系，天花板为静系，则小球的绝对速度恒等于零，即 $v_a \equiv 0$，由速度合成定理，得 $v_r = v_e = r\omega$，方向 $\boldsymbol{v}_e$ 与 $\boldsymbol{v}_r$ 相反；小球的绝对加速度也恒等于零，即 $a_a \equiv 0$，牵连加速度大小为 $a_e^n = r\omega^2$，方向沿 $\overrightarrow{MO}$，相对加速度大小为 $a_r^n = r\omega^2$，方向同样沿 $\overrightarrow{MO}$，由此判定，小球必然具有方向沿 $\overrightarrow{OM}$，大小等于 $2r\omega^2$ 的另一加速度分量存在，该分加速度用 $\boldsymbol{a}_c$ 表示，由法国科学家科利奥里于 1832 年发现，因而命名为科里奥利加速度，简称**科氏加速度**。

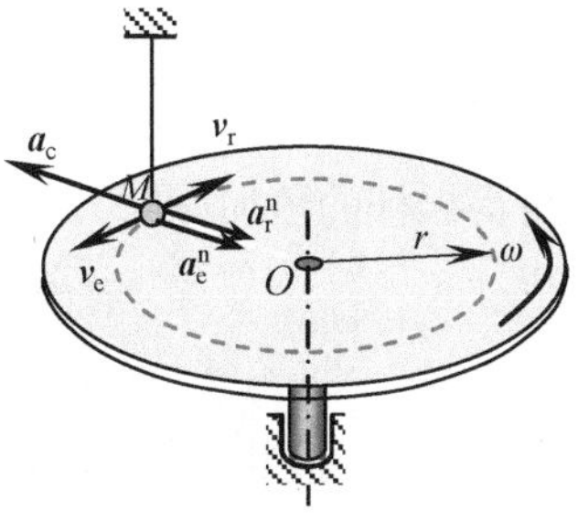

图 8-13

图 8-13 所示的相对速度矢量 $\boldsymbol{v}_r$ 就在ω的转动平面内，这种情况在工程中最为常见。此时的科氏加速度 $\boldsymbol{a}_c$ 可由以下简单方法确定：

$$\left.\begin{array}{l}\text{大小：} a_c = 2\omega v_r \\ \text{方向：由}\boldsymbol{v}_r\text{顺}\omega\text{转过}90°\end{array}\right\} \tag{8-3}$$

上述情况可视为 $\boldsymbol{\omega} \perp \boldsymbol{v}_r$ 的情况。一般情况下，科氏加速度 $\boldsymbol{a}_c$ 可用矢积表示为

$$\boldsymbol{a}_c = 2\boldsymbol{\omega} \times \boldsymbol{v}_r \tag{8-4}$$

牵连运动为转动时的加速度合成定理在考虑牵连、相对加速度的基础上，还必须考虑科氏加速度。具体表达如下

$$\boldsymbol{a}_a = \boldsymbol{a}_e + \boldsymbol{a}_r + \boldsymbol{a}_c \tag{8-5}$$

例 8-7　试求例 8-1 所示刨床急回机构中，摇杆 O_1B 在图 8-14 所示瞬时的角加速度 α_1。

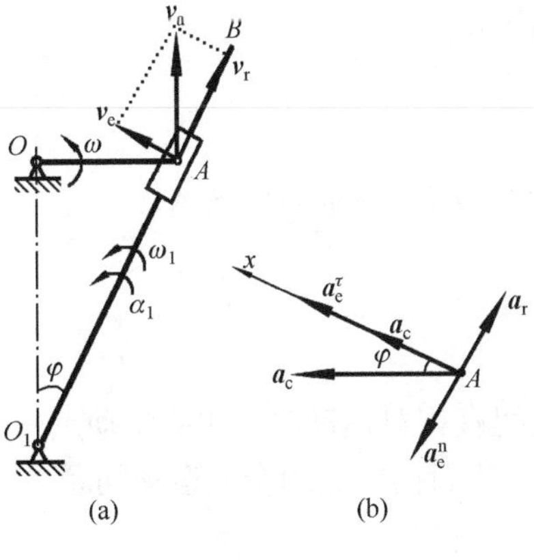

图 8-14

解　以滑块 A 为动点，动系固连于摇杆 O_1B，定系固连于机架。运动分析及速度分析同例 8-1，且可求得

$$v_r = v_a \cos\varphi = \frac{rl\omega}{\sqrt{r^2 + l^2}}$$

已经求得 O_1B 杆角速度

$$\omega_1 = \frac{r^2\omega}{r^2 + l^2}$$

方向如图 8-14(a)所示。

根据牵连运动为转动时的加速度合成定理

$$\boldsymbol{a}_a^\tau + \boldsymbol{a}_a^n = \boldsymbol{a}_e^n + \boldsymbol{a}_e^\tau + \boldsymbol{a}_r + \boldsymbol{a}_c$$

其中，绝对加速度：因为 ω = 常量，所以 $a_a = a_a^n = r\omega^2$，方向沿 AO 指向 O 点；

相对加速度：大小未知，沿 O_1B，指向假设向上；

牵连加速度：法向分量 $\boldsymbol{a}_e^n$ 的大小 $a_e^n = O_1A \cdot \omega_1^2$，沿 AO_1 指向 O_1；切向分量 $\boldsymbol{a}_e^\tau$ 的大小未知，垂直于 O_1B，指向假设向左；

科氏加速度：$a_c = 2\omega_1 v_r$，方向由 $\boldsymbol{v}_r$ 顺 ω_1 转过 90°。

加速度矢量如图 8-14(b)所示。

选取投影轴 Ax，将加速度矢量式向 Ax 轴上投影，得

$$a_{\mathrm{a}} \cos\varphi = a_{\mathrm{e}}^{\tau} + a_{\mathrm{c}}$$

解出

$$a_{\mathrm{e}}^{\tau} = a_{\mathrm{a}} \cos\varphi - a_{\mathrm{c}} = r\omega^2 \cos\varphi - 2\omega_1 v_{\mathrm{r}}$$

由于

$$a_{\mathrm{e}}^{\tau} = O_1 A \cdot \alpha_1$$

于是可得摇杆的角加速度为

$$\alpha_1 = \frac{rl\omega^2 (l^2 - r^2)}{(r^2 + l^2)^2}$$

上式为正值，α_1 转向与 a_{e}^{τ} 假设方向一致，为逆时针。

学 习 要 点

基本要求

1. 深刻理解三种运动、三种速度和三种加速度的定义，运动的合成与分解，以及运动相对性的概念。

2. 对具体问题能够恰当地选择动点、动系和定系，进行运动轨迹、速度和加速度分析。并能正确计算科氏加速度的大小并确定它的方向。

3. 熟练地应用速度合成定理、牵连运动为平动时点的加速度合成定理。

本章重点

速度合成定理及牵连运动为平动时的加速度合成定理应用。

本章难点

牵连速度、牵连加速度、科氏加速度的概念，以及动点、动坐标系的正确选择。

解题指导

1. 针对具体问题，合理选取求解运动的方法。

当动点(或刚体上一点)与另一个运动物体(动参考系)之间有相对运动时，才能将动点的绝对运动分解为随动系的牵连运动和相对于动系的相对运动，从而构成点的合成运动问题。

2. 动点、动系和定系选取原则。

(1) 动点、动系和定系必须分别取在三个物体(包括点)上，定系一般固定在不动的物体上。动点与动系需根据分析问题的需要，合理地进行选取。但动点和动系不能同时固连在同一个运动刚体上，否则动点与动系之间就不会有相对运动，也就不能构成点的合成运动。

(2) 动点相对于动系的相对运动轨迹要明确(比如轨迹是直线、圆或某一确定的曲线)，并且动参考系的运动简单(比如平动、定轴转动等)。

对于没有约束联系的问题，一般情况下可根据题意选取所研究的点为动点，如雨滴、矿砂；而动系固定在另一运动的物体上，如车辆、传送带。

对于机构传动，动点多选在机构的主动件与从动件的连接点和接触点，且一旦选定某构件

上一点为动点时，则动系必须固结在另一个构件上；对于一个点在另一个运动着的物体上运动这类问题，其特点是点的相对运动轨迹已知，动点就选为运动的点，动系固结在运动的物体上。

3. 进行运动分析。

确定了动点、动系和定系后，首先要明确牵连运动的形式(平动、转动或其他运动)，然后分析动点的绝对运动轨迹、相对运动轨迹。要明确各种轨迹是直线还是曲线，若轨迹是曲线时，点的运动加速度一般就有切向加速度与法向加速度。

4. 点的速度合成定理。

无论牵连运动为何种运动，速度合成定理普遍适用。解题时应先分析三种速度的大小和方向，明确哪些是未知的，并画出速度矢量图，一般只要有两个未知量，就可以根据速度矢量合成公式用几何法或投影法求解。用几何法作速度四边形时，绝对速度矢量一定沿平行四边形的对角线。用投影法求解时，一定是将速度矢量合成公式等号两端的各速度矢量分别向同一投影轴进行投影。

5. 点的加速度合成定理。

首先要明确牵连运动是平动还是其他运动。两者区分在于牵连运动为平动时点的加速度合成定理中不含科氏加速度。

若动点的相对轨迹与绝对轨迹为曲线，牵连运动为曲线平动时，则加速度合成定理中的各项加速度都有可能分为切向加速度和法向加速度两项。为此，加速度合成定理一般用其矢量合成公式的投影式进行求解，注意一定是将加速度矢量合成公式等号两端的各加速度矢量分别向同一投影轴进行投影。

思　考　题

思考 8-1　牵连点与动点有何区别？如何确定动点的牵连点？

思考 8-2　应用速度合成定理解题步骤有哪几步？在动坐标系作平移或转动时有没有区别？

思考 8-3　思图 8-1 中的速度平行四边形有无错误？错在哪里？

思考 8-4　思图 8-2 中曲柄 *OA* 以匀角速度转动，(a)、(b)两图中哪一种分析对？

(1) 以 *OA* 上的 *A* 点为动点，*BC* 为动参考系；

(2) 以 *BC* 上的 *A* 点为动点，*OA* 为动参考系。

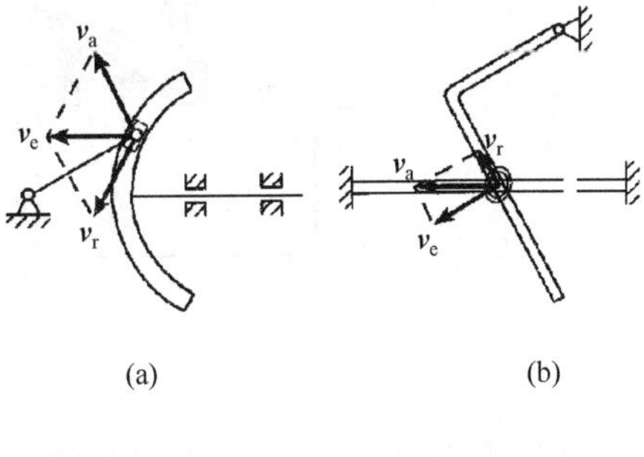

(a)　　(b)

思图 8-1

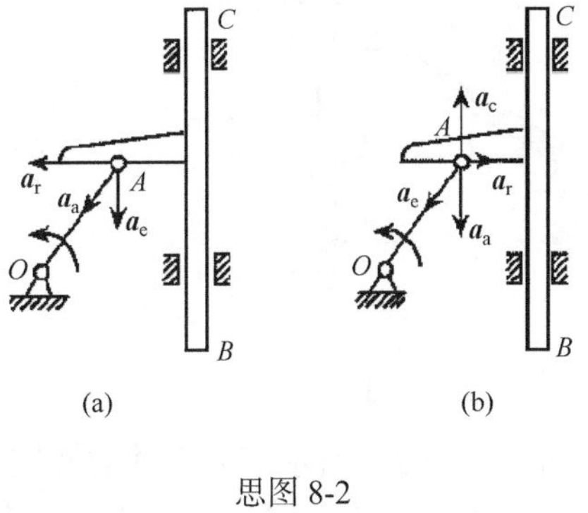

(a)　　(b)

思图 8-2

习　题

8-1　题图 8-1 所示自动切料机构。凸轮 B 沿水平方向作往复移动，通过滑块 C 使切刀 A 的推杆在固定滑道内滑动，从而实现切刀的切料动作。设凸轮的移动速度为 $\boldsymbol{v}$，凸轮斜槽与水平方向的夹角为 φ，试求切刀的速度。

8-2　题图 8-2 所示曲柄滑道机构中，杆 BC 为水平，而杆 DE 保持铅垂，曲柄长 $\overline{OA}=10\text{cm}$，并以等角速度 $\omega=20\text{rad/s}$ 绕 O 轴顺时针转动，通过滑块 A 使杆 BC 作往复运动。求当曲柄与水平线夹角分别为 $\varphi=0°$、30°、90°时杆 BC 的速度。

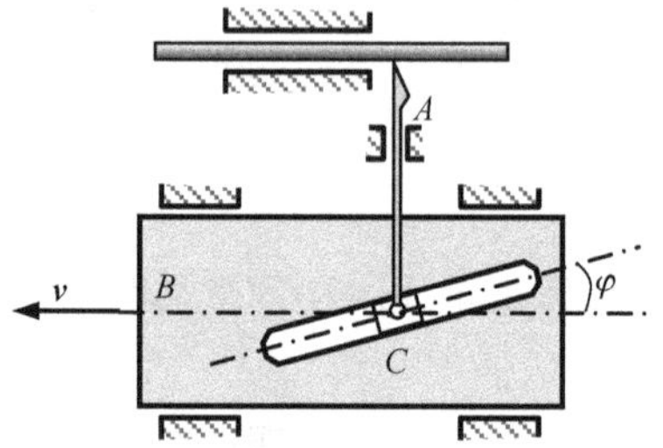

题图 8-1

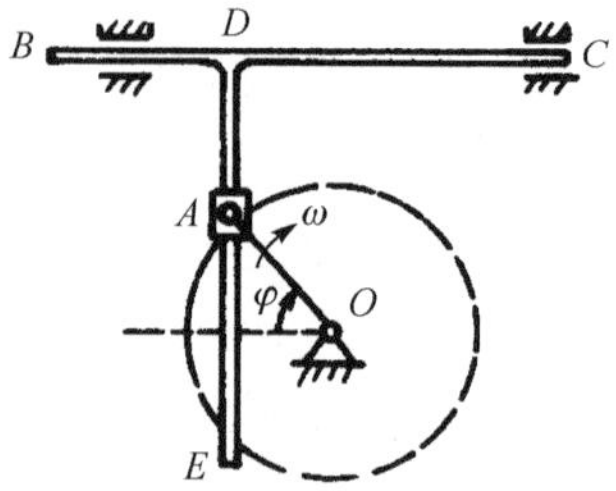

题图 8-2

8-3　在题图 8-3 所示滑道连杆机构中，当曲柄 OC 绕垂直于图面的轴 O 摆动时，滑块 A 就在曲柄 OC 上滑动，并带动连杆 AB 铅垂运动。设 $\overline{OK}=l$，试求：滑块 A 对机架及对曲柄 OC 的速度。曲柄的角速度 ω 与转角 φ 已知，ω 为逆时针。

8-4　题图 8-4 所示车厢在弯道上行驶，轨道平均曲率半径 R，图中车上一点 D 的速度为 $\boldsymbol{u}$。在直路 AB 上有一自行车亦以速度 $\boldsymbol{u}$ 运动。将自行车视为质点，车厢视为刚体，求当 ODM 成一直线，$OM\perp AB$ 时，自行车相对于车厢的速度(已知 $\overline{DM}=c$)。

8-5　题图 8-5 所示平面凸轮机构，曲柄 OA 及 O_1B 可分别绕水平轴 O 及 O_1 转动。带动三角形平板 ABC 运动，平板的斜面 BC 又推动顶杆 DE 沿导轨作铅垂运动。已知 $\overline{OA}=\overline{O_1B}$，$\overline{AB}=\overline{OO_1}$，在图示位置时，$OA$ 铅垂，$AB\perp OA$，OA 的角速度 $\omega_0=2\text{rad/s}$，逆时针转动。图中尺寸的单位为 cm，试计算图示瞬时 DE 杆上 D 点的速度。

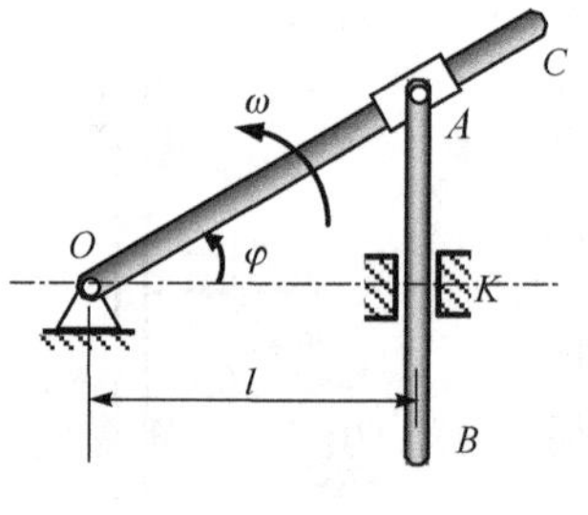

题图 8-3

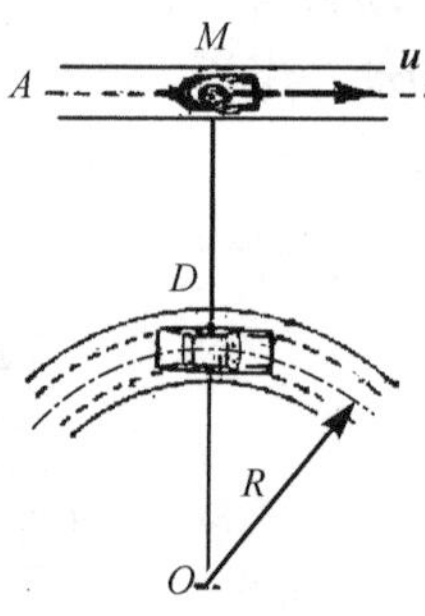

题图 8-4

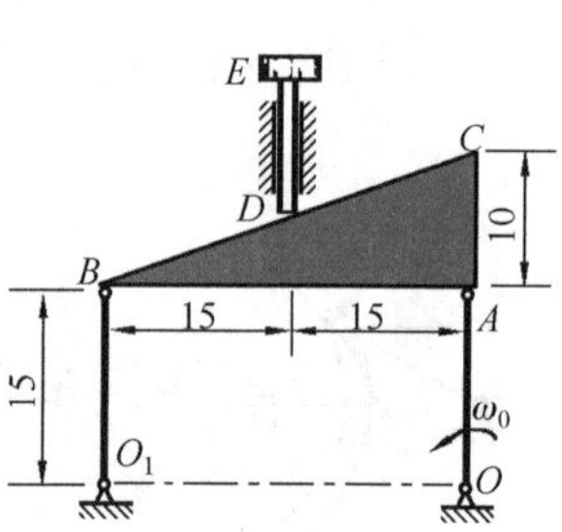

题图 8-5

8-6　题图 8-6 所示车床主轴的转速 $n=30\text{r/min}$，工件的直径 $d=4\text{cm}$，如车刀轴向走刀速度为 $v=1\text{cm/s}$，求车刀对工件的相对速度(大小及方向)。

8-7　题图 8-7 所示矿砂从传送带 A 落到另一传送带 B 的绝对速度为 $v_1=4\text{m/s}$，其方向与铅垂线成 30°角。设传送带 B 与水平面成 15°角，其速度为 $v_2=2\text{m/s}$。求：(1)矿砂对于传送带 B 的相对速度 $\boldsymbol{v}_\text{r}$；(2) 当传送带 B 的速度为多大时，矿砂的相对速度才能与它垂直。

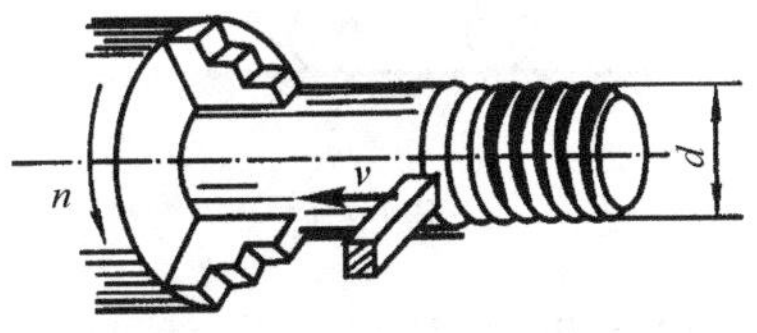

题图 8-6

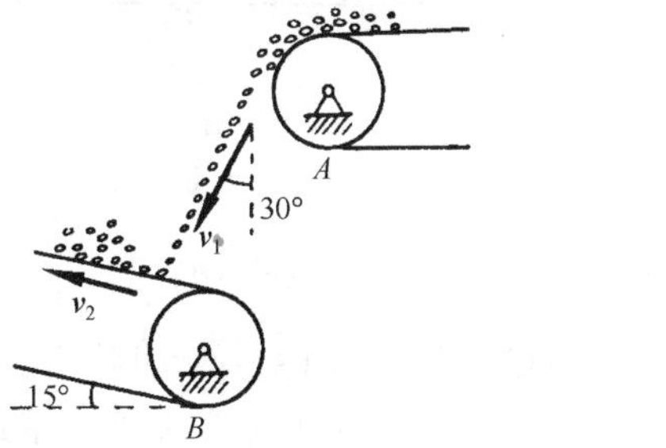

题图 8-7

8-8　在题图 8-8 所示水涡轮中，水自导流片由外缘进入动轮。为避免入口处水的冲击，轮叶应恰当地安装，使水的相对速度 $\boldsymbol{v}_\text{r}$ 恰与叶面相切。如水在入口处的绝对速度 $v=15\text{m/s}$，并与半径成交角 $\theta=60^\circ$；动轮的顺时针转速 $n=30\text{r/min}$，又入口处的半径 $R=2\text{m}$。求水在动轮入口处的相对速度 $\boldsymbol{v}_\text{r}$ 的大小和方向。

8-9　题图 8-9 所示一间歇运动机构。在主动轮 O_1 的边缘上有一销子 A，当进入轮 O_2 的导槽后，带动轮 O_2 转动。转过 90°后，销子与导槽脱离，轮 O_2 就停止转动。主动轮 O_1 继续转动，当销子 A 再次进入轮 O_2 的另一导槽后，轮 O_2 又被带动。已知轮 O_1 作匀角速度转动，$\omega_1=10\text{rad/s}$，曲柄 $\overline{O_1A}=R=50\text{mm}$，两轴距离 $\overline{O_1O_2}=L=\sqrt{2}R$。求当 $\theta=30^\circ$ 时，轮 O_2 转动的角速度及销子 A 相对于轮 O_2 的速度。

8-10　急回机构如题图 8-10 所示，曲柄长 $\overline{OA}=12\text{cm}$，以等角速度 $\omega=7\text{rad/s}$ 绕 O 轴转动，通过滑块 A，带动摇杆 O_1B 绕 O_1 轴摆动。已知 $OO_1=20\text{cm}$，求：当 $\varphi=0^\circ$、90°时，摇杆的角速度。

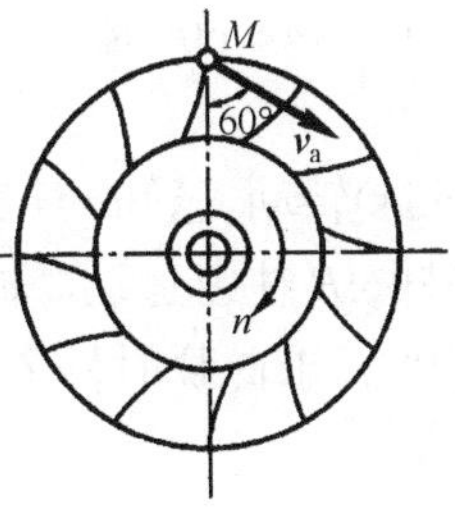

题图 8-8

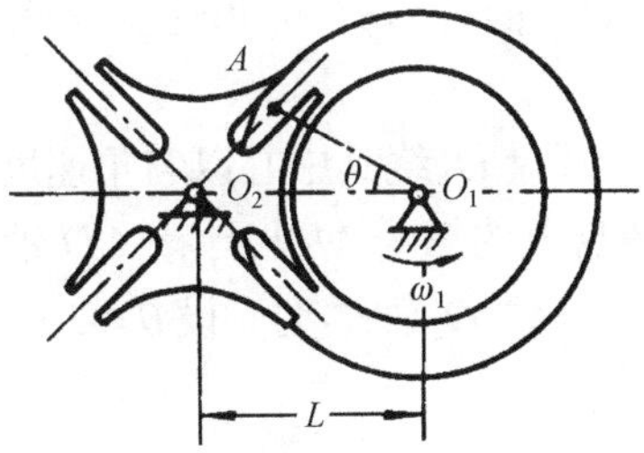

题图 8-9

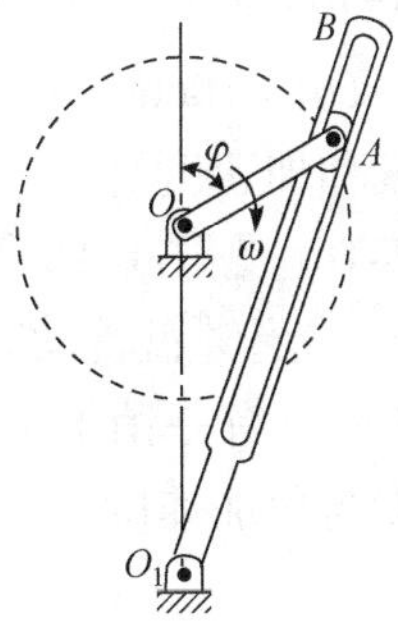

题图 8-10

8-11　题图 8-11 所示铰接四边形机构中，$\overline{O_1A}=\overline{O_2B}=10\text{cm}$，又 $\overline{O_1O_2}=\overline{AB}$，并且杆 O_1A 以匀角速度 ω=2rad/s 绕 O_1 轴转动。AB 杆上有一套筒 C，与 CD 杆相接。求：当 $\varphi=60^\circ$ 时，CD 杆的速度和加速度。

8-12　题图 8-12 所示小车沿水平方向向右作加速运动，其加速度 $a=0.493\text{m/s}^2$。在小车上有一轮绕 O 轴转动，转动的规律为 $\varphi=t^2$ (t 以 s 计，φ 以 rad 计)。当 $t=1\text{s}$ 时，轮缘上点 A 的位置如图所示。如轮的半径 $r=0.2\text{m}$，求此时点 A 的绝对加速度。

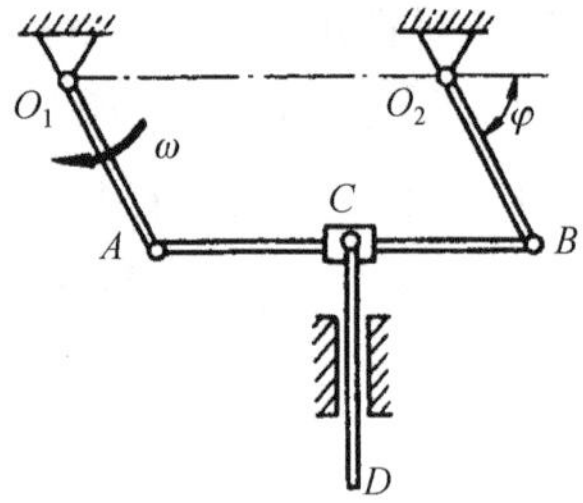

题图 8-11

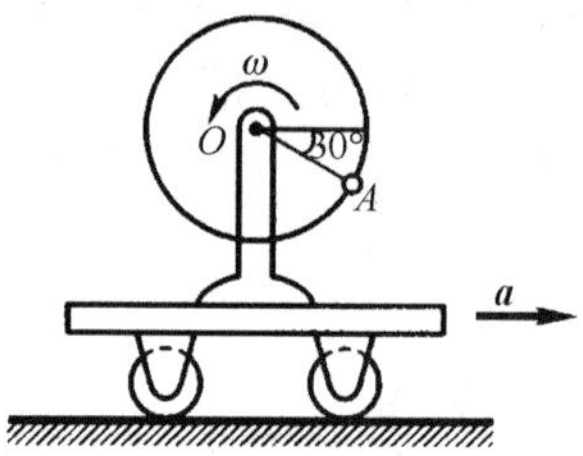

题图 8-12

8-13 题图 8-13 所示机构中，$\overline{AB}=\overline{CD}=\overline{EG}=r$。设在图示位置，$\theta=\varphi=45°$，杆 EG 的角速度为 ω，角加速度为零。试求此时杆 AB 的角速度与角加速度。

8-14 题图 8-14 所示一种刨床机构。已知机构的尺寸为：$\overline{OA}=25\text{cm}$，$\overline{OO_1}=60\text{cm}$，$\overline{O_1B}=100\text{cm}$。曲柄做匀角速转动，角速度 ω=10rad/s。试分析当 $\varphi=60°$，刨头 CD 运动的速度和加速度。

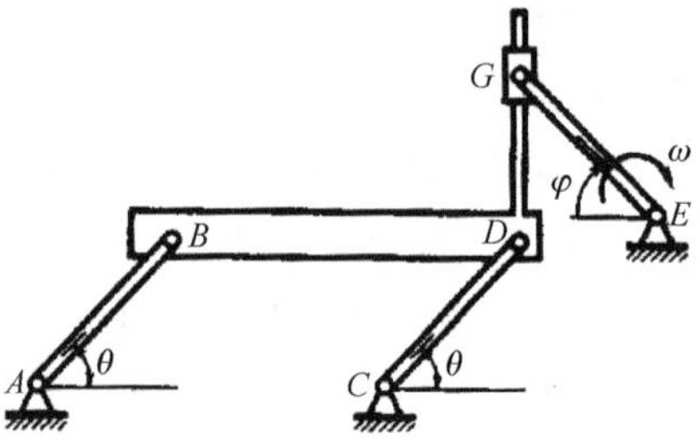

题图 8-13

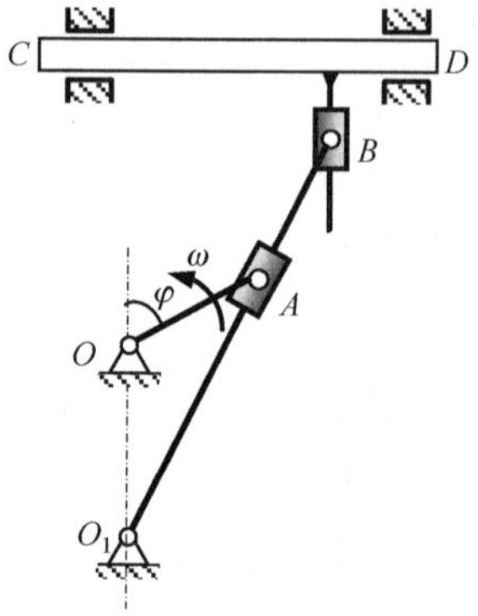

题图 8-14

*8-15 题图 8-15 所示曲杆 OBC 绕 O 轴转动，使套在其上的小环 M 沿固定直杆 OA 滑动。已知：$\overline{OB}=10\text{cm}$，$OB$ 与 OC 垂直，曲杆 OBC 的角速度 ω=0.5rad/s，求：$\varphi=60°$ 时，小环 M 的速度和加速度。

*8-16 题图 8-16 所示机构中，圆盘 O_1 绕其中心以匀角速度 ω_1=3(rad/s)转动。已知 $r=20\text{cm}$，l=30cm。当圆盘转动时，通过圆盘上的销子 M_1 与导槽 CD 带动水平杆 AB 往复运动。同时，在 AB 杆上有一销子 M_2 带动杆 O_2E 绕 O_2 轴摆动。设 $\theta=30°$、$\varphi=30°$，求此瞬时杆 O_2E 的角速度与角加速度。

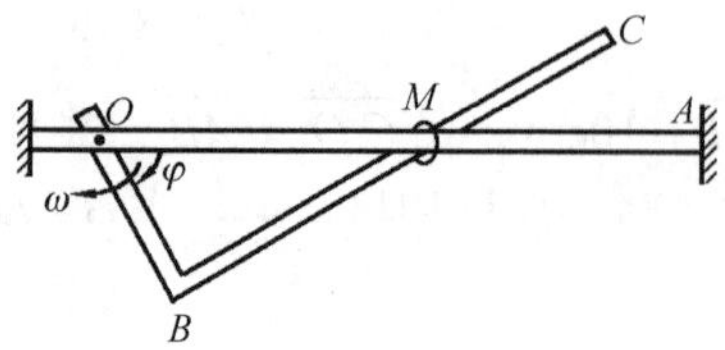

题图 8-15

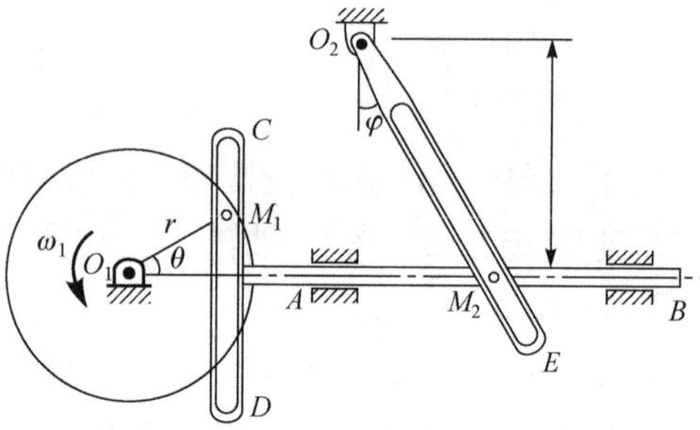

题图 8-16

第三篇　动　力　学

动力学的任务是研究物体的机械运动与受力之间的关系。研究的力学模型是质点和质点系。质点是具有一定质量而几何形状和尺寸可以忽略不计的物体，它是一般物体的抽象。当物体的几何形状和尺寸对所研究的问题影响很小时，就可以视其为质点。这样做不仅使问题简化，而且抓住了问题的本质。质点系是指一群有联系的质点的集合。诸如流体、机构等都是质点系的实例。刚体是一种特殊的质点系，它由无限个质点组成，且任意两质点间的距离保持不变。

动力学在工程技术中的应用极为广泛，例如各种机器、机构、结构的设计，航空和航天技术等，都要用到动力学的知识。而且随着生产和科学技术的发展，动力学的理论仍在发展之中。

本书在质点运动微分方程基础上，逐一阐述用于解决质点系动力学问题的普遍定理以及动静法等。

第 9 章 质点运动微分方程

9.1 研究质点动力学的意义和方法

牛顿创立经典力学是从质点动力学开始的。三百多年来，随着科学技术的发展，力学已经能够处理远比一个质点复杂得多的系统。但是，无论是解决工程实际问题，还是力学学科本身的发展，都离不开质点动力学所提供的理论基础及研究方法。

例如，多级火箭把载人飞船送入太空，在完成了预定任务后，回收舱与推进舱分离，飞船即进入回收阶段。该问题就归结为受万有引力和气动阻力作用、在给定初始条件下的质点动力学问题。只有解决好力学建模、数学建模、方程求解，控制好返回参数，掌握气象条件，才能对着地点做出准确的预测。又如图 9-1(a)所示大型转子的滑动轴承，在转子高速运动(轴心 C 的运动以及转轴绕轴承轴线的转动)的带动下，润滑油形成的油楔将转子托起，如图 9-1(b)所示。油楔作用于转子的合力 $\boldsymbol{F}$ 称为油膜力，与轴承的设计参数、轴的转速以及轴心 C 的位置、速度等因素有关，可通过数值计算(计算量相当大)或查阅图、表求得。之后，轴承的动力特性研究就归结为一个质点动力学问题，既可研究轴心在自重和油膜力作用下的平衡位置及平衡稳定性，也可研究由转子离心力激发的轴心运动。

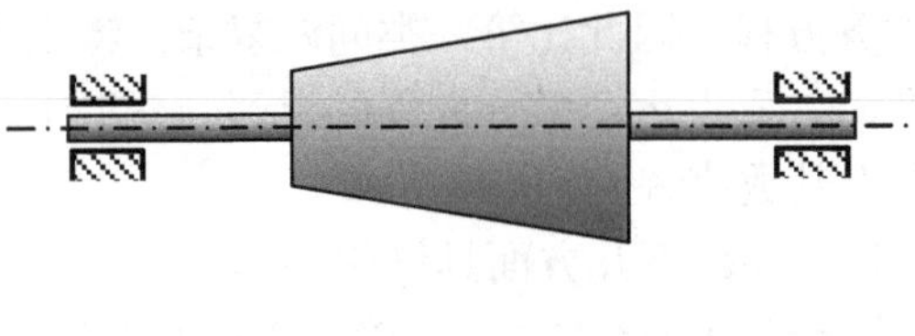

(a)

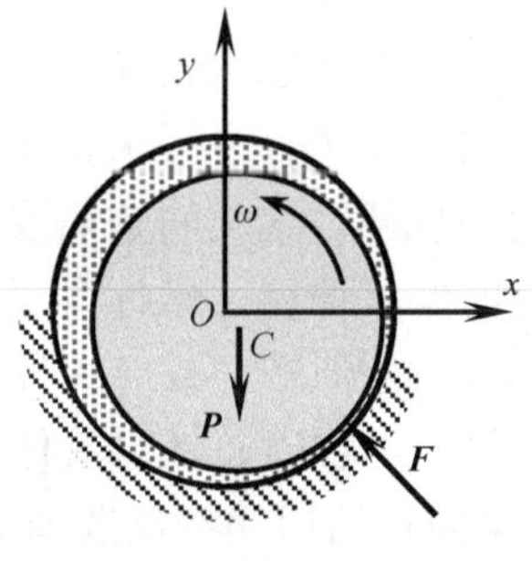

(b)

图 9-1

研究质点动力学有质点运动微分方程及普遍定理(动量定理、动量矩定理以及动能定理)等多种方法。但主体工具是由牛顿定律得出的质点运动微分方程。

9.2 质点运动微分方程

若质点的质量为 m，作用于质点的力组成汇交力系，设其合力为 $\boldsymbol{F}$，质点相对惯性参考系的加速度为 $\boldsymbol{a}$，由牛顿第二定律，有

$$m\boldsymbol{a} = \boldsymbol{F} \tag{9-1}$$

该定理为整个动力学的基础理论。式(9-1)又被称为**质点动力学基本方程**。

在牛顿定理中的质点质量 m 为不变量，则质点动力学的基本方程还可表示为

$$\frac{\mathrm{d}}{\mathrm{d}t}(m\boldsymbol{v})=\boldsymbol{F} \quad 或 \quad \frac{\mathrm{d}\boldsymbol{p}}{\mathrm{d}t}=\boldsymbol{F} \tag{9-2}$$

其中，$\boldsymbol{p}=m\boldsymbol{v}$ 综合表达了质点运动的强弱程度，在物理学中定义为**质点动量**。故式(9-2)又称为**质点动量定理**。

若以 $\boldsymbol{r}$ 表示质点相对惯性系原点的位置矢径，位置矢径的二次导数形式表示质点的加速度，则式(9-1)又可写成

$$m\frac{\mathrm{d}^2\boldsymbol{r}}{\mathrm{d}t^2}=\boldsymbol{F} \tag{9-3}$$

这就是质点运动微分方程的矢量形式。

将式(9-3)向惯性系的 x 、y 、z 轴投影，得

$$m\frac{\mathrm{d}^2x}{\mathrm{d}t^2}=F_x, \quad m\frac{\mathrm{d}^2y}{\mathrm{d}t^2}=F_y, \quad m\frac{\mathrm{d}^2z}{\mathrm{d}t^2}=F_z \tag{9-4}$$

即得到质点运动微分方程的直角坐标形式。

若质点相对惯性系的运动轨迹已知，则可建立以单位矢量为 $\boldsymbol{\tau}$ 、$\boldsymbol{n}$ 、$\boldsymbol{b}$ 所代表的自然坐标系，并将式(9-1)向到 $\boldsymbol{\tau}$ 、$\boldsymbol{n}$ 、$\boldsymbol{b}$ 方向投影，得

$$m\frac{\mathrm{d}v}{\mathrm{d}t}=m\frac{\mathrm{d}^2s}{\mathrm{d}t^2}=F_\tau, \quad m\frac{v^2}{\rho}=m\frac{\dot{s}^2}{\rho}=F_\mathrm{n}, \quad F_\mathrm{b}=0 \tag{9-5}$$

即得到质点运动微分方程的自然坐标形式，其中 $\boldsymbol{b}$ 方向外力自相平衡。

质点动力学的问题总的说来可分成两类：第一类问题是已知质点的运动规律，求作用于质点上的力。这类问题比较简单，因为已知质点的运动即已知质点的运动方程，因此只需通过求导便可由运动微分方程求得作用于质点上的力。第二类问题是已知作用于质点上的力，求质点的运动规律。这类问题需要求解微分方程，因此比第一类问题复杂。特别当作用于质点上的力是时间、速度、坐标等复杂函数时，质点运动微分方程的求解会变得十分困难，有时甚至只能求其近似解，或应用计算机求得其数值解。

在建立微分方程时，针对具体问题，还需在以下几方面具体化。

(1) 根据质点的运动特点选择描述质点运动的具体方法，并确定坐标原点和坐标轴指向；

(2) 在选定的坐标系下，把质点放在一般性位置上进行运动分析与受力分析，列出微分方程及初始条件；

(3) 根据质点受力的函数关系式，选择相应的变量替换方法。必要时针对求解结果分情况进行讨论。

下面通过一些典型例题介绍质点动力学两类问题的求解方法。

9.2.1 质点动力学第一类问题举例

已知运动求力的问题，只要列方程无误，一般求解的难度不太大。

例 9-1 图 9-2 所示为桥式起重机，其上小车起吊质量为 m 的重物，沿横向作匀速平动，速度为 $\boldsymbol{v}_0$ 。由于突然急刹车，重物因惯性绕悬挂点 O 向前作圆周运动。设绳长为 l，试求钢丝绳的最大拉力。

解 以重物为研究对象，其上作用有重力 $\boldsymbol{G}$，钢丝绳拉力 $\boldsymbol{F}$。

刹车后，小车不动，重物绕 O 点作圆周运动。由式(9-5)，得

$$m\frac{\mathrm{d}v}{\mathrm{d}t}=-G\sin\varphi \qquad \text{(a)}$$

$$m\frac{v^2}{l}=F-G\cos\varphi \qquad \text{(b)}$$

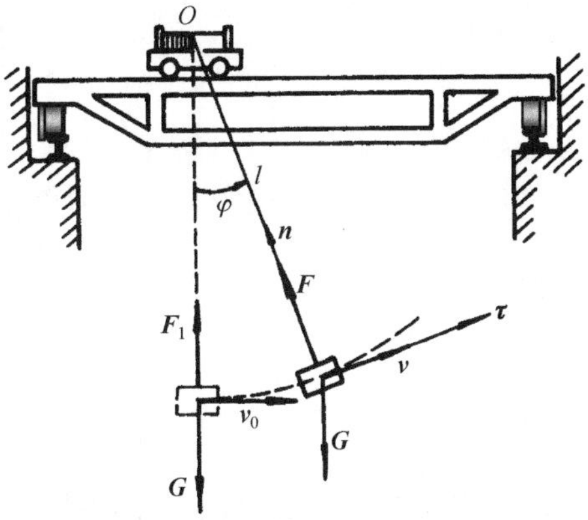

图 9-2

由(b)式可得

$$F=G\cos\varphi+m\frac{v^2}{l}$$

由(a)式知，重物作减速运动，故在刹车瞬时，重物的速度具有最大值 v_0，且此时 $\varphi=0$，$\cos\varphi$ 取得最大值 1，因此，钢丝绳的拉力最大，其值为

$$F_1=F_{\max}=G+m\frac{v_0^2}{l}$$

由于刹车前重物做匀速直线运动，处于平衡状态，绳的拉力可通过平衡条件 $\sum F_n=0$ 求得

$$F_0=G=mg$$

若 $v_0=5\ \mathrm{m/s}$，$l=5\,\mathrm{m}$，则

$$F_{\max}/F_0=1+\frac{v_0^2}{gl}=1.51$$

可见，刹车时钢丝绳的拉力突然增大了 51%。因此，桥式起重机的操作规程中对吊车的行走速度都进行了限制。此外，在不影响工作安全的条件下，钢绳应尽量长一些，以减小由于刹车而引起的钢丝绳的动拉力。

9.2.2 质点动力学第二类问题举例

已知力求运动的问题，不但列方程有一定难度，而且解方程也有一定难度。只在一些特殊情况下才能人工求解析解。

例 9-2 没有前进速度的潜水艇，受到沉力 $\boldsymbol{P}$(重力和浮力之差)而向水底下沉，在沉力不大时，水的阻力可以视为与下沉速度的一次方成正比，并等于 ksv，其中 k 为比例常数，s 为潜水艇的水平投影面积，v 为下沉速度。设 $t=0$ 时，$v=0$。求下沉速度。

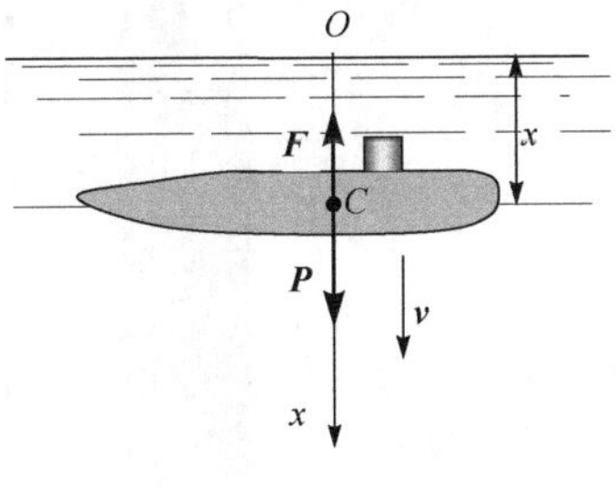

图 9-3

解 把潜水艇看作质点，取为研究对象。如图 9-3 所示，潜水艇受有沉力 $\boldsymbol{P}$ 及阻力 $\boldsymbol{F}$。取 $t=0$ 时质点的位置为坐标原点，z 轴前垂向下，故当 $t=0$ 时，$z=0$。

列质点运动微分方程

$$m\frac{\mathrm{d}^2z}{\mathrm{d}t^2}=P-F$$

改写成

$$m\frac{\mathrm{d}v}{\mathrm{d}t}=P-ksv$$

分离变量，积分

$$\int_0^v m\frac{\mathrm{d}v}{P-ksv}=\int_0^t \mathrm{d}t$$

得

$$\frac{m}{ks}\ln\left(P-ksv\right)+\frac{m}{ks}\ln P=t$$

故得

$$v=\frac{P}{ks}\left(1-\mathrm{e}^{-\frac{ks}{m}g}\right)$$

这就是潜水艇下沉速度的变化规律。由于随时间的增加，$\mathrm{e}^{-\frac{ks}{m}g}$ 将趋近于零，于是得到最大的下沉速度为

$$v_{\max}=\frac{P}{ks}$$

上式即为介质阻力与物体沉力相平衡时所得到的下沉速度，称为**极限速度**，此时，物体的加速度等于零。

火箭的特征速度

如图所示，设变质量质点相对惯性系运动，t 瞬时质量 m 具有速度 $\boldsymbol{v}$；微小质量 Δm 具有速度 $\boldsymbol{u}$。

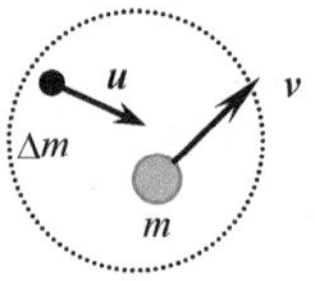

t时刻

则质点在 t 瞬时的动量为

$$\boldsymbol{p}_1=m\boldsymbol{v}+\Delta m\boldsymbol{u}$$

在 $(t+\Delta t)$瞬时的动量为

$$\boldsymbol{p}_2=\left(m+\Delta m\right)\left(\boldsymbol{v}+\Delta\boldsymbol{v}\right)$$

则 Δt 时间内动量的改变量为

$$\Delta\boldsymbol{p}=\boldsymbol{p}_2-\boldsymbol{p}_1=m\Delta\boldsymbol{v}+\Delta m\boldsymbol{v}+\Delta m\Delta\boldsymbol{v}-\Delta m\boldsymbol{u}$$

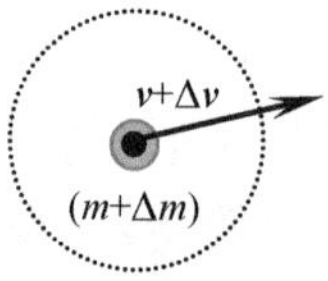

(t+Δt)时刻

略去高阶小量 $\Delta m\Delta\boldsymbol{v}$，两边同除以 Δt，得

$$\frac{\Delta\boldsymbol{p}}{\Delta t}=m\frac{\Delta\boldsymbol{v}}{\Delta t}+\frac{\Delta m}{\Delta t}\left(\boldsymbol{v}-\boldsymbol{u}\right)$$

以 Δm 质量为动点，m 质量为动系，以 $\boldsymbol{v}_\mathrm{r}$ 表示相对速度，则有

$$-\boldsymbol{v}_\mathrm{r}=\boldsymbol{v}-\boldsymbol{u}$$

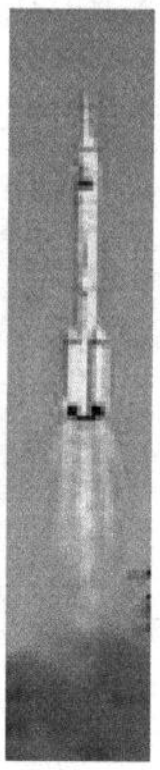

令 $\Delta t\to 0$，并由式(9-2)得 $\dfrac{\mathrm{d}\boldsymbol{p}}{\mathrm{d}t}=m\dfrac{\mathrm{d}\boldsymbol{v}}{\mathrm{d}t}-\dfrac{\mathrm{d}m}{\mathrm{d}t}\boldsymbol{v}_\mathrm{r}=\boldsymbol{F}$

即有

$$m\frac{\mathrm{d}\boldsymbol{v}}{\mathrm{d}t}=\boldsymbol{F}+\frac{\mathrm{d}m}{\mathrm{d}t}\boldsymbol{v}_r$$

并称为**变质量质点运动微分方程**。

单级火箭在真空中运动且不受外力作用。由燃烧喷射推进剂使火箭获得的速度增量称为**特征速度**。设推进剂相对相对速度 $\boldsymbol{v}_\mathrm{r}$ 的大小不变，方向与火箭运动方向相反。t=0 时 $v=v_0$，$m=m_0$，t 瞬时火箭的质量为 m_f。试求火箭的特征速度。

9.3　单自由度系统的振动

振动是指物体在其平衡位置附近所作的往复性机械运动。在自然界和工程实际中经常会遇到。例如钟摆的摆动，船舶和车辆的颠簸，机床和机器的颤动，地震引起建筑物的摇晃等。很多情况下振动是有害的：它产生噪音、降低机床加工精度、引起设备的疲劳破坏，甚至由此引起重大工程事故。但振动也有可以利用的一面，例如，可利用摆的等时性制造钟表，利用振动来造型、送料、夯实及除尘等。研究机械振动基本理论的目的在于掌握振动的基本规律，以便有效地利用振动有利的一面，防止或减少其不利的一面。

实际的振动系统复杂而多样，研究时必须建立其力学模型，以便利用数学工具进行分析。确定物体位置所需的独立参数称为**自由度**。根据自由度划分，振动系统可分为单自由度、多自由度和连续体振动系统。**单自由度系统**是指仅需一个参数即可唯一确定其位置的系统。工程中的许多振动问题均可化简为单自由系统进行研究。例如，安装在悬臂梁上的电动机(图 9-4a)，当它沿铅垂方向振动时，如果梁的质量远小于电动机的质量，则可将梁的质量略去不计，把它看成一根无质量的弹性梁。这样，这个振动系统就可用图 9-4(b)所示的质量—弹簧系统来代替，该系统中弹簧的质量也是略去不计的。后面的研究还将表明，各种形式单自由度的振动系统，其运动微分方程的形式都是相同的，因此将图 9-4(b)所示的一类质量—弹簧系统作为单自由度振动系统的力学模型。振动的基本规律和若干基本概念，可通过研究单自由度系统的振动得到阐明。

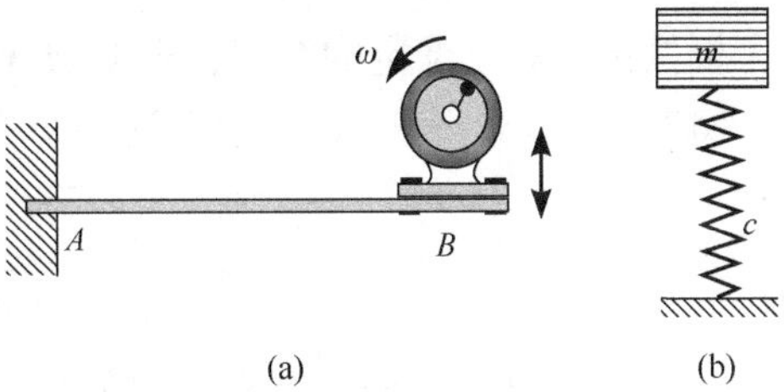

图 9-4

9.3.1　自由振动

设图 9-5 所示的质量—弹簧系统，弹簧未变形时的长度为 l_0。系统未受外界干扰时振体 M 处在平衡位置 O，此时弹簧的变形为 δ_{st}，由此产生的弹性力和振体的重量相平衡，因此有

$$mg = k\delta_{st}$$

式中，k 为弹簧的刚性系数；m 为振体的质量；δ_{st} 为弹簧的静变量。若给振体 M 以初始扰动(初位移或初速度)，它将偏离平衡位置 O。当振体 M 不在平衡位置 O 时，它所受到的弹簧弹性力和重力的合力 $\boldsymbol{F}$ 永远指向平衡位置 O，从而使振体 M 在平衡位置附近振动。这个永远指向平衡位置 O 的力 $\boldsymbol{F}$ 称为**恢复力**。可见，恢复力与惯性(质量)是一个系统产生振动的内因，而扰动是系统产生振动的外因。

振动体受初始扰动，仅在恢复力作用下产生的振动称为**自由振动**。

取图 9-5 中振体 M 的平衡位置 O 为坐标原点，作坐标轴 Ox，并规定向下为正。将振体 M 置于运动的一般位置上，此时 M 的坐标为 x，作用于 M 上的力有弹簧的弹性力 $\boldsymbol{F}$ 以及重力 $m\boldsymbol{g}$，并有

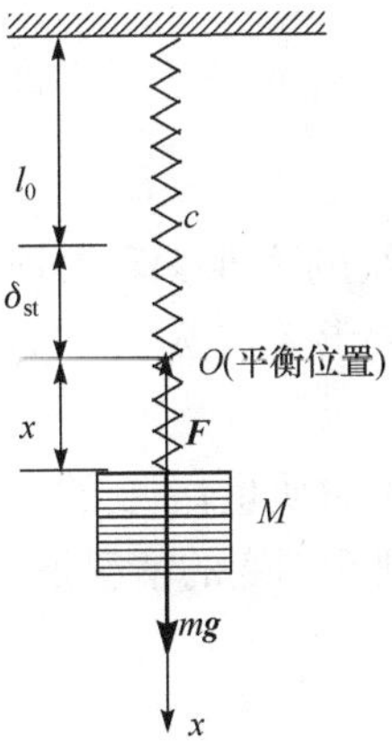

图 9-5

$$F_x = -k\left(x + \delta_{st}\right)$$

振体 M 作直线运动，因此其运动微分方程为

$$m\ddot{x} = mg + F_x = mg - k\left(x + \delta_{st}\right)$$

考虑到 $mg=k\delta_{st}$，并令 $\omega_n^2 = \frac{k}{m}$，则上式可改写为

$$\ddot{x} + \omega_n^2 x = 0 \tag{9-6}$$

式(9-6)即为质点自由振动微分方程。这是一个二阶常系数线性齐次微分方程式，由微分方程理论可知它的通解为

$$x = A\sin\left(\omega_n t + \theta\right) \tag{9-7}$$

式(9-7)为质点自由振动的位移响应，可见质点的自由振动是简谐运动。式中，A 表示简谐运动时质点偏离平衡位置的最大距离，称为自由振动的**振幅**；θ 称为响应的**初相位**；$\left(kt + \theta\right)$ 称为**相位角**。对于确定的系统，振幅 A 和初相位 θ 均为由运动初始条件所决定的积分常数。设 $t = 0$ 时，$x = x_0$，$\dot{x} = v_0$，则上述两个积分常数分别为

$$A = \sqrt{x_0^2 + \left(\frac{v_0}{\omega_n}\right)^2}, \quad \theta = \arctan\left(\frac{\omega_n x_0}{v_0}\right) \tag{9-8}$$

质点完成一次振动所需的时间称为**周期**，通常用字母 T 表示，周期的单位为秒(s)。由式(9-7)可知：相位角每增加 2π 弧度，质点完成一次振动，由此可方便的求得简谐振动的周期 T

$$\left[\omega_n\left(t + T\right) + \theta\right] - \left(\omega_n t + \theta\right) = 2\pi$$

解得

$$T = \frac{2\pi}{\omega_n} = 2\pi\sqrt{\frac{m}{k}} \tag{9-9}$$

周期的倒数，即 1s 内振动的次数称为**振动频率**，用字母 f 表示，其单位为赫兹(Hz)。

$$f = \frac{1}{T} = \frac{\omega_n}{2\pi} = \frac{1}{2\pi}\sqrt{\frac{k}{m}} \tag{9-10}$$

由此可知

$$\omega_n = 2\pi f = \sqrt{\frac{k}{m}} \tag{9-11}$$

ω_n 可理解为质点在 2π s 内振动的次数，单位为弧度 / 秒(rad/s)。

由式(9-10)和式(9-11)可知：自由振动的频率 f 和圆频率 ω_n 只与振动系统的弹性(k)和惯性(m)有关，而与运动的初始条件无关。故 f 又称为振动系统的**固有频率**或**自然频率**；ω_n 又称为系统的**固有圆频率**，有时也简称**固有频率**。

系统的固有频率是描述系统振动特性的重要参数。在保持参与振动的惯性(质量)不变的情况下，若增加系统的刚性，则系统的固有频率会提高；反之，在保持系统刚性不变的情况下，增加参与振动的惯性(质量)，系统的固有频率会降低。

9.3.2 阻尼自由振动

真实的振动系统中总是存在着各种阻碍运动的力，这些与系统运动有关的阻力统称为**阻尼**。阻尼的存在一般情况下必然消耗振动系统的能量使振幅不断衰减。阻尼来自多方面，有

些是系统受到周围介质的作用，如空气、水、油等，或是接触面之间的摩擦力，也有弹性体结构内摩擦产生的阻力。实践证明，当运动速度不太大时，阻尼力可近似地表示成与速度的一次方成正比的关系，我们称这类阻尼力为线性阻尼，也称为黏性阻尼。(当运动的速度较大时，常假设阻尼力与速度的二次方成正比)，本章只研究线性阻尼力对自由振动的影响。

线性阻尼力可表示为

$$\boldsymbol{F}_{\mathrm{R}} = -\mu \boldsymbol{v}$$

投影到 x 轴上则有

$$F_{\mathrm{R}x} = -\mu \dot{x} \tag{9-12}$$

式中，$\mu > 0$ 称为黏性阻尼系数，它与物体的外形尺寸及介质的黏性有关；负号表示阻尼力总是与运动速度方向相反。考虑线性阻尼的自由振动系统的力学模型如图 9-6 所示，此时系统的运动微分方程为

$$m\ddot{x} + \mu\dot{x} + kx = 0$$

令

$$\omega_{\mathrm{n}}^2 = \frac{k}{m}, \qquad \xi = \frac{\mu}{2m\omega_{\mathrm{n}}}$$

式中，ω_{n} 为无阻尼自由振动的固有圆频率，ξ 称为阻尼比，微分方程可写成标准形式

$$\ddot{x} + 2\xi\omega_{\mathrm{n}}\dot{x} + \omega_{\mathrm{n}}^2 x = 0 \tag{9-13}$$

方程(9-13)为二阶常系数线性齐次微分方程，该方程解的形式与阻尼比的大小有关，下面分别讨论。

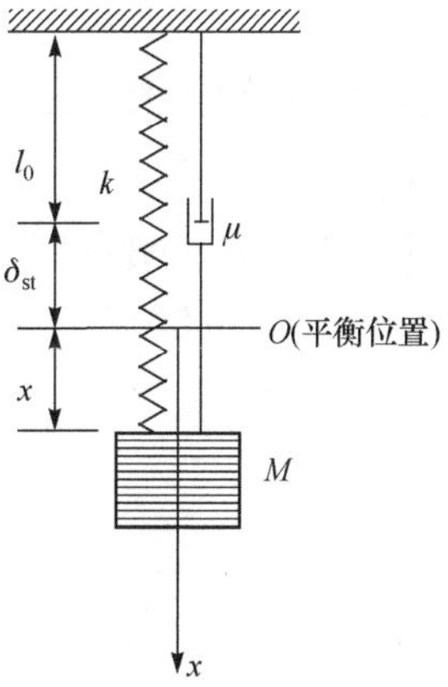

图 9-6

1. 小阻尼情况

若 $\xi < 1$，称为小阻尼情况，方程的解为

$$x = A\mathrm{e}^{-\xi\omega_{\mathrm{n}}t}\sin\left(\omega_{\mathrm{n}}\sqrt{1-\xi^2}\,t + \theta\right) \tag{9-14}$$

位移响应 x 随时间的变化规律如图 9-7(a)所示。图中呈现出一个振幅按 $A\mathrm{e}^{-\xi\omega_{\mathrm{n}}t}$ 变化的衰减振动，虽然质点的运动不再作周期性重复，但质点连续两次按同一方向通过平衡位置所经历的时间间隔 T_1 仍然是一常数，并称其为有阻尼自由振动的周期，即

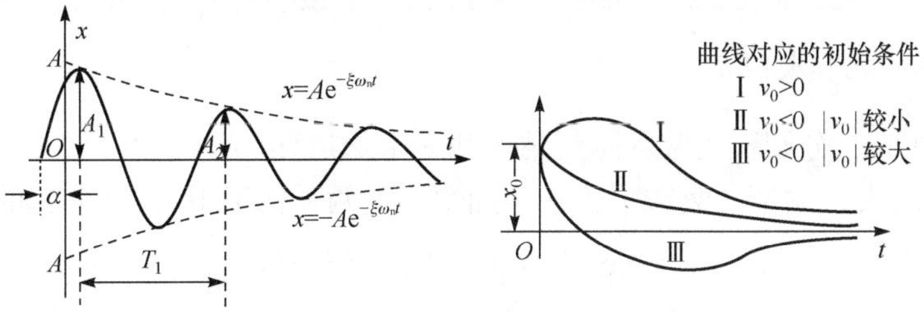

(a)　(b)

图 9-7

$$T_1 = \frac{2\pi}{\omega_n \sqrt{1-\xi^2}} \tag{9-15}$$

而

$$\omega_{n1} = \frac{2\pi}{T_1} = \omega_n \sqrt{1-\xi^2} \tag{9-16}$$

称为有阻尼自由振动的固有圆频率。因此，阻尼对自由振动的振幅及频率均有影响。

1) 阻尼对振幅的影响　减幅系数　对数减幅系数

现考查经过一个周期 T_1 相邻的两个振幅的比值 η

$$\eta = \frac{e^{-\xi\omega_n t}}{e^{-\xi\omega_n (t+T_1)}} = e^{\xi\omega_n T_1} \tag{9-17}$$

从上式可知比值 η 为一常数，称其为减幅系数，对 η 取自然对数，得

$$\delta = \ln\eta = \xi\omega_n T_1 \tag{9-18}$$

δ 称为对数减幅系数或对数衰减率。η 和 δ 都是描述有阻尼自由振动振幅衰减程度的量，例如，当 $\xi = 0.05$ 时，这两个量分别为

$$\delta = \xi\omega_n T_1 = \xi\omega_n \frac{2\pi}{\omega_n\sqrt{1-\xi^2}} = 0.05\omega_n \frac{2\pi}{\omega_n\sqrt{1-0.05^2}} = 0.3145$$

$$\eta = e^{\delta} = 1.37$$

而

$$\eta^{10} = 23.3$$

可见，每振动一次其振幅衰减至上次的 1/1.37，经过 10 次振动，振幅将只有原来的 1/23.3，这表明阻尼能使自由振动的振幅迅速衰减。

2) 阻尼对振动频率的影响

从 $\omega_{n1} = \omega_n\sqrt{1-\xi^2}$ 可知，阻尼的存在使自由振动的固有频率有所降低，或阻尼使自由振动的周期变长。以 $\xi = 0.05$ 为例，ω_{n1} 和 T_1 的具体值如下

$$\omega_{n1} = \omega_n\sqrt{1-0.05^2} = 0.9987\omega_n$$

$$T_1 = \frac{2\pi}{\omega_n\sqrt{1-0.05^2}} = 1.0013T$$

工程中的振动系统多数情况下都属于小阻尼系统，故小阻尼对系统的固有频率(或振动周期)的影响可忽略不计，通常可用无阻尼固有频率来近似作为实际系统的固有频率。

2. 临界阻尼情况和大阻尼情况

$\xi = 1$ 及 $\xi > 1$ 时，分别称为临界阻尼情况和大阻尼情况

随着阻尼的增大，振幅的衰减也进一步加快，这两种情况下方程(9-13)的解分别为

$$x = e^{-\xi\omega_n t}(C_1 t + C_2) \quad (\xi = 1) \tag{9-19}$$

$$x = -e^{-\xi\omega_n t}(C_1 e^{-\omega_n\sqrt{\xi^2-1}t} + C_2 e^{\omega_n\sqrt{\xi^2-1}t}) \quad (\xi > 1) \tag{9-20}$$

当 $\xi \geqslant 1$ 时，系统的运动情况发生了质的变化，系统的运动将失去振动特征。x 随时间 t 的变化规律如图 9-7(b)所示。

9.3.3　阻尼受迫振动

系统受到持续的干扰作用下产生的振动称为**受迫振动**。例如，安装在悬臂梁上的电动机(图 9-4)，由于制造和安装等因素，会导致转子具有一定量的偏心量，设其偏心距为 e，若暂不考虑阻尼的影响，则该系统可简化为图 9-8 所示的力学模型。设转子的角速度为 ω，质量为 m，则转轴上将受到惯性力 $F_I = me\omega^2$ 的作用。它的铅垂分量为 $F_{Ix} = em\omega^2 \sin\omega t$，该系统将在这一干扰力的作用下作受迫振动。干扰力的种类很多，类似于本例的这种简谐干扰力在工程中较为常见，研究在简谐干扰下的受迫振动可作为研究其他类型的受迫振动的基础，因此，本小节仅讨论系统在简谐干扰作用下的受迫振动。

图 9-8 中的干扰力可写成如下的一般形式

$$F_x = H\sin pt$$

式中，H 为干扰力力幅，p 为干扰力频率。

在单自由度质量弹簧振动系统中若考虑到小阻尼的存在，其力学模型可抽象为图 9-9 所示的力学系统。图中的 μ 为阻尼器，$H\sin pt$ 为周期性干扰力。

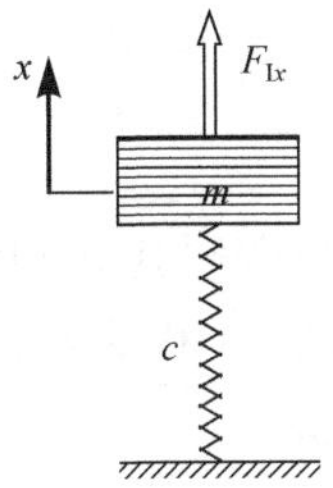

图 9-8

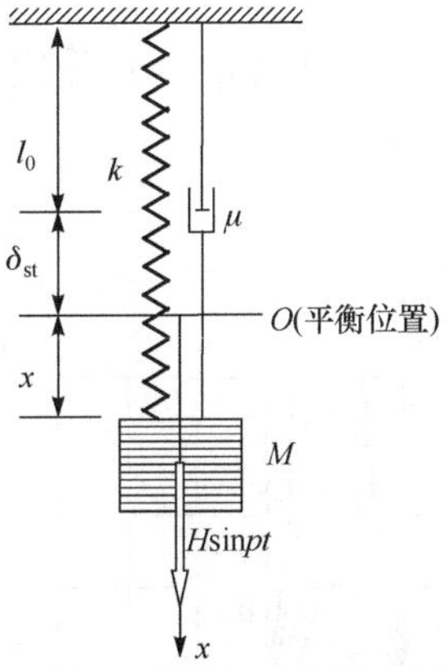

图 9-9

设 $F_{Rx} = -\mu\dot{x}$，该系统的运动微分方程为

$$m\ddot{x} = -kx - \mu\dot{x} + H\sin pt$$

引入常数

$$\omega_n^2 = \frac{k}{m},\quad \xi = \frac{\mu}{2\omega_n m},\quad h = \frac{H}{m}$$

方程可写为标准形式

$$\ddot{x} + 2\xi\omega_n\dot{x} + \omega_n^2 x = h\sin pt \tag{9-21}$$

由微分方程理论可知，该二阶常系数线性微分方程的解由齐次方程的通解和一个特解两部分构成：

在 $\xi < 1$ 的情况下，与方程(9-21)对应的齐次方程的通解为

$$x_1 = Ae^{-\xi\omega_n t}\sin\left(\omega_n\sqrt{1-\xi^2}\,t + \theta\right)$$

方程(9-21)的一个特解可设为 $x_2 = B\sin(pt - \beta)$，代入方程(9-21)可定出常数 B、β

$$\left.\begin{aligned} B &= \frac{h}{\sqrt{\left(\omega_{\mathrm{n}}^2 - p^2\right)^2 + 4\xi^2\omega_{\mathrm{n}}^2 p^2}} \\ \beta &= \arctan\left(\frac{2\xi\omega_{\mathrm{n}} p}{\omega_{\mathrm{n}}^2 - p^2}\right) \end{aligned}\right\} \tag{9-22}$$

因此，有阻尼受迫振动的响应为

$$x = A\mathrm{e}^{-\xi\omega_{\mathrm{n}} t}\sin\left(\omega_{\mathrm{n}}\sqrt{1-\xi^2}\,t + \theta\right) + B\sin\left(pt - \beta\right) \tag{9-23}$$

上式中的第一项描述了响应的衰减振动部分，常数 A 和 θ 可由系统的初始条件确定。随着时间的增加，这一项将消失，这时系统的响应中只留下描述受迫振动的稳态响应部分，即

$$x = B\sin\left(pt - \beta\right) \tag{9-24}$$

从形式上看，受迫振动的响应为简谐运动，振幅恒定，振动频率与干扰力的频率相同。

下面讨论振幅随频率比$\left(\lambda = \dfrac{p}{\omega_{\mathrm{n}}}\right)$的变化规律。

引入 $B_0 = \dfrac{H}{k}$ 代表常力 H 作用下弹簧的“静变形”。振幅 B 与 B_0 的比值可写成

$$\frac{B}{B_0} = \frac{1}{\sqrt{\left[1-\lambda^2\right]^2 + 4\xi^2\lambda^2}} \tag{9-25}$$

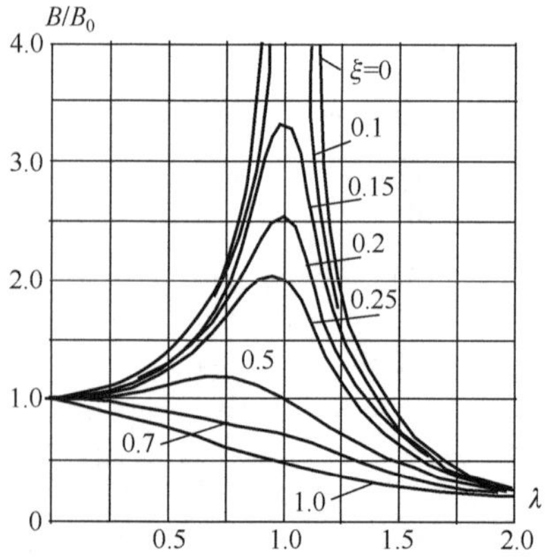

图 9-10

上式表明，振幅比只与频率比 λ 和阻尼比 ξ 有关。该关系可绘出幅频曲线如图 9-10 所示的。由此曲线或式(9-25)得以下一些重要结论：

(1) 小阻尼情况下，$\xi \ll 1$，则当 $\lambda \approx 1$ 时，振幅达到最大值，这种现象称为**共振**。$0.75 \leqslant \lambda \leqslant 1.25$ 称为共振区，当 λ 值落入共振区时，在工程上称系统已发生共振。在共振区内，振幅随阻尼的减小增长很快，但始终是有限值，只有完全无阻尼时($\xi = 0$)时，共振振幅才趋于无限大。

(2) 随着阻尼的增大，在共振区内，振幅将迅速降低，同时，发生共振时的频率逐渐向低频方向移动。当 $\xi \geqslant \dfrac{\sqrt{2}}{2}$ 时，共振现象将消失。

(3) 在共振区内，阻尼对振幅有明显的抑制作用。在共振区外，阻尼对振幅的影响较小。

(4) 当 $\lambda \gg 1$ 时，振幅 $B \to 0$。实际上，从 $\lambda > \sqrt{2}$ 开始，已有 $B < B_0$。当 $\lambda > 2.5$ 以后，$\dfrac{B}{B_0}$ 将显著小于 1。

9.3.4 固有频率的计算与测量

系统的固有频率是描述系统特性的重要参数之一。由上述讨论可知，当系统的固有频率接近干扰力的频率时，系统将发生共振。可见振动系统固有频率 ω_{n} 的测定与计算，对工程实

际意义重大。下面介绍几种常用的方法。

1. 静变形法

当单自由度振动系统可以简化成图 9-5 所示铅垂方向的质量—弹簧系统时，由系统在平衡位置的受力关系可知其受到的重力与弹簧静变形产生的弹性力平衡，即

$$k\delta_{st} - mg = 0$$

式中，δ_{st}为在重力影响下弹性体产生的静变形，因此，通过测量弹性体的静变形δ_{st}可方便地计算出该质点在铅垂方向振动的固有频率

$$\omega_n = \sqrt{\frac{k}{m}} = \sqrt{\frac{g}{\delta_{st}}} \tag{9-26}$$

例如，已知图 9-11 所示的转子引起轴线的静变形(静挠度)为$\delta_{st} = 1\text{mm}$，由上式可计算出转子径向振动的频率为

$$f = \frac{1}{2\pi}\sqrt{\frac{g}{\delta_{st}}} = \frac{1}{2\pi}\sqrt{\frac{9.8}{0.001}} \approx 15.7(\text{Hz})$$

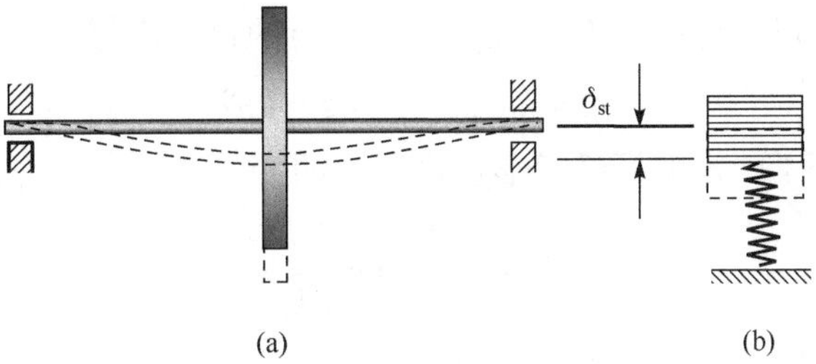

图 9-11

2. 等效刚度法

1) 两弹簧并联

如图 9-12(a)所示，设并联的两根弹簧的刚性系数分别为 k_1、k_2。质量为 m 的物块受重力作用保持在水平位置，两根弹簧的静变形量皆为δ_{st}，拉力分别为 $\boldsymbol{F}_1$ 和 $\boldsymbol{F}_2$。于是有

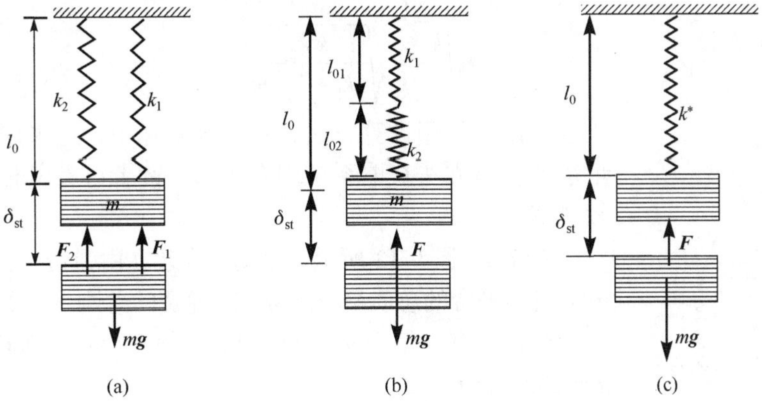

图 9-12

$$F_1 = k_1\delta_{st}, \quad F_2 = k_2\delta_{st}$$

$$mg = F_1 + F_2 = (k_1 + k_2)\delta_{st}$$

得

$$\delta_{st} = \frac{mg}{k_1 + k_2}$$

若以另一根刚性系数为 k^*的弹簧代替并联的两根弹簧(图 9-12c)并使两系统具有相等的静变形 δ_{st} 和相同的固有频率，则有

$$\delta_{st} = \frac{mg}{k^*} = \frac{mg}{k_1 + k_2}$$

其中

$$k^* = k_1 + k_2$$

k^*称为两根并联弹簧的等效刚度。两系统的固有频率为

$$\omega_n = \sqrt{\frac{k^*}{m}} = \sqrt{\frac{k_1 + k_2}{m}} \tag{9-27}$$

2) 两弹簧串联

如图 9-12(b)所示，设串联的两根弹簧的刚性系数分别为 k_1、k_2。质量为 m 的物块受重力作用，两根弹簧的静变形量分别为 δ_{st1}、δ_{st2}，且各自的拉力均等于物块重力。于是有

$$mg = k_1\delta_{st1}, \qquad mg = k_2\delta_{st2}$$

串联弹簧的静变形量等于两根弹簧静变形量之和，即

$$\delta_{st} = \delta_{st1} + \delta_{st2} = mg\left(\frac{1}{k_1} + \frac{1}{k_2}\right)$$

设两根串联弹簧的等效刚度系数为 k^*，则有

$$\delta_{st} = \frac{mg}{k^*}$$

比较上述两式，得

$$\frac{1}{k^*} = \frac{1}{k_1} + \frac{1}{k_2} \quad 或 \quad k^* = \frac{k_1 k_2}{k_1 + k_2}$$

于是系统的固有频率为

$$\omega_n = \sqrt{\frac{k^*}{m}} = \sqrt{\frac{k_1 k_2}{(k_1 + k_2)m}} \tag{9-28}$$

除以上常用计算方法，在工程实际中，还采用对应系数法能量法及实验方法获取系统固有频率，读者可参考相关的振动测试教科书。

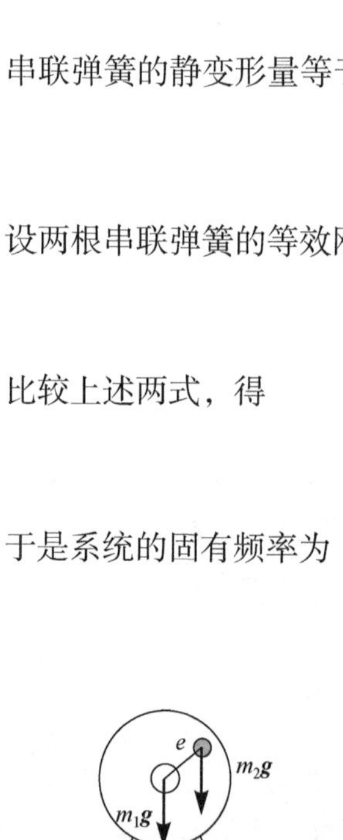

图 9-13

例 9-3　图 9-13 所示一电动机安装在由弹簧所支承的平台上，电动机与平台的总质量 m_1 =98 kg，弹簧的总刚度系数 k = 686N/cm，电动机轴上有一偏心质量 m_2 = 1kg，偏心距 e = 10cm，电动机转速 n = 2000r/min。试求：

(1) 平台的振幅；

(2) 发生共振时的电动机转速。

解　(1) 取静平衡位置为坐标原点，x 轴向上为正，则系统的振动微分方程为

$$m_1\ddot{x} + kx = m_2 e\omega^2 \sin\omega t$$

激励圆频率

$$\omega = \frac{\pi n}{30} = \frac{1}{30}\pi 2000 = 209.44(\text{rad/s})$$

系统固有圆频率

$$\omega_{\text{n}} = \sqrt{\frac{k}{m_1}} = \sqrt{\frac{68600}{98}} = 26.458(\text{rad/s})$$

平台振幅，由式(9-25)有

$$|B| = \frac{\dfrac{H}{k}}{\left|1-\left(\dfrac{p}{\omega_{\text{n}}}\right)^2\right|} = \frac{\dfrac{m_2 e\omega^2}{k}}{\left|1-\left(\dfrac{\omega}{\omega_{\text{n}}}\right)^2\right|} = \frac{\dfrac{1\times 0.1\times 209.44^2}{6.86}}{\left|1-\left(\dfrac{209.44}{26.458}\right)^2\right|} = 1.037(\text{mm})$$

(2) 当 $\omega = \omega_{\text{n}}$ 时，发生共振，此时电动机转速为

$$n_{\text{c}} = 60\frac{\omega_{\text{n}}}{2\pi} = 60\cdot\frac{26.458}{2\pi} \approx 252.65(\text{r/min})$$

讨论：凡是包括转动部件在内的振动系统，它的转速(通常就是干扰力的频率)不能与系统的固有频率重合或接近，否则系统就要发生共振。使系统发生共振的转速，在工程上称为临界转速。在实际问题中，一般要避免机器在临界转速及其附近运行。本例中电动机的工作转速为 $n = 2000(\text{r/min})$，显然远远大于系统的临界转速，故该系统能够平稳运行。

对于单自由度振动系统，系统的固有频率只有一个。但是对于图 9-14(a)所示的转子系统，已不能再粗略地简化为单自由系统，而必须简化成由若干个集中质量(例如，n 个)和一根仅有弹性而无质量的梁所组成的多自由度振动系统(图 9-14(b))。该系统的固有频率相应的有 n 阶，因此，其临界转速也就有 n 个，从低到高排列，这些临界转速分别称为：一阶临界转速、二阶临界转速…。具体的计算方法在振动理论书中一般均有介绍。

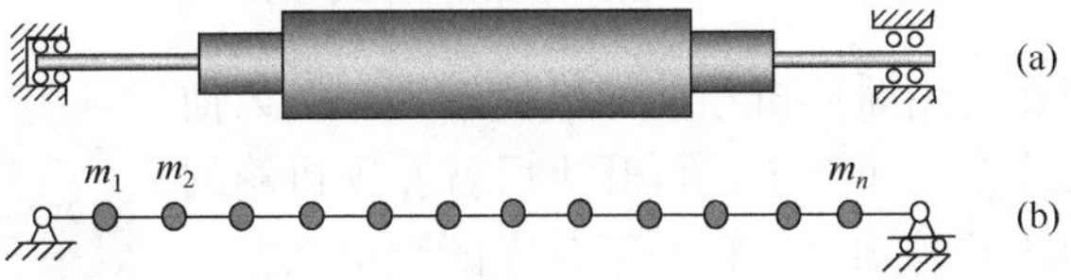

图 9-14

9.3.5　振动的消减与隔离

在工程中，当振动现象造成不利影响时需要对其采取一定的措施。消除、减小或隔离振动成为重要的科学研究课题。

1. 消除振源

持久的干扰是产生受迫振动的根源，消除振源是消除受迫振动现象的“治本”措施。工程中多数情况下的振源是由运动机械中的不平衡质量引起的惯性力。为了从根本上解决这类

受迫振动问题，在机械的设计和制造时要尽量使不平衡的惯性力减小。因此，转动件必须进行静平衡与动平衡试验(对高速转子尤其重要)。该部分的内容在后面的第 13 章以及后续相关课程中还会具体介绍。对于往复式机械也应考虑不平衡惯性力的影响，但一般很难完全消除。

2. 避开共振区

对于振动系统而言，一方面，共振区客观存在。另一方面，完全消除振源在工程中难度或代价过大，即对系统的干扰很难完全避免。因此，要将振动响应控制在一定的范围内，有效的措施之一就是设法使工作频率(干扰频率)远离固有频率。如果工作频率不容改变，则只有调整系统的固有频率。为此，往往在系统的设计阶段就需要对系统的固有频率进行计算，以便通过修改系统相关参数，使固有频率避开干扰频率。例如，往复式压缩机及其输气管道所构成的振动系统如果发生共振，而压缩机的工作频率又不容变动时，就可以通过在适当的位置调整支撑刚度，来实现对系统固有频率的调整，从而避开共振，抑制振动。

3. 利用阻尼

从图 9-10 可知，在共振区内，阻尼对受迫振动的振幅有明显的抑制作用。工程中通常采用以下方式给系统增加阻尼：

(1) 将运动部件浸在黏性介质中，形成介质阻尼；

(2) 增加有相对运动的接触面之间的摩擦因数；

(3) 使闭合导体在磁场中运动，通过感应产生的涡流形成电磁阻尼；

(4) 采用黏性阻尼材料，加大系统的结构阻尼。

4. 隔离振动

隔离振动分为两种情况：一种是将振动限制在振源附近的一个小范围内，从而减少其对周围环境的影响；另一种是切断或控制环境的振动对特定局部的影响。

机箱的噪声消失了

一位同学的电脑在使用时候机箱的噪声比较大。一天他就无意中将两本厚书放在了机箱上，再开机后就发现机箱的噪音消失了。你能用所学的知识解释一下其中的缘由么?

学 习 要 点

基本要求

1. 深刻理解力和加速度的关系，能正确建立质点的运动微分方程。掌握质点动力学第一类问题的解法。

2. 掌握动力学第二类问题的一般解法，特别是当作用力分别为恒力、时间函数、位置函数和速度函数时，质点直线运动微分方程的积分求解方法。对初始条件的力学意义及其在确定质点运动中的作用有清晰的认识。

3. 能够建立单自由度系统振动(自由振动、阻尼振动、强迫振动)微分方程，并了解相应的振动特性。理解恢复力、阻尼力和干扰力的概念。

4. 深刻理解自由振动的固有频率(或周期)、振幅、初相位角的概念。会应用各种方法求固有频率。

5. 了解阻尼对自由振动的影响。

6. 深刻理解受迫振动的干扰力、幅频曲线、共振和放大系数的概念。

7. 懂得如何利用振动现象，以及消振和隔振的原理与方法。

本章重点

1. 建立质点运动微分方程。

2. 质点动力学第二类基本问题的解法。

3. 自由振动的固有频率和求固有频率最常用的方法。

4. 受迫振动的幅频曲线和共振现象。

本章难点

质点动力学第二类基本问题的求解。

解题指导

质点动力学两类基本问题的解题步骤如下：

(1) 选取研究对象。一般应选联系已知量和待求量的质点为研究对象。

(2) 受力分析(包括主动力和约束反力)，画受力图。

(3) 运动分析。第一类问题要计算质点的加速度，并在质点上画出加速度矢量。第二类基本问题要确定质点运动的初始条件。

(4) 建立运动微分方程。根据未知力和运动情况，选择恰当的投影轴，写出质点微分方程的投影式。因为以导数形式表示的运动特征量均为代数量，故 $\dfrac{dx}{dt}$、$\dfrac{d^2x}{dt^2}$、$\dfrac{ds}{dt}$、$\dfrac{dv}{dt}$ 等，在代入微分方程时均设为正值。

(5) 解方程，求出未知量。第二类基本问题要注意微分方程的积分方法和初始条件。有些问题求得解后，需要进行讨论。

(6) 求系统固有频率的方法。

建立标准形式的常系数线性微分方程，其未知函数前边的系数就是固有频率的平方；

已知弹簧刚度系数，或计算出的等效弹簧刚度系数，或知道仅在重力作用下的弹簧静变形，可直接套用公式 $\omega_n=\sqrt{\dfrac{k}{m}}$ 或 $\omega_n=\sqrt{\dfrac{g}{\delta_{st}}}$，求解系统的固有频率。

思 考 题

思考 9-1　三个质量相同的质点，在某瞬时的速度分别如思图 9-1 所示，若对它们作用力大小、方向相同的力 $\boldsymbol{F}$，问质点的运动情况是否相同？

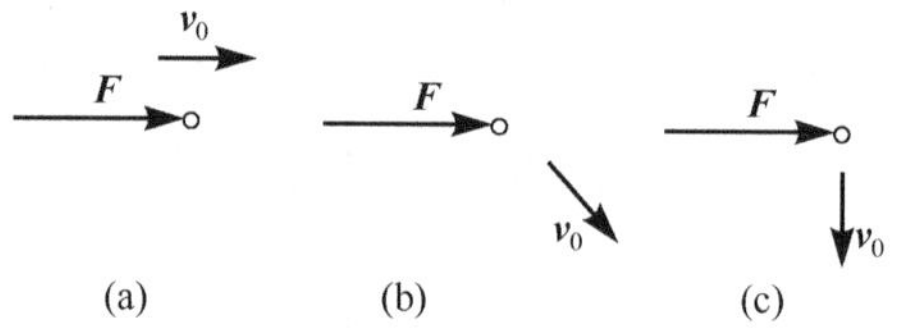

思图 9-1

思考 9-2　质点在空间运动，已知作用力，为求质点的运动方程需要几个运动初始条件？若质点在平面内运动呢？若质点沿给定的轨迹运动呢？

思考 9-3　某人用枪瞄准了空中一悬挂的靶体。如在子弹射出的同时靶体开始自由下落，不计空气阻力，问子弹能否击中靶体？

思考 9-4　如思图 9-2 所示，绳拉力 F=2kN，物块Ⅱ重 1kN，物块Ⅰ重 2kN。若滑轮质量不计，在图中(a)、(b)两种情况下，物块Ⅱ的加速度是否相同？两根绳中的张力是否相同？

思考 9-5　质点振动方程中，下述哪些作用在质点上的力是恢复力？

(1) 总是指向平衡位置的力；

(2) 其大小与位移成正比的力；

(3) 总是与运动方向相反的力；

(4) 有势力。

思考 9-6　什么是共振？

思考 9-7　思图 9-3 所示单摆中，摆杆长度为 l，质量不计，摆锤半径为 r，质量为 m。在下述情况下，单摆的周期有何变化？

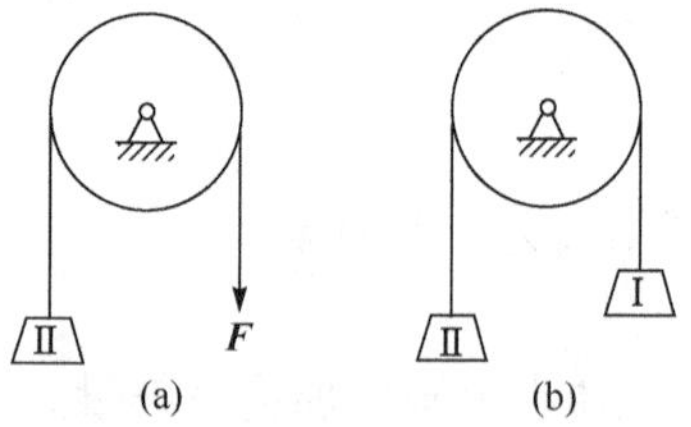

思图 9-2

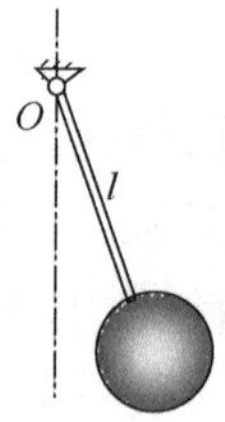

思图 9-3

(1) 摆质量增加一倍；

(2) 摆杆长增加一倍。

思考 9-8　汽轮发电机主轴转速已大于其临界转速，启动与停车过程中都必然经过其共振区，为什么主轴并没有产生剧烈振动而破坏？

习　题

9-1　题图 9-1 所示一质量为 3kg 的小球连于绳的一端，可以在铅垂面内摆动，绳长 $l = 0.8\text{m}$,已知当 $\theta = 60°$ 时绳内张力为 25N，求此瞬时小球的速度和加速度。

9-2　题图 9-2 所示两根钢丝 AC 和 BC 的一端固定于铅垂轴线 AB 上，另一端均连于 5kg 的小球 C 。小球以匀速 3.6m/s 在水平面内绕 AB 作圆周运动。求每根钢丝的张力。

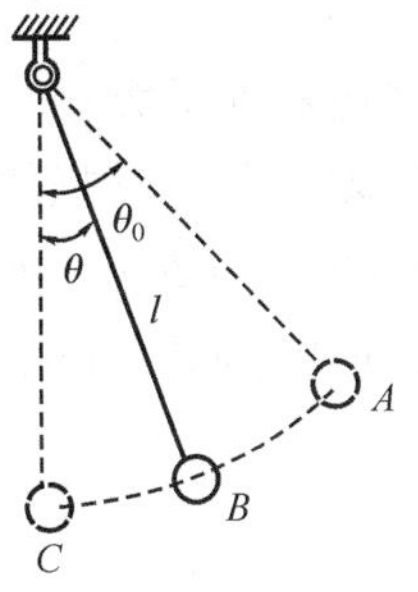

题图 9-1

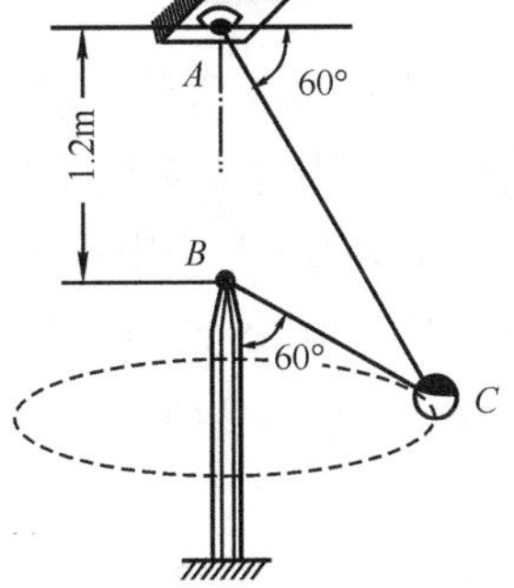

题图 9-2

9-3　汽车质量为 m ，以匀速度 v 驶过桥，桥面 ACB 呈抛物线形，其尺寸如题图 9-3 所示，求汽车过 C 点时对桥的压力。(提示：抛物线在 C 点的曲率半径 $\rho_C = \dfrac{l^2}{8h}$)

9-4　题图 9-4 所示一质量为 m 的物体放在匀速转动的水平转台上，物体与转轴的距离为 r 。如物体与转台表面的摩擦因数为 f ，求物体不致因转台旋转而滑出的最大速度。

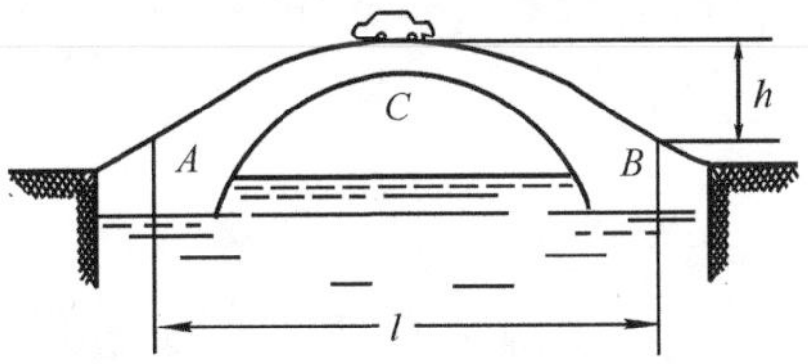

题图 9-3

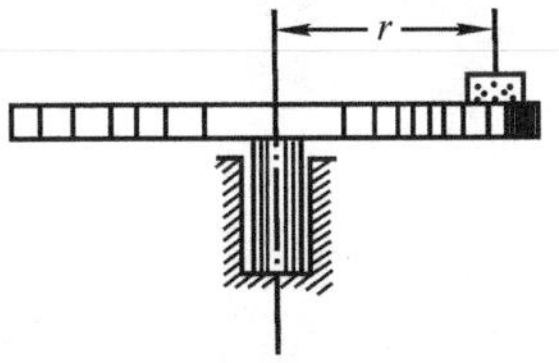

题图 9-4

9-5　题图 9-5 所示质量为 300kg 的导弹从时速为 1200km/h 的飞机上发射，此瞬时飞机高度为 300m；设发射后的导弹由自身发动机获得一不变的水平推力 600N，并保持对称轴水平方位，求：(1) 落地前导弹飞过的水平距离；(2) 落地瞬时导弹的速度。

9-6　测得题图 9-6 所示系统的振动频率为 2.5 次/s，当去掉圆柱体 B 以后，系统的振动频率变为 3 次/s。已知圆柱体 B 的重量为 8.9N。试求圆柱体 A 的重量。

9-7　测得质量弹簧振动系统在空气中(即不计阻力)的振动周期为 0.4s ；在黏性流体中的周期为 0.5s 。求在黏性流体中振动的减幅系数。

9-8　题图 9-7 所示弹簧质量系统衰减振动的振幅，在振动 10 次的过程中，由 $x = 0.03\text{m}$ 缩小到 $x_1 = 0.0006\text{m}$ ，试求该系统的减幅系数。

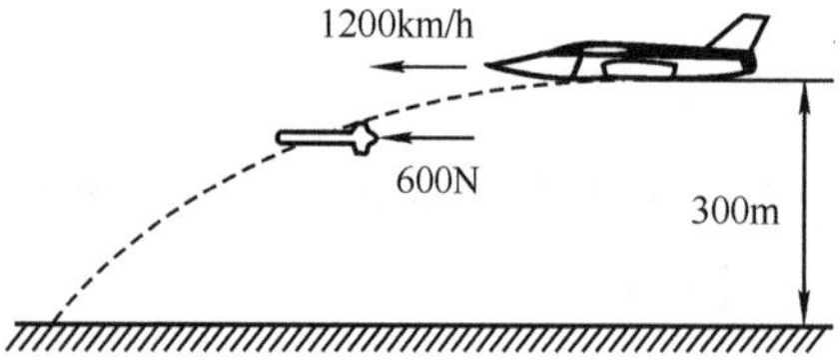

题图 9-5

题图 9-6

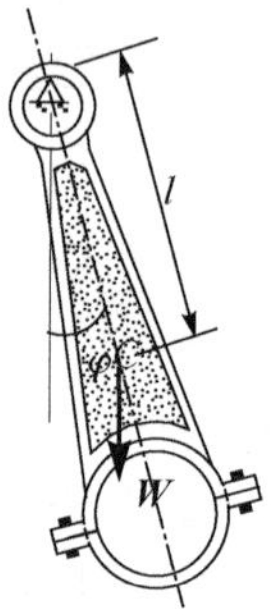

题图 9-7

9-9　已知题图 9-8 所示物块 A 的质量为 $m=19.6\text{kg}$，悬挂在刚性系数 $k=39.2\text{N/cm}$ 的弹簧上，在物体上作用有周期性干扰力 $F=39.2\sin 10t\text{N}$，试求物体 A 的运动规律。

9-10　已知题图 9-9 中电动机转子的质量 $m=270\text{kg}$，偏心距 $e=0.2\text{cm}$。如测得轴中点的静变形 $\delta_{st}=0.432\times10^2\text{cm}$，轴间距 $L=85\text{cm}$。试求(1) 当电动机以 3000r/min 的转速工作时，轴中部的振幅；(2) 该电动机的临界转速。

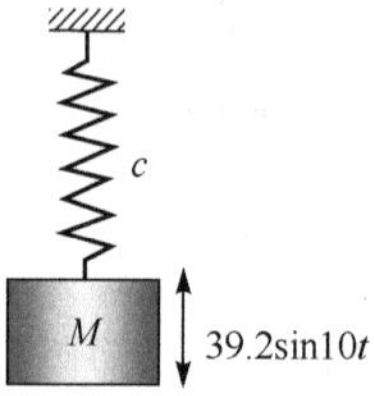

题图 9-8

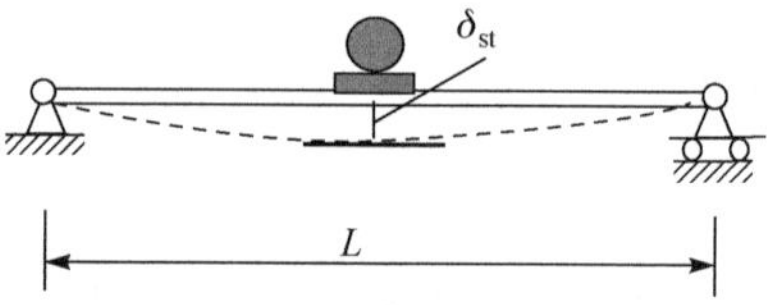

题图 9-9

第 10 章　质点系动量定理

研究质点系的动力学问题，从理论上讲可以列出各质点的运动微分方程及约束条件，然后联立求解，但会遇到两方面的困难：其一是方程数目太多，其二是约束力与质点系的内力均为未知力。而事实上，许多质点系的动力学问题，还可以从研究整体运动的某些特征入手，从不同角度分别建立描述质点系运动的特征量(动量、动量矩、动能等)与力作用量(冲量、力矩、功等)之间的关系，从而就建立了被称为动力学普遍定理的质点系动量定理、动量矩定理和动能定理。应用这些定理求解质点系的动力学问题，除了可以得到满意的结果外，定理中所涉及的各个特征量还具有明确的物理意义，有助于对机械运动基本规律的深入理解和机械运动与其他运动形式相互转换的初步了解。

质点系受到质点系外部物体的作用力称为**质点系的外力**，质点系内各质点间相互的作用力称为**质点系的内力**。质点 i 所受到的质点系外力的合力用 $\boldsymbol{F}_i^{(e)}$ 表示；质点 i 所受到的质点系内力的合力，用 $\boldsymbol{F}_i^{(i)}$ 表示。

动量定理在研究、解决流体动力学和质量流的动力学中，发挥其无可替代的作用。由其导出的质心运动定理为研究解决刚体动力学提供了重要工具。

10.1　质点系质心

质点系的质量分布特征之一可用质量中心(简称**质心**)来描述。如图 10-1 所示，设质点系由 n 个质点组成，其中任一质点 M_i 的质量为 m_i，位置矢径为 $\boldsymbol{r}_i$，则质点系质心 C 的位置由下式决定

$$\boldsymbol{r}_C = \frac{\sum m_i \boldsymbol{r}_i}{\sum m_i} = \frac{\sum m_i \boldsymbol{r}_i}{m} \tag{10-1}$$

式中，$\boldsymbol{r}_C$ 为质心 C 的矢径；$m = \sum m_i$ 是质点系的质量。如以直角坐标表示质心的位置，质心的三个坐标 x_C、y_C、z_C 可分别表示为

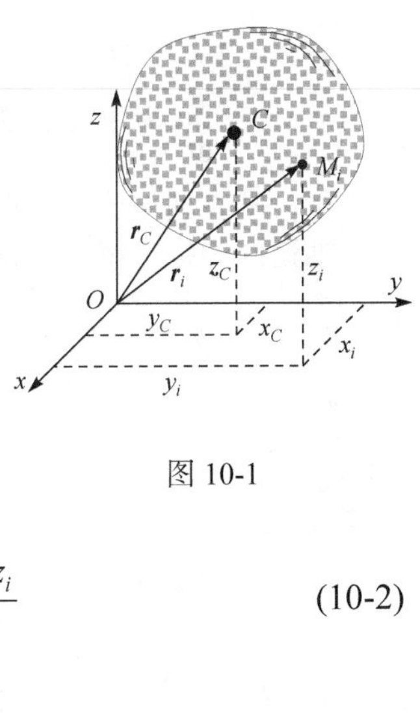

图 10-1

$$x_C = \frac{\sum m_i x_i}{m},\quad y_C = \frac{\sum m_i y_i}{m},\quad z_C = \frac{\sum m_i z_i}{m} \tag{10-2}$$

对于均质的连续体，上式又可表示为

$$x_C = \frac{\int_m x\mathrm{d}m}{m},\quad y_C = \frac{\int_m y\mathrm{d}m}{m},\quad z_C = \frac{\int_m z\mathrm{d}m}{m} \tag{10-3}$$

质心的位置在一定程度上反映了质点系各质点质量的分布情况。

如果质点系受重力的作用，则将式(10-2)右端的分子和分母同乘以重力加速度 g 后，即得

重心坐标公式(3-18)。由此可见，在重力场中质点系的质心和重心重合。但应注意，因为重心是重力平行力系的中心，所以这个结论只有在地球表面附近才有意义，而质心的位置只与质量分布有关。在宇宙空间，重心已失去意义，而质心却依然存在。

10.2　质点系动量

动量是物体机械运动强弱的一种度量。当物体之间的机械运动相互传递时，相互作用不仅与物体的速度有关，而且与物体的质量有关。例如出膛的枪弹质量虽小，但由于具有很高的速度，从而具有很强的穿透力；而靠岸的轮船，尽管速度非常缓慢，但因具有很大的质量，倘若缓冲措施不当，也会造成船体的损坏。设质点系由 n 个质点组成，其中任一质点 i 的质量为 m_i，位置矢径为 $\boldsymbol{r}_i$，速度为 $\boldsymbol{v}_i$。则定义质点系内各质点的质量与速度乘积的矢量和为**质点系的动量**，以 $\boldsymbol{P}$ 表示，即

$$\boldsymbol{P}=\sum_{i}^{n} m_i \boldsymbol{v}_i \tag{10-4}$$

显然动量是矢量，其方向取决于各质点的速度方向。在国际单位制中，动量的单位是 kg · m/s。

因第 i 质点的速度又可表示为 $\boldsymbol{v}_i=\dfrac{\mathrm{d}\boldsymbol{r}_i}{\mathrm{d}t}$，代入式(10-4)，则有

$$\boldsymbol{P}=\sum_{i=1}^{n} m_i \boldsymbol{v}_i=\sum_{i=1}^{n} m_i \frac{\mathrm{d}\boldsymbol{r}_i}{\mathrm{d}t}=\frac{\mathrm{d}}{\mathrm{d}t}\sum_{i=1}^{n} m_i \boldsymbol{r}_i$$

对于质量不变的质点系，质量 m 是不变量。将式(10-1)代入上式，从而得

$$\boldsymbol{P}=\frac{\mathrm{d}}{\mathrm{d}t}\sum_{i=1}^{n} m_i \boldsymbol{r}_i=\frac{\mathrm{d}}{\mathrm{d}t}(m\boldsymbol{r}_C)=m\boldsymbol{v}_C \tag{10-5}$$

式中，$\boldsymbol{v}_C=\dfrac{\mathrm{d}\boldsymbol{r}_C}{\mathrm{d}t}$ 为质心 C 的速度。上式表明：质点系的动量等于质心速度与质点系全部质量的乘积，其方向与质心的速度方向一致。

推论：如果可将质点系分成 N 部分，其中任一部分 I 的质量为 m_I，该部分质心的速度为 $\boldsymbol{v}_{CI}$，不难证明，质点系的动量等于各部分的质心速度与质量乘积的矢量之和，即

$$\boldsymbol{P}=\sum_{I=1}^{N} m_I \boldsymbol{v}_{CI} \tag{10-6}$$

上述 3 式分别给出了质点系动量的计算方法，可根据具体问题灵活应用。

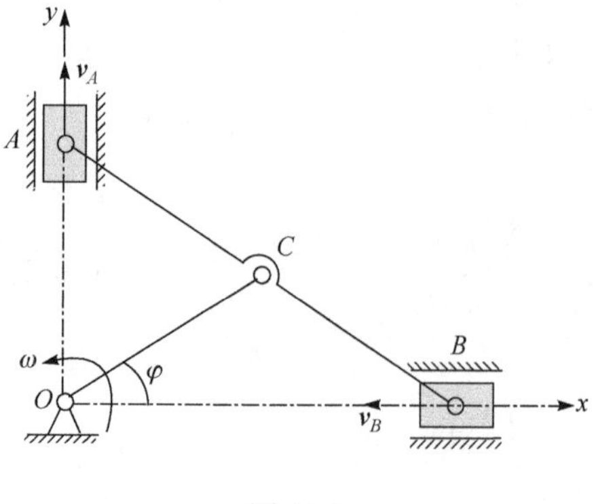

图 10-2

例 10-1　如图 10-2 所示的椭圆规机构，$\overline{OC}=\overline{AC}=\overline{BC}=l$。设曲柄以角速度 ω 转动，滑块 A、B 的质量均为 m，曲柄 OC 与连杆 AB 的质量略去不计。试求系统在图示位置时的动量。

解　解法一　由式(10-4)有

$$\boldsymbol{P} = m_A \boldsymbol{v}_A + m_B \boldsymbol{v}_B \tag{1}$$

用点的运动学方法求 A、B 两点的速度 $\boldsymbol{v}_A$ 与 $\boldsymbol{v}_B$ 的大小为

根据 $y_A = 2l\sin\varphi$，$x_B = 2l\cos\varphi$

得

$$\left.\begin{aligned} v_A &= v_{Ay} = 2l\dot{\varphi}\cos\varphi = 2l\omega\cos\varphi \\ v_B &= v_{Bx} = -2l\dot{\varphi}\sin\varphi = -2l\omega\sin\varphi \end{aligned}\right\} \tag{2}$$

将式(2)代入式(1)，得系统的动量为

$$\boldsymbol{P} = 2l\omega m(-\sin\varphi\boldsymbol{i} + \cos\varphi\boldsymbol{j}) \tag{3}$$

解法二　由式(10-5)，有

$$\boldsymbol{P} = m_A + m_B\ \boldsymbol{v}_C = 2m\sqrt{c} \tag{4}$$

质心 C 的速度可表示为

$$\boldsymbol{v}_C = l\omega(-\sin\varphi\boldsymbol{i} + \cos\varphi\boldsymbol{j})$$

代入式(4)，得到与方法一相同的计算结果。

例 10-2　如图 10-3 所示的四杆机构中，各均质杆质量均为 m，杆 O_1A 与杆 O_2B 长度均为 l。图示瞬时，杆 O_1A 角速度为 ω，且与杆 O_2B 平行。试求此时系统的动量。

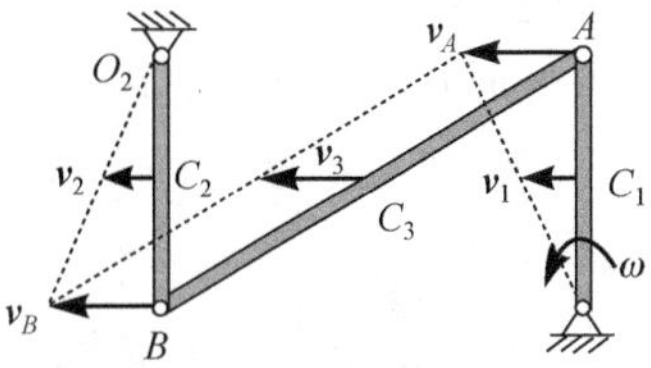

图 10-3

解　分别计算各杆的动量，然后由式(10-6)有

$$\boldsymbol{P} = \sum_{i=1}^{3} m_I \boldsymbol{v}_{Ci}$$

杆 O_1A 转动，质心 C_1 速度 $v_1 = \dfrac{l}{2}\omega$，动量 $p_{x1} = mv_1 = \dfrac{l}{2}m\omega$；

杆 AB 瞬时平动，质心 C_3 速度 $v_3 = v_A = l\omega$，动量 $p_{x3} = mv_3 = lm\omega$；

杆 O_2B 转动，质心 C_2 速度 $v_2 = \dfrac{1}{2}v_A = \dfrac{l}{2}\omega$，动量 $p_{x2} = mv_2 = \dfrac{l}{2}m\omega$；

故此时系统的动量为

$$\begin{cases} P_x = \sum P_{xi} = P_{x1} + P_{x2} + P_{x3} = 2ml\omega \\ P_y = \sum P_{yi} = P_{y1} + P_{y2} + P_{y3} = 0 \end{cases}$$

即

$$\boldsymbol{P} = 2ml\omega\boldsymbol{i}$$

思考：此瞬时系统的质量相对于两固定支座中心的连线 O_1O_2 对称分布，系统的质心 C 与 AB 杆的质心 C_3 重合。此时系统的动量是否等于总质量与 C_3 点的速度乘积(即 $P_x = 3mv_3 = 3ml\omega$)？为什么？

10.3　质点系动量定理

设质点系由 n 个质点组成，其中质点 i 的质量为 m_i，速度为 $\boldsymbol{v}_i$，作用于该质点的内力为 $\boldsymbol{F}_i^{(\mathrm{i})}$，外力为 $\boldsymbol{F}_i^{(\mathrm{e})}$。

根据式(9-2)所表达的质点动量定律 $\frac{\mathrm{d}}{\mathrm{d}t}(m\boldsymbol{v})=\boldsymbol{F}$ ，有

$$\frac{\mathrm{d}}{\mathrm{d}t}(m_i\boldsymbol{v}_i)=\boldsymbol{F}_i^{(\mathrm{e})}+\boldsymbol{F}_i^{(\mathrm{i})} \quad (i=1, 2, \cdots \ n)$$

将 n 个方程相加

$$\sum_{i=1}^{n}\frac{\mathrm{d}}{\mathrm{d}t}(m_i\boldsymbol{v}_i)=\sum_{i=1}^{n}\boldsymbol{F}_i^{(\mathrm{e})}+\sum_{i=1}^{n}\boldsymbol{F}_i^{(\mathrm{i})}$$

将方程左边的求导与求和顺序交换后， $\sum_{i=1}^{n}m_i\boldsymbol{v}_i$ 为质点系的动量 $\boldsymbol{P}$ ；对质点系而言，内力矢量之和等于零，即 $\sum_{i=1}^{n}\boldsymbol{F}_i^{(\mathrm{i})}=0$ ，所以有

$$\frac{\mathrm{d}\boldsymbol{P}}{\mathrm{d}t}=\sum_{i=1}^{n}\boldsymbol{F}_i^{(\mathrm{e})} \tag{10-7}$$

即：质点系动量对时间的导数等于质点系所受外力的矢量和(或外力系的主矢量)，这就是**质点系动量定理**。

动量定理为矢量式，应用时常取其投影式。式(10-7)在直角坐标轴上的投影式为

$$\frac{\mathrm{d}P_x}{\mathrm{d}t}=\sum_{i=1}^{n}F_{ix}^{(\mathrm{e})};\quad \frac{\mathrm{d}P_y}{\mathrm{d}t}=\sum_{i=1}^{n}F_{iy}^{(\mathrm{e})};\quad \frac{\mathrm{d}P_z}{\mathrm{d}t}=\sum_{i=1}^{n}F_{iz}^{(\mathrm{e})} \tag{10-8}$$

可见，质点系的总动量改变仅取决于作用于质点系的外力而与内力无关。当外力系的主矢量恒等于零时，根据式(10-7)，质点系的动量守恒，即

$$\boldsymbol{P}=\text{恒矢量}$$

当主矢量在某轴的投影恒等于零时，根据式(10-8)，质点系的动量在该坐标轴上的投影保持不变。例如当 $\sum_{i=1}^{n}F_{ix}^{(\mathrm{e})}=0$ 时，则

$$P_x=\text{恒量}$$

上述结论即为**质点系动量守恒定律**。

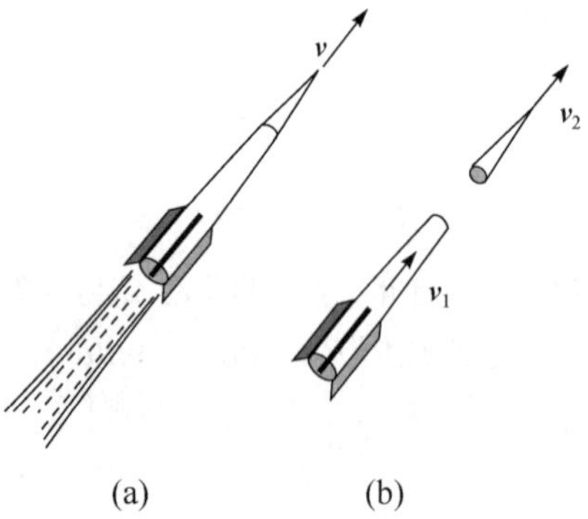

图 10-4

例 10-3 人造地球卫星与末级运载火箭，在燃料燃烧完毕时的共同速度 v=8km/s(图 10-4(a))，此时火箭从卫星头部自动弹射出卫星，使其获得速度 v_2=8.1km/s，求分离时火箭的速度 v_1。设火箭的质量 m_1=150kg，卫星的质量 m_2=100kg。由于弹射分离的时间很短，故地球引力的冲量可忽略不计。

解 以火箭和卫星作为质点系，其间弹射分离的作用力是内力。若忽略地球引力及运动中的阻力等外力，则在弹射分离的过程中，质点系的动量守恒。设分离后火箭速度与卫星速度方向相同(图 10-4(b))，于是有

$$(m_1+m_2)v=m_1v_1+m_2v_2$$

解得

$$v_1 = \frac{(m_1 + m_2)v - m_2 v_2}{m_1}$$

代入已知数据得分离时火箭的速度

$$v_1 = \frac{(150 + 100) \times 8 - 100 \times 8.1}{150} = 7.93\ (\text{km/s})$$

例 10-4　图 10-5 表示流体流经变截面弯管时的示意图。设流体是不可压缩的，且为定常流动(也称稳定流动，即流体中各点流速分布不随时间改变)。求管壁的附加动约束力。

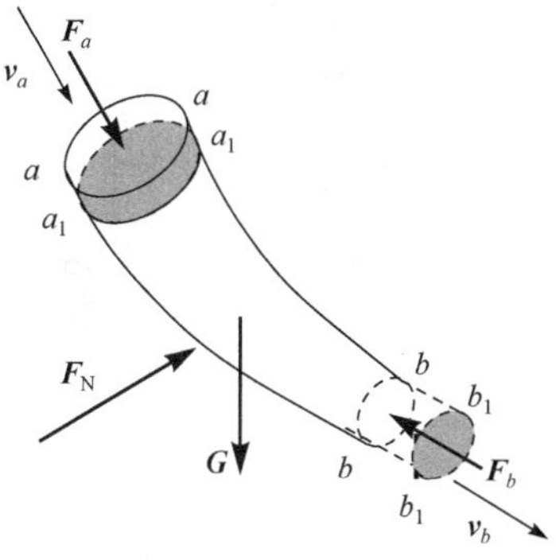

图 10-5

解　取管中 aa 与 bb 两截面之间的流体作为质点系。经过时间 $\mathrm{d}t$，该部分流体流动到 a_1a_1 与 b_1b_1 两截面之间。

设 q_V 为流体在单位时间内流过截面的体积流量，ρ 为密度，由于流体不可压缩，则质点系在时间 $\mathrm{d}t$ 内流过各截面的质量为

$$\mathrm{d}m = q_V \rho \mathrm{d}t$$

因为管内的流体为稳定流动，所以在时间 $\mathrm{d}t$ 内，a_1a_1 与 bb 两截面之间的流体动量不会发生变化，故在时间 $\mathrm{d}t$ 内质点系动量的变化为

$$\mathrm{d}\boldsymbol{P} = \boldsymbol{P}_{a_1b_1} - \boldsymbol{P}_{ab} = \boldsymbol{P}_{bb_1} - \boldsymbol{P}_{aa_1}$$

$\mathrm{d}t$ 极小，可认为 aa 与 a_1a_1 两截面之间的各质点速度相同，设为 $\boldsymbol{v}_a$，认为 bb 与 b_1b_1 两截面之间的各质点速度相同，设为 $\boldsymbol{v}_b$，于是

$$\mathrm{d}\boldsymbol{P} = \mathrm{d}m(\boldsymbol{v}_b - \boldsymbol{v}_a) = q_V \rho (\boldsymbol{v}_b - \boldsymbol{v}_a)\mathrm{d}t$$

作用于质点系的外力有：均匀分布于体积的流体重力 $\boldsymbol{G}$，管壁对流体的约束反力 $\boldsymbol{F}_\mathrm{N}$，以及流体在 aa 和 bb 截面处所受到相邻流体的压力 $\boldsymbol{F}_a$ 和 $\boldsymbol{F}_b$。由质点系的动量定理式(10-6)，得

$$q_V \rho (\boldsymbol{v}_b - \boldsymbol{v}_a) = \boldsymbol{G} + \boldsymbol{F}_\mathrm{N} + \boldsymbol{F}_a + \boldsymbol{F}_b$$

得管壁的约束反力为

$$\boldsymbol{F}_\mathrm{N} = -(\boldsymbol{G} + \boldsymbol{F}_a + \boldsymbol{F}_b) + q_V \rho (\boldsymbol{v}_b - \boldsymbol{v}_a)$$

由此可见，管壁的约束反力包括两个部分：第一部分是由于流体的重力和进出截面处相邻流体的压力所引起的，与流体的运动无关，称为**静约束力**；第二部分是由于流体的动量变化所引起，称为**附加动约束力**，由下式来确定：

$$\boldsymbol{F}''_\mathrm{N} = q_V \rho (\boldsymbol{v}_b - \boldsymbol{v}_a) \tag{10-9}$$

讨论：设 aa、bb 截面面积分别为 A_a、A_b，由于流体不可压缩，所以有

$$q_V = A_a v_a = A_b v_b$$

因此，只要知道流速和管道尺寸，即可根据式(10-9)求得附加动约束力。流体对管道的附加动作用力又称为**附加动压力**，与前者大小相等，但方向相反。

思考：如果不可压缩的流体以某一额定流量流经图 10-6 所示的两种弯角不同的等直径水平弯管时，管道在两法兰处的受力大小是否相等？为什么？

例 10-5　从喷嘴射出的水流遇到挡板后分为两支，分支流随着远离分支点而渐渐与平板平行流动，如图 10-7 所示。已知喷嘴水流流量为 q_V，密度为 ρ，速度为 $\boldsymbol{v}$，如果忽略水流重

力及摩擦阻力，则水流分开后速度大小不变。已知挡板的约束反力垂直于挡板，求挡板的附加动约束反力 $\boldsymbol{F}_{\mathrm{N}}$ 及 1-1、2-2 断面处水流的流量 q_{V1} 和 q_{V2}。

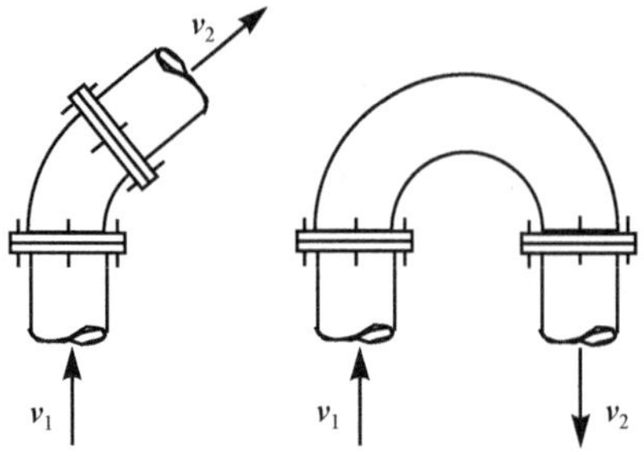

(a)　　(b)

图 10-6

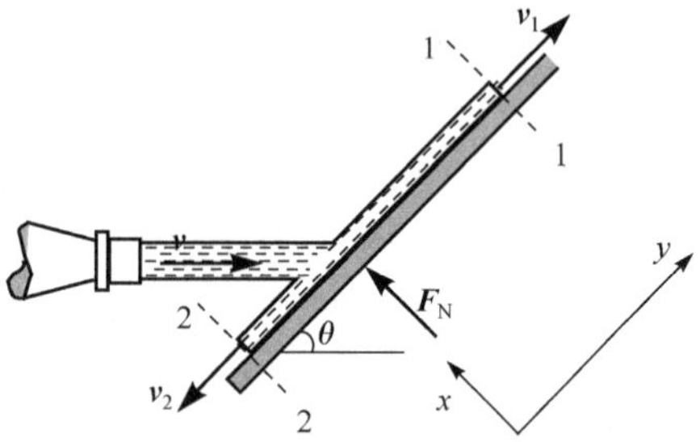

图 10-7

解　以喷嘴出口与挡板上 1-1、2-2 断面间的水流为研究质点系，并取图 10-7 所示投影坐标轴。

因为水流不可压缩，故有

$$q_V = q_{V1} + q_{V2} \tag{1}$$

由式(10-9)并分别向 x 、y 轴进行投影，得

$$0-(-q_V \rho v \sin\theta) = F_{\mathrm{N}} \tag{2}$$

$$(q_{V1}v_1 - q_{V2}v_2) - q_V v\cos\theta = 0 \tag{3}$$

联立式(1)～(3)，并注意到 $v_1 = v_2 = v$ ，得

$$F_N = q_V \rho v \sin\theta$$

$$q_{V1} = \frac{q_V}{2}(1+\cos\theta)$$

$$q_{V2} = \frac{q_V}{2}(1-\cos\theta)$$

讨论：由此可见：随着角度 θ 的减小，力 F_{N} 值下降，分支流量 q_{V1} 增大，当角度 $\theta=0$ 时，$F_{\mathrm{N}}=0$ ，$q_{V1}=q_V$ (相当于水流在等截面直管中的流动)；随着角度 θ 的增大，力 F_{N} 值上升，分支流量 q_{V1} 减小，当角度 $\theta=90°$ 时，$F_{\mathrm{N}}=q_V\rho v$ ，$q_{V1}=q_{V2}=\dfrac{1}{2}q_V$ (相当于水流通过直角三通流动)。

例 10-6　用移动式胶带输送机堆积砂子。已知输送机的输送量为 $360\mathrm{m^3/h}$，砂子的密度为 $1520\mathrm{kg/m^3}$，输送带与水平面的仰角为 20°，输送速度为 1.6m/s。设砂子在入口处的速度铅垂向下，在出口处的速度沿输送带方向，如图 10-8 所示。问地面沿水平方向的阻力至少多大才能使输送机的位置保持不动?

解　取输送机及其上的砂子作为研究质点系。在输送的过程中，砂子可视为定常连续的质量流。设 A 轮被卡死，则水平方向的阻力集中作用于 A 轮轮轴，其他外力均为铅垂力。

根据已知条件，砂子的流量、流速及密度分别为

$$q_V = 360\text{m}^3/\text{h} = \frac{360}{3600}\text{m}^3/\text{s} = 0.1\text{m}^3/\text{s}$$

$$v_2 = 1.6\text{m/s},\ \rho = 1520\text{kg/m}^3$$

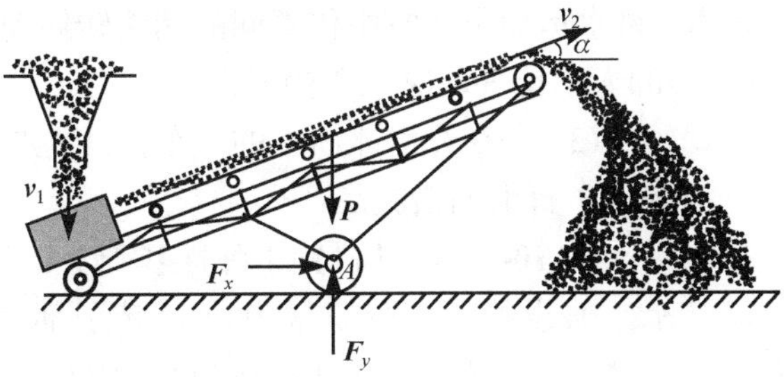

图 10-8

则将式(10-9)向 x 轴进行投影，得

$$F_x = q_V \rho v_2 \cos\alpha$$

代入已知数据，得

$$F_x = 0.1 \times 1520 \times 1.6\cos 20^\circ = 228.5(\text{N})$$

10.4　质点系质心运动定理

由式(10-5)知，质点系的动量等于质心速度与质点系全部质量的乘积。因此，质点系的动量定理的导数形式又可写成

$$\frac{\mathrm{d}}{\mathrm{d}t}(m\boldsymbol{v}_C) = \sum_{i=1}^{n} \boldsymbol{F}_i^{(e)}$$

对于质量不变的质点系，有

$$m\frac{\mathrm{d}\boldsymbol{v}_C}{\mathrm{d}t} = \sum_{i=1}^{n} \boldsymbol{F}_i^{(e)} \quad 或 \quad m\boldsymbol{a}_C = \sum_{i=1}^{n} \boldsymbol{F}_i^{(e)} \tag{10-10}$$

式中，$\boldsymbol{a}_C$ 为质心的加速度。上式表明：质点系的质量与质心加速度的乘积等于质点系所受外力的矢量和(或外力系的主矢量)，这一规律称为**质心运动定理**。

比较式(10-10)与牛顿第二定律 $m\boldsymbol{a} = \boldsymbol{F}$ 可见，在研究质心的运动时，可将质点系看成为集中了质点系质量并受到外力系作用的“质点”运动来研究。由此可用来确定卫星的运动轨迹及炮弹的弹道等问题。

式(10-10)在直角坐标轴上的投影式为

$$ma_{Cx} = \sum_{i=1}^{n} F_{ix}^{(e)},\quad ma_{Cy} = \sum_{i=1}^{n} F_{iy}^{(e)},\quad ma_{Cz} = \sum_{i=1}^{n} F_{iz}^{(e)} \tag{10-11}$$

在自然坐标轴上的投影式为

$$m\frac{\mathrm{d}v_C}{\mathrm{d}t} = \sum_{i=1}^{n} F_{i\tau}^{(e)},\quad m\frac{v_C^2}{\rho} = \sum_{i=1}^{n} F_{in}^{(e)},\quad \sum_{i=1}^{n} F_{ib}^{(e)} = 0 \tag{10-12}$$

质心的运动变化仅取决于外力系的作用。当质点系所受外力的主矢恒等于零时，则质心做匀速直线运动；若开始静止，则质心位置始终保持不变。如果作用于质点系的所有外力在某轴上投影的代数和恒等于零，则质心速度在该轴上的投影保持为常量；若开始静止，则质心在该轴方向没有位移。上述结论，称为**质心运动守恒定律**。

思考：(1) 略去空气阻力，跳水运动员在空中作不同的翻滚转体动作，是否会影响到其质心离跳板的高度？运动员质心的入水位置取决于哪些因素？

(2) 停在光滑冰面上的汽车，只要加大油门就可前进吗？克服汽车打滑的措施是什么？

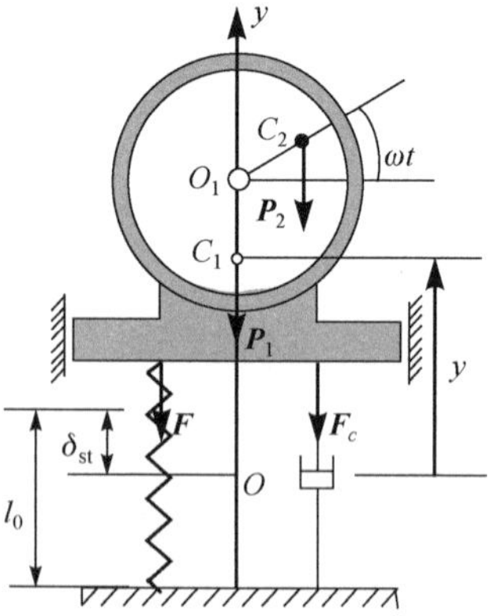

图 10-9

例 10-7　电动机置于弹性基础上，其力学简图如图 10-9 所示。假设静子部分质量为 m_1，转子部分的质量为 m_2，偏心距 $O_1C_2 = e$，基础的弹性系数为 k，阻尼力与电动机定子的速度成正比，阻尼系数为 c。当转子以等角速度 ω 转动时，求电动机作垂直振动的运动微分方程式。

解　取电动机作为研究质点系。设定子部分的质心位于 C_1 点，转子部分的质心位于 C_2 点。

质点系在铅垂方向受重力 $\boldsymbol{P}_1$、$\boldsymbol{P}_2$，弹性恢复力 $\boldsymbol{F}$，以及阻尼力 $\boldsymbol{F}_c$ 作用。

取系统静平衡时定子质心位置作为坐标原点，弹簧静变形为 δ_{st}。则任一瞬时系统质心的坐标 y_C 为

$$y_C = \frac{m_1 y + m_2(y + \overline{C_1O_1} + e\sin\omega t)}{m_1 + m_2}$$

对时间取二阶导数，注意到 $\overline{C_1O_1}$ 和 ω 为不变量，得

$$\ddot{y}_C = \frac{(m_1 + m_2)\ddot{y} - m_2 e\omega^2 \sin\omega t}{m_1 + m_2}$$

代入质心运动定理，得

$$(m_1 + m_2)\ddot{y} - m_2 e\omega^2 \sin\omega t = -P_1 - P_2 - k(y - \delta_{st}) - c\dot{y}$$

因为 $P_1 + P_2 = k\delta_{st}$，所以

$$(m_1 + m_2)\ddot{y} + c\dot{y} + ky = m_2 e\omega^2 \sin\omega t$$

可见，这是一个非齐次的二阶常系数微分方程，电动机在激振力作用下作受迫振动。

讨论：如果可将质点系分成 N 部分，将式(10-10)代入质点系的动量定理，得

$$\sum_{I=1}^{N} m_I \boldsymbol{a}_{CI} = \sum_{i=1}^{n} \boldsymbol{F}_i^{(e)} \tag{10-13}$$

式中，m_I、$\boldsymbol{a}_{CI}$ 分别为第 I 部分的质量及质心加速度。

本题也可以应用上式，将定子与转子的质心加速度代入求解。

例 10-8　若上例中的电动机不用螺栓固定，静止放在光滑水平面上，求通电后电动机在水平方向的运动规律及电动机不脱离地面的最大角速度。

解　取电动机作为研究质点系。

质点系仅在铅垂方向受重力 $\boldsymbol{P}_1$、$\boldsymbol{P}_2$ 及光滑支撑面的约束力 $\boldsymbol{F}$ (图 10-10)。因为在水平方向不受力，且初始静止，故系统质心在该方向位置守恒。

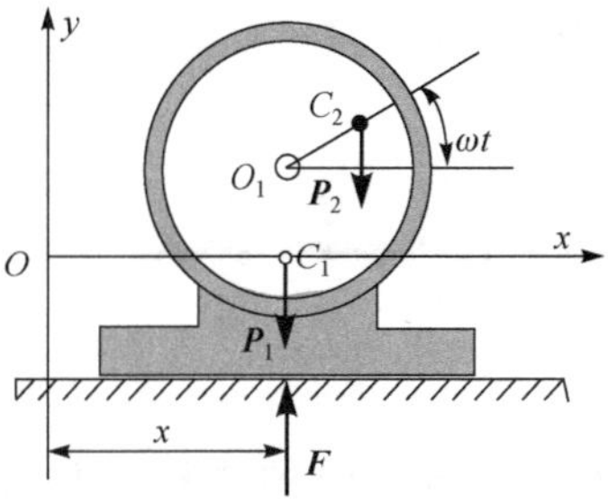

图 10-10

取系统静平衡时定子的质心位置为坐标原点，并设电动机并不跳离水平面，则任一瞬时系统质心的坐标为

$$x_C=\frac{m_1x+m_2(x+e\cos\omega t)}{m_1+m_2}$$

$$y_C=\frac{m_2(\overline{C_1O_1}+e\sin\omega t)}{m_1+m_2}$$

在 x 方向系统质心位置不变，即 $x_C=x_{C0}=0$，由此得

$$x=-\frac{m_2}{m_1+m_2}e\cos\omega t$$

表明电动机将在水平面上作往复运动。

在 y 方向，由质心运动定理，得

$$(m_1+m_2)\ddot{y}_C=-m_2e\omega^2\sin\omega t=-(P_1+P_2)+F$$

当 $\sin\omega t=1$ 时，支撑面的约束力达到最小值，即

$$F_{\min}=P_1+P_2-m_2e\omega^2$$

当 $F_{\min}\to 0$ 时，$\omega\to\omega_{\max}$，因此

$$\omega_{\max}=\sqrt{\frac{P_1+P_2}{m_2e}}$$

例 10-9　如图 10-11 所示，小船静止在水面上，船长 $2a$，质量为 m_1，人的质量为 m_2。若不考虑水的阻力，试求人自船头走到船尾时，船移动的距离。

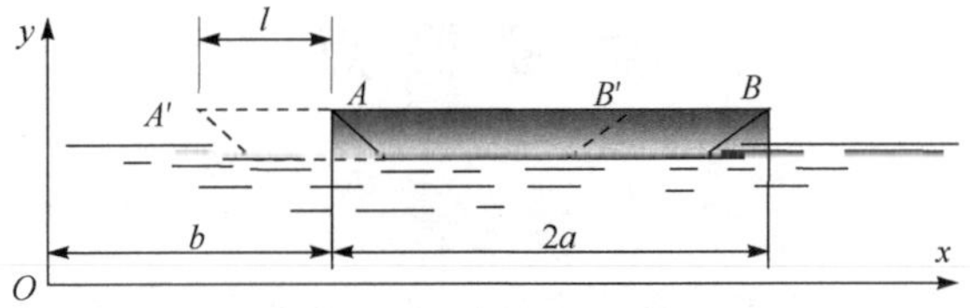

图 10-11

解　将人与船视为一质点系。作用于质点系的外力有人和船的重力及水对船的浮力，显然各力在水平轴上的投影均为零。根据质心运动守恒定律可知，质点系的质心的水平坐标 x_C 保持不变。

如图 10-11 所示，当人在船头 A 处时，系统的质心坐标是

$$x_{C1}=\frac{m_1(b+a)+m_2b}{m_1+m_2} \tag{1}$$

当人走到船尾时，设船向左移动的距离 l，这时船体处在 $A'B'$ 的位置，人在 B' 处，系统的质心坐标为

$$x_{C2}=\frac{m_1(b+a-l)+m_2(b+2a-l)}{m_1+m_2} \tag{2}$$

因系统质心位置不变，由 $x_{C1}=x_{C2}$，联立(1)、(2)有

$$\frac{m_1(b+a-l)+m_2(b+2a-l)}{m_1+m_2}=\frac{m_1(b+a)+m_2b}{m_1+m_2}$$

解得

$$l = 2a\frac{m_2}{m_1 + m_2}$$

定向爆破筑大坝

定向爆破筑大坝是利用陡峻的岸坡布药，定向松动崩塌或抛掷爆落岩石至预定位置，拦断河道，然后通过人工修整达到坝的设计轮廓的筑坝技术。实施这项技术首先需建立抛距和耗药量(即抛出一方介质所用的药量)的关系，由工程需要的抛距来求出耗药量；其次再根据工程需要的土石方量求出需要爆破的方量，从而大致确定药包的布置形式。你能悟出这项技术所依据的力学原理吗?

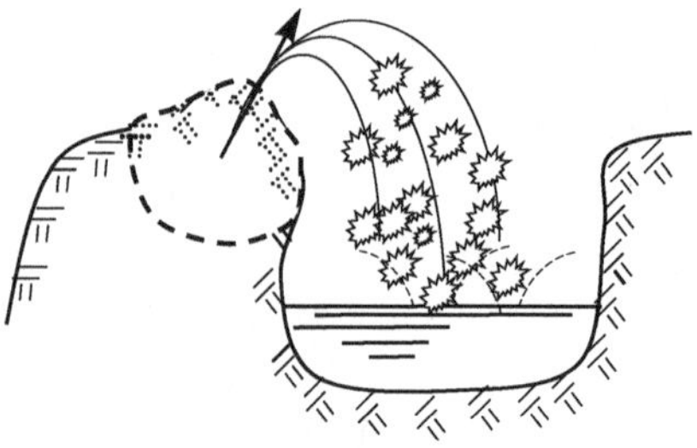

学 习 要 点

基本要求

1. 对质点系的质心、动量等概念有清晰的理解，能熟练地计算质点系的质心位置和动量。
2. 能熟练地应用动量定理、质心运动定理求解动力学问题。
3. 掌握流体对管道附加动压力的计算公式及其应用。

本章重点

质点系动量定理和质心运动定理。

本章难点

求流体对管道的附加动压力。

解题指导

应用质点系动力学基本定理解题的步骤如下：

(1) 选取研究对象。根据题意，适当选择与待求量和已知条件有关的质点系为研究对象。

(2) 分析力与画受力图(其方法与静力学相同)。

(3) 分析运动。用运动学的方法来分析质点系的运动，明确已知的及未知的条件。

(4) 选择定理与建立方程。

质点系动力学的基本定理建立了质点系运动量的变化和作用量之间的关系。它所求解的问题，大致分为两类：

第一类基本问题　已知运动，求力(或力的作用量)。

第二类基本问题　已知力，求运动。

也有一些综合问题，第一类和第二类基本问题相互交叉在一起，这时要把它分解成两类基本问题，依次求解。

在分析受力和运动以后，先分清是哪类问题，然后选择定理，再建立方程。以导数表示的运动特征量 $\frac{dv_x}{dt}$ 等，在列方程时一律设为正值。

(5) 解方程。

有些问题在得到解后，还要进一步讨论力学意义。

思　考　题

思考 10-1　在光滑水平面上放置一静止的均质圆盘，当它受一力偶作用时，盘心将如何运动？盘心运动情况与力偶作用位置有关吗？如果圆盘受到一大小和方向都不变的力作用，盘心将如何运动？盘心运动情况与此力的作用点有关吗？

思考 10-2　蹲在磅秤上的人突然站起来时磅秤的读数会不会发生变化？如果发生变化，磅秤的读数变大还是变小？

思考 10-3　两物块 A 和 B，质量分别为 m_A 和 m_B，初始静止。如 A 沿斜面下滑的相对速度为 $\boldsymbol{v}_r$，如思图 10-1 所示，设 B 向左的速度为 $\boldsymbol{v}$，根据动量守恒定律，有 $m_A v_r \cos\theta = m_B v$ 对吗？

思考 10-4　刚体受到一群力作用，各力的大小和方向都不变，无论各力作用点如何，此刚体质心的加速度都一样吗？为什么？

思考 10-5　如思图 10-2 所示，两均质直杆 AC 和 CB，长度相同，质量分别为 m_1 和 m_2，两杆在 C 处由铰链连接，初始时维持在铅垂面内不动。设地面绝对光滑，两杆被释放后将倒向地面。问 m_1 和 m_2 相等或不相等时，C 点的运动轨迹是否相同？

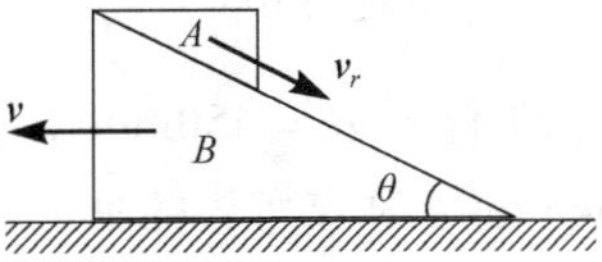

思图 10-1

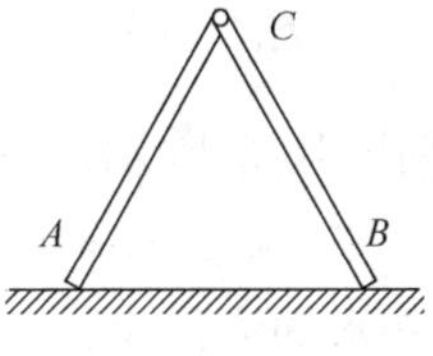

思图 10-2

习　　题

10-1　题图 10-1 所示各均质物体的质量均为 m，试求各物体的动量。

10-2　体重分别为 500N、600N 和 800N 的甲、乙、丙杂技演员爬绳，甲、乙分别以 $1.5\,\text{m/s}^2$ 和 $1\,\text{m/s}^2$ 的加速度向上运动，丙以 $2\,\text{m/s}^2$ 的加速度向下运动，如题图 10-2 所示。求绳索 O 端的拉力。

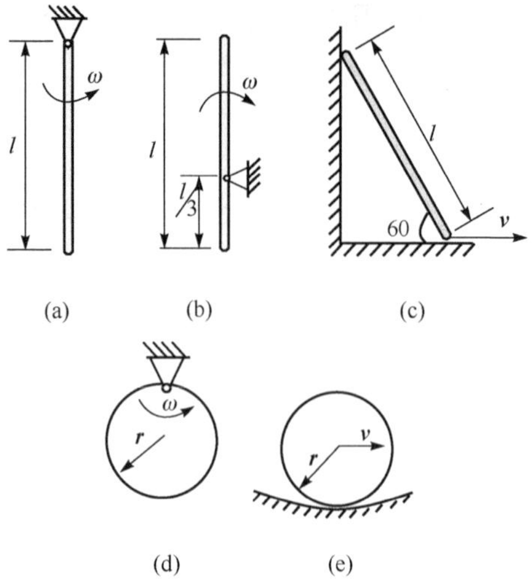

题图 10-1

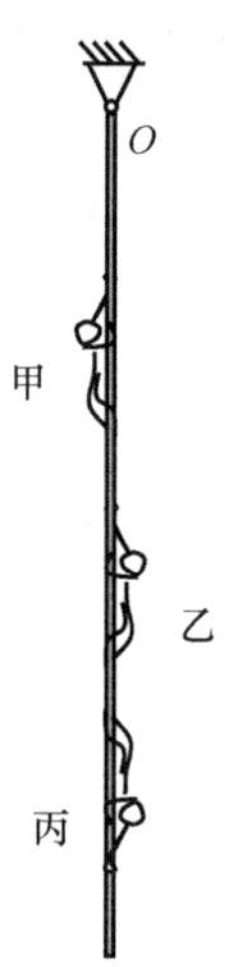

题图 10-2

10-3 椭圆摆如题图 10-3 所示，滑块 A 质量为 m_1，可沿水平面滑动，小球 B 质量为 m_2，与长度为 l 的 AB 杆固连。系统由初始摆角 φ_0 位置静止释放。设杆的质量及所有摩擦均略去不计，求当杆相对滑块转过 φ 角度时滑块 A 的位移。

10-4 题图 10-4 所示胶带输送机沿水平方向运煤恒量为 20kg/s，胶带速度恒为 1.5m/s。求胶带作用于煤炭上的水平总推力。

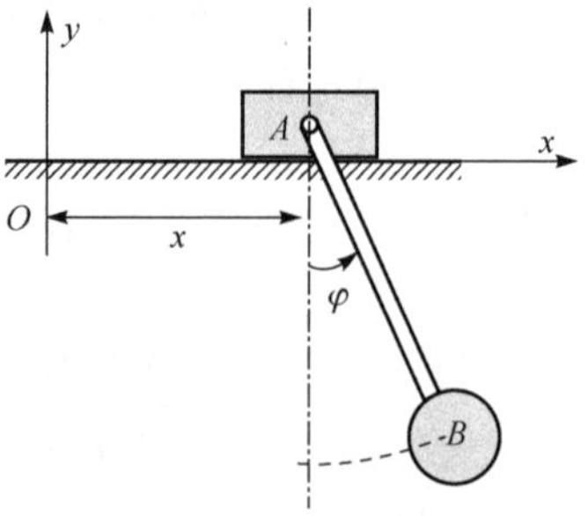

题图 10-3

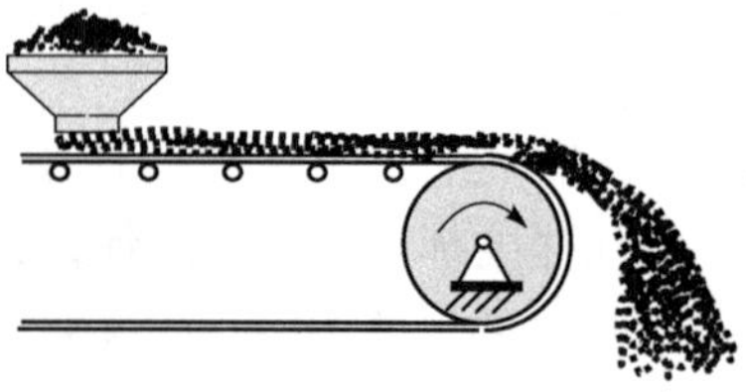

题图 10-4

10-5 题图 10-5 所示管道有一个缩小弯头，其进口直径 $d_1 = 450\text{mm}$，出口直径 $d_2 = 250\text{mm}$，水的流量 $q_V = 0.28\text{m}^3/\text{s}$，水的密度 $\rho = 1000\text{kg/m}^3$。试求弯头的附加动约束力。

10-6 已知水的流量为 $q_V\,\text{m}^3/\text{s}$，密度为 $\rho\ \text{kg/m}^3$，水冲击叶片的速度为 $v_1\text{m/s}$，方向水平向左，流出叶片的速度为 $v_2\text{m/s}$，方向与水平成 θ 角，如题图 10-6 所示。求水柱对涡轮固定叶片动压力的水平分量。

10-7 水枪喷射水柱的流量为 $5.2\text{m}^3/\text{h}$，喷嘴直径为 4mm，喷射在无穷大的铅垂光滑平板上，如题图 10-7 所示。不计重力对水柱形状的影响，并设水柱碰到平面后，随着远离分支点而逐渐与平板平行流动。水的密度为 1000kg/m^3。试分别求图示两种情况下水柱对铅垂平面的压力。

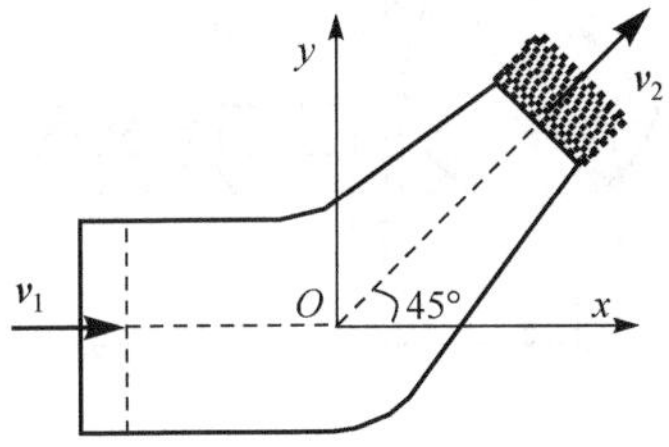

题图 10-5

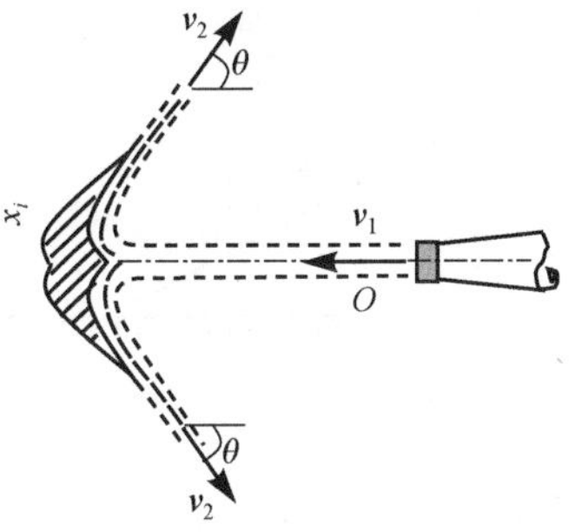

题图 10-6

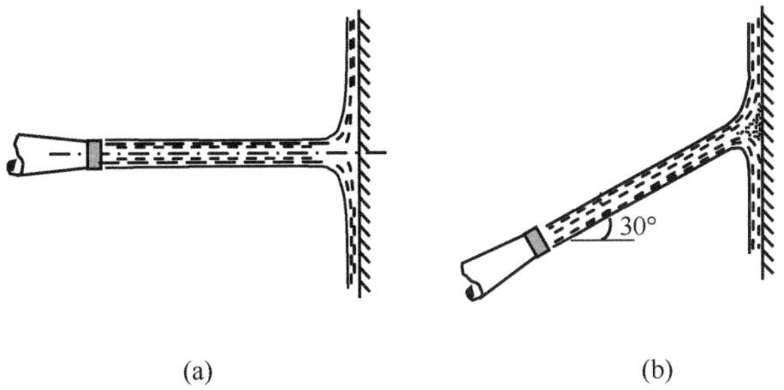

题图 10-7

10-8　水管的出口直径 $d = 25\text{mm}$，喷射出的水柱以速度 $v = 20\text{m/s}$ 沿水平方向射入一成角 90° 的光滑叶片上，如题图 10-8 所示。(a) 叶片固定不动；(b) 叶片沿水平方向以匀速度 $u = 10\text{m/s}$ 向左运动。试分别求上述两种情形水柱对叶片的附加动压力。

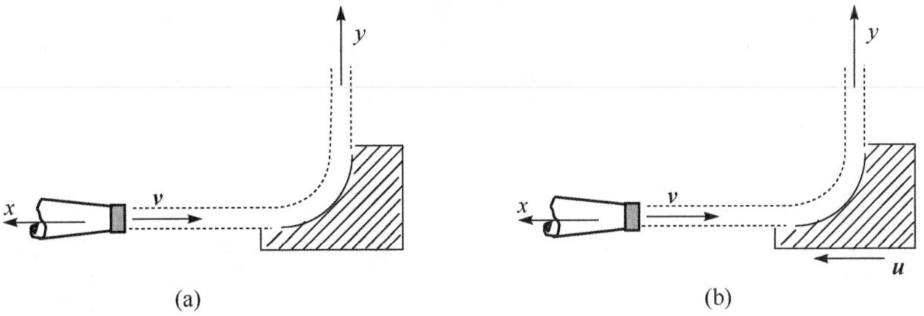

题图 10-8

10-9　题图 10-9 所示大小两个相似直角三角块 A 与 B 的各参数分别为：水平边长分别为 a 和 b，质量 $m_A = 3m$，$m_B = m$，斜边倾角为 θ。所有接触面光滑，系统初始静止。求：

(1) 三角块 B 与三角块 A 的运动微分方程；(2) B 落到地面时 A 移动的距离 s；(3) 地面的垂直反力。

10-10　题图 10-10 所示的凸轮机构中，凸轮以等角速度 ω 绕轴 O 转动。质量为 m_1 的顶杆借助于右端的弹簧拉力而压在凸轮上，当凸轮转动时，顶杆作往复运动。设凸轮为一均质圆盘，质量为 m_2，半径为 r，偏心距为 e。求在任一瞬时基座螺钉的总附加动反力。

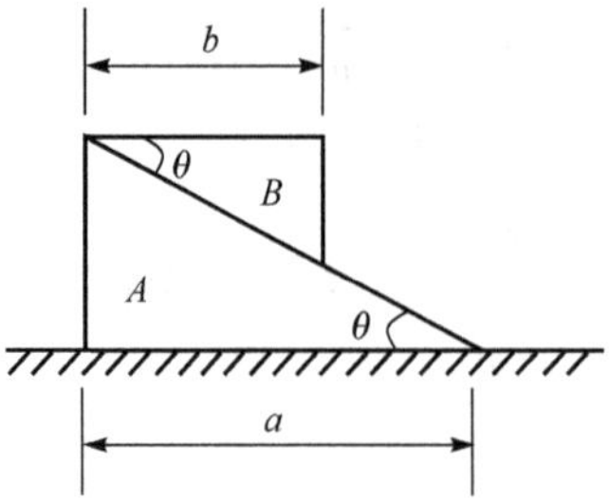

题图 10-9

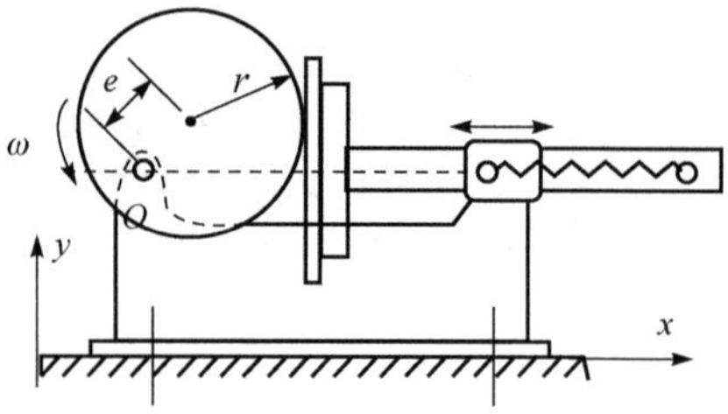

题图 10-10

第 11 章　质点系动量矩定理

与动量定理的研究方法相同,动量矩定理也是采用矢量力学的方法研究质点系的动力学问题，同样为研究解决流体动力学和质量流的动力学发挥了其无可替代的作用。由其导出的转动定理，为研究解决刚体动力学提供了重要工具。

11.1　质点系动量矩

如图 11-1 所示，设质点系的质心 C 相对固定点 O 的位置矢径为 $\boldsymbol{r}_C$，速度为 $\boldsymbol{v}_C$，任一质点 M_i 相对固定点 O 的位置矢径为 $\boldsymbol{r}_i$，绝对速度为 $\boldsymbol{v}_i$；以质心 C 为原点，建立平动坐标系 $Cx'y'z'$，质点 M_i 在此坐标系中的相对位置矢径为 $\boldsymbol{r}_i'$，相对该平动坐标系的速度为 $\boldsymbol{v}_{ir}$，则有 $\boldsymbol{v}_i=\boldsymbol{v}_C+\boldsymbol{v}_{ir}$。

定义质点系各质点的动量对某点 O 之矩的矢量和为**质点系对点 O 的动量矩**，以 $\boldsymbol{L}_O$ 表示，即

$$\boldsymbol{L}_O=\sum_{i=1}^{n}\boldsymbol{M}_O(m_i\boldsymbol{v}_i)=\sum_{i=1}^{n}(\boldsymbol{r}_i\times m_i\boldsymbol{v}_i) \tag{11-1}$$

定义质点系各质点相对质心的动量对质心 C 之矩的矢量和为**质点系对质心 C 的动量矩**，以 $\boldsymbol{L}_C$ 表示，即

$$\boldsymbol{L}_C=\sum_{i=1}^{n}\boldsymbol{r}_i'\times m_i\boldsymbol{v}_{ir} \tag{11-2}$$

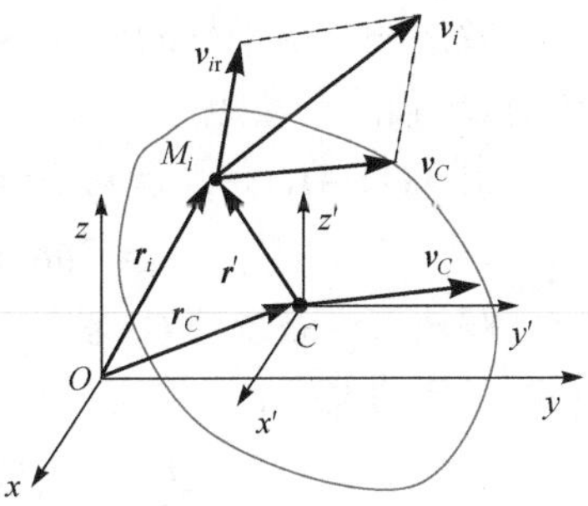

图 11-1

且有

$$\begin{aligned}\boldsymbol{L}_O&=\sum_{i=1}^{n}(\boldsymbol{r}_C+\boldsymbol{r}_i')\times m_i\boldsymbol{v}_i=\boldsymbol{r}_C\times\sum_{i=1}^{n}m_i\boldsymbol{v}_i+\sum_{i=1}^{n}\boldsymbol{r}_i'\times m_i\boldsymbol{v}_i\\&=\boldsymbol{r}_C\times m\boldsymbol{v}_C+\sum_{i=1}^{n}\boldsymbol{r}_i'\times m_i\left(\boldsymbol{v}_C+\boldsymbol{v}_{ir}\right)\\&=\boldsymbol{r}_C\times m\boldsymbol{v}_C+\sum_{i=1}^{n}m_i\boldsymbol{r}_i'\times\boldsymbol{v}_C+\sum_{i=1}^{n}\boldsymbol{r}_i'\times m_i\boldsymbol{v}_{ir}\end{aligned}$$

因为 $\sum_{i=1}^{n}m_i\boldsymbol{r}_i'\times\boldsymbol{v}_C=\boldsymbol{r}_C'\times m\boldsymbol{v}_C\equiv 0$，且 $\sum_{i=1}^{n}\boldsymbol{r}_i'\times m_i\boldsymbol{v}_{ir}=\boldsymbol{L}_C$，所以

$$\boldsymbol{L}_O=\boldsymbol{r}_C\times m\boldsymbol{v}_C+\boldsymbol{L}_C \tag{11-3}$$

表明：质点系对任一点 O 的动量矩等于集中于系统质心的动量 $m\boldsymbol{v}_C$ 对于点 O 的动量矩与系统对质心 C 的动量矩的矢量和。

定义质点系各质点的动量对某轴 z 之矩的代数和为**质点系对轴 z 的动量矩**，以 L_z 表示，即

$$L_z=\sum_{i=1}^{n}M_z(m_i\boldsymbol{v}_i) \tag{11-4}$$

参照力矩关系定理，可以证明

$$[\boldsymbol{L}_O]_z = L_z \tag{11-5}$$

即：质点系对某点的动量矩矢量在过该点之轴上的投影等于质点系对该轴的动量矩。

在国际单位制中，动量矩的单位是 $\mathrm{kg \cdot m^2/s}$。

刚体绕定轴转动在工程中最为常见。如图 11-2 所示的转动刚体对转轴 z 的动量矩为

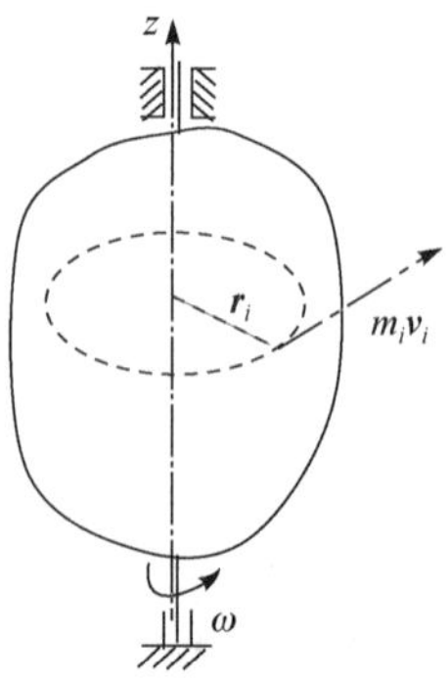

图 11-2

$$L_z = \sum_{i=1}^{n} M_z(m_i \boldsymbol{v}_i)$$

$$= \sum_{i=1}^{n} m_i v_i r_i = \sum_{i=1}^{n} m_i r_i \omega r_i = \omega \sum_{i=1}^{n} m_i r_i^2$$

或

$$L_z = J_z \omega \tag{11-6}$$

其中

$$J_z = \sum_{i=1}^{n} m_i r_i^2 \tag{11-7}$$

称为刚体对 z 轴的**转动惯量**。由此可知，绕定轴转动刚体对其转轴的动量矩等于刚体对转轴的转动惯量与转动角速度的乘积。在国际单位制中，转动惯量的单位为 $\mathrm{kg \cdot m^2}$。

例 11-1　如图 11-3 所示，长度为 $2l$ 的细直杆，在其两端分别与质量均为 m 的小球 A、B 固连，在其中点 O 与铅垂轴 Oz 固连。杆与轴 Oz 的夹角为 θ，绕 Oz 轴转动的角速度为 ω。试求：不计杆的质量时，系统对 Oz 轴的动量矩。

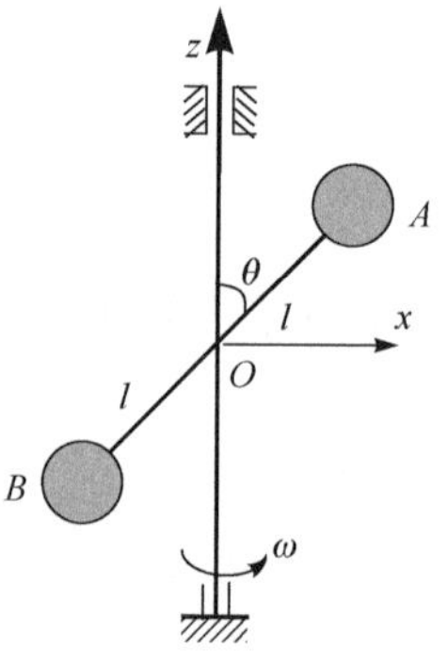

图 11-3

解法一　由于杆的质量不计，所以两小球 Oz 轴的动量矩即为系统对 Oz 轴的动量矩。

由式(11-4)，得系统对 Oz 轴的动量矩为

$$L_z = 2mvl\sin\theta = 2ml^2\omega\sin^2\theta$$

解法二　系统绕 Oz 轴转动。由于仅计两球质量，根据式(11-7)，在略去球的大小后，系统对 Oz 轴的转动惯量为

$$J_z = 2m(l\sin\theta)^2 = 2ml^2\sin^2\theta$$

由式(11-6)，得系统对 Oz 轴的动量矩为

$$L_z = J_z\omega = 2ml^2\omega\sin^2\theta$$

11.2　质点系动量矩定理

设质点系由 n 个质点组成，其中质点 i 的质量为 m_i，速度为 $\boldsymbol{v}_i$，作用于该质点的内力为 $\boldsymbol{F}_i^{(i)}$，外力为 $\boldsymbol{F}_i^{(e)}$。将式(11-1)对时间求导，得

$$\frac{\mathrm{d}}{\mathrm{d}t}\boldsymbol{L}_O = \frac{\mathrm{d}}{\mathrm{d}t}\sum_{i=1}^{n}\boldsymbol{M}_O(m_i\boldsymbol{v}_i) = \sum_{i=1}^{n}\frac{\mathrm{d}}{\mathrm{d}t}(\boldsymbol{r}_i \times m_i\boldsymbol{v}_i)$$

$$= \sum_{i=1}^{n}\frac{\mathrm{d}\boldsymbol{r}_i}{\mathrm{d}t} \times m_i\boldsymbol{v}_i + \sum_{i=1}^{n}\boldsymbol{r}_i \times \frac{\mathrm{d}}{\mathrm{d}t}(m_i\boldsymbol{v}_i)$$

设点 O 为固定点，则 $\dfrac{\mathrm{d}\boldsymbol{r}_i}{\mathrm{d}t}=\boldsymbol{v}_i$，$\dfrac{\mathrm{d}}{\mathrm{d}t}(m_i\boldsymbol{v}_i)=m_i\boldsymbol{a}_i=\boldsymbol{F}_i^{(\mathrm{e})}+\boldsymbol{F}_i^{(\mathrm{i})}$。代入上式，得

$$\frac{\mathrm{d}}{\mathrm{d}t}\boldsymbol{L}_O=\sum_{i=1}^{n}\boldsymbol{v}_i\times m_i\boldsymbol{v}_i+\sum_{i=1}^{n}\boldsymbol{r}_i\times\boldsymbol{F}_i^{(\mathrm{e})}+\sum_{i=1}^{n}\boldsymbol{r}_i\times\boldsymbol{F}_i^{(\mathrm{i})}$$
$$=\sum_{i=1}^{n}\boldsymbol{v}_i\times m_i\boldsymbol{v}_i+\sum_{i=1}^{n}\boldsymbol{M}_O\left(\boldsymbol{F}_i^{(\mathrm{e})}\right)+\sum_{i=1}^{n}\boldsymbol{M}_O\left(\boldsymbol{F}_i^{(\mathrm{i})}\right)$$

由于 $\sum_{i=1}^{n}\boldsymbol{v}_i\times m_i\boldsymbol{v}_i=0$；对质点系而言，内力之矩的矢量和等于零，即 $\sum_{i=1}^{n}\boldsymbol{M}_O(\boldsymbol{F}_i^{(\mathrm{i})})=0$，所以有

$$\frac{\mathrm{d}\boldsymbol{L}_O}{\mathrm{d}t}=\sum_{i=1}^{n}\boldsymbol{M}_O(\boldsymbol{F}_i^{(\mathrm{e})})\tag{11-8}$$

即：质点系对于某定点 O 的动量矩对时间的导数等于质点系所受外力对同一点之矩的矢量和(即外力系对点 O 的主矩)，这就是**质点系动量矩定理**。应用时，常取其投影式，若 x、y、z 为过固定点 O 的坐标轴，有

$$\frac{\mathrm{d}L_x}{\mathrm{d}t}=\sum_{i=1}^{n}M_x(\boldsymbol{F}_i^{(\mathrm{e})}),\quad\frac{\mathrm{d}L_y}{\mathrm{d}t}=\sum_{i=1}^{n}M_y(\boldsymbol{F}_i^{(\mathrm{e})}),\quad\frac{\mathrm{d}L_z}{\mathrm{d}t}=\sum_{i=1}^{n}M_z(\boldsymbol{F}_i^{(\mathrm{e})})\tag{11-9}$$

必须强调：上述动量矩定理的表达形式仅对固定点或固定轴适用。对于运动的点或轴，动量矩定理的表达形式较为复杂，需另行研究。

质点系的内力不能改变质点系的动量矩。当外力系对某定点(或定轴)的力矩恒等于零时，质点系对该点(或该轴)的动量矩守恒。

思考：当花样滑冰运动员双臂平伸并绕铅垂轴转动时，突然双臂收拢，随之转速明显加快，试分析其原因。

例 11-2　水轮机的叶轮如图 11-4 所示，流经各叶片间流道的水流均相同。水流进、出流道的速度分别为 $\boldsymbol{v}_1$ 和 $\boldsymbol{v}_2$，与切线方向的夹角分别为 θ_1 和 θ_2。若总体积流量为 q_V，求流体对叶轮的转动力矩。

解　取两叶片间的流体作为研究质点系。经过 $\mathrm{d}t$ 时间，该部分的流体由图示 $aabb$ 位置流动到 $a_1a_1b_1b_1$ 位置。结合本题流体流动特点，动量矩与力矩均以顺时针转向为正。设流体稳定流动，所以在时间 $\mathrm{d}t$ 内质点系对轴 O 的动量矩变化为

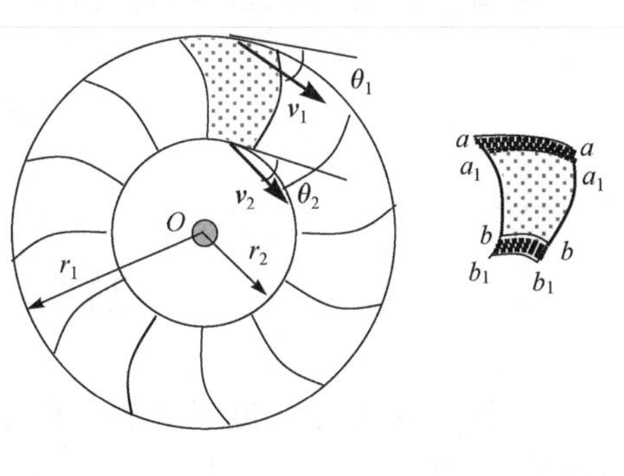

图 11-4

$$\mathrm{d}L_O=\left(L_{a_1a_1bb}+L_{bbb_1b_1}\right)-\left(L_{aaa_1a_1}+L_{a_1a_1bb}\right)=L_{bbb_1b_1}-L_{aaa_1a_1}$$

设流体密度为 ρ，叶轮的叶片总数为 n，则

$$L_{bbb_1b_1}=\frac{1}{n}q_V\rho\mathrm{d}tv_2r_2\cos\theta_2$$
$$L_{aaa_1a_1}=\frac{1}{n}q_V\rho\mathrm{d}tv_1r_1\cos\theta_1$$
$$\mathrm{d}L_O=\frac{1}{n}q_V\rho\mathrm{d}t(v_2r_2\cos\theta_2-v_1r_1\cos\theta_1)$$

由动量矩定理，得叶轮对所有叶片间的流体作用力对点 O 的力矩为

$$M_O(\boldsymbol{F}) = n\frac{\mathrm{d}L_O}{\mathrm{d}t} = q_V\rho(v_2r_2\cos\theta_2 - v_1r_1\cos\theta_1) \tag{11-10}$$

当右端取正值时，$M_O(\boldsymbol{F})$ 为顺时针转向，否则相反。而流经叶轮所有叶片间的流体对叶轮的转动力矩 M 与 $M_O(\boldsymbol{F})$ 等值反向。

例 11-3　流体流经喷嘴的进、出口速度分别为 $\boldsymbol{v}_1$ 和 $\boldsymbol{v}_2$，速度方向及喷嘴尺寸如图 11-5 所示。设流体密度为 ρ，体积流量为 q_V，求由于流体的流动所引起入口法兰 O 处的附加动约束反力。

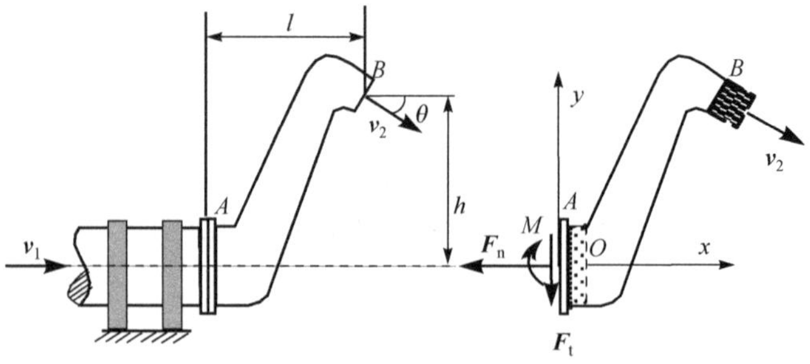

图 11-5

解　取喷嘴及其中的流体作为研究质点系，所受动约束力 $\boldsymbol{F}_\mathrm{t}$、$\boldsymbol{F}_\mathrm{n}$、$M$，如图 11-5 所示。设流体稳定流动，则由式(10-9)，得

$$-F_\mathrm{n} = q_V\rho(v_2\cos\theta - v_1)$$
$$-F_\mathrm{t} = q_V\rho(-v_2\sin\theta - 0)$$

动量矩与力矩均以顺时针转向为正。由式(11-10)，得

$$M = q_V\rho[(v_2h\cos\theta + v_2l\sin\theta) - 0]$$

由此，得法兰 O 处的约束反力

$$F_\mathrm{n} = q_V\rho(v_1 - v_2\cos\theta)$$
$$F_\mathrm{t} = q_V\rho v_2\sin\theta$$
$$M = q_V\rho(v_2h\cos\theta + v_2l\sin\theta)$$

11.3　刚体定轴转动定理

如图 11-6 所示，设刚体受力系的作用绕定轴 z 转动，刚体对 z 轴的转动惯量为 J_z，某瞬时的角速度为 ω，角加速度为 α。则刚体对 z 轴的动量矩为 $L_z = J_z\omega$，代入质点系动量矩定理的投影式(11-9)，得

$$\frac{\mathrm{d}}{\mathrm{d}t}(J_z\omega) = \sum_{i=1}^{n} M_z(\boldsymbol{F}_i^{(\mathrm{e})})$$

若略去轴承处的摩擦，则轴承的约束力对转轴 z 的矩等于零；设主动力系对转轴 z 之矩为 M_z，则上式又可表示为

$$J_z\alpha = M_z \tag{11-11}$$
$$J_z\ddot{\varphi} = M_z$$

式(11-11)表明：定轴转动刚体对转轴的转动惯量与角加速度的乘积等于外力系对转轴之矩，这一规律称为刚体绕定轴运动的**转动定理**。刚体绕定轴转动状态的变化取决于主动力系对转轴的矩。在 M_z 一定时，J_z 越大，α 越小，反之 α 越大。由此可见，转动惯量 J_z 是刚体对转轴 z 的转动惯性的度量。

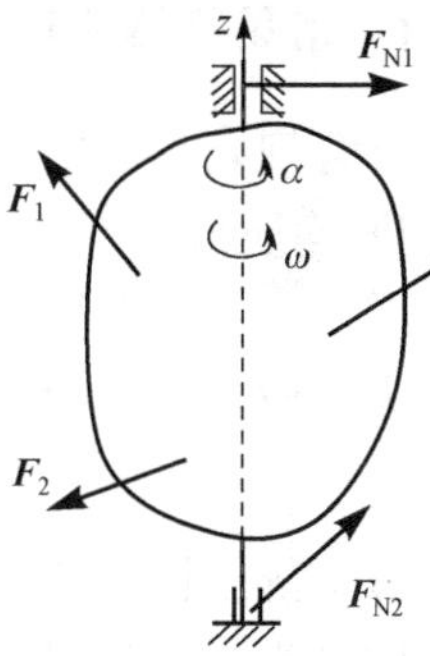

图 11-6

例 11-4　复摆(物理摆)在重力作用下绕光滑的水平轴 O 摆动，已知刚体的质量为 m，对 O 轴的转动惯量为 J，质心 C 到轴 O 的距离为 a。求复摆的摆动规律。

解　取复摆作为研究对象，受重力 $\boldsymbol{P}$ 及轴承约束反力 $\boldsymbol{F}_x$、$\boldsymbol{F}_y$ 作用，如图 11-7 所示，设在任一瞬时的摆动角度为 φ，则摆的转动微分方程为

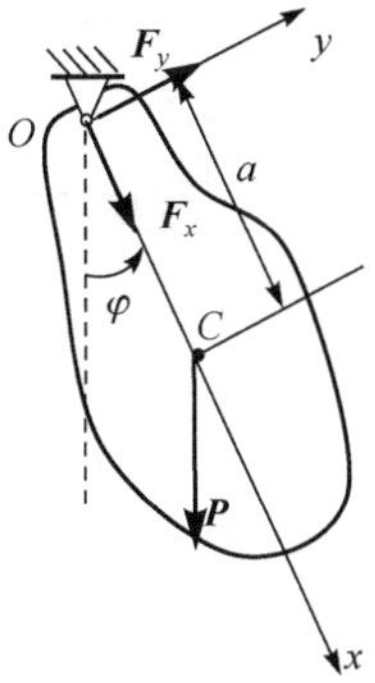

图 11-7

$$J\ddot{\varphi} = -Pa\sin\varphi$$

或

$$\ddot{\varphi} + \frac{Pa}{J}\sin\varphi = 0$$

当复摆作微幅摆动时 $\sin\varphi \approx \varphi$，且 $P = mg$，于是上式成为

$$\ddot{\varphi} + \frac{mga}{J}\varphi = 0$$

此微分方程的通解为

$$\varphi = \varphi_0 \sin\left(\sqrt{\frac{mga}{J}}t + \theta\right)$$

式中，φ_0 称为角摆幅；θ为初位相，均由运动初始条件确定。

讨论：与质心运动定理联合应用，即可求得轴承的约束反力

$$F_x = -mg\cos\varphi - ma\dot{\varphi}^2，\quad F_y = mg\sin\varphi + ma\ddot{\varphi}$$

其中，$\varphi = \varphi_0 \sin\left(\sqrt{\frac{mga}{J}}t + \theta\right)$。

11.4　转 动 惯 量

转动惯量 $\boldsymbol{J}_z$ 是刚体对转轴 z 的转动惯性的度量。式(11-7)已给出了转动惯量的定义

$$J_z = \sum_{i=1}^{n} m_i r_i^2$$

对于质量连续分布的刚体，上式又可表示为

$$J_z = \int_M r^2 \mathrm{d}m \tag{11-12}$$

设与刚体等质量的一质点，具有与刚体对 z 轴相等的转动惯量，则 ρ_z 就等于该质点到 z 轴距离，工程上称之为**回转半径**。于是，转动惯量 J_z 还可以用回转半径 ρ_z 表示为

$$J_z = m\rho_z^2 \tag{11-13}$$

回转半径 ρ_z 具有长度量纲。

11.4.1　常见刚体的转动惯量

具有规则形状的均质刚体的转动惯量一般可通过积分运算得到。

1) 均质薄圆环

质量为 m，半径为 R，z 轴过环中心且与环面垂直，如图 11-8(a)所示。由于圆环很薄，故可认为各质点距 Oz 轴的距离均为 R，对 Oz 轴的转动惯量为

$$J_z = \sum m_i R^2 = \left(\sum m_i\right) R^2 = mR^2 \tag{11-14}$$

2) 均质圆柱体(圆盘)

质量为 m，半径为 R，z 轴过圆截面中心 O 且与圆截面垂直，如图 11-8(b)所示。将圆柱体看成由半径为 $r(0 \leqslant r \leqslant R)$，厚度为 $\mathrm{d}r$ 的薄圆柱叠加。则微元质量为

$$\mathrm{d}m = \frac{m}{\pi R^2} 2\pi r \cdot \mathrm{d}r = \frac{2m}{R^2} r\mathrm{d}r$$

整个圆柱体(盘)对其中心轴的转动惯量为

$$J_z = \int_m r^2 \mathrm{d}m = \frac{2m}{R^2} \int_0^R r^3 \mathrm{d}r = \frac{1}{2} mR^2 \tag{11-15}$$

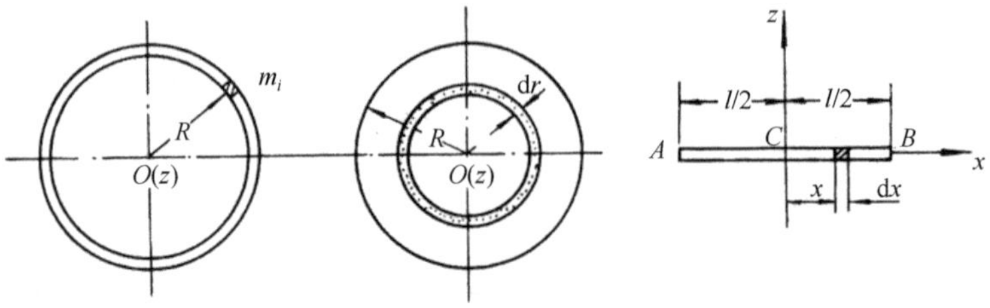

图 11-8

3) 均质细直杆

质量为 m，杆长为 l，z 轴过质心 C 且与杆垂直，如图 11-8(c)所示。距质心为 x 处取长度为 $\mathrm{d}x$ 的微段，则微元质量为

$$\mathrm{d}m = \frac{m}{l} \mathrm{d}x$$

杆对其对称轴 z 的转动惯量为

$$J_z = \int_m x^2 \mathrm{d}m = \int_{-\frac{l}{2}}^{\frac{l}{2}} x^2 \frac{m}{l} \mathrm{d}x = \frac{1}{12} ml^2 \tag{11-16}$$

各种常见几何形体的转动惯量和回转半径均可在工程手册中查到。本书在表 11-1 中仅列出了若干均质简单体的 J_z 和 ρ_z 的计算公式。对于一些非均质、非规则形状的物体的转动惯量，一般可通过实验测量。

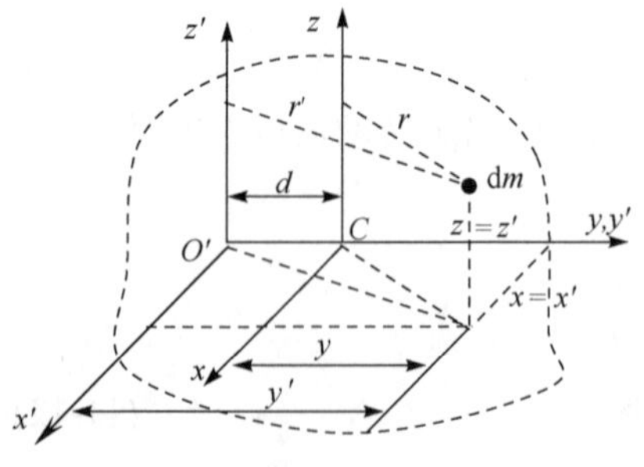

图 11-9

11.4.2　平行移轴定理

平行移轴定理建立了刚体对通过质心轴的转动惯量和与之平行轴的转动惯量之间的关系。

分别以刚体的质心 C 和另一点 O' 为原点建立图 11-9 所示的直角坐标系 $Cxyz$ 和 $O'x'y'z'$，两平行轴 z 和 z' 之间的距离为 d。

设刚体质量为 m。在刚体内任取微元质量 dm 并设该微元体在两坐标系中的坐标分别为 (x,y) 和 (x',y')，两坐标之间的变换关系为

$$x'=x\,,\quad y'=y+d\,,\quad z'=z \tag{11-17}$$

且有　　$r^2=x^2+y^2$，$r'^2=x'^2+y'^2$

表 11-1　几种简单形状匀质刚体的转动惯量

物体形状	简图	轴	转动惯量	回转半径
细直杆	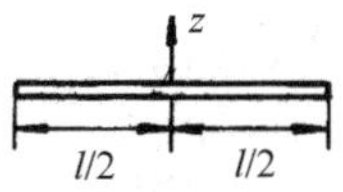	z	$J_z=\frac{m}{12}l^2$	$\rho_z=\frac{\sqrt{3}}{6}l$
细圆环	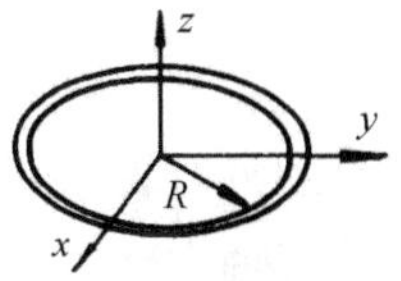	z	$J_z=mR^2$	$\rho_z=R$
		x	$J_x=\frac{m}{2}R^2$	$\rho_x=\frac{\sqrt{2}}{2}R$
圆盘	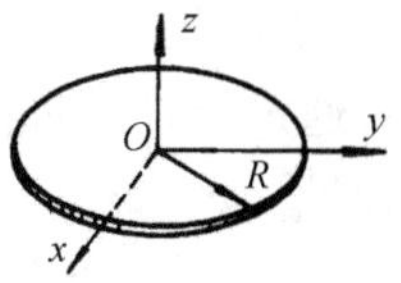	z	$J_z=\frac{m}{2}R^2$	$\rho_z=\frac{\sqrt{2}}{2}R$
		x	$J_x=\frac{m}{4}R^2$	$\rho_x=\frac{1}{2}R$
矩形薄板	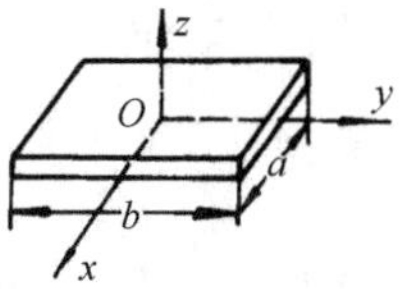	z	$J_z=\frac{m}{12}(a^2+b^2)$	$\rho_z=\frac{\sqrt{3}}{6}\sqrt{a^2+b^2}$
圆柱体	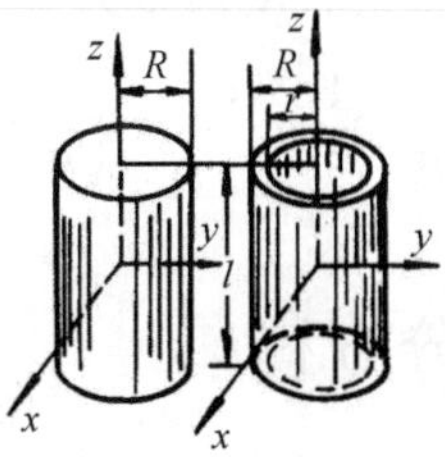	z	$J_z=\frac{m}{2}R^2$	$\rho_z=\frac{\sqrt{2}}{2}R$
		x	$J_x=\frac{m}{4}(R^2+\frac{l^2}{3})$	$\rho_x=\frac{1}{2}\sqrt{R^2+\frac{l^2}{3}}$
厚壁圆筒		z	$J_z=\frac{m}{2}(R^2+r^2)$	$\rho_z=\frac{\sqrt{2}}{2}\sqrt{R^2+r^2}$
		x	$J_x=\frac{m}{4}(R^2+r^2+\frac{l^2}{3})$	$\rho_x=\frac{1}{2}\sqrt{R^2+r^2+\frac{l^2}{3}}$
实心球	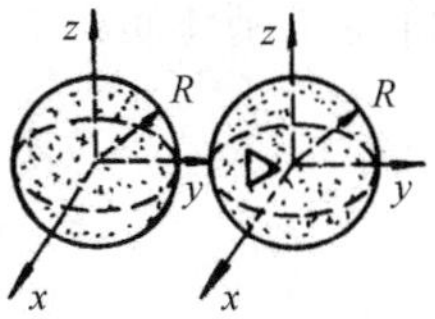	z	$J_z=\frac{2}{5}mR^2$	$\rho_z=\frac{\sqrt{10}}{5}R$
厚度很小的空心球		z	$J_z=\frac{2}{3}mR^2$	$\rho_z=\frac{\sqrt{6}}{3}R$

根据定义式(11-12)，刚体对轴 z 和轴 z' 的转动惯量分别为

$$\left.\begin{aligned} J_z &= \int_m r^2 \mathrm{d}m = \int_m \left(x^2 + y^2\right) \mathrm{d}m \\ J_{z'} &= \int_m r'^2 \mathrm{d}m = \int_m \left(x'^2 + y'^2\right) \mathrm{d}m \end{aligned}\right\} \tag{11-18}$$

将式(11-17)代入式(11-18)，得

$$\begin{aligned} J_{z'} &= \int_m \left[x^2 + \left(y + d\right)^2\right] \mathrm{d}m \\ &= \int_m \left(x^2 + y^2\right) \mathrm{d}m + 2d\int_m y\mathrm{d}m + d^2 \int_m \mathrm{d}m \end{aligned}$$

由质心坐标式(10-3)可知，上式中积分 $\int_m y\mathrm{d}m = my_C$。另注意到坐标系 $Cxyz$ 的原点即为质心 C，故有 $y_C = 0$，即 $\int_m y\mathrm{d}m = my_C = 0$。综合式(11-17)和式(11-18)，得

$$J_{z'} = J_z + md^2 \tag{11-19}$$

表明：刚体对任一轴 z' 的转动惯量，等于刚体对过质心 C 的平行轴 z 的转动惯量加上刚体质量与两平行轴距离 d 的平方之乘积。这就是转动惯量的**平行轴定理**。

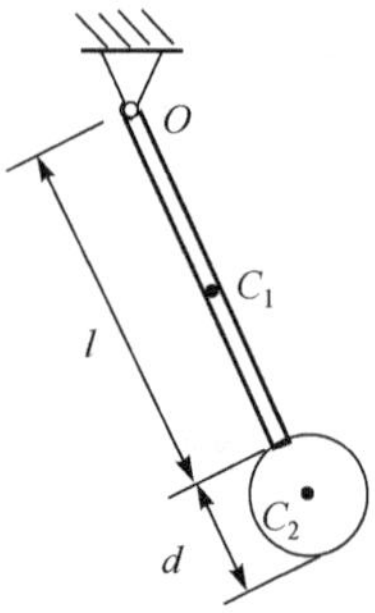

图 11-10

例 11-5 钟摆简图如图 11-10 所示，均质杆质量为 m_1，长度为 l；均质圆盘质量为 m_2，直径为 d。求钟摆对通过点 O 的水平轴的转动惯量。

解 杆对通过点 O 的水平轴的转动惯量为

$$J_{O_1} = \frac{1}{12}m_1 l^2 + m_1\left(\frac{1}{2}l\right)^2 = \frac{1}{3}m_1 l^2$$

圆盘对通过点 O 的水平轴的转动惯量为

$$J_{O_2} = \frac{1}{2}m_2\left(\frac{1}{2}d\right)^2 + m_2\left(l + \frac{1}{2}d\right)^2 = m_2\left(\frac{3}{8}d^2 + l^2 + ld\right)$$

于是，得钟摆对通过点 O 的水平轴的转动惯量为

$$J_O = J_{O_1} + J_{O_2} = \frac{1}{3}m_1 l^2 + m_2\left(\frac{3}{8}d^2 + l^2 + ld\right)$$

*11.5 刚体平面运动微分方程

刚体是一种特殊的质点系。由于各质点间的距离始终保持不变，故质心在其体内的相对位置固定，刚体相对其质心的运动也比较易于描述。只要确定了刚体质心的运动和刚体相对于其质心的运动，则整个刚体的运动即可确定。

11.5.1 平面运动刚体对质心的动量矩

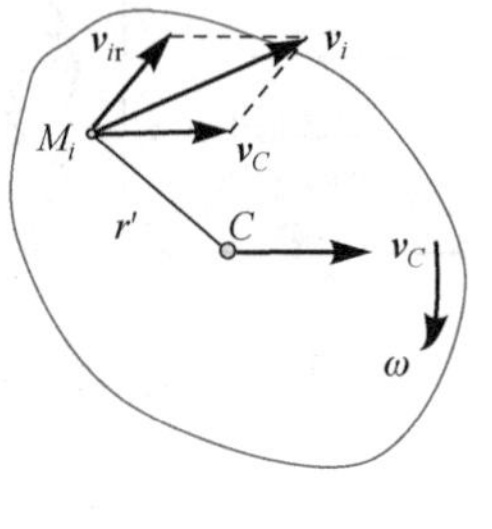

图 11-11

如图 11-11 所示，设平面图形的角速度为ω，其内任一质点 M_i 相对质心 C 的位置矢径为 $\boldsymbol{r}'$，相对速度为 $\boldsymbol{v}_{ir}$，则有

$$v_{ir} = r'\omega$$

且 $\boldsymbol{v}_{ir} \perp \boldsymbol{r}'$。

由式(11-2)，得平面运动刚体对质心 C 的动量矩

$$L_C = \sum (m_i v_{ir} \times r') = \sum (m_i r' \omega \times r') = \sum m_i r'^2 \times \omega$$

式中，$\sum m_i r'^2 = J_C$ 为刚体对质心 C 的转动惯量，所以有

$$L_C = J_C \omega \tag{11-20}$$

即平面运动刚体对质心的动量矩等于刚体对质心的转动惯量与角速度的乘积。

11.5.2　质点系对质心的动量矩定理

将式(11-3)关系代入质点系对定点 O 的动量矩定理，得

$$\frac{\mathrm{d}\boldsymbol{L}_O}{\mathrm{d}t} = \frac{\mathrm{d}}{\mathrm{d}t}(\boldsymbol{r}_C \times m\boldsymbol{v}_C + \boldsymbol{L}_C) = \sum_{i=1}^{n} \boldsymbol{M}_O(\boldsymbol{F}_i^{(e)}) = \sum_{i=1}^{n} \boldsymbol{r}_i \times \boldsymbol{F}_i^{(e)}$$

注意到：$\dfrac{\mathrm{d}\boldsymbol{r}_C}{\mathrm{d}t} \times m\boldsymbol{v}_C = m\boldsymbol{v}_C \times \boldsymbol{v}_C = 0$；$m\dfrac{\mathrm{d}\boldsymbol{v}_C}{\mathrm{d}t} = m\boldsymbol{a}_C = \sum_{i=1}^{n} \boldsymbol{F}_i^{(e)}$；$\boldsymbol{r}_i = \boldsymbol{r}_C + \boldsymbol{r}_i'$。上式等号左、右端分别化为

$$\frac{\mathrm{d}\boldsymbol{L}_O}{\mathrm{d}t} = \frac{\mathrm{d}\boldsymbol{r}_C}{\mathrm{d}t} \times m\boldsymbol{v}_C + \boldsymbol{r}_C \times m\frac{\mathrm{d}\boldsymbol{v}_C}{\mathrm{d}t} + \frac{\mathrm{d}\boldsymbol{L}_C}{\mathrm{d}t} = \sum_{i=1}^{n} \boldsymbol{r}_C \times \boldsymbol{F}_i^{(e)} + \frac{\mathrm{d}\boldsymbol{L}_C}{\mathrm{d}t}$$

$$\sum_{i=1}^{n} \boldsymbol{M}_O(\boldsymbol{F}_i^{(e)}) = \sum_{i=1}^{n} \boldsymbol{r}_C \times \boldsymbol{F}_i^{(e)} + \sum_{i=1}^{n} \boldsymbol{r}_i' \times \boldsymbol{F}_i^{(e)}$$

因为 $\sum_{i=1}^{n} \boldsymbol{r}_i' \times \boldsymbol{F}_i^{(e)} = \sum_{i=1}^{n} \boldsymbol{M}_C\left(\boldsymbol{F}_i^{(e)}\right)$，即为外力对质心 C 的主矩，所以有

$$\frac{\mathrm{d}\boldsymbol{L}_C}{\mathrm{d}t} = \sum_{i=1}^{n} \boldsymbol{M}_C(\boldsymbol{F}_i^{(e)}) \tag{11-21}$$

即：质点系对质心的动量矩对时间的导数，等于作用于质点系的外力对质心的主矩。这就是**质点系对质心的动量矩定理**。该定理在形式上与质点系对固定点的动量矩定理相同。

11.5.3　刚体平面运动微分方程

设质心 C 所在的刚体平面图形在 Oxy 坐标平面中运动，如图 11-12 所示。以质心 C 为基点，则刚体的运动即可分解为随同质心 C 的平动及绕质心 C 的转动两部分，并分别用质心运动定理与对质心的动量矩定理进行描述。

设质心 C 的坐标为 x_C、y_C，刚体的位置角为 φ，并注意到刚体对质心 C 的动量矩为 $L_C = J_C\omega$，其中 J_C 为刚体对过质心 C 且与运动平面垂直的轴的转动惯量，ω 为刚体的角速度，则有

$$\left.\begin{aligned} m\ddot{x}_C &= \sum_{i=1}^{n} F_{ix}^{(e)} \\ m\ddot{y}_C &= \sum_{i=1}^{n} F_{iy}^{(e)} \\ J_C\ddot{\varphi} &= \sum_{n=1}^{n} M_C(\boldsymbol{F}_i^{(e)}) \end{aligned}\right\} \tag{11-22}$$

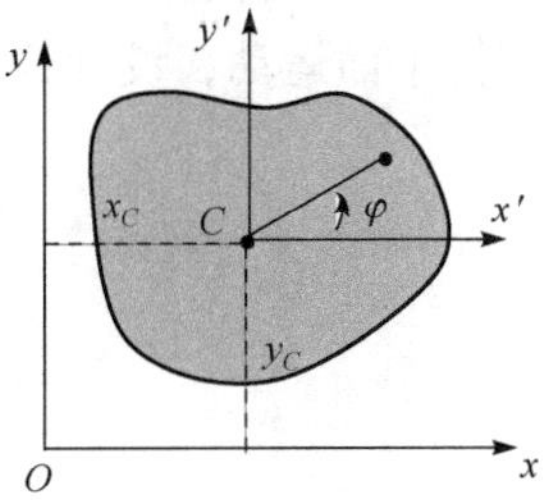

图 11-12

等式右端分别为作用力在 x、y 轴上投影的代数和及对质心 C 的力矩的代数和。式(11-22)即为**刚体平面运动微分方程**，又称为**刚**

体平面运动动力学方程。

例 11-6　如图 11-13 所示，质量为m，半径为r的均质圆盘沿倾角为θ的粗糙斜面向下作纯滚动。求圆盘的运动规律及其所受到的约束反力。

解　取圆盘作为研究对象，受力分析如图 11-13 所示。圆盘作平面运动，质心C的坐标为x、y，圆盘转角为φ。则圆盘作平面运动的动力学方程为

$$m\ddot{x} = mg\sin\theta - F_{\mathrm{s}}$$

$$m\ddot{y} = -mg\cos\theta + F_{\mathrm{N}}$$

$$\frac{1}{2}mr^2\ddot{\varphi} = F_{\mathrm{s}}r$$

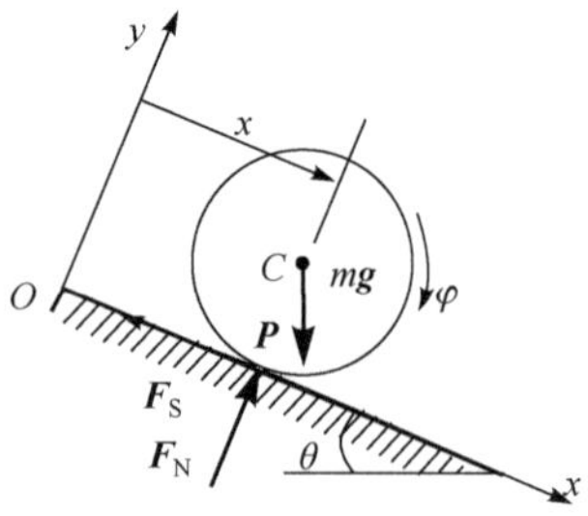

图 11-13

圆盘沿平面作直线纯滚动的运动学关系为

$$y = r\ (\text{即}\ \ddot{y} = 0);\quad r\varphi = x\ (\text{即}\ \ddot{x} = r\ddot{\varphi})$$

联立上述各方程，解得

$$\ddot{x} = \frac{2}{3}g\sin\theta,\quad x = x_0 + v_0t + \frac{1}{3}gt^2\sin\theta$$

$$\ddot{\varphi} = \frac{2g}{3r}\sin\theta,\quad \varphi = \frac{1}{r}(x_0 + v_0t + \frac{1}{3}gt^2\sin\theta)$$

$$F_{\mathrm{s}} = \frac{1}{3}mg\sin\theta,\quad F_{\mathrm{N}} = mg\cos\theta$$

式中，x_0、v_0分别为质心C的初始坐标和速度。

讨论：上述解答的条件是圆盘沿斜面纯滚动。由所得结果可见，当斜面倾角θ不断加大时，需要的摩擦力随之不断增大，直到等于最大值。如果再继续加大θ，圆盘将作又滚又滑的运动。设轮与斜面间的静滑动摩擦因数为f_{s}，则轮沿斜面作纯滚动的条件为

$$F_{\mathrm{s}} \leqslant f_{\mathrm{s}}F_{\mathrm{N}}$$

即

$$\frac{1}{3}mg\sin\theta \leqslant f_{\mathrm{s}}mg\cos\theta$$

$$f_{\mathrm{s}} \geqslant \frac{1}{3}\tan\theta \quad \text{或} \quad \tan\theta \leqslant 3\tan\varphi_{\mathrm{m}}$$

例 11-7　如图 11-14(a)所示，均质直杆AB的质量为m，其一端放在光滑的水平地板上，杆在与铅垂线夹角$\varphi_0 = 30°$的位置无初速地倒下，求此时地板对杆的约束反力。

解：以杆AB为研究对象，只受垂直方向的重力与地面约束力作用，如图 11-14(b)所示。杆作平面运动，设杆长为l，则在任意位置上，杆的平面运动微分方程为

$$m\ddot{x}_C = 0$$

$$m\ddot{y}_C = F_A - mg$$

$$\frac{1}{12}ml^2\ddot{\varphi} = \frac{1}{2}l\sin\varphi\cdot F_A$$

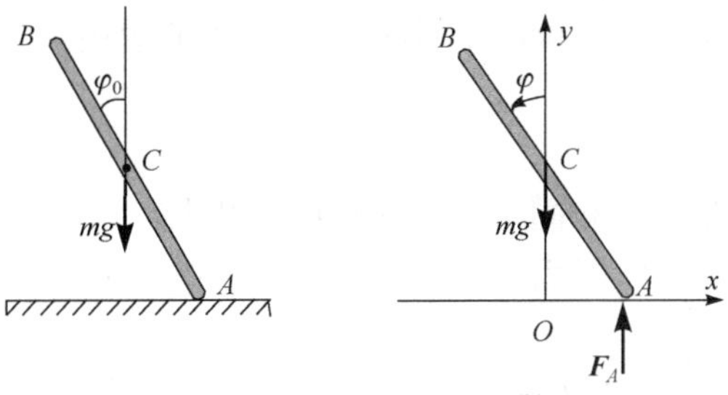

图 11-14

因为 x 方向外力为零，且初始静止，所以质心坐标 x_C 将保持不变。取 y 轴通过质心 C，根据运动约束条件补充几何关系

$$y_C=\frac{1}{2}l\cos\varphi \quad 或 \quad \ddot{y}_C=-\frac{1}{2}l\dot{\varphi}^2\cos\varphi-\frac{1}{2}l\ddot{\varphi}\sin\varphi$$

已知的运动初始条件为 $t=0$，$\varphi=\varphi_0=30°$，$\dot{\varphi}=\dot{\varphi}_0=0$。最后求得

$$F_A=\frac{4}{7}mg$$

跳水运动员入水姿态的控制

跳水运动员要想圆满完成预定动作，对腾空的高度、入水点至跳板的水平距离、在空间的翻转姿势以及入水的角度都有较高的要求。请问完成上述动作分别取决于什么？为什么？

学 习 要 点

基本要求

1. 对动量矩和转动惯量的概念有清晰的理解。熟练地计算质点系的动量矩和绕定轴转动刚体(包括均质细长杆、均质细圆环和均质圆板)的转动惯量。
2. 熟练地应用质点系的动量矩定理(包括动量矩守恒)和刚体绕定轴转动微分方程求解动力学问题。
3. 会应用相对质心的动量矩定理和刚体平面运动微分方程求解动力学问题。

本章重点

1. 质点系的动量矩和转动惯量。
2. 质点系的动量矩定理和刚体绕定轴转动微分方程及其应用。

本章难点

1. 用动量矩定理计算流体对叶轮的转动力矩。

2. 相对质心的动量矩定理。刚体平面运动微分方程的应用。

解题指导

解题的方法步骤与动量定理相同。但需注意以下几点：

(1) 动量矩定理的矩心只能对固定点或质心；动量矩定理的矩轴只能对固定轴或过质心的轴。

(2) 刚体转动微分方程的研究对象只能是一个转动刚体。因此对具有多个转动刚体的系统应用转动定理求解，必需将系统拆成几个单轴。

(3) 列方程时，等号一端的角速度、角加速度与另一端的力矩正向规定要统一，$\frac{\mathrm{d}\omega}{\mathrm{d}t}$是代数量，设为正号。

(4) 刚体平面运动微分方程的研究对象只能是一个刚体。

思 考 题

11-1　放在水平地面上的转椅可绕铅直轴转动，试问坐在转椅上的人不接触地面能否使处于静止的转椅转动？为什么？

11-2　花样滑冰运动员为什么能够通过伸展或收缩双臂与一条腿来改变旋转的速度？

11-3　如思图 11-1 所示可视为均质圆盘的滑轮质量为 m，半径为 r，重物质量分别为 m_A 和 m_B，且 $m_A > m_B$，试问滑轮两侧绳的拉力是否相等？为什么？

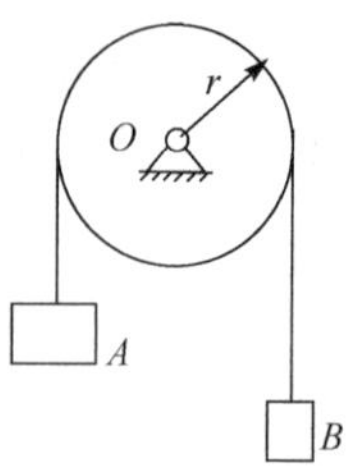

思图 11-1

11-4　均质圆盘平放在光滑水平面上,受力如思图 11-2 所示。$r = R/2$，$F_1 = F_2$。试问各图盘心的加速度是否相等？各盘相对盘心转动的角加速度是否相等？

11-5　思图 11-3 所示传动系统中已知轮 1 作用转矩 M_1，轮 1、轮 2 对各自转轴的转动惯量分别为 J_1、J_2，则轮 1 的角加速度 $\alpha_1 = \frac{M_1}{J_1 + J_2}$，对不对？

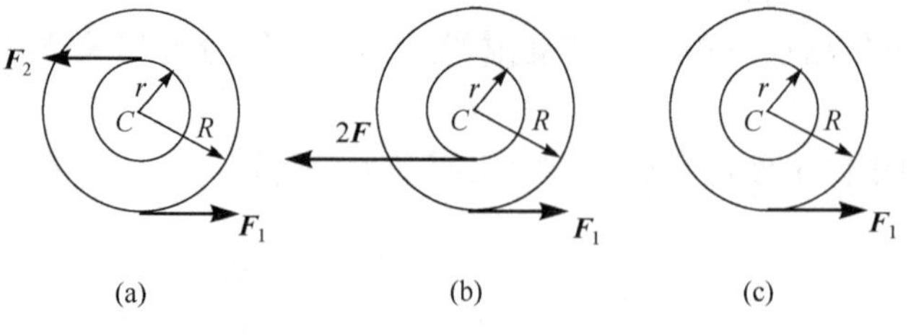

思图 11-2

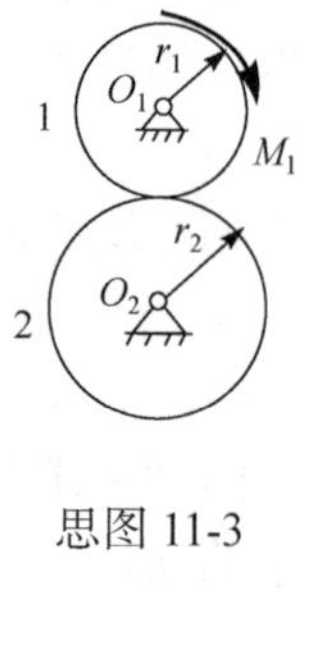

思图 11-3

习　　题

11-1　题图 11-1 所示均质圆盘质量为 m，半径为 r，不计质量的细杆长 l，绕轴 O 转动，角速度为 ω，转向如图所示。求下列三种情况下圆盘对固定轴 O 的动量矩。

(1) 圆盘与杆固结为一体；

(2) 圆盘绕 A 转动，相对于杆的角速度大小为 ω，转向逆时针；

(3) 圆盘绕 A 转动，相对于杆的角速度大小为 ω，转向顺时针。

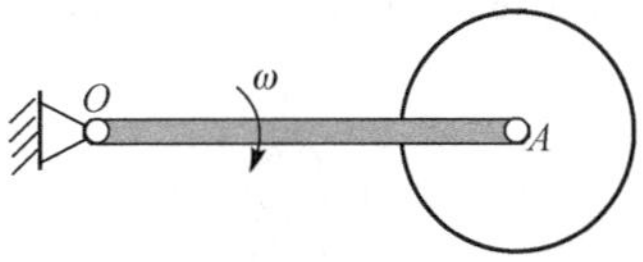

题图 11-1

11-2　各均质体质量和几何尺寸如题图 11-2 所示，试求系统对轴的动量矩。

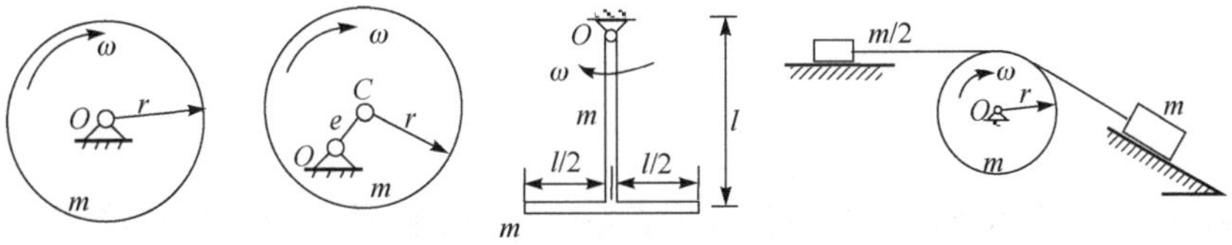

(a)　(b)　(c)　(d)

题图 11-2

11-3　题图 11-3 所示离心式压缩机的转速 $n = 8600\text{r}/\text{min}$，体积流量 $q_V = 370\text{m}^3/\text{min}$，第一级叶轮气道进口直径为 $D_1 = 0.355\text{m}$，出口直径为 $D_2 = 0.6\text{m}$。气流进口绝对速度 $v_1 = 109\text{m/s}$，与切线成角 $\theta_1 = 90°$；气流出口绝对速度 $v_2 = 183\text{m/s}$，与切线成角 $\theta_1 = 21°30'$。设空气密度 $\rho = 1.161\text{kg/m}^3$，试求这一级叶轮所需的驱动转矩。

11-4　两种直角弯头水管道的进、出口速度 $v_1 = v_2 = 10\text{m/s}$，方向分别如题图 11-4(a)、(b) 所示。流量 $q_V = 2\text{m}^3/\text{s}$，密度为 1000 kg/m³，$l = 1\text{m}$，试分别求图(a)、(b)管段 O 处固定端约束的附加动反力。

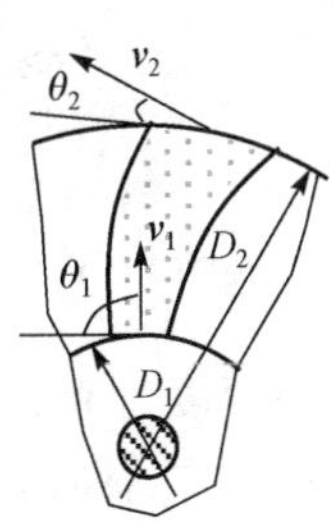

题图 11-3

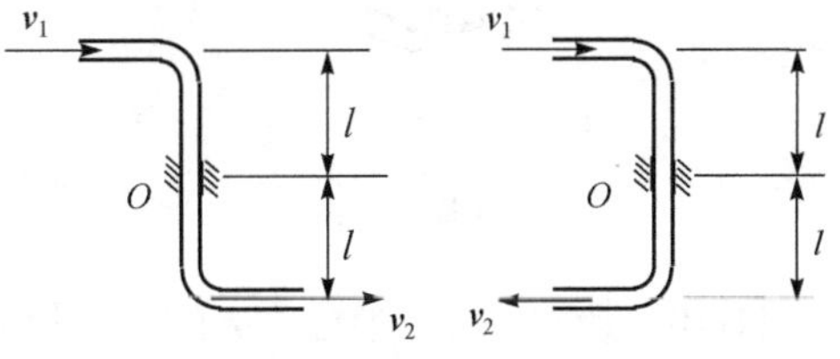

(a)　(b)

题图 11-4

11-5　题图 11-5 所示连杆的质量为 m，质心在 C 点。若 $AC = a$，$BC = b$，连杆对 B 轴的转动惯量为 J_B。求连杆对 A 轴的转动惯量。

11-6　题图 11-6 所示起重机装置由半径为 R，重量为 P 的均质鼓轮 C 及长度 $l = 4R$，重量 $P_1 = P$ 的均质梁 AB 组成，鼓轮安装在梁的中部，其上作用的驱动力矩为 M，被提升的重

物 D 重 $W=\dfrac{1}{4}P$，求物体 D 上升的加速度及支座 A 、B 的约束反力。

11-7　题图 11-7 所示飞轮在力偶矩 $M=M_0\cos\omega t$ 的作用下绕铅直轴转动，沿飞轮的轮幅有两个质量皆为 m 的物块各作周期性运动，初瞬时两物块离轴 O 的距离 $r=r_0$。为使飞轮以匀角速度 ω 转动，求 r 应满足的条件。

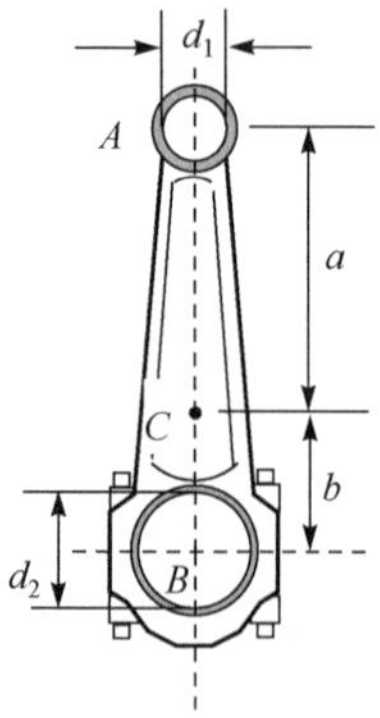

题图 11-5

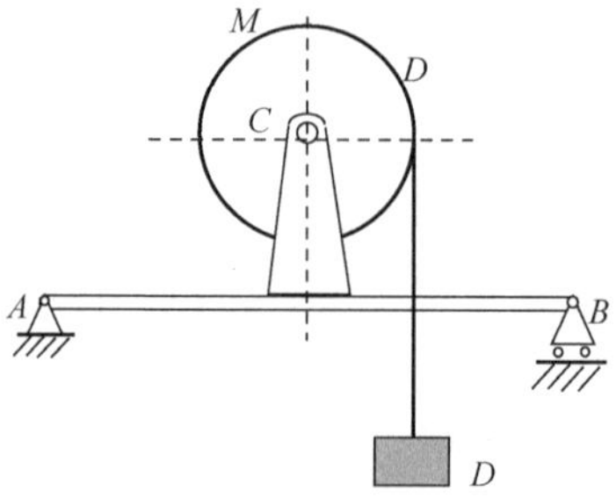

题图 11-6

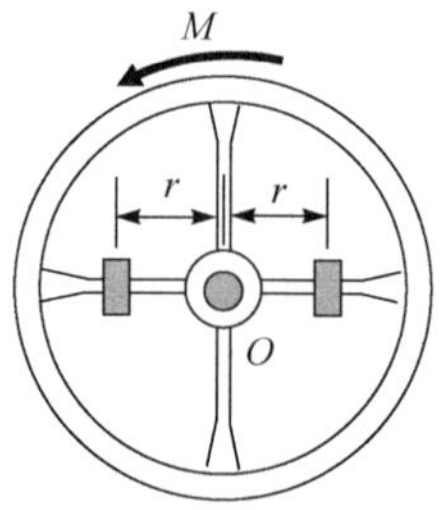

题图 11-7

11-8　题图 11-8 所示飞轮轮缘质量为 m，外径为 D_1，内径为 D_2，以角速度 ω 绕水平中心轴转动。今在闸杆的一端加一铅垂力 $\boldsymbol{F}$ 以使飞轮停止转动。若闸杆与飞轮间摩擦因数为 f，求制动飞轮所需的时间。

11-9　题图 11-9 所示齿轮轴 2 对其转轴的转动惯量 J=0.294 kg · m^2，齿轮 2 被齿轮 1 带动，在 t=2s 内由静止匀加速到 n=120 r / min。若齿轮 2 的节圆半径 R=25 cm，压力角 α=20°。轴承的摩擦阻力忽略不计。求齿轮 1 给齿轮 2 的作用力。

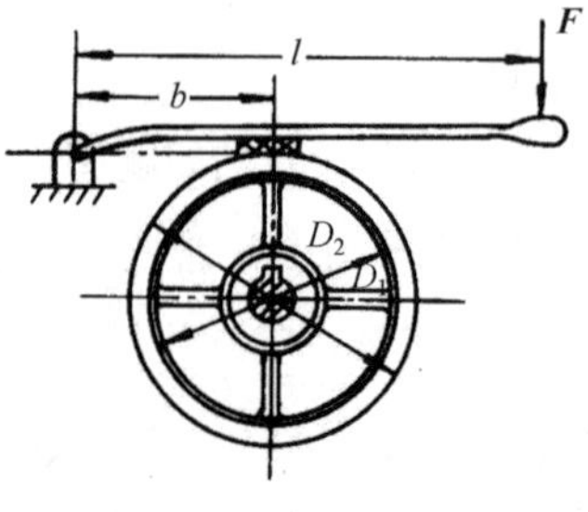

题图 11-8

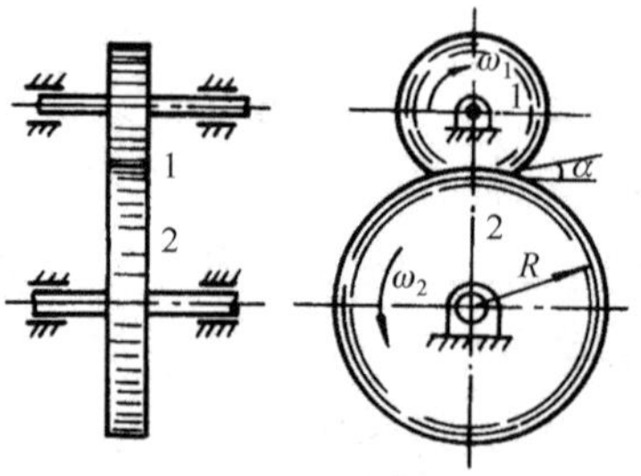

题图 11-9

*11-10　质量为 m，半径为 r 的均质圆柱体置于水平面上，质心速度为 $\boldsymbol{v}_0$，方向水平向右，同时有题图 11-10 所示方向的转动，其初角速度为 ω_0，且 $r\omega_0<v_0$。若圆柱体与水平面间的动摩擦因数为 f，问经过多少时间，圆柱体才能只滚不滑地向前运动？此时质心的速度为多少？

*11-11　题图 11-11 所示均质杆 AB 质量为 m，长度为 l，置于铅垂平面内，A 端放在光滑的水平地板上，B 端靠在光滑的铅垂壁面上，并与水平面成 φ_0 角度，杆由此位置无初速倒下，求：(1)任意瞬时杆的角速度与角加速度；(2)当杆脱离墙面时杆与水平面的夹角。

*11-12　题图 11-12 所示均质圆柱体的质量为 m，半径均为 r，放在倾角为 60° 的斜面上。

用细绳缠绕在圆柱体上，其一端固定于点 A 上，且与点 A 点相连部分平行于斜面，设圆柱体与斜面间的摩擦因数 $f=\dfrac{1}{3}$，求轮沿斜面运动时轮心具有的加速度。

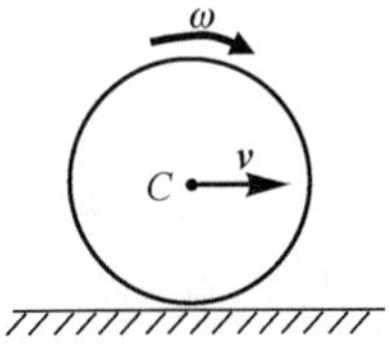

题图 11-10

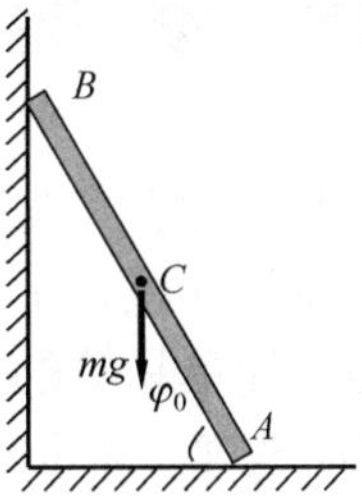

题图 11-11

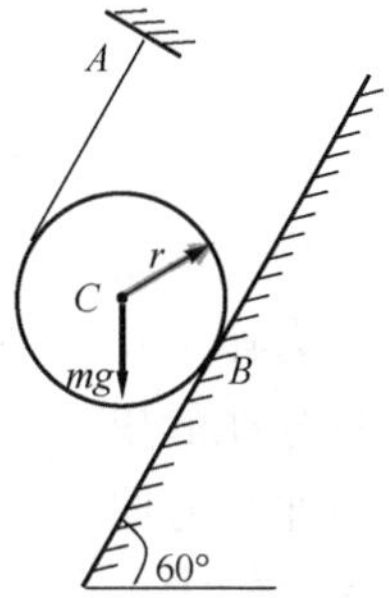

题图 11-12

第 12 章　动 能 定 理

能是物质运动的度量，功是能量变化的度量。从能量的角度看问题，物体动能发生改变，就必然有力作了功。动能定理建立了物体运动过程中的动能变化与作用力的功的关系。对工程中大量存在的单自由度系统，在力的功简单易算的情况下，用动能定理求解系统的运动问题就显得非常方便。动能定理与质心运动定理、动量矩定理以及质点运动微分方程综合应用，可用于解决较为复杂的动力学综合问题。

12.1　力　的　功

在力学中，作用在物体上**力的功**，表征了力在其作用点的运动路程中对物体作用的累积效果。由于在工程中遇到的力有常力、变力或力偶，而力的作用点的运动轨迹有直线也有曲线，下面将分别说明在各种情况下力的功的计算。

12.1.1　常力在直线路程上的功

设质点 M 在常力 $\boldsymbol{F}$ 作用下沿直线由 M_1 运动到 M_2，力 $\boldsymbol{F}$ 与位移 $\boldsymbol{s}$ 之间的夹角为 θ，如图 12-1 所示。则常力 $\boldsymbol{F}$ 在该路程上做的功为

$$W = \boldsymbol{F} \cdot \boldsymbol{s} = Fs\cos\theta = F_\tau s \tag{12-1}$$

式中，F_τ 为力 $\boldsymbol{F}$ 在位移方向的投影。由此可知：当 $\theta < 90^\circ$，功 W 是正值；当 $\theta > 90^\circ$，功 W 是负值，当 $\theta = 90^\circ$，功 W 等于零。功不具有方向意义，所以功是代数量。

在国际单位制中，功的单位为 J(焦耳)，$1\text{J} = 1\text{N}\cdot\text{m}$。

12.1.2　变力的功

设质点 M 在变力 $\boldsymbol{F}$ 作用下沿曲线 M_1M_2 运动，$\boldsymbol{F}$ 与质点运动方向(即速度方向)的夹角为 θ，如图 12-2 所示。

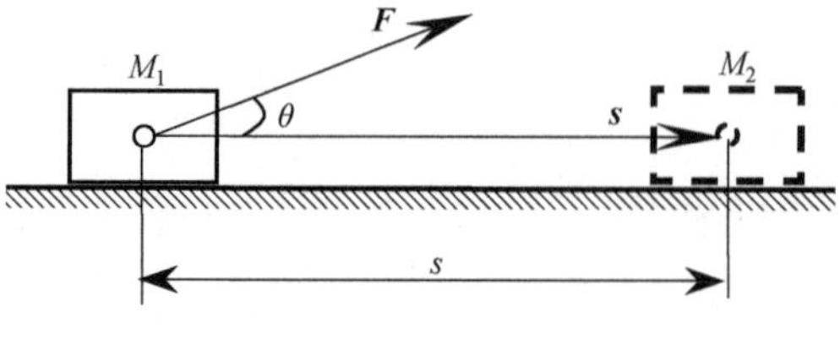

图 12-1

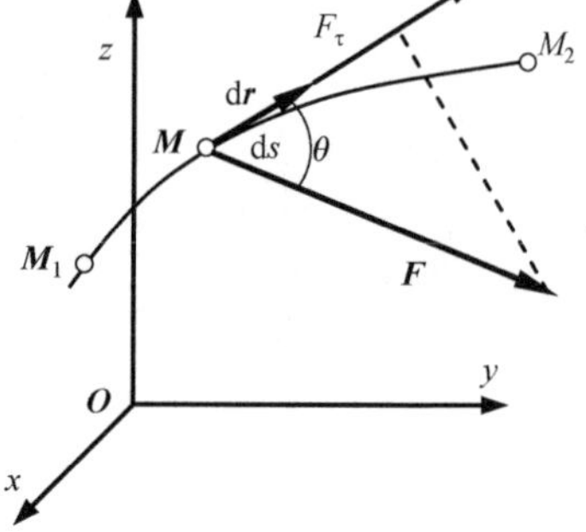

图 12-2

取微路程 ds，与之相对应的微位移为 d$\boldsymbol{r}$。在微路程 ds 上，可将力 $\boldsymbol{F}$ 看作常力，微弧段 ds 可视为直线段，且与沿轨迹切线的微位移 d$\boldsymbol{r}$ 大小相等。则力 $\boldsymbol{F}$ 在微路程 ds 上所做的功为

$$\delta W = \boldsymbol{F} \cdot \mathrm{d}\boldsymbol{r} = F\cos\theta \mathrm{d}s = F_\tau \mathrm{d}s \tag{12-2a}$$

称为**力的元功**。式中 F_τ 为 $\boldsymbol{F}$ 在切线方向的投影。

力的元功只有在某些条件下才有可能是某个多元函数的全微分。

建立直角坐标系 $Oxyz$，设 $\boldsymbol{i}$、$\boldsymbol{j}$、$\boldsymbol{k}$ 分别为 x、y、z 轴的单位向量，则力 $\boldsymbol{F}$ 及作用点的微位移 d$\boldsymbol{r}$ 的解析表达式分别为

$$\boldsymbol{F} = F_x\boldsymbol{i} + F_y\boldsymbol{j} + F_z\boldsymbol{k}$$

$$\mathrm{d}\boldsymbol{r} = \mathrm{d}x\boldsymbol{i} + \mathrm{d}y\boldsymbol{j} + \mathrm{d}z\boldsymbol{k}$$

则有

$$\delta W = \boldsymbol{F} \cdot \mathrm{d}\boldsymbol{r} = F_x \cdot \mathrm{d}x + F_y \cdot \mathrm{d}y + F_z \cdot \mathrm{d}z \tag{12-2b}$$

变力 F 在曲线路程 M_1M_2 上做的功等于它在该路程上所做元功的总和，即

$$\left.\begin{aligned} W &= \int_{M_1M_2}(\boldsymbol{F}\cdot\mathrm{d}\boldsymbol{r}) = \int_{M_1M_2}(F_\tau \cdot \mathrm{d}s) \\ W &= \int_{M_1M_2}(F_x\cdot\mathrm{d}x + F_y\cdot\mathrm{d}y + F_z\cdot\mathrm{d}z) \end{aligned}\right\} \tag{12-3}$$

上述积分在数学上属于线积分，一般情况下，线积分与路径有关。

12.1.3　常见力的功

1. 重力的功

重力属于最常见的常力。设物重为 G，其重心 C 沿曲线从 M_1 点运动到 M_2 点(图 12-3)，取 z 轴铅垂向上，则 $F_x = F_y = 0$，$F_z = -G$，代入式(12-3)，得

$$W = -G(z_2 - z_1) \tag{12-4}$$

式中，z_1、z_2 分别为对应于起始、终点位置重心的高度。可见，重力的功仅取决于物体初始、末了位置的重心高度差，而与重心运动的路径无关。

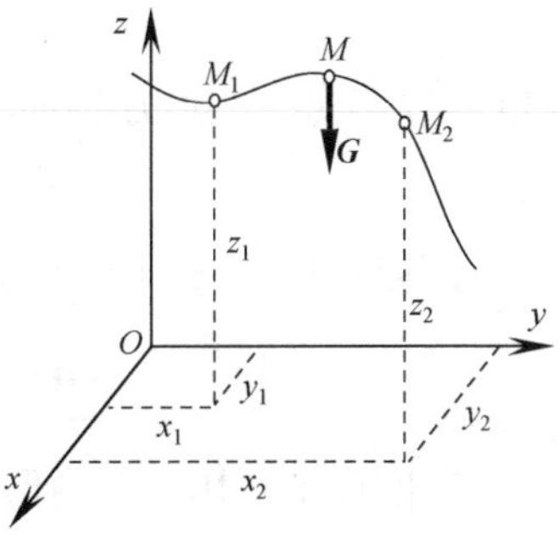

图 12-3

2. 弹性力的功

设弹簧的自然长度为 l_0，与质点 M 连接如图 12-4 所示。在弹性范围内，弹性力的大小与其变形量成正比，即

$$F = k(r - l_0)$$

式中，k 为**弹簧的刚度系数**，单位为 N/m (牛顿/米)；r 为任意位置时弹簧的长度。弹性力 $\boldsymbol{F}$ 的方向与弹簧变形形式有关，当弹簧被拉伸时，$\boldsymbol{F}$ 与矢径 $\boldsymbol{r}$ 方向相反，当弹簧被压缩时，$\boldsymbol{F}$ 与 $\boldsymbol{r}$ 方向相同。因此，弹性力 $\boldsymbol{F}$ 可表示为

$$\boldsymbol{F} = -k(r - l_0)\frac{\boldsymbol{r}}{r}$$

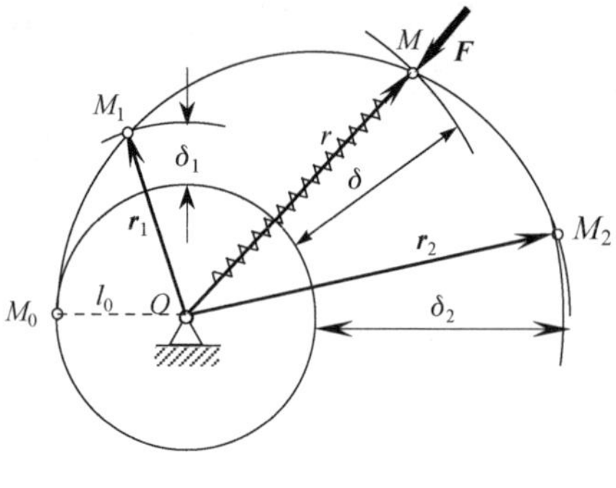

图 12-4

元功　　$\delta W = \boldsymbol{F}\cdot \mathrm{d}\boldsymbol{r} = -k(r-l_0)\dfrac{\boldsymbol{r}}{r}\cdot \mathrm{d}\boldsymbol{r}$

因为 $\dfrac{\boldsymbol{r}}{r}\cdot \mathrm{d}\boldsymbol{r} = \dfrac{\mathrm{d}(\boldsymbol{r}\cdot\boldsymbol{r})}{2r} = \dfrac{\mathrm{d}(r^2)}{2r} = \mathrm{d}r$，于是

$$\delta W = -k(r-l_0)\cdot \mathrm{d}r = -\frac{1}{2}k\mathrm{d}\left(r-l_0\right)^2$$

当质点由点 M_1 运动到 M_2 时，弹性力所做的功为

$$W = \int_{M_1M_2}\delta W = -\frac{1}{2}k\int_{(r_1-l_0)^2}^{(r_2-l_0)^2}\mathrm{d}\left(r-l_0\right)^2$$

$$= -\frac{1}{2}k\left[(r_2-l_0)^2-(r_1-l_0)^2\right]$$

或

$$W = \frac{1}{2}k(\delta_1^{\ 2}-\delta_2^{\ 2}) \tag{12-5}$$

式中，$\delta_1 = r_1 - l_0$、$\delta_2 = r_2 - l_0$ 分别为弹簧初始、末了位置的变形量。由此可见，弹性力做功只与弹簧的初始、末了变形有关，而与其作用点的运动的路径无关。

大小和方向完全由受力质点的位置决定，且做功仅与质点运动的始、末位置有关而与路径无关的力称为**有势力**或**保守力**。

3. 作用于转动刚体上力的功及力偶的功

设刚体可绕固定轴 Oz 转动，力 $\boldsymbol{F}$ 作用于点 M 处，如图 12-5 所示。当刚体有一微小转角 $\mathrm{d}\varphi$ 时，力 $\boldsymbol{F}$ 作用点对应的微小路程为 $\mathrm{d}s$，且

$$\mathrm{d}s = R\cdot \mathrm{d}\varphi$$

式中，R 为点 M 到 Oz 轴的距离。力 $\boldsymbol{F}$ 的元功为

$$\delta W = F_\tau \cdot \mathrm{d}s = F_\tau \cdot R\cdot \mathrm{d}\varphi = M_z(\boldsymbol{F})\cdot \mathrm{d}\varphi$$

刚体转角由 φ_1 到 φ_2 过程中，力 $\boldsymbol{F}$ 所做的功为

$$W = \int_{\varphi_1}^{\varphi_2} M_z(\boldsymbol{F})\cdot \mathrm{d}\varphi \tag{12-6}$$

若刚体上作用一个力偶矩矢量与 Oz 平行的常力偶矩 M，则该力偶在刚体转角由 φ_1 到 φ_2 过程中所做的功为

$$W = \int_{\varphi_1}^{\varphi_2} M\cdot \mathrm{d}\varphi = M(\varphi_2-\varphi_1) \tag{12-7}$$

式(12-7)也适用于作用在平面运动刚体上的力偶做功。

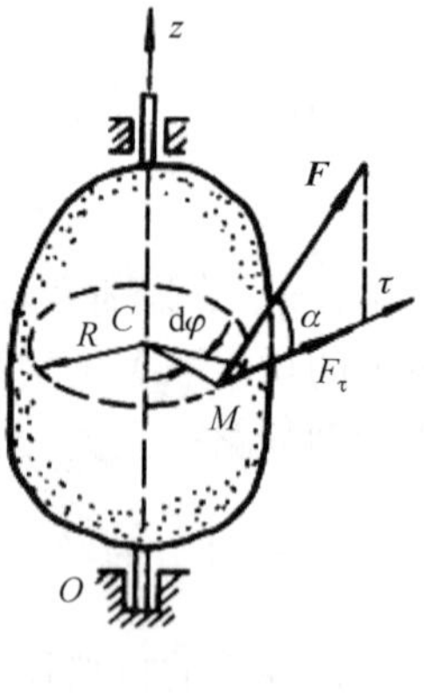

图 12-5

12.1.4　质点系内力的功

图 12-6 所示 A、B 为质点系内任意两质点，相对定点 O 的矢径分别为 $\boldsymbol{r}_A$ 和 $\boldsymbol{r}_B$。设相互作用力分别为 $\boldsymbol{F}_A$ 和 $\boldsymbol{F}_B$，由于互为作用力与反作用力，所以有 $\boldsymbol{F}_A = -\boldsymbol{F}_B$。这对内力的元功之和为

$$
\begin{aligned}
\sum \delta W &= \boldsymbol{F}_A \cdot \mathrm{d}\boldsymbol{r}_A + \boldsymbol{F}_B \cdot \mathrm{d}\boldsymbol{r}_B = \boldsymbol{F}_A \cdot (\mathrm{d}\boldsymbol{r}_A - \mathrm{d}\boldsymbol{r}_B) \\
&= \boldsymbol{F}_A \cdot \mathrm{d}\left(\boldsymbol{r}_A - \boldsymbol{r}_B\right) \\
&= -F_A \cdot \mathrm{d}\overline{BA}
\end{aligned}
$$

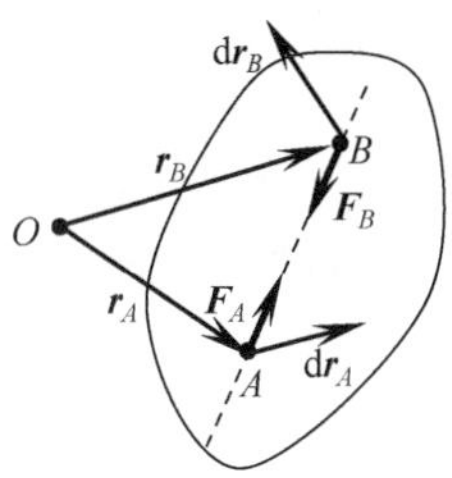

图 12-6

式中，$\overline{BA}$ 表示自质点 B 到质点 A 间的距离。

刚体内任意两点间的距离不变，故刚体内力的功之和为零。

可变质点系内两点间的距离可变，因此，可变质点系内力的功一般不为零。前面已经得到弹性力做功结论即为质点系内力做功的典型例证。

12.1.5　理想约束反力的功

在第 1 章的最后，曾将所介绍的常见约束归为理想约束。

如图 12-7 中，图(a)所示的光滑接触面约束、图(b)所示的固定支座或轴承、图(c)所示的滚动支座约束等，其约束力与元位移 d$\boldsymbol{r}$ 总是相互垂直，故约束力的元功等于零。

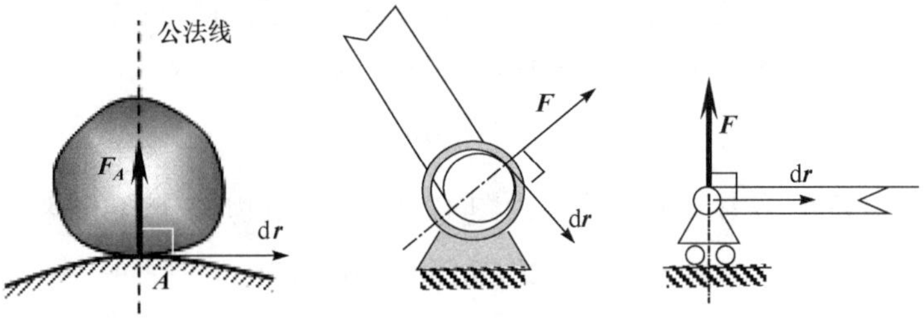

(a)　(b)　(c)

图 12-7

如图 12-8(a)所示的铰链在空间的位移确定时，两构件各自受到的约束力元功并不等于零，但两者互为作用与反作用。作为铰链约束的一对内力，元功之和必等于零；图 12-8(b)所示的链杆约束，由前述刚体内力之功的讨论，不难得出约束力元功之和等于零；图 12-8(c)所示不计质量的绳索不可伸长，其上各点的位移沿绳索的投影相等，因绳索只能承受沿着绳索方向的拉力，故其约束力的元功也等于零。

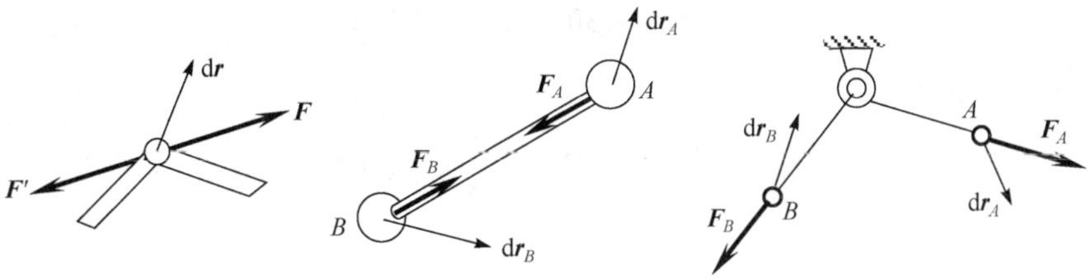

(a)　(b)　(c)

图 12-8

由此定义：约束反力元功之和等于零的约束为**理想约束**。

刚体沿固定面纯滚动时，约束反力的作用点即为速度瞬心 P(图 12-9)。由于速度瞬心的位移 d$\boldsymbol{r}_P$=0，故由支承面所提供的摩擦力 $\boldsymbol{F}_\mathrm{s}$，法向反力 $\boldsymbol{F}_\mathrm{n}$ 均做功为零，可归入理想约束反力功

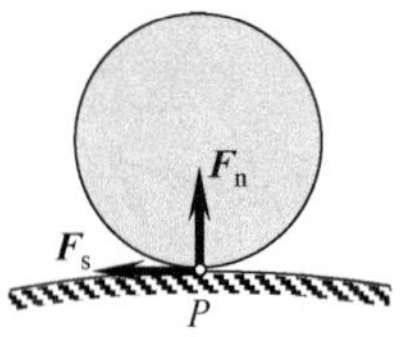

图 12-9

的计算；接触面之间存在相对滑动时，动滑动摩擦力恒做负功，可将其归入主动力做功。

例 12-1　两等长的杆 AC、CB 组成可动结构，如图 12-10 所示。A 处为固定铰支座，B 处为滚动铰支座，且在同一水平面上，两杆在 C 处铰链连接，并悬挂质量为 m 的重物 D，以刚度系数为 k 的弹簧连于两杆的中点。弹簧的原长 $l_0=\dfrac{\overline{AC}}{2}=\dfrac{\overline{BC}}{2}$，不计两杆的重量。试求当 $\angle CAB$ 由 60° 变为 30° 时，重物 D 的重力和弹力所做的总功。

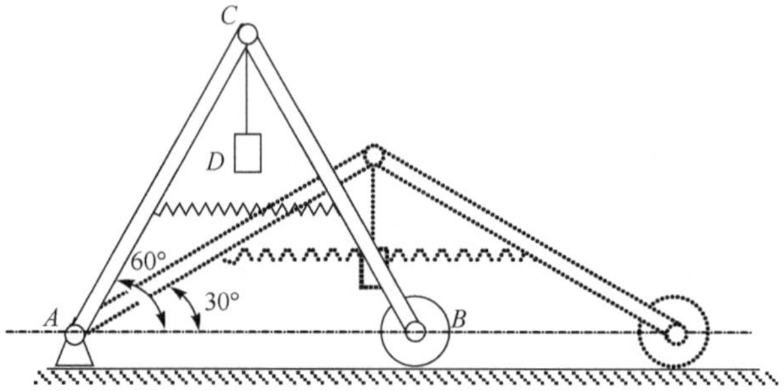

图 12-10

解　(1) 求重物 D 的重力所做的功。由图 12-10 计算重物 D 下降的高度差为

$$\begin{aligned}z_1-z_2&=2l_0(\sin 60°-\sin 30°)\\&=(\sqrt{3}-1)l_0\end{aligned}$$

则重力做的功为

$$W_{12}'=mg(z_1-z_2)=mg(\sqrt{3}-1)l_0$$

(2) 求弹力所做的功。由几何条件知：

当 $\angle CAB=60^\circ$ 时，弹簧伸长量为

$$\delta_1=0$$

当 $\angle CAB=30^\circ$ 时，弹簧伸长量为

$$\delta_2=2l_0\cos 30^\circ-l_0=(\sqrt{3}-1)l_0$$

则弹力所做的功为

$$W_{12}''=\frac{k}{2}(\delta_1^2-\delta_2^2)=-\frac{k}{2}(\sqrt{3}-1)^2l_0^2$$

系统总功为

$$W_{12}=W_{12}'+W_{12}''=mg(\sqrt{3}-1)l_0-\frac{k}{2}(\sqrt{3}-1)^2l_0^2$$

12.2　动　　能

12.2.1　动能的定义

一切运动着的物体都具有一定的能量，运动着的汽锤可以改变锻件的形状并发声、发热，从高处下落的水流可以推动水轮机转动等。许多实际现象表明，物体的质量越大，运动速度越高，其能量相应就越大。

质点的动能等于质点的质量与其速度平方乘积的二分之一，即$\frac{1}{2}mv^2$。

质点系的动能等于质点系内各个质点动能的算术和，记作 T，即

$$T=\sum\frac{1}{2}m_iv_i^2 \tag{12-8}$$

式中，m_i、v_i分别为质点系内任一质点的质量与速度。

在国际单位制中的单位为 J(焦耳)，1 J = 1kg · m^2 / s^2= 1N · m。动能是标量，恒取正值。

例 12-2　图 12-11 所示的质点系由三个质点组成，它们的质量分别为 $m_1=2m_2=4m_3$，绳子不可伸长，绳子及滑轮的质量忽略不计。当 m_1 以速度 $\boldsymbol{v}$ 向下运动时，求系统此时所具有的动能。

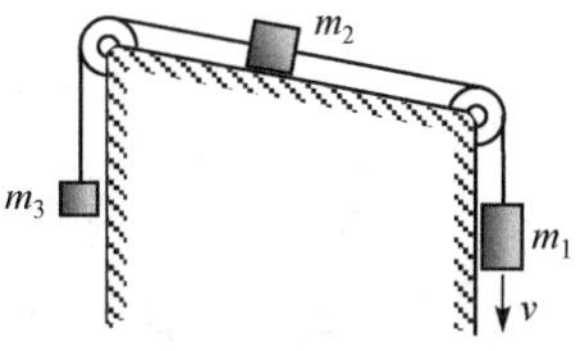

图 12-11

解　由于绳子不可伸长，所以三个质点的速度大小相等，即 $v_1=v_2=v_3=v$。于是得

$$T=\sum\frac{1}{2}m_iv_i^2=\frac{1}{2}m_1v_1^2+\frac{1}{2}m_2v_2^2+\frac{1}{2}m_3v_3^2=\frac{7}{2}m_3v^2$$

12.2.2　常见运动的刚体动能

刚体是不变质点系，无论刚体作何种运动，其各质点的速度之间必满足速度投影定理。

1. 平动刚体的动能

当刚体平动时，在任一瞬时，各质点速度均等于质心速度，即 $v_i=v_C$，如图 12-12 所示。由式(12-8)，得

$$T=\sum\frac{1}{2}m_iv_i^2=\frac{1}{2}\left(\sum m_i\right)v_C^2=\frac{1}{2}mv_C^2 \tag{12-9}$$

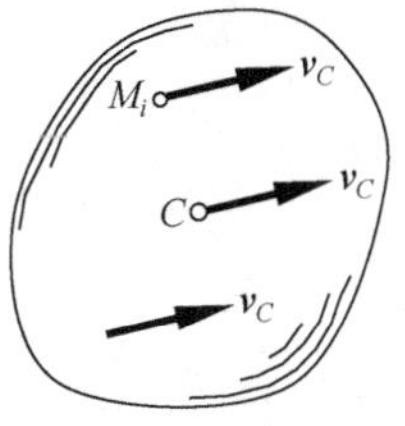

图 12-12

式中，$m=\sum m_i$ 为整个刚体的质量。上式表明：平动刚体的动能等于刚体的质量与质心速度平方乘积的二分之一。

2. 定轴转动刚体的动能

设刚体绕定轴 z 转动，瞬时角速度为ω，如图 12-13 所示。其内任一质点 M_i 的质量为 m_i，到转轴 z 的距离为 r_i，速度 $v_i=r_i\omega$，代入式(12-8)，得

$$T=\sum\frac{1}{2}m_i(r_i\omega)^2=\frac{1}{2}\left(\sum m_ir_i^2\right)\omega^2=\frac{1}{2}J_z\omega^2 \tag{12-10}$$

式中，$J_z=\sum m_ir_i^2$ 是刚体对于转轴 z 的转动惯量。上式表明：转动刚体的动能等于刚体对于转轴的转动惯量与角速度平方乘积的二分之一。

3. 平面运动刚体的动能

如图 12-14 所示，刚体质量为 m，作平面运动的角速度为 ω，某瞬时的速度瞬心为点 P。其内任一质点到点 P 的距离为 r_i，速度 $v_i=r_i\omega$，代入式(12-8)得

$$T=\sum\frac{1}{2}m_i(r_i\omega)^2=\frac{1}{2}\left(\sum m_ir_i\right)\omega^2=\frac{1}{2}J_P\omega^2 \tag{12-11}$$

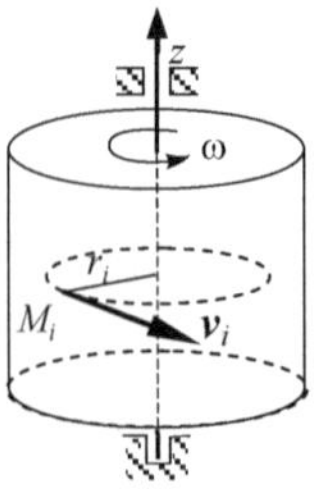

图 12-13

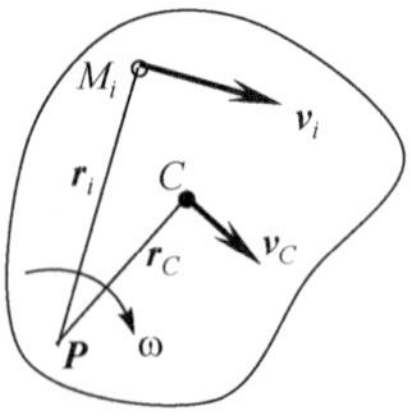

图 12-14

式中，$J_P=\sum m_ir_i^2$，是刚体对通过速度瞬心 P 且与平面图形相垂直的轴的转动惯量。以 J_C 表示刚体对过质心 C 且与平面图形相垂直轴的转动惯量，r_C 表示点 C 到点 P 的距离，则 $J_P=J_C+mr_C^2$，$v_C=r_C\omega$，代入式(12-11)并整理后，得

$$T=\frac{1}{2}mv_C^2+\frac{1}{2}J_C\omega^2 \tag{12-12}$$

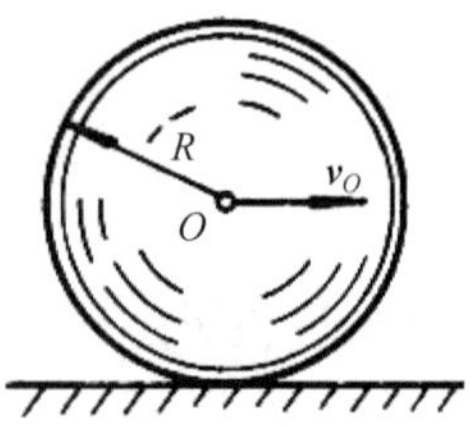

图 12-15

即：**平面运动刚体的动能**等于随质心平动的动能与绕质心转动的动能之和。

例 12-3　半径为 R，质量为 m 的均质圆轮沿地面作直线纯滚动，某瞬时轮心速度为 $\boldsymbol{v}_O$(图 12-15)。求此时轮的动能。

解　由式(12-12)

$$T=\frac{1}{2}mv_O^2+\frac{1}{2}\left(\frac{1}{2}mR^2\right)\left(\frac{v_O}{R}\right)^2=\frac{3}{4}mv_O^2$$

请读者还可根据式(12-11)对上述计算结果进行验证。

12.3　动 能 定 理

将质点系的动能式(12-8)对时间微分，得

$$\mathrm{d}T=\mathrm{d}(\sum\frac{1}{2}m_iv_i^2)=\sum\mathrm{d}\left(\frac{1}{2}m_iv_i^2\right)=\sum m_iv_i\mathrm{d}v_i$$

利用以下关系：$v_i=\mathrm{d}s_i/\mathrm{d}t$，$\mathrm{d}v_i/\mathrm{d}t=a_{i\tau}$，$ma_{i\tau}=F_{i\tau}$，$F_{i\tau}\mathrm{d}s_i=\delta W_i$，进而得

$$\mathrm{d}T=\sum m_i\frac{\mathrm{d}s_i}{\mathrm{d}t}\mathrm{d}v_i=\sum m_i a_{i\tau}\mathrm{d}s_i=\sum F_{i\tau}\mathrm{d}s_i=\sum\delta W_i$$

即

$$\mathrm{d}T=\sum\delta W_i \tag{12-13}$$

表明质点系动能的微分等于作用在质点系上所有力的元功之和，称为质点系动能定理的**微分形式**。

以 T_1、T_2 分别表示质点系在起始和终了时具有的动能，$\sum W_i$ 代表作用在质点系上所有力在对应路程中所作的功，则对上式积分后，得

$$T_2-T_1=\sum W_i \tag{12-14}$$

表明运动过程中，质点系初始与终了位置的动能改变量，等于作用在质点系上的所有力在该过程中的做功总和，即为质点系动能定理的**积分形式**。

由于动能定理所建立的动力学方程中理想约束力不出现，因此为解决单自由度系统的动力学问题提供了捷径，常用来求解速度、加速度(角速度、角加速度)。

例 12-4　如图 12-16 所示，汽车与载荷总重量为 G，轮胎与路面的动滑轮摩擦因数为 f，若以速度 $\boldsymbol{v}_0$ 沿水平直线公路行驶，且不计空气阻力，试求汽车前后轮同时制动到汽车停止所滑过的距离 s。

图 12-16

解　以汽车为研究对象，在刹车到停车这一过程中，车轮卡死与汽车一起作平动。故动能变化为

$$T_2-T_1=0-\frac{1}{2}\frac{G}{g}v_0^2$$

作用于汽车上的力有重力 G，前后轮所受到的法向总反力 $F_n=F_{nA}+F_{nB}=G$ 和动摩擦力 $F_d=fF_{nA}+fF_{nB}=fF_n$。由于 $\boldsymbol{G}$ 与 $\boldsymbol{F}_n$ 均与运动方向垂直，故只有 $\boldsymbol{F}_d$ 做负功，即

$$\sum W=-F_d s=-fGs$$

根据动能定理 $T_2-T_1=\sum W$，得

$$-\frac{1}{2}\frac{G}{g}v_0^2=-fGs$$

由此得到

$$s=\frac{v_0^2}{2gf}$$

一般情况下，汽车急刹车后滑行的距离 s 可通过在路面上所留下的刹车痕迹测得，这样

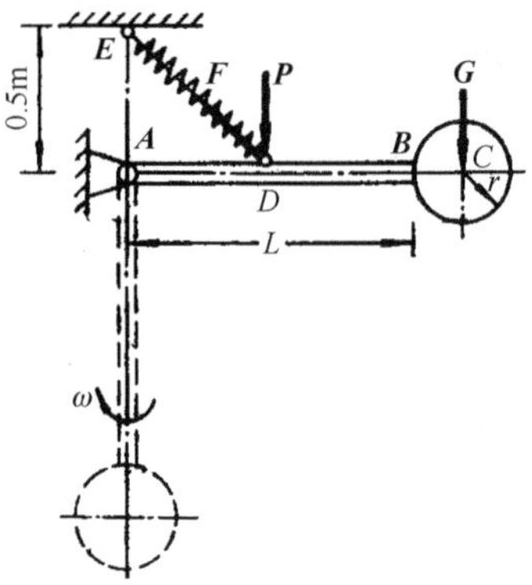

图 12-17

通过上式即可求得汽车刹车前的行驶速度 $v_0 = \sqrt{2fgs}$ 。交警在处理交通事故时，可由此判断司机是否超速行车。

例 12-5　如图 12-17 所示，摆锤由长为 $L = 1\text{m}$ 、重为 $P = 400\text{N}$ 的均质直杆和半径为 $r = 0.2\text{m}$ 、重为 $G = 800\text{N}$ 的均质圆盘组成。弹簧的一端与直杆 AB 的中点 D 连接，另一端固定于 E 点，其原长为 $l_0 = 0.6\text{m}$ ，刚度系数为 $k = 600\,\text{N/m}$ 。求当摆从右侧水平位置无初速地运动到图示铅垂位置时，摆锤的角速度 ω 。

解　取摆为研究对象。系统受理想约束，只有重力 $\boldsymbol{P}$ 、$\boldsymbol{G}$ 及弹性力 $\boldsymbol{F}$ 做功

$$\sum W = P\frac{L}{2} + G(L+r) + \frac{1}{2}k\left(\delta_1^2 - \delta_2^2\right) \tag{1}$$

其中

$$\delta_1 = 0.5\sqrt{2} - 0.6 = 0.107(\text{m})$$

$$\delta_2 = (0.5+0.5) - 0.6 = 0.4(\text{m})$$

摆锤的初动能 $T_1 = 0$ ；当摆锤运动到铅垂位置时，其末动能

$$T_2 = \frac{1}{2}J_A\omega^2 \tag{2}$$

式中，$J_A = \dfrac{1}{3}\dfrac{P}{g}L^2 + \left[\dfrac{1}{2}\dfrac{G}{g}r^2 + \dfrac{G}{g}(L+r)^2\right]$，$\omega$ 为摆锤的角速度。

根据动能定理 $T_2 - T_1 = \sum W$ ，有

$$\frac{1}{2}J_A\omega^2 = P\frac{L}{2} + G(L+r) + \frac{1}{2}k({\delta_1}^2 - {\delta_2}^2) \tag{3}$$

将有关数据代入可解得

$$\omega = 4.10\text{rad/s}$$

例 12-6　电动机带动卷扬机如图 12-18 所示。电动机转矩为 M，视作不变量。主动轴 AB 和从动轴 CD 对各自中心轴的转动惯量分别为 J_1 和 J_2 (包括装在轴上的所有转动件)，卷筒半径为 R，两齿轮的节圆半径之比 $i = r_2 / r_1$ ，提升重物质量为 m，略去轴承摩擦，系统由静止开始提升重物。求重物提升距离 s 时的加速度。

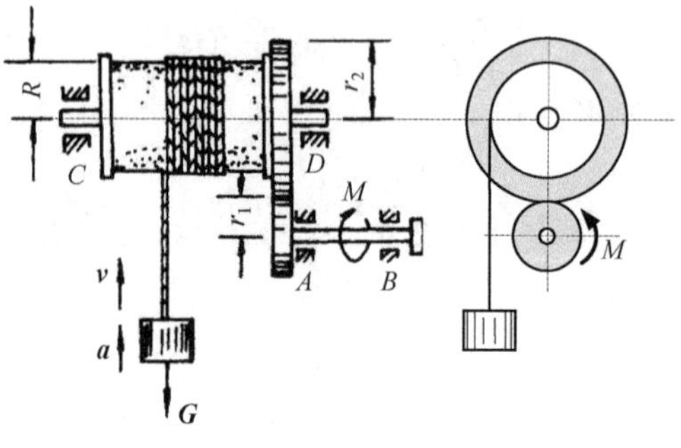

图 12-18

解　以系统研究对象。

在提升重物过程中，只有物体重力 **G** 以及电机转矩 M 做功。

当重物提升距离 s 时，速度为 **v**，加速度为 **a**；从动轴 CD 相应转角为 φ_2，此时的角速度为 ω_2，主动轴 AB 相应的转角为 φ_1，此时的角速度为 ω_1。且

$$v = R\omega_2,\quad r_1\omega_1 = r_2\omega_2$$

可得

$$\omega_2 = v/R,\quad \omega_1 = \frac{r_2}{r_1}\omega_2 = i\frac{v}{R}$$

系统动能为

$$T = \frac{1}{2}J_1\omega_1^2 + \frac{1}{2}J_2\omega_2^2 + \frac{1}{2}mv^2 = \frac{1}{2}\left(\frac{J_1 i^2}{R^2} + \frac{J_2}{R^2} + m\right)v^2$$

由
$$s = R\varphi_2,\quad r_1\varphi_1 = r_2\varphi_2$$

得
$$\varphi_2 = s/R,\quad \varphi_1 = \frac{r_2}{r_1}\varphi_2 = i\frac{s}{R}$$

当重物提升距离 s 过程中，力做功为

$$\sum W = M\varphi_1 - Gs = Mi\frac{s}{R} - Gs = \left(\frac{Mi}{R} - mg\right)s$$

根据质点系动能定理 $T_2 - T_1 = \sum W$ 有

$$T_2 - T_1 = \frac{1}{2}\left(\frac{J_1 i^2}{R^2} + \frac{J_2}{R^2} + m\right)v^2 = \left(\frac{Mi}{R} - mg\right)s$$

上式建立了重物上升距离 s 与其对应速度 v 之间的函数关系。将等式两端对时间 t 求导数，并注意到 $v = \mathrm{d}s/\mathrm{d}t$，$a = \mathrm{d}v/\mathrm{d}t$，得

$$\frac{1}{2}(J_1 i^2 + J_2 + mR^2)2va = (Mi - mgR)Rv$$

于是，得

$$a = \frac{(Mi - mgR)R}{J_1 i^2 + J_2 + mR^2}$$

可见，重物上升的加速度与提升距离 s 无关，该结果适用于提升任意高度的情况。工程中常对重物提升的加速度有一定的限制极值，故由此可求出电动机应提供的转矩 M，以供选择电动机的功率时参考。

例 12-7　卷扬机如图 12-19 所示。鼓轮在矩为 M 的力偶的作用下，将均质圆柱沿斜面上拉。已知鼓轮半径为 R_1，重为 G_1，质量均匀地分布在轮缘上；圆柱的半径为 R_2，重为 G_2，可沿倾角为 α 的斜面作纯滚动。系统从静止开始运动。不计绳重，求圆柱中心 C 经过路程 l 时的速度和加速度。

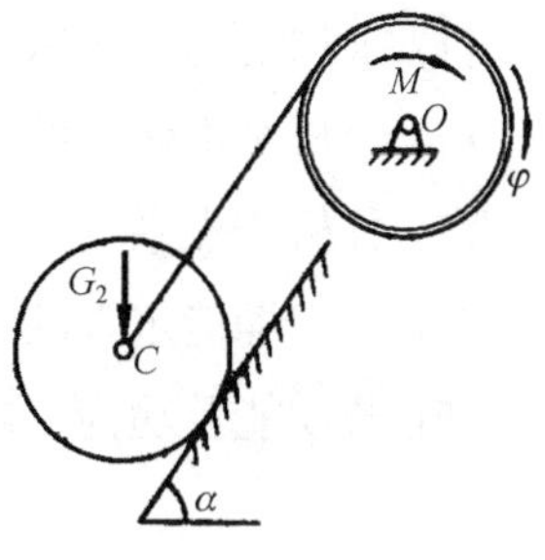

图 12-19

解　取由圆柱、鼓轮和绳索组成的系统为研究对象。系统

受理想约束，只有力偶矩 M 及重力 $\boldsymbol{G}_2$ 做功。当系统从静止开始运动到圆柱中心 C 经过路程 l 的过程中，所有力的功为

$$\sum W = M\varphi - G_2 l\sin\alpha = (M/R_1 - G_2\sin\alpha)l \tag{1}$$

式中，$\varphi = l/R_1$ 为鼓轮的转角。

质点系初瞬时的动能 $T_1 = 0$；设圆柱作平面运动的角速度为 ω_2，中心 C 经过路程 l 时的速度为 v_C；鼓轮作定轴转动的角速度为 ω_1。则系统的动能为

$$T_2 = \frac{1}{2}J_1\omega_1^{\ 2} + \frac{1}{2}J_2\omega_2^2 + \frac{1}{2}\frac{G_2}{g}v_C^{\ 2}$$

式中，$J_1 = \dfrac{G_1}{g}R_1^{\ 2}$，$J_2 = \dfrac{G_2}{2g}R_2^{\ 2}$，分别为鼓轮对中心轴 O 和圆柱对中心轴 C 的转动惯量。将运动学关系 $\omega_1 = v_C/R_1$，$\omega_2 = v_C/R_2$ 代入，得

$$T_2 = \frac{1}{4}\frac{(2G_1 + 3G_2)}{g}v_C^{\ 2} \tag{2}$$

根据质点系动能定理 $T_2 - T_1 = \sum W_i$，有

$$\frac{1}{4}\frac{(2G_1 + 3G_2)}{g}v_C^{\ 2} = \left(\frac{M}{R_1} - G_2\sin\alpha\right)l \tag{3}$$

求得

$$v_C = 2\sqrt{\frac{(M/R_1 - G_2\sin\alpha)gl}{2G_1 + 3G_2}}$$

式(3)对任何位置均成立，故两边对 t 求导，并注意到 $\mathrm{d}l/\mathrm{d}t = v_C$，得

$$\frac{2G_1 + 3G_2}{2g}v_C a_C = (M/R_1 - G_2\sin\alpha)v_C$$

消去 v_C，解得圆柱中心的加速度为

$$a_C = \frac{2g(M/R_1 - G_2\sin\alpha)}{2G_1 + 3G_2}$$

综合上述各例，归纳应用动能定理的解题基本步骤如下：

(1) 根据题意，选取适当的质点系作为研究对象；

(2) 分析全部做功的力，计算所有力的功；

(3) 分析质点系的运动及运动关系，计算选定过程起始、末了位置的动能；

(4) 运用动能定理的有限形式求出速度或角速度；

(5) 若动能及功为一般表达式，则可通过求导运算得到加速度或角加速度。

12.4 功率方程 机械效率

12.4.1 功率

在工程实际中，往往不仅要知道力做功的总量，而且还需要了解完成这些功所需的时间。力在单位时间内所做的功称为**功率**，用 P 表示。它表明了力做功的快慢，是衡量机器工作能力的一个重要指标。

功率的数学表达式为

$$P=\frac{\delta W}{\mathrm{d}t}=\frac{\boldsymbol{F}\cdot\mathrm{d}\boldsymbol{r}}{\mathrm{d}t}=\boldsymbol{F}\cdot\boldsymbol{v}=F_{\tau}v \tag{12-15}$$

式中，$\boldsymbol{v}$ 是 $\boldsymbol{F}$ 作用点的速度。由此可见，功率等于切向力与力作用点速度的乘积。例如，用机床加工零件时，如果切削力越大，切削速度越高，则要求机床的功率越大。又如汽车爬坡需要较大的驱动力，为了控制发动机功率不超过额定值，驾驶员一般选用低速挡。

作用在定轴转动刚体上的力的功率为

$$P=\frac{\delta W}{\mathrm{d}t}=M_z\frac{\mathrm{d}\varphi}{\mathrm{d}t}=M_z\omega \tag{12-16}$$

式中，M_z 是力对转轴 z 的矩；ω 是角速度。在国际单位制中，功率的单位是 W(瓦特)，$1\mathrm{W}=1\mathrm{J/s}=1\mathrm{N\cdot m/s}$。工程中常用 kW(千瓦)或 MW(兆瓦)，$1\mathrm{MW}=10^3\mathrm{kW}=10^6\mathrm{W}$。

工程中电动机的额定功率 P (kW)和额定转速 n (r/min)通常已知，则由式(12-16)即可计算出电动机的输出力偶矩(转矩)为

$$M=\frac{1000P}{\omega}=\frac{60000P}{2\pi n}=9549\frac{P}{n}\approx 9550\frac{P}{n}(\mathrm{N\cdot m}) \tag{12-17}$$

盘山公路的奥秘

在科技和经济欠发达地区，需要翻越大山的公路一般修成“S”形，其中的奥秘是什么？

12.4.2 功率方程

取质点系动能定理的微分形式，两边同除以 $\mathrm{d}t$，得

$$\frac{\mathrm{d}T}{\mathrm{d}t}=\sum\frac{\delta W_i}{\mathrm{d}t}=\sum P_i \tag{12-18}$$

上式称为**功率方程**，即质点系动能对时间的变化率等于作用于质点系上所有力的功率的代

数和。

对于车床等一般的工作机器，功率可分为三个部分，即：输入功率$P_{输入}$(如电动机电场力的功率)；有用功率或输出功率$P_{有用}$(例如切削阻力的功率)；无用功率或损耗功率$P_{无用}$(例如传动过程中的摩擦力功率)。考虑到上述功率的正、负，式(12-18)可写为

$$\frac{\mathrm{d}T}{\mathrm{d}t}=P_{输入}-P_{有用}-P_{无用} \tag{12-19}$$

或

$$P_{输入}=P_{有用}+P_{无用}+\frac{\mathrm{d}T}{\mathrm{d}t} \tag{12-20}$$

即系统的输入功率等于有用功率、无用功率和系统动能变化率的和。

一般来说，机器运转都有启动、正常稳定运转和制动三个阶段，这三个阶段称为机器的一个循环。

启动阶段，机器转速逐渐增加，故$\frac{\mathrm{d}T}{\mathrm{d}t}>0$，这时

$$P_{输入}>P_{有用}+P_{无用}$$

即输入功率要大于有用功率与无用功率之和。

制动(或负荷突然增加时)阶段，机器作减速运动，故$\frac{\mathrm{d}T}{\mathrm{d}t}<0$，这时

$$P_{输入}<P_{有用}+P_{无用}$$

即输入功率小于有用功率与无用功率之和。

正常稳定运转阶段，一般来说是机器匀速转动，故$\frac{\mathrm{d}T}{\mathrm{d}t}=0$，此时输入功率等于有用功率和无用功率之和。即

$$P_{输入}=P_{有用}+P_{无用}$$

称为**机器平衡方程**。

12.4.3　机械效率

如前面所述，机器正常稳定阶段的有用功率总是比输入功率小。工程上以有用功率对输入功率之比，来衡量机器对输入功率的有效利用程度，并称为**机械效率**，以η表示

$$\eta=\frac{P_{有用}}{P_{输入}}=1-\frac{P_{无用}}{P_{输入}} \tag{12-21}$$

机械效率是评价一台机器工作性能的重要指标之一。由于摩擦是不可避免的，故机械效率η的值总是小于1。机械效率越接近于1，有用功率越接近于输入功率，摩擦所消耗的功率也就越小，机器的工作性能越好。

例 12-8　车床的电动机功率$P_{输入}=5.4\mathrm{kW}$。由于传动零件之间的摩擦，损耗功率占输入功率的 30%。设工件的直径$d=100\mathrm{mm}$，请问转速分别为$n=42\mathrm{r/min}$及$n'=112\mathrm{r/min}$时，允许切削力的最大值各是多少？

解　由题意知，车床的输入功率 $P_{输入}=5.4\text{kW}$，损耗的无用功率 $P_{无用}=P_{输入}\times 30\%=1.62\text{kW}$。当工件匀速转动时，有用功率为

$$P_{有用}=P_{输入}-P_{无用}=3.78\text{kW}$$

设切削力为 $\boldsymbol{F}$，切削速度为 $\boldsymbol{v}$，则

$$P_{有用}=Fv=F\frac{d}{2}\cdot\frac{\pi n}{30}$$

即

$$F=\frac{60}{\pi dn}P_{有用}$$

当 n=42 r/min 时，允许的最大切削力为

$$F=\frac{60}{\pi\times 0.1\times 42}\times 3.78=17.19(\text{kN})$$

当 n'=112 r/min 时，允许的最大切削力为

$$F'=\frac{60}{\pi\times 0.1\times 112}\times 3.78=6.45(\text{kN})$$

12.5　动力学综合问题举例

质点系的普遍定理包括动量定理、动量矩定理和动能定理。由于质点系的动量与动量矩的改变仅取决于系统所受到的外力与外力矩，故可应用动量定理或动量矩定理求解包括约束力在内的质点系外力；动能定理是标量形式，由于理想约束力不做功，故方便求解单自由度系统的速度、加速度。在求解比较复杂的动力学问题时，需要根据各定理的特点，联合运用。

例 12-9　如图 12-20 所示，均质圆柱质量为 M，在其上绕一质量可略去不计的细绳，绳的一端 A 固定不动。设开始时圆柱静止，而后释放下落(圆柱质心 C 沿铅垂线下落)，试求其质心 C 的加速度及铅垂段绳子 AB 的张力。

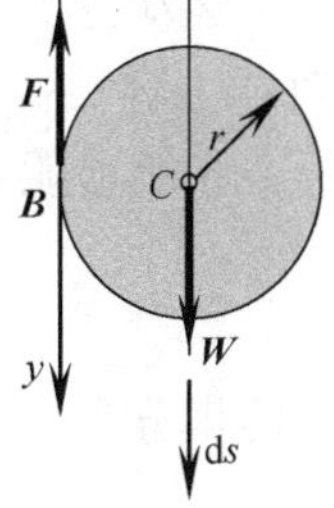

图 12-20

解　圆柱体作平面运动，在运动过程中仅有重力做功。由于所受绳子张力及质心加速度均为未知量，故先用动能定理求出质心加速度，再用质心运动定理求解绳子张力。

研究对象：圆柱。

受力分析：作用在圆柱上的外力有重力 $\boldsymbol{W}$ 及绳拉力 $\boldsymbol{F}$，且仅有重力做功。

运动分析：圆柱作平面运动，B 为其速度瞬心。若质心 C 的位移为 ds，则质心的速度 $v=\mathrm{d}s/\mathrm{d}t$，加速 $a=\mathrm{d}v/\mathrm{d}t$，角速度 $\omega=v/r$。

任一位置圆柱的动能为

$$T=\frac{1}{2}Mv^2+\frac{1}{2}\left(\frac{1}{2}Mr^2\right)\omega^2=\frac{3}{4}Mv^2$$

重力的功率为

$$P = \frac{\delta W}{\mathrm{d}t} = \frac{Mg\mathrm{d}s}{\mathrm{d}t} = Mgv$$

由功率方程式(12-18)

$$\frac{\mathrm{d}T}{\mathrm{d}t} = \frac{3}{2}Mva = \sum P_i = Mgv$$

得

$$a = \frac{2}{3}g$$

由质心运动定理，并向轴投影，得

$$Ma = M\frac{2}{3}g = \sum F^{(e)} = Mg - F$$

解得铅垂段绳子张力

$$F = \frac{1}{3}Mg$$

例 12-10　如图 12-21 所示，A 物质量为 m_1，沿质量为 m_2 的三棱柱 D 的斜面下滑，同时借绕过滑轮 C 的柔绳使质量为 m_3 的物体 B 上升。已知 $m_1 = 3m,\ m_2 = 2m,\ m_3 = m$，斜面倾角为 $30°$，滑轮 C 和绳的质量以及摩擦均略去不计，求三棱柱 D 作用于地板的水平、铅垂压力。

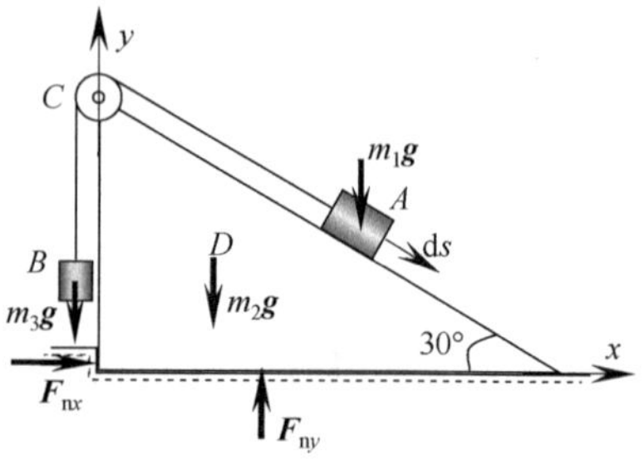

图 12-21

解　本题是求约束反力的问题，显然要用动量定理或质心运动定理求解。但除水平、铅垂反力是未知量外，重物 A、B 的运动速度(或加速度)也是未知的，需要应用其他定理再建立一个方程。考虑到只有重力做功，可选用动能定理。

(1) 先利用动能定理求出 A、B 物的加速度。

研究对象：系统

受力分析：重力 $m_1\boldsymbol{g}$、$m_2\boldsymbol{g}$、$m_3\boldsymbol{g}$ 及地板的约束力 $\boldsymbol{F}_{nx}$，$\boldsymbol{F}_{ny}$。但只有重力 $m_1\boldsymbol{g}$、$m_2\boldsymbol{g}$ 做功。

运动分析：A、B 物平动，D 物静止。设 A、B 物平动位移 $\mathrm{d}s$，速度为 v，加速度为 a，则有 $\mathrm{d}s/\mathrm{d}t = v$，$\mathrm{d}v/\mathrm{d}t = a$。

系统动能为

$$T = \frac{1}{2}(m_A + m_B)v^2 = \frac{1}{2}(3m + m)v^2 = 2mv^2$$

动能微分为

$$\mathrm{d}T = 4mv\mathrm{d}v$$

元功之和为

$$\sum \delta W = (m_1 g\sin 30° - m_3 g)\mathrm{d}s = \frac{1}{2}mg\mathrm{d}s$$

根据动能定理 $\mathrm{d}T = \sum \delta W$，得

$$4mv\mathrm{d}v = \frac{1}{2}mg\mathrm{d}s$$

两端同除以 $\mathrm{d}t$，得 A、B 物的加速度为

$$a = \frac{1}{8}g$$

(2) 再利用质心运动定理求出地板的水平、铅垂压力。

在水平方向

$$\sum m_i a_{ix} = m_1 a \cos 30° = 3m \times \frac{1}{8} g \times \frac{\sqrt{3}}{2} = \frac{3}{16}\sqrt{3}mg = F_{nx}$$

在铅垂方向

$$\sum m_i a_{iy} = -m_1 a \sin 30° + m_3 a = -\frac{1}{2} m \times \frac{1}{8} g = -\frac{1}{16} mg$$
$$= F_{ny} - (m_1 + m_2 + m_3) g = F_{ny} - 6mg$$

解得

$$F_{nx} = \frac{3}{16}\sqrt{3}mg, F_{ny} = \frac{95}{16}mg$$

例 12-11　半径为 r，质量为 m 的均质圆盘可绕轴 O 在铅垂面内转动。轮心 C 系一刚度系数为 k 的弹簧，弹簧另一端固定于 O_1 点，如图 12-22(a)所示。初始圆盘静止于轴 O 正上方，弹簧刚好处于原始长度。试求当圆盘转至轴 O 正下方时轴承的约束反力。

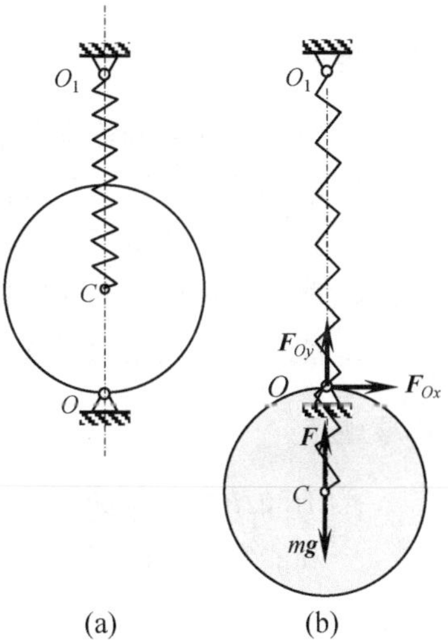

图 12-22

解　求轴承的约束反力需用质心运动定理。质心作圆周运动，为求质心加速度，可用动能定理求角速度，用动量矩定理求特殊位置瞬时的角加速度，再求出质心的切向加速度。

取为研究对象：圆盘。

受力分析：在圆盘上作用有重力 $\boldsymbol{mg}$，弹性力 $\boldsymbol{F}$ 和轴承反力 $\boldsymbol{F}_{Ox}$、$\boldsymbol{F}_{Oy}$，如图 12-22(b)所示。

运动分析：圆盘作定轴转动，质心作圆周运动。质心在最低位置时，质心有法向和切向加速度。

(1) 用动能定理求质心在最低位置时圆盘的角速度。

圆盘由最高位置到最低位置时，力的功为

$$\sum W = mg \times 2r - \frac{k}{2}(4r^2 - 0) = 2rmg - 2kr^2$$

系统初始动能 $T_1 = 0$，末动能为

$$T_2 = \frac{1}{2}J_O\omega^2 = \frac{1}{2}\left(\frac{1}{2}mr^2 + mr^2\right)\omega^2 = \frac{3}{4}mr^2\omega^2$$

由动能定理 $T_2 - T_1 = \sum W$ 得

$$\omega^2 = \frac{4}{3mr^2} \times 2r(mg - kr) = \frac{8}{3mr}(mg - kr)$$

(2) 用转动定理求质心在最低位置时圆盘的角加速度。

由于 $J_O\alpha = \sum M_O\left(\boldsymbol{F}^{(e)}\right) = 0$，得

$$\alpha = 0$$

(3) 用质心运动定理求质心在最低位置时轴承 O 的约束反力。

质心在最低位置时的法向、切向加速度分别为

$$a_C^{\tau} = r\alpha = 0 = a_{Cx};\ a_C^{n} = r\omega^2 = \frac{8}{3m}(mg - kr) = a_{Cy}$$

由质心运动定理

$$ma_C^{\tau} = ma_{Cx} = 0 = F_{Ox}$$

$$ma_C^{n} = ma_{Cy} = \frac{8}{3}(mg - kr) = F + F_{Oy} - mg$$

求得轴承 O 的约束反力

$$F_{Ox} = 0$$

$$F_{Oy} = \frac{8}{3}(mg - kr) + mg - 2rk = \frac{11}{3}mg - \frac{14}{3}kr = \frac{1}{3}(11mg - 14kr)$$

学 习 要 点

基本要求

1. 对功和功率的概念有清晰的理解。能熟练地计算重力、弹性力和力矩的功。
2. 能熟练地计算平动刚体、定轴转动刚体和平面运动刚体的动能。
3. 熟知何种约束反力的功为零，何种内力的功之和为零。
4. 能熟练地应用动能定理求解动力学问题。
5. 能综合应用动力学基本定理求解动力学的综合问题。

本章重点

1. 力的功和物体动能的计算。
2. 动能定理的应用。

本章难点

综合应用动力学基本定理。

解题指导

1. 解题的方法和步骤与动量定理相同。

对于具有理想约束的单自由度系统，如果是由于力作用了一段路程而引起运动变化的问题，可考虑用动能定理求解。需注意以下几点：

(1) 取系统作为研究对象。

(2) 已知力求速度或角速度的问题。应用动能定理有限形式求解。

(3) 已知力求加速度或角加速度的问题。有两种解法：一是用动能定理有限形式求一般位置的速度(或角速度)，再对速度(或角速度)求导数，得到加速度(或角加速度)；另一是用功率方程，即通过对一般位置的动能及功求导，求得加速度(或角加速度)。

2. 计算动能时，注意以下几点：

(1) 区分刚体作平动、转动或平面运动，按公式计算其动能。

(2) 动能公式中的速度是绝对速度，角速度是绝对角速度。

3. 计算力的功时，注意以下几点：

(1) 不论外力、内力，只要做功都要计算。

(2) 功是代数量，各力做功之和要代数相加。

(3) 理想约束的约束反力不做功。

4. 基本定理的综合应用

有许多动力学问题，特别是比较复杂的问题，往往不是应用某个定理所能解决的，需要联合应用几个定理求解。在具体问题中，可根据已知量和待求量以及各定理的特点，经过反复分析、比较确定。而且一个问题常常可有几种求解方法，所以怎样综合应用动力学基本定理，难以总结出一套方法，只能大致归纳出以下思路。

1) 已知运动求力的问题。

(1) 求约束反力。一般可先考虑用动量定理或质心运动定理，对于质心不在转轴的定轴转动刚体和平面运动刚体可考虑用对质心的转动微分方程。

(2) 求流体的动压力。可考虑用质点系的动量定理和动量矩定理。

2) 已知力求运动的问题。

(1) 求速度(角速度)。可考虑用动能定理(力作用了一段路程)、质心运动(动量)守恒定律、动量矩守恒定律。

(2) 求加速度(角加速度)。对质点系可考虑用动量(或质心运动)定理和动量矩定理。对定轴转动刚体，可考虑用刚体转动微分方程。对平面运动刚体，可考虑用刚体平面运动微分方程。对有一个转轴并带有平动刚体的系统，考虑应用动量矩定理。对有两个或多个转轴的系统，以及由转动刚体和平面运动刚体等组成的复杂系统，考虑用功率方程。

思　考　题

思考 12-1　对系统用动能定理能否求出理想约束反力？

思考 12-2　弹簧由其自然位置拉长 10mm 或压缩 10mm，弹力做功是否相等？拉长 10mm 和再拉长 10mm，这两个过程中位移相等，弹力做功是否相等？

思考 12-3　均质圆轮由静止沿斜面滚动，轮心降落高度 h 而到达水平面，如思图 12-1 所示。忽略滚动摩阻和空气阻力，问到达水平面时，轮心的速度 v 与圆轮半径大小是否有关？

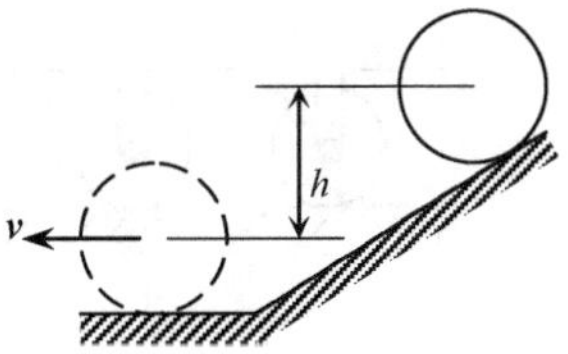

思图 12-1

思考 12-4　汽车起步过程中，靠什么力改变汽车质心的速度？靠什么力改变汽车的动能？

习　　题

12-1　题图 12-1 所示弹簧原长 $l_0 = 10\text{cm}$，刚度系数 $k = 4.9\text{kN/m}$，一端固定在半径 $R = 10\text{cm}$ 的圆周上的 O 点，另一端可以在此圆周上移动。如果弹簧的另一端从 B 点移至 A 点，

再从 A 点移至 D 点，问两次移动过程中，弹簧力所做之功各为多少？图中 OA、BD 为圆的直径，且 $OA \perp BD$。

12-2　题图 12-2 所示系统在同一铅垂面内。套筒的质量 $m = 1\text{kg}$，可在光滑的固定斜杆上滑动，套筒上连接一刚度系数 $k = 200\text{N/m}$ 的弹簧，其另一端固定于 D 点，原长 $l_0 = 0.4\text{m}$。已知 DA 沿铅垂方向，DB 垂直于斜杆。套筒受一沿斜杆向上的常力 $F = 100\text{N}$ 作用，使套筒由 A 点移动到 B 点，试求在此运动过程中，其上各力所做功的总和。

12-3　均质杆 AB 的质量为 M，长为 l，放在铅垂平面内，一端靠着墙壁，另一端 B 沿水平地面滑动。已知当 $\varphi = 30°$ 时，B 端的速度为 $\boldsymbol{v}_B$，如题图 12-3 所示，求该瞬时杆 AB 的动能。

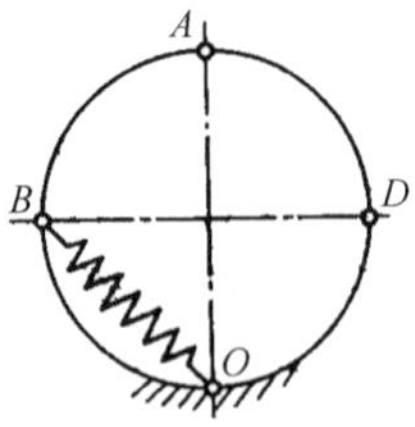

题图 12-1

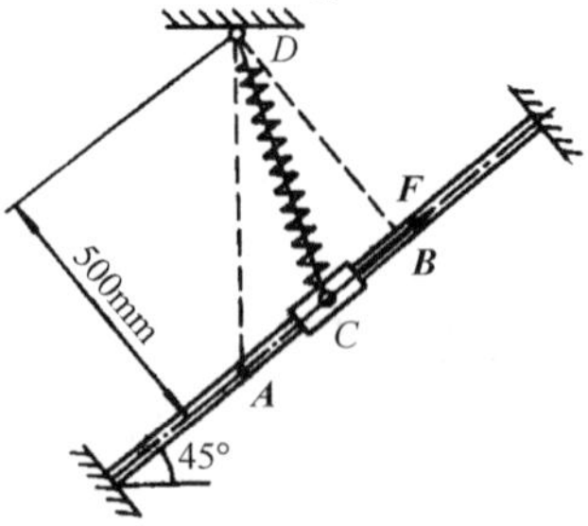

题图 12-2

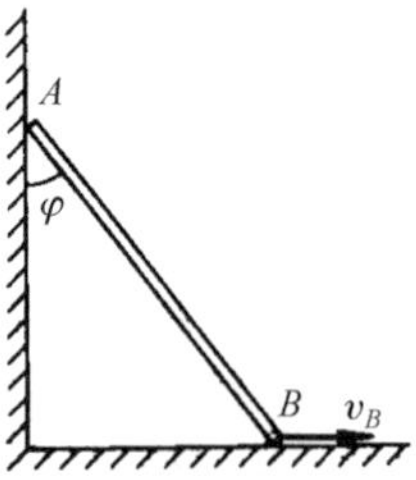

题图 12-3

12-4　题图 12-4 所示车身的质量为 M_1，支承在两对相同的车轮上，每对车轮的质量为 M_2，并可视为半径为 r 的均质圆盘，已知车身的速度为 $\boldsymbol{v}$，车轮沿水平面滚而不滑，求整个车子的动能。

12-5　题图 12-5 所示半径为 r 的均质圆柱重为 G，在半径为 R 的固定圆柱形凹面上作纯滚动。试求圆柱的动能(表示为参数 φ 的函数)。

12-6　题图 12-6 所示滑块 A 的质量为 m_1，以速度 $v = at$ 沿水平面向右作直线运动。滑块上悬挂一单摆，其质量为 m_2，摆长为 l，以 $\varphi = \varphi_0 \sin bt$ 作相对摆动(以上二式中 a、b、φ_0 均为常量)。试计算系统在瞬时 t 的动能。

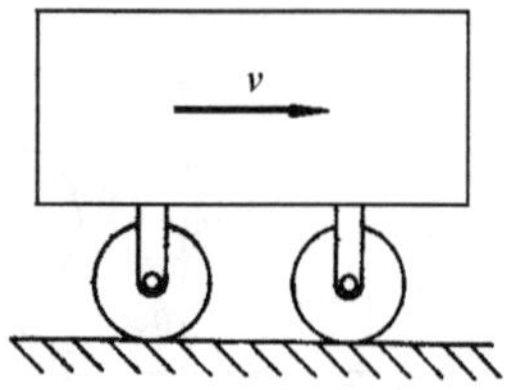

题图 12-4

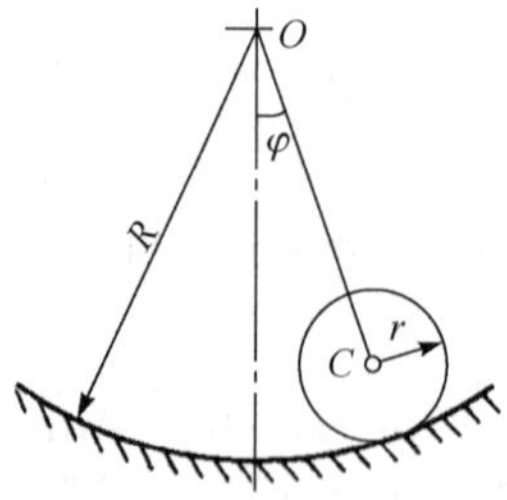

题图 12-5

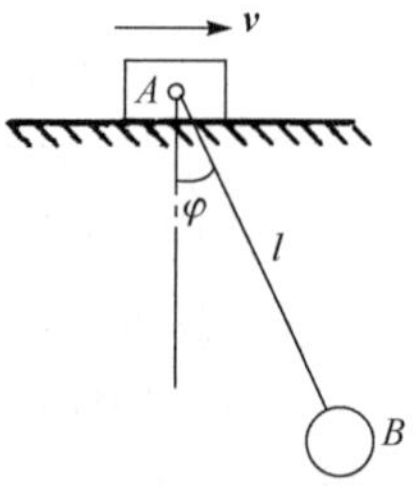

题图 12-6

12-7　题图 12-7 所示系统在同一铅垂面内。质量 $m = 5\text{kg}$ 的小球固连在 AB 杆的 B 端，杆的 C 点处连接着一弹簧，刚度系数 $k = 800\text{N/m}$，弹簧的另一端固定于 D 点。A、D 在同一条铅垂线上。若不考虑 AB 杆的质量，当摆杆自水平静止位置无初速地释放，此时弹簧恰好没有变形，试求当 AB 杆摆到下方铅垂位置时，小球 B 的速度。

12-8　题图 12-8 所示轴Ⅰ和轴Ⅱ连同其上的转动部件，对各自轴的转动惯量分别为 $J_1 = 5\text{kg} \cdot \text{m}^2$，$J_2 = 4\text{kg} \cdot \text{m}^2$，齿轮的传动比 $i = n_1 / n_2 = 3/2$。作用在主动轴Ⅰ上的转矩 $M = 50\text{N} \cdot \text{m}$，它使系统由静止开始转动。问轴Ⅱ经过多少转后，才能获得 $n_2 = 120\text{r}/\text{min}$ 的转速。

12-9　一不变的转矩 M 作用在绞车的鼓轮上，使轮转动如题图 12-9 所示。轮的半径为 r，质量为 m_1，缠绕在鼓轮上的绳子另一端系着一个质量为 m_2 的重物，使其沿倾角为 θ 的倾面上升，重物与斜面间的滑动摩擦因数为 f，绳子质量不计，鼓轮可视为均质圆柱。在开始时，此系统静止，求鼓轮转过 φ 角时的角速度和角加速度。

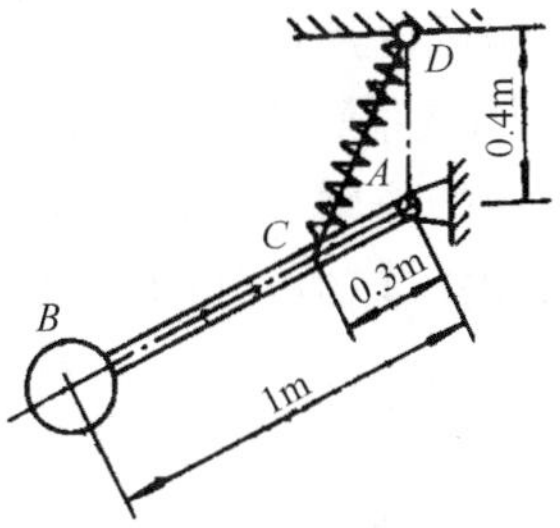

题图 12-7

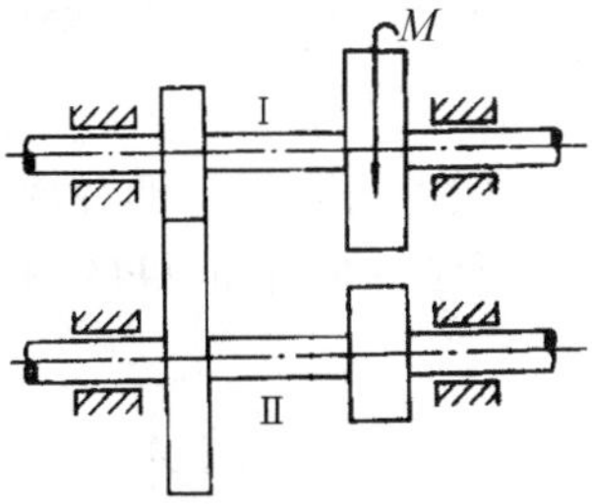

题图 12-8

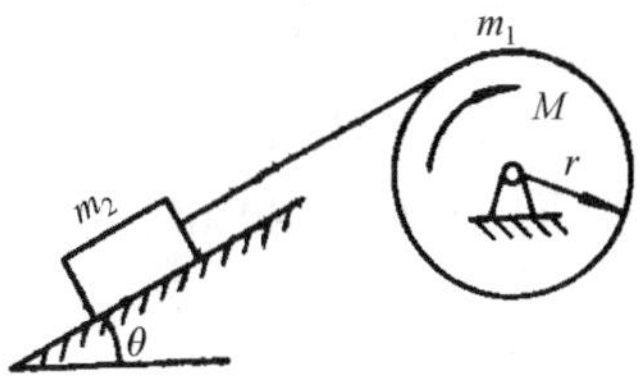

题图 12-9

12-10　椭圆规位于水平面内，由曲柄 OC 带动规尺 AB 运动，如题图 12-10 所示。曲柄和规尺都是均质直杆，重量分别为 P 和 $2P$，且 $\overline{OC}=\overline{AC}=\overline{BC}=l$，滑块 A 和 B 重量均为 G。如作用在曲柄上的转矩为 M，设 $\varphi=0$ 时系统静止，忽略摩擦，求曲柄转过 φ 角时它的角速度和角加速度。

12-11　在题图 12-11 所示机构的铰链 B 处，作用一铅垂向下的力 $P=60\text{N}$，它使杆 AB、BC 张开而圆柱 C 向右作纯滚动。此两杆的长度均为 $l=1\text{m}$，质量均为 $m=2\text{kg}$。圆柱的半径 $R=250\text{mm}$，质量 $M=4\text{kg}$，在两杆的中点 D、E 处连接一根弹簧，其刚度系数 $k=50\text{N/m}$，原长 $l_0=1\text{m}$，若将系统在 $\theta=60°$ 时由静止释放，试求运动到 $\theta=0°$ 时杆 AB 的角速度。

12-12　题图 12-12 所示置于水平面内的行星齿轮机构，曲柄 OO_1 受不变力偶矩 M 作用绕固定轴 O 转动，曲柄带动齿轮 1 在固定齿轮 2 上滚动。设曲柄 OO_1 长为 l，质量为 m，并认为是均质杆；齿轮 1 的半径为 r_1，质量为 m_1，并认为是均质圆盘。试求曲柄由静止转过 φ 角后的角速度和角加速度。不计摩擦。

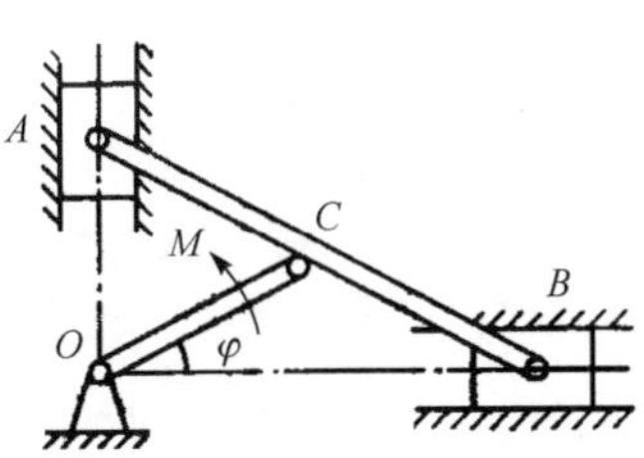

题图 12-10

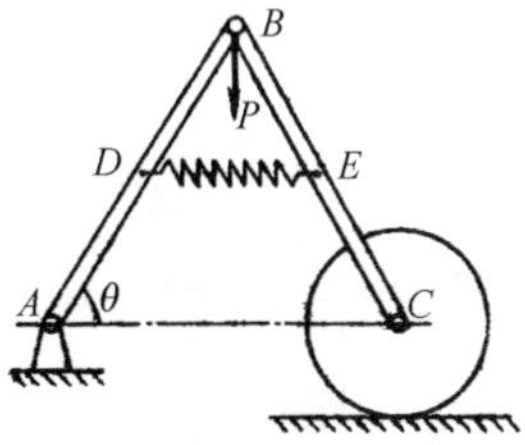

题图 12-11

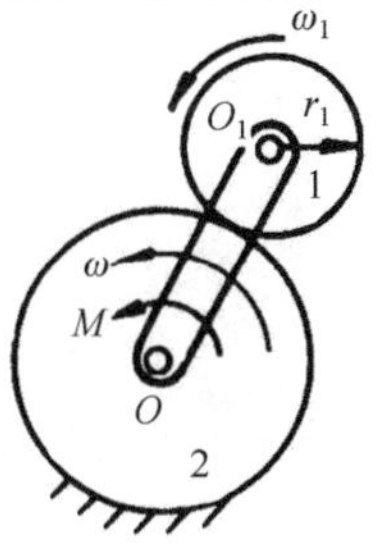

题图 12-12

12-13　题图 12-13 所示三棱柱 A 沿三棱柱 B 的光滑斜面滑动，A 和 B 重量分别为 P 和 G，三棱柱 B 的斜面与光滑水平面成 α 角。若将系统由静止开始释放，求运动时三棱柱 B 的加速度。

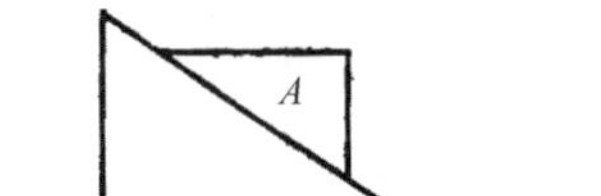

题图 12-13

12-14　A 物重为 P_1，沿三棱柱 D 的斜面下滑，同时借绕过滑轮 C 的绳使重 P_2 的物体 B 上升，如题图 12-14 所示。斜面倾角为 α，滑轮和绳的质量以及摩擦均略去不计，求三棱柱 D 作用于地板小凸台 E 处的水平压力。

12-15　半径为 R，重量为 G 的均质圆柱形滚子 A，沿倾角为 α 的斜面向下作纯滚动，如题图 12-15 所示。滚子借一跨过滑轮 B 的绳索提升一重为 P 的物体。滑轮 B 与滚子 A 分别为半径相等、重量相等的均质圆盘。若不计轴承 B 处的摩擦，求滚子 A 重心的加速度和系在滚子上绳索的张力。

12-16　题图 12-16 所示均质杆 OA 长 30 cm，重 98N，可绕过端点 O 且垂直于图面的水平轴转动，其另一端 A 与一弹簧相连接。弹簧另一端系于固定点 O 刚度系数为 4.9N/cm，原长为 20cm。开始时杆置于水平位置，然后将其无初速释放。由于弹簧的作用，杆即绕 O 轴转动，已知 $\overline{OO_1}=40\text{cm}$，求当杆转至图示铅垂位置时杆的角速度、角加速度和 O 处的反力。

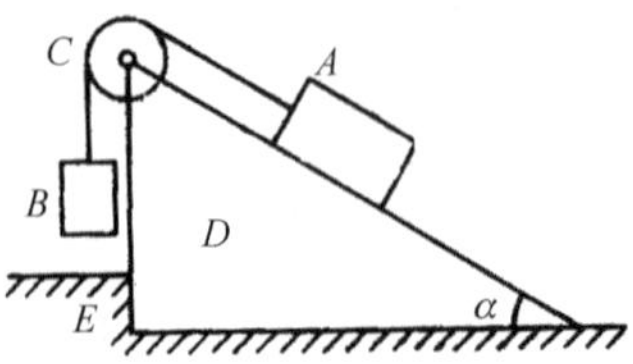

题图 12-14

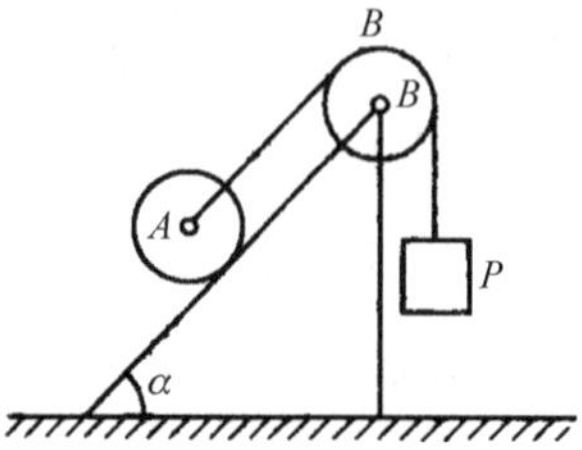

题图 12-15

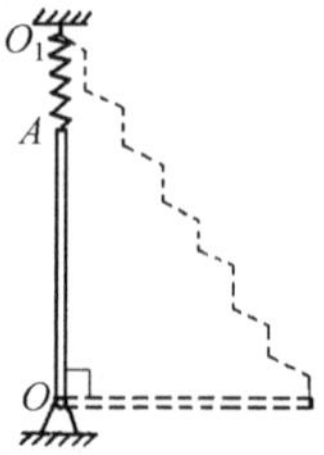

题图 12-16

第 13 章　达朗贝尔原理

达朗贝尔原理提供了一种研究非自由质点系动力学问题的普遍方法。该方法将动力学的问题在形式上转化为静力学的平衡问题，故又称为**动静法**。动静法在求动约束反力和构件的动载荷等问题中得到了广泛的应用。

13.1　惯　性　力

当物体受到外力作用而被迫改变其运动状态时，由于具有惯性，从而力图保持其原有的运动状态，所以必然对施力物体施加有反作用力。

图 13-1

例如沿水平直线轨道推车时(图 13-1)，车因受到人的推力 $\boldsymbol{F}$ 作用而产生加速度 $\boldsymbol{a}$，同时，人的手上也会感觉到有压力 $\boldsymbol{F}_\mathrm{I}$ 作用，而且车子质量越大，车速变化越剧烈，手感的这个压力就越大。由此说明，该力是由车子的惯性引起，故称为车的惯性力。设车的质量为 m，略去一切阻力，则由牛顿第二定律知 $\boldsymbol{F}=m\boldsymbol{a}$，于是，由作用与反作用定律可得车的惯性力为 $\boldsymbol{F}_\mathrm{I}=-\boldsymbol{F}=-m\boldsymbol{a}$。

再如绳子一端系一质量为 m 的小球，并给球以初速度 $\boldsymbol{v}$，用手拉住绳的另一端使球在水平面内作匀速圆周运动(图 13-2)。略去重力影响，小球在水平面内只受拉力 $\boldsymbol{F}$ 作用而被迫改变运动状态，产生加速度 $\boldsymbol{a}=\boldsymbol{a}_\mathrm{n}$。与此同时，小球也对绳子产生反作用力 $\boldsymbol{F}_\mathrm{I}=-\boldsymbol{F}=-m\boldsymbol{a}_\mathrm{n}$，这是由于小球本身具有惯性，力图保持其原来的运动状态不变而对绳子产生的反抗力，该力称为小球的惯性力。由于该力总是沿着球的运动轨迹的法线而背离中心，故又称为**离心力**。该力作用在绳子上。

现将上述特例推广到质点在空间作一般曲线运动的情形。设质点质量为 m，某瞬时的加速度为 $\boldsymbol{a}$，则质点的惯性力

$$\boldsymbol{F}_\mathrm{I}=-m\boldsymbol{a} \tag{13-1}$$

即：质点的惯性力的大小等于质点的质量与加速度大小的乘积，其方向与质点的加速度方向相反。

必须注意，质点的惯性力并不作用在该质点上，而作用于使质点产生加速度的其他物体上。

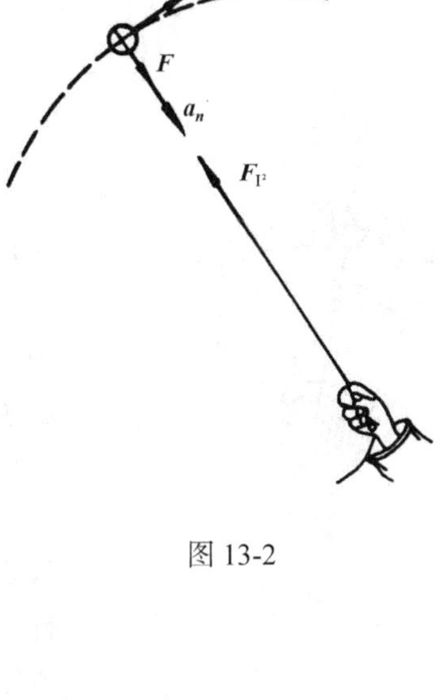

图 13-2

13.2　达朗贝尔原理

13.2.1　质点的达朗贝尔原理

设质量为 m 的非自由质点 M，在主动力 $\boldsymbol{F}$ 和约束反力 $\boldsymbol{F}_{\mathrm{N}}$ 的作用下作曲线运动(图 13-3)，某瞬时的加速度为 $\boldsymbol{a}$。则根据动力学基本方程，有

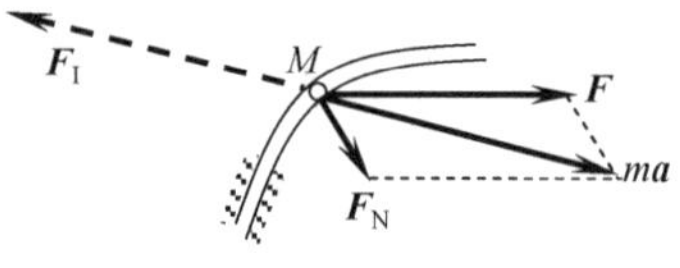

图 13-3

$$\boldsymbol{F} + \boldsymbol{F}_{\mathrm{N}} = m\boldsymbol{a}$$

或
$$\boldsymbol{F} + \boldsymbol{F}_{\mathrm{N}} + (-m\boldsymbol{a}) = 0$$

$-m\boldsymbol{a}$ 即为质点的惯性力 $\boldsymbol{F}_{\mathrm{I}}$，则有

$$\boldsymbol{F} + \boldsymbol{F}_{\mathrm{N}} + \boldsymbol{F}_{\mathrm{I}} = 0 \tag{13-2}$$

这样，式(13-2)在形式上即为一汇交力系的平衡方程，可叙述为：作用于非自由质点上的主动力、约束反力与虚加的惯性力形式上组成平衡力系。该结论称为**质点的达朗贝尔原理**。

例 13-1　为了测定列车的加速度，采用一种称为摆式加速度计的装置。这种装置就是在车箱中挂一单摆，当列车作匀加速直线平动时，摆将稳定在与铅垂线成 θ 角的位置，如图 13-4(a)所示。试求列车的加速度与偏角 θ 之间的关系。

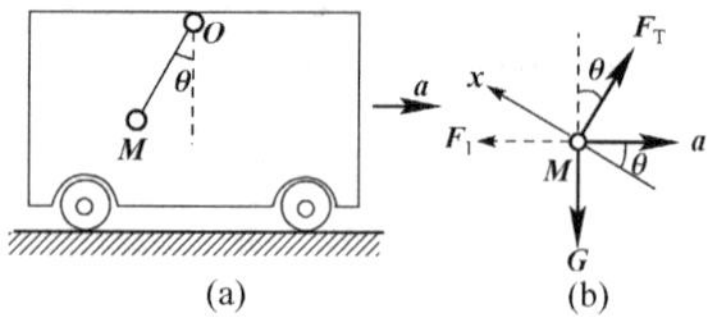

图 13-4

解　取摆锤 M 为研究对象。设摆锤的质量为 m，作用在其上的主动力为重力 $\boldsymbol{G}(G = mg)$，约束反力为摆线的张力 $\boldsymbol{F}_{\mathrm{T}}$，摆锤的受力如图 13-4(b)所示。

当摆稳定在与铅垂线成 θ 角的位置时，摆锤的加速度与列车的加速度相同，设为 $\boldsymbol{a}$，则摆锤的惯性力

$$\boldsymbol{F}_{\mathrm{I}} = -m\boldsymbol{a}$$

根据质点的达朗贝尔原理，有

$$\boldsymbol{G} + \boldsymbol{F}_{\mathrm{T}} + \boldsymbol{F}_{\mathrm{I}} = 0$$

将上式向垂直于 OM 的 x 轴方向投影，可得

$$-G\sin\theta + F_{\mathrm{I}}\cos\theta = 0$$

即
$$-mg\sin\theta + ma\cos\theta = 0$$

于是可求得列车的加速度与偏角 θ 之间的关系为

$$a = g\tan\theta$$

可见，只要测出偏角 θ，即可知道列车的加速度。这就是摆式加速度计的原理。

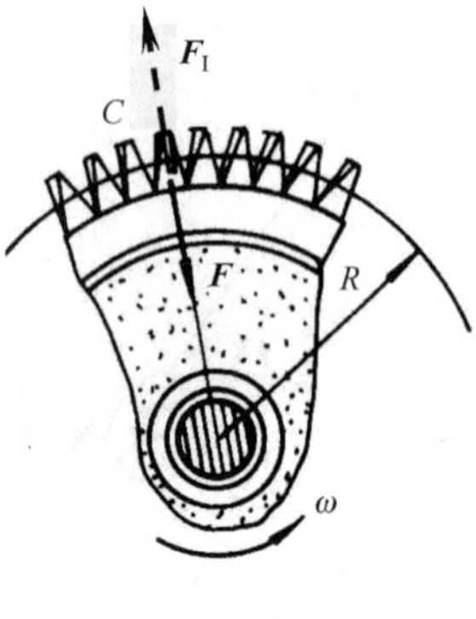

图 13-5

例 13-2　图 13-5 所示为燃气轮机的叶轮，其上沿周长安装有很多径向叶片。每个叶片质量为 0.1 kg，叶片质心至轮轴心的距离 R=500 mm，汽轮机的转速为 10 000 r/min。试求旋转时叶片根部所受的拉力。叶片自重略去不计。

解　取叶片为研究对象，叶轮做匀角速转动。将叶片视为质量集中于其质心 C 的一个质点，其向心加速度为 $a_{\mathrm{n}} = R\omega^2$，故惯性力的大小为

$$F_{\mathrm{I}} = mR\omega^2 = 0.1\times 0.5\times\left(\frac{2\pi\times 10\ 000}{60}\right)^2$$
$$= 54\ 775 = 5.48\times 10^4\,(\mathrm{N})$$

其方向与质心加速度的方向相反，即沿径向向外。应用动静法求叶片根部的力，将惯性力加在叶片上，叶片根部所受的力 $\boldsymbol{F}$ 与惯性力形式上构成平衡力系，即

$$F - F_{\mathrm{I}} = 0$$

由此得
$$F = F_{\mathrm{I}} = 54.8\ \mathrm{kN}$$

此结果说明，叶片根部所受的拉力，大小等于惯性力的大小，其值约为叶片自重的 55000 倍。此力超过叶片材料所能承受的极限时，会引起根部断裂事故。因此，离心惯性力的影响在高速旋转机械中应特别重视。

落体偏东现象

在我们居住的北半球，当物体从高空自由下落时，落点会向东偏离一段距离，这种现象称为**落体偏东**问题。你能定性解释这种现象的力学原因吗?

如果在地面一点将物体垂直上抛，物体到达一定高度后又落回地面，问落点距上抛点的偏离又会如何?

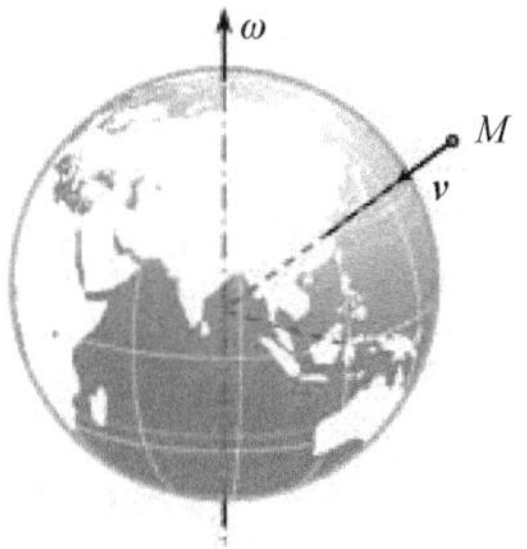

13.2.2　质点系的达朗贝尔原理

设非自由质点系由 n 个质点组成的，其中作用于任一质点的主动力的合力为 $\boldsymbol{F}_i$，约束力的合力为 $\boldsymbol{F}_{\mathrm{N}i}$，对该质点虚加其惯性力 $\boldsymbol{F}_{\mathrm{I}i} = -m_i\boldsymbol{a}_i$，则根据质点的达朗伯原理，有

$$\boldsymbol{F}_i + \boldsymbol{F}_{\mathrm{N}i} + \boldsymbol{F}_{\mathrm{I}i} = 0\ (i = 1,2,\cdots,\ n) \tag{13-3}$$

表明：作用于质点系中任一质点上的主动力、约束力与该质点的惯性力形式上组成平衡力系。这就是**质点系的达朗贝尔原理**。

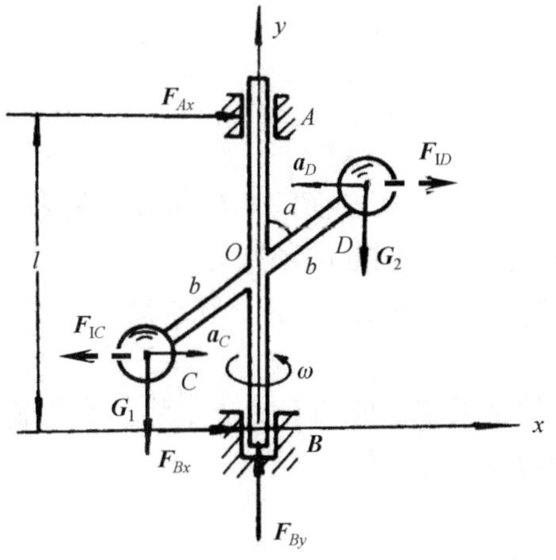

图 13-6

由于质点系内每个质点的主动力、约束反力和惯性力在形式上都组成平衡力系，因此质点系的一部分质点，以至整个质点系，其上所有的主动力、约束反力和惯性力在形式上也组成平衡力系。由静力学的钢化原理可知，质点系的这种形式平衡必然满足刚体的平衡条件，即平衡力系的主矢和对任一点的主矩均等于零。

$$\left.\begin{aligned}&\sum \boldsymbol{F}_i + \sum \boldsymbol{F}_{\mathrm{N}i} + \sum \boldsymbol{F}_{\mathrm{I}i} = 0\\&\sum \boldsymbol{M}_O(\boldsymbol{F}_i) + \sum M_O(\boldsymbol{F}_{\mathrm{N}i}) + \sum \boldsymbol{M}_O(\boldsymbol{F}_{\mathrm{I}i}) = 0\end{aligned}\right\} \tag{13-4}$$

对空间一般力系可列 6 个独立方程；对于平面一般力系可列 3 个独立方程。

例 13-3　质量为 m 的小球 D_1、C_2 与铅垂转轴 AB 刚性连接，如图 13-6 所示。杆 CD 与 AB 夹角为 α。

$OC=OD=b$，$AB=l$。已知角速度 ω=常量，AB 及 CD 均为无重刚性杆。试求轴承 A、B 处的约束反力。

解　取系统为研究对象。系统受两小球重力 $G_1=G_2=G$ 以及 A、B 轴承的约束反力 $\boldsymbol{F}_{Ax}$、$\boldsymbol{F}_{Bx}$ 和 $\boldsymbol{F}_{By}$ 作用。

由于 ω=常量，故两小球的加速度均为法向加速度，大小 $a_n=(b\sin\alpha)\omega^2$，法向惯性力的大小为

$$F_{IC}=F_{ID}=ma_n=mb\omega^2\sin\alpha$$

方向与加速度方向相反。

根据达朗伯原理，作用在系统上的主动力 G_1、G_2，约束反力 F_{Ax}、F_{Bx}、F_{By} 与惯性力 F_{IC}、F_{ID} 形式上组成平衡的平面力系，根据平衡条件，得

$$\sum F_x=0,\quad F_{Ax}+F_{Bx}+F_{ID}-F_{IC}=0 \tag{a}$$

$$\sum F_y=0,\quad F_{By}-G_1-G_2=0 \tag{b}$$

$$\sum M_B(\boldsymbol{F})=0,\quad -F_{Ax}\cdot l-F_{ID}\cdot 2b\cos\alpha=0 \tag{c}$$

将 $G_1=G_2=mg$，$F_{IC}=F_{ID}=mb\omega^2\sin\alpha$ 代入上述方程，解得

$$F_{Ax}=-F_{Bx}=-\frac{mb^2\omega^2\sin\alpha}{l},\qquad F_{By}=2mg$$

可见，F_{Ax} 和 F_{Bx} 都是由于转动而引起的，称为**附加动反力**，它影响高速转子的稳定运转，减少机械的工作寿命。工程中应尽量采取措施减小之。

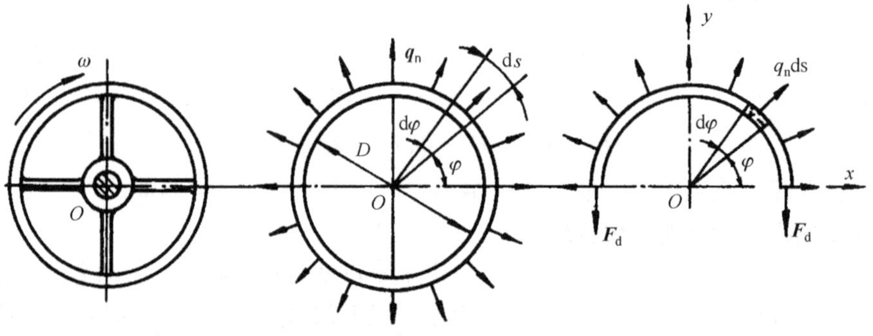

图 13-7

例 13-4　图 13-7(a)所示飞轮以匀角速度 ω 绕过轴心 O 且垂直于盘面的轴转动。设薄圆环的直径为 D，环横截面积为 A，材料密度为 ρ。求轮缘中由于转动引起的动拉力。

解　轮缘中动应力是由于飞轮转动时轮缘各点的惯性力所引起的。因此，在求动应力时，仅将这些惯性力作为轮缘的外载荷，而不考虑轮缘的重力。

为简化计算，则若略去轮辐对轮缘的作用(这样处理的结果使强度偏于安全)，将其简化成为图 13-7(b)所示的均质圆环。环上各质点仅有法向加速度 $\boldsymbol{a}_n$，且有

$$a_n=\frac{D}{2}\omega^2$$

从圆环上取长度为 ds 的微段，其惯性力为

$$dF_{In} = (\rho A ds)a_n = \frac{\rho AD}{2}\omega^2 ds$$

或

$$dF_{In} = q_n ds = q_n\left(\frac{D}{2}d\varphi\right)$$

式中，$q_n = \frac{1}{2}\rho AD\omega^2$ 为单位长度圆环的惯性力，其方向背离圆心，称为圆环上的**惯性力载荷集度**。

为求圆环横截面上的应力，可将环沿直径截开，取其一部分研究，受力分析如图 13-7(c) 所示，其中 $\boldsymbol{F}_d$ 即为飞轮轮缘截面上的动拉力。由 $\sum F_y = 0$，得

$$\int_0^{\pi} q_n \sin\varphi \cdot \frac{D}{2}d\varphi - 2F_d = 0$$

由此解得

$$F_d = \frac{1}{2}q_n D = \frac{1}{4}\rho AD^2\omega^2 = \rho Av^2$$

式中，$v = \frac{D}{2}\omega$，表示飞轮轮缘上任一点的线速度。

可见，飞轮等角速转动时轮缘上的动拉力与其各点的线速度平方成正比。因此，大机组在高速运转时，由其自身的惯性力所引起的轮缘动拉力巨大。为确保飞轮安全运转，在设计时，对其转速应有限制。

13.3　刚体的惯性力系简化

刚体是各质点间距离保持不变的特殊的质点系，为了方便建立其形式上的平衡方程，可根据刚体静力学的力系简化理论，首先对其惯性力系进行等效简化。

刚体惯性力系的主矢

$$\boldsymbol{F}_{IR} = -\sum \boldsymbol{F}_{Ii} = \sum -m_i\boldsymbol{a}_i = -\sum m_i\boldsymbol{a}_i = -m\boldsymbol{a}_C \tag{13-5a}$$

或

$$\left.\begin{aligned} \boldsymbol{F}_{IR}^{\tau} &= -m\boldsymbol{a}_C^{\tau} \\ \boldsymbol{F}_{IR}^{n} &= -m\boldsymbol{a}_C^{n} \end{aligned}\right\} \tag{13-5b}$$

即：刚体惯性力系主矢的大小等于质点系的总质量与质心加速度的乘积，方向与质心加速度的方向相反。刚体惯性力系主矩与简化中心的选取有关。

13.3.1　平动刚体惯性力系的简化

任意瞬时，平动刚体内任一质点 M_i 的加速度 $\boldsymbol{a}_i$ 与质心的加速度 $\boldsymbol{a}_C$ 相同，即 $\boldsymbol{a}_i = \boldsymbol{a}_C$。各质点的惯性力组成一个同向平行力系，与重力分布规律相同。则惯性力系简化为一个通过过质心 C 的合力 $\boldsymbol{F}_{IR}$，如图 13-8 所示。

$$\boldsymbol{F}_{IR} = \sum -m_i\boldsymbol{a}_i = -m\boldsymbol{a}_C \tag{13-6}$$

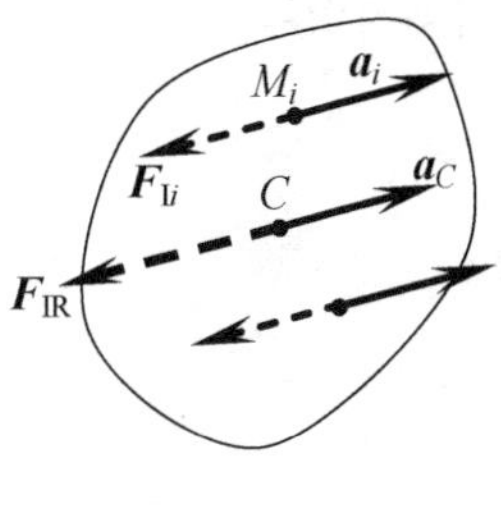

图 13-8

式中，$m=\sum m_i$ 为刚体的质量。由此可知：平动刚体的惯性力系可合成为一个通过质心的合力，其大小等于刚体的质量与质心加速度的乘积，方向与质心加速度的方向相反。

13.3.2 定轴转动刚体惯性力系的简化

设刚体具有一个质量对称平面，且转轴与此平面垂直(图 13-9(a))；刚体瞬时角速度、角加速度分别为 ω 、α 。

设刚体上线段 $M_i'M_i''$ 与转轴平行，其上各点加速度相同。利用对称性，$M_i'M_i''$ 上各点的惯性力可合成为对称平面上点 M_i 处的惯性力 $\boldsymbol{F}_{\mathrm{I}i}^{\mathrm{n}}$ 、$\boldsymbol{F}_{\mathrm{I}i}^{\tau}$；将整个刚体的惯性力系化为对称平面内的惯性力系。再将此平面惯性力系向转轴与对称平面的交点 O 简化。得主矩

$$M_{\mathrm{I}O}=\sum M_O(\boldsymbol{F}_{\mathrm{I}i}^{\tau})+\sum M_O(\boldsymbol{F}_{\mathrm{I}i}^{\mathrm{n}})=-\sum r_i\cdot m_i r_i\alpha=-J_O\alpha$$

式中，负号表明 $M_{\mathrm{I}O}$ 的转向与 α 的转向相反；J_O 为刚体对转轴的转动惯量。于是，定轴转动刚体惯性力系向转轴与对称平面的交点 O 简化结果表达如下：

$$\left.\begin{aligned}&\boldsymbol{F}_{\mathrm{IR}}^{\tau}=-m\boldsymbol{a}_C^{\tau},\quad \boldsymbol{F}_{\mathrm{IR}}^{\mathrm{n}}=-m\boldsymbol{a}_C^{\mathrm{n}}\\&M_{\mathrm{I}O}=-J_O\alpha\end{aligned}\right\}\tag{13-7}$$

表明：具有质量对称平面，且转轴与此平面垂直的转动刚体，惯性力系向转轴与此平面的交点简化的结果为过该点的两个分力和一个惯性力偶(图 13-9(b))。这两个分力的大小分别等于刚体质量与质心切向、法向加速度的乘积，方向分别与质心切向、法向加速度的方向相反；这个力偶的矩等于刚体对转轴的转动惯量与角加速度的乘积，转向与角加速度的转向相反。

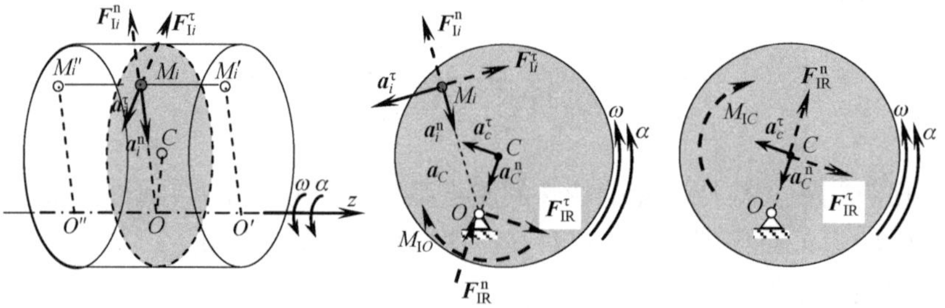

图 13-9

如图 13-10(a)所示，转轴通过质心，则 $F_{\mathrm{I}O}=-ma_C=0$，此时惯性力系简化为一力偶；如图 13-10(b)所示，转轴不过质心，若 $\omega=$ 常量，则 $M_{\mathrm{I}O}=-J_O\alpha=0$ ，此时惯性力系简化为通过点 O 的一惯性力；如图 13-10(c)所示，转轴通过质心，且 $\alpha=0$，则惯性力系主矢与主矩同时等于零。

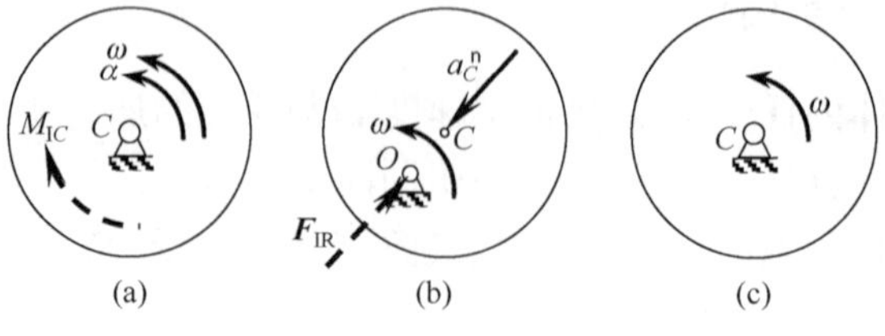

图 13-10

*13.3.3　平面运动刚体惯性力系的简化

设刚体具有一个质量对称平面，且此平面与刚体运动平面平行。首先利用对称性，把刚体的惯性力系化为对称平面内的惯性力系；再将此平面惯性力系向质心 C 简化。

以质心 C 为基点，对称平面上点 M_i 对质心 C 的矢经为 $\boldsymbol{r}_i'$ (13-11a)。质心 C 的加速度为 $\boldsymbol{a}_C$，刚体瞬时角速度、角加速度分别为 ω、α。则

$$\boldsymbol{a}_i = \boldsymbol{a}_C + \boldsymbol{a}_{ir}^{\tau} + \boldsymbol{a}_{ir}^{n}$$

对质心 C 的主矩，以矢量表示为

$$\boldsymbol{M}_{IC} = -\sum(\boldsymbol{r}_i' \times m_i\boldsymbol{a}_C) - \sum(\boldsymbol{r}_i' \times m\boldsymbol{a}_{ir}^{\tau}) = -(\sum m_i\boldsymbol{r}_i') \times \boldsymbol{a}_C - \sum(m_i\boldsymbol{r}_i' \times \boldsymbol{a}_{ir}^{\tau})$$

因 $\sum m_i\boldsymbol{r}_i' = 0$，$a_{ir}^{\tau} = r_i \cdot \alpha$，代入上式并以标量形式表达，有

$$M_{IC} = -\sum m_i r_i' \cdot r_i'\alpha = -(\sum m_i r_i'^2)\alpha = -J_C\alpha$$

式中，负号表明 M_{IC} 的转向与 α 的转向相反；J_C 为刚体对通过质心且垂直于质量对称面的轴的转动惯量。于是，平面运动刚体惯性力系向质心 C 简化结果表达如下：

$$\left.\begin{aligned} \boldsymbol{F}_{IR} &= -m\boldsymbol{a}_C \\ M_{IC} &= -J_C\alpha \end{aligned}\right\} \tag{13-8}$$

表明：具有质量对称平面的刚体，平行于此平面运动时，惯性力系向质心简化的结果为过质心的一个力和一个惯性力偶 (图 13-11b)。这个力的大小等于刚体质量与质心加速度的乘积，方向与质心加速度的方向相反；这个力偶的矩等于刚体对通过质心且垂直于质量对称面的轴的转动惯量与角加速度的乘积，转向与角加速度的转向相反。

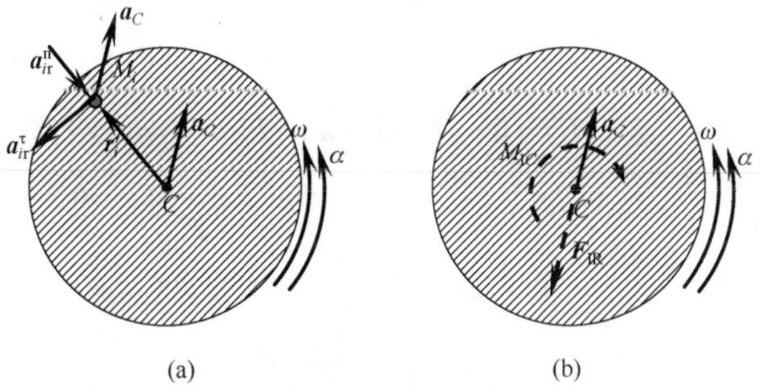

图 13-11

刚体的定轴转动是平面运动的特殊情形，其惯性力也可向质心 C 简化，得到两个惯性分力 $\boldsymbol{F}_{IR}^{\tau}$、$\boldsymbol{F}_{IR}^{n}$ 和一个惯性力偶 M_{IC} (图 13-9c)，其中

$$\left.\begin{aligned} \boldsymbol{F}_{IR}^{\tau} &= -M\boldsymbol{a}_C^{\tau}, \quad \boldsymbol{F}_{IR}^{n} = -M\boldsymbol{a}_C^{n} \\ M_{IC} &= -J_C\alpha \end{aligned}\right\} \tag{13-9}$$

引用上述刚体惯性力系的简化结果时，请注意两点。其一是刚体具有质量对称平面，且此对称平面始终与某一固定平面平行；其二是与明确的简化中心(如质心 C 或转轴与质量对称平面的交点 O)相对应，惯性力必须画在简化中心上。

应用达朗贝尔原理求解的一般方法步骤如下：

(1) 选取适当的研究对象；

(2) 对研究对象进行受力分析，并画出受力图；

(3) 对研究对象进行运动分析，并将惯性力系的简化结果虚加在受力图上；

(4) 根据刚体的达朗贝尔原理建立平衡方程；

(5) 解方程，求出待求量。

例 13-5　汽车重W，以加速度a作水平直线平动，如图 13-12(a)所示。汽车重心C离地面的高度为h，汽车前后轮轴到通过重心的铅垂线的距离分别为b和d。若不计前后轮的质量，求其前后轮的正压力。

解　取汽车为研究对象。受到的外力有：重力$\boldsymbol{W}$，两个前轮受到的地面正压力的合力$\boldsymbol{F}_{NA}$和摩擦力的合力$\boldsymbol{F}_A$，两个(或四个)后轮受到的地面正压力的合力$\boldsymbol{F}_{NB}$和摩擦力的合力$\boldsymbol{F}_B$。

图 13-12(b)所画的实际上是沿汽车的纵向对称面的剖面图，上述诸力都分布在此对称面内。因为汽车以加速度$\boldsymbol{a}$平动，所以其惯性力系可用一个加在质心C上的合力$\boldsymbol{F}_{IR}=-\dfrac{W}{g}\boldsymbol{a}$。题设$\boldsymbol{a}$的方向向前，于是$\boldsymbol{F}_{IR}$的方向向后，大小为

$$F_{IR}=\frac{W}{g}a \tag{1}$$

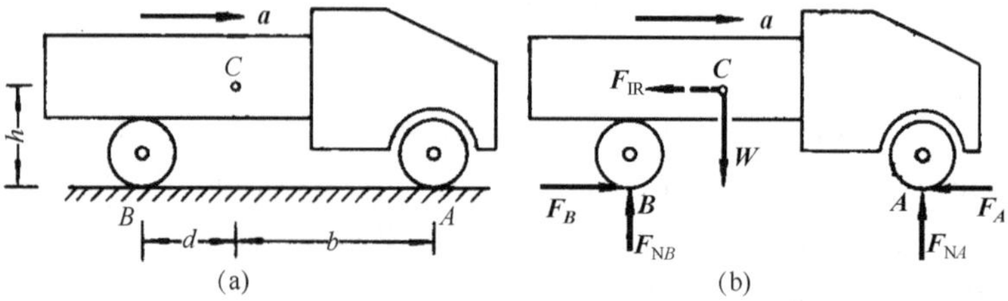

图 13-12

列平衡方程

$$\sum M_B(\boldsymbol{F})=0,\quad F_{NA}(b+d)+F_{IR}h-Wd=0 \tag{2}$$

$$\sum M_A(\boldsymbol{F})=0,\quad -F_{NB}(b+d)+F_{IR}h+Wb=0 \tag{3}$$

由此两方程解得

$$F_{NA}=W\frac{d-ah/g}{b+d} \tag{4}$$

$$F_{NB}=W\frac{b+ah/g}{b+d} \tag{5}$$

讨论：从所得的结果可见，如果汽车的加速度$\boldsymbol{a}$向前，即汽车向前作加速运动或倒车时作减速运动，则前轮受到的地面正压力，比汽车作匀速直线平动(或静止)时小$W\dfrac{ah}{g(b+d)}$，后轮受到的地面正压力则大$W\dfrac{ah}{g(b+d)}$。如果汽车的加速度$\boldsymbol{a}$向后，即汽车向前作减速运动(刹车)或倒车时作加速运动，则只要将(1)～(5)各式中的a和F_{IR}都视为负值，本题的分析及所得的解仍然适用。这时前轮受到的地面正压力比汽车作匀速直线平动时大$W\dfrac{|a|h}{g(b+d)}$，后轮受到的地面正压力则小$W\dfrac{|a|h}{g(b+d)}$。

例 13-6　图 13-13 所示水平圆盘绕铅垂轴 O 转动，$\omega = 4\text{rad/s}$，$\alpha = 8\text{rad/s}^2$。均质细直杆 AB 置于其上，A 端用铰链与圆盘相连，杆长 $l = 60\text{cm}$，质量 $m = 2\text{kg}$，$OA = d = 40\text{cm}$。圆盘在 B 处有一小凸台。$\angle OAB = 90°$，不计摩擦，试求凸台 B 对杆的约束反力。

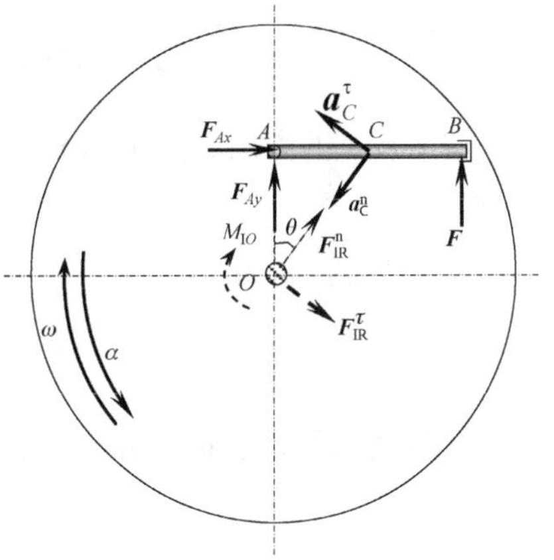

图 13-13

解　取 AB 杆为研究对象。杆在水平面内受到的外力有：铰链 A 的约束反力 $\boldsymbol{F}_{Ax}$、$\boldsymbol{F}_{Ay}$ 以及凸台的约束反力 $\boldsymbol{F}$，如图 13-13 所示。铅垂方向的外力自成平衡。AB 杆随圆盘一起绕 O 轴转动，角速度为 ω，角加速度为 α。根据式(13-6)，AB 杆的惯性力系可以简化为作用点在转动中心 O 上的惯性力 $\boldsymbol{F}_{\text{IR}}^{\tau}$ 和 $\boldsymbol{F}_{\text{IR}}^{\text{n}}$ 以及一个矩为 $M_{\text{I}O}$ 的力偶。它们的方向及转向分别如图所示，大小分别为

$$F_{\text{IR}}^{\text{n}} = ma_C^{\text{n}} = m \cdot \overline{OC} \cdot \omega^2 = 16(\text{N})$$

$$F_{\text{IR}}^{\tau} = ma_C^{\tau} = m \cdot \overline{OC} \cdot \alpha = 8\text{N}$$

$$M_{\text{I}O} = J_O\alpha = (J_C + m \cdot \overline{OC}^2)\alpha = 4.48\text{N} \cdot \text{m}$$

注意，虽然简化后的惯性力和惯性力偶加在转动中心 O 上，但必须理解成它们是作用在杆的延拓部分上，而不是作用在圆盘上。

根据达朗贝尔原理，有

$$\sum m_A(\boldsymbol{F}) = 0, \quad F_{\text{IR}}^{\text{n}} \overline{OA} \sin\theta + F_{\text{IR}}^{\tau} \overline{OA} \cos\theta - M_{\text{I}O} + F\overline{AB} = 0$$

将各已知数据代入，得到

$$16 \times 3/5 \times 0.4 + 8 \times 4/5 \times 0.4 - 4.48 + 0.6F = 0$$

解得

$$F = -3.2\text{N}$$

F 为负值，说明凸台 B 对杆的动约束反力方向与图 13-13 中所示假设的相反。

*__例 13-7__　均质细杆 AB 长为 l，质量为 m。用两根柔绳挂成水平，如图 13-14(a)所示。现将其中一根柔绳 BD 烧断，若不计绳质量，试求当杆开始运动时的角加速度 α_{AB}。

解　取 AB 杆为研究对象。杆受到的外力：重力 $\boldsymbol{W}$，AD 绳的拉力 $\boldsymbol{F}_{\text{T}}$(图 13-14(b))。杆作平面运动。$A$ 点作圆周运动，以 A 为基点，质心 C 为动点，有

$$\boldsymbol{a}_C = \boldsymbol{a}_A^{\tau} + \boldsymbol{a}_A^{\text{n}} + \boldsymbol{a}_{CA}^{\tau} + \boldsymbol{a}_{CA}^{\text{n}} \tag{1}$$

在绳剪断瞬时 $v_A = 0$，$\omega_{AB} = 0$，由此得 $a_A^{\text{n}} = a_{CA}^{\text{n}} = 0$。设 α_{AD} 与 α_{AB} 的转向如图所示，则

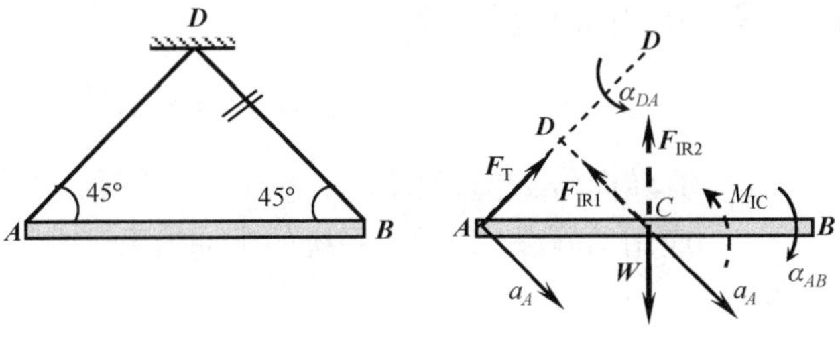

(a)　　(b)

图 13-14

$$a_A^{\tau} = \overline{AD} \cdot \alpha_{AD} = \frac{\sqrt{2}}{2} l\alpha_{AD}\text{，}\quad a_{CA}^{\tau} = \overline{AC}\alpha_{AB} = \frac{l}{2}\alpha_{AB}$$

a_A^{τ}、a_{CA}^{τ}的方向如图 13-14(b)所示。惯性力系向质心C简化，得

$$\boldsymbol{F}_{\text{IR}} = -m\boldsymbol{a}_C = (-m\boldsymbol{a}_A^{\tau}) + (-m\boldsymbol{a}_{CA}^{\tau}) = \boldsymbol{F}_{\text{IR1}} + \boldsymbol{F}_{\text{IR2}}$$

方向如图 14-14(b)所示，大小为

$$F_{\text{IR1}} = \frac{\sqrt{2}}{2} ml\alpha_{AD}\text{，}\qquad F_{\text{IR2}} = \frac{1}{2} ml\alpha_{AB} \tag{2}$$

惯性力偶矩的转向与α_{AB}相反，其大小

$$M_{\text{IC}} = J_C\alpha_{AB} = \frac{1}{12} ml^2\alpha_{AB} \tag{3}$$

$\boldsymbol{W}$、$\boldsymbol{F}_{\text{T}}$、$\boldsymbol{F}_{\text{IR1}}$、$\boldsymbol{F}_{\text{IR2}}$、$M_{\text{IC}}$形式上组成平面平衡力系，其中$\boldsymbol{F}_{\text{IR2}}$、$M_{\text{IC}}$包含本题要求的未知量$\alpha_{AB}$，而$\boldsymbol{F}_{\text{T}}$、$\boldsymbol{F}_{\text{IR1}}$是不要求的未知量。取$\boldsymbol{F}_{\text{IR1}}$的作用线与$AD$的交点$E$为矩心，列力矩平衡方程

$$\sum M_E(\boldsymbol{F}) = 0\text{，}\quad (F_{\text{IR2}} - W) \cdot l/4 + M_{\text{IC}} = 0$$

将(2)和(3)式代入得

$$\frac{1}{8} ml^2\alpha_{AB} - \frac{1}{4} mgl + \frac{1}{12} ml^2\alpha_{AB} = 0$$

解得

$$\alpha_{AB} = \frac{6g}{5l}$$

得到的α_{AB}为正值，说明图 13-14(b)中所假设的α_{AB}的转向是正确的。

例 13-8　电动卷扬机机构如图 13-15 所示。已知启动时电动机的平均驱动力矩为M，被提升重物质量为m_1，鼓轮质量为m_2，半径为r，质心与轮心重合，且对轮心回转半径为ρ。试求启动时重物的平均加速度a和此时轴承O的约束反力。

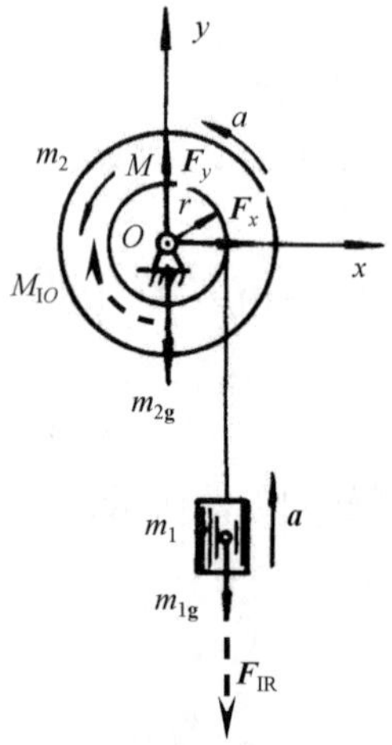

图 13-15

解　研究对象取系统，受驱动力矩、物体重力、鼓轮重力以及轴承O的约束反力作用。

被提升重物作平动，惯性力系简化为过其质心的合力，大小为

$$F_{\text{IR}} = m_1 a$$

方向与加速度$\boldsymbol{a}$的方向相反。鼓轮作定轴转动。设鼓轮具有垂直于转轴的对称平面，因质心在转轴上，故惯性力系向轴心简化为一力偶，其力偶矩的大小为

$$M_{\text{IO}} = J_O\alpha = m_2\rho^2 \frac{a}{r}$$

其转向与α转向相反。

应用动静法，作用于系统的主动力系、约束力系与惯性力系形式上平衡，列平面力系平衡方程

$$\sum M_O(\boldsymbol{F}) = 0,\quad M - M_{\text{IO}} - m_1 gr - F_{\text{IR}} r = 0$$

$$\sum F_x = 0, \quad F_x = 0$$
$$\sum F_y = 0, \quad F_y - m_1 g - m_2 g - F_{IR} = 0$$

由此解得

$$a = \frac{(M - m_1 gr)r}{m_2\rho^2 + m_1 r^2}$$
$$F_y = (m_1 + m_2)g + \frac{m_1(M - m_1 gr)r}{m_1 r^2 + m_2\rho^2}$$

显然，当系统处于静止或匀速提升重物过程中，轴承约束反力仅与重物及鼓轮的重力有关。当系统处于启动、加速、制动过程中，会引起轴承附加动反力。

例 13-9　转子总质量 m=20 kg，偏心距 e=0.1 mm。设转轴垂直于转子对称平面，如图 13-16 所示，转速 n=12 000 r/min，轴承 A，B 距对称平面距离相等。求轴承附加动反力。

解　取转子为研究对象，受重力 $\boldsymbol{G}$ 和轴承约束力 $\boldsymbol{F}_A$、$\boldsymbol{F}_B$ 作用。

由于转轴垂直于对称平面，且转子匀角速转动，故其惯性力系简化为过质心 C 的合力 $\boldsymbol{F}_{IR}$，其大小为

$$F_{IR} = me\omega^2$$

列平衡方程

$$\sum M_B(\boldsymbol{F}) = 0, \quad -lF_A + \frac{l}{2}G + \frac{l}{2}F_{IR} = 0$$
$$\sum F_y = 0, \quad F_A + F_B - G - F_{IR} = 0$$

求得

$$F_A = F_B = \frac{1}{2}G + \frac{1}{2}me\omega^2$$

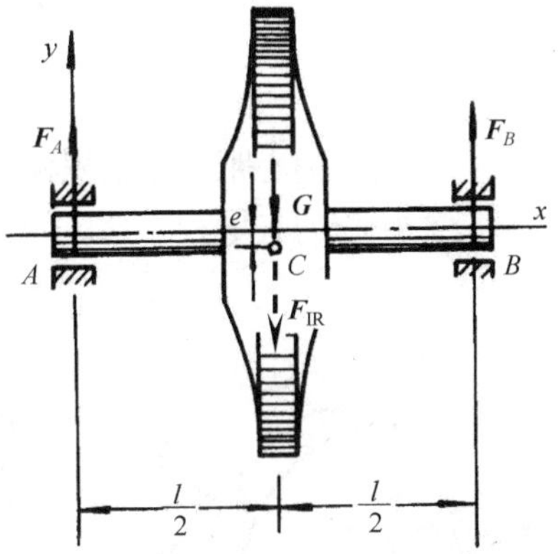

图 13-16

显然，上述结果第一项为静约束力，第二项为动约束力，动约束力的大小为

$$F_A'' = F_B'' = \frac{1}{2}me\omega^2 = \frac{20 \times 0.1 \times 10^{-3}}{2}\left(\frac{12\ 000 \times 2\pi}{60}\right)^2 = 1.58\text{kN}$$

轴承的静约束力为

$$F_A' = F_B' = \frac{1}{2}mg = 98\text{N}$$

在此情形下，仅由于 0.1mm 的偏心所引起的附加动约束力竟是静约束力的 16 倍，这是不容忽视的。

13.4　转子的静平衡与动平衡

由于诸多因素的影响，导致转子的转轴与对称平面不相垂直或转子质心偏离转轴。这样，当机械高速运转时，就会由于巨大的惯性力而对轴承产生巨大的附加动压力，它将加剧轴承的磨损，降低机械的传动效率，影响机器的使用寿命和正常生产，同时还伴随产生振动与噪声，影响工人的身心健康，必须设法消除。

13.4.1　转子的静平衡

为消除转动构件的离心惯性力，应保证转子的质心(重心)C在转轴上，称之为转子的**静平衡**。如图 13-17(a)所示重量为 G_1 的曲轴，其重心 C_1 不在转轴上，偏心距矢量 $\boldsymbol{e}_1=\overrightarrow{OC_1}$ 。为使它达到平衡，可在重心 C_1 的对方加上平衡锤，如图 13-17(b)所示。设锤重为 G_2，偏心距矢量 $\boldsymbol{e}_2=\overrightarrow{OC_2}$ ，则曲轴的总重心 C 在轴 O 上的条件为

$$G_1\boldsymbol{e}_1+G_2\boldsymbol{e}_2=0$$

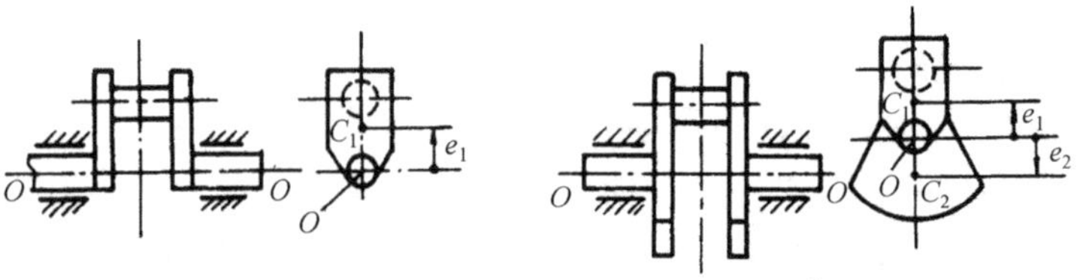

(a)　　(b)

图 13-17

式中，重量与偏心距矢量之积称为**重径积**。若转子由 n 部分构成，则静平衡的条件是：转子各部分重径积的矢量和为零，即

$$\sum G_i\boldsymbol{e}_i=0 \quad (i=1,2,\cdots,n) \tag{13-10}$$

图 13-18

实际上由于制造和安装误差，以及材质不均匀等原因，即使理论上重心在转轴上的转子(如对称于转轴的圆盘)，仍然存在着静不平衡，因此，需要进一步用实验方法加以平衡。

进行平衡试验时，将需平衡的转子的轴放在两个水平刀刃上，任其自由滚动(图 13-18)。若不计滚动摩擦，当转子停止滚动时，其重心 C 位于最低点。故可在重心的相反方向选定的半径处，试加平衡重量(通常用胶合水泥)继续试验，不断调整这一平衡重或所在半径的大小，直到转子转到任何位置均能静止，此时表明总重心移到转轴上。取下胶合水泥，按照重径积相等的条件，在转子上焊上适当金属，或在相反方向去掉适当重量的材料，即可达到平衡。

静平衡适用于直径远大于轴向长度的盘形转子。

13.4.2　转子的动平衡

对于轴向长度较大的转子，如电动机转子、多缸发动机的曲轴等，即使其重心在转轴上，也可能存在着惯性力偶。如图 13-19(a)所示的双拐曲轴，其重心 C 在转轴上，但两个曲拐部分质量的惯性力($\boldsymbol{F}_\mathrm{I}$，$\boldsymbol{F}_\mathrm{I}'$)组成一力偶，如图 13-19(b)所示，转子仍不平衡。若重心 C 也不在转轴上，则既有不平衡的惯性力，也有不平衡的惯性力偶。这种包含惯性力偶的平衡问题，属于动平衡问题。

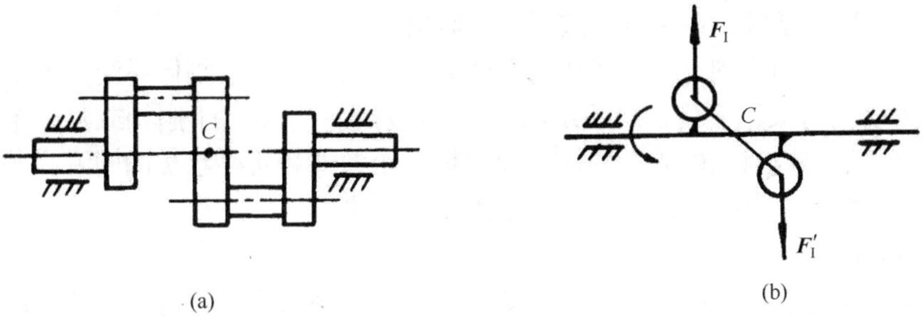

图 13-19

可以证明，若将转子各部分的重径积分配到两个与转轴垂直的平行平面内，当这两个平面内的重径积都满足式(13-10)时，转子在理论上达到动平衡，即无惯性力，又无惯性力偶。可见，动平衡包括了静平衡。

由于和静平衡同样的原因，理论上动平衡的转子也需要进行动平衡试验。这种试验在专用的动平衡机上进行。工程上用来评价平衡试验结果的指标常为重径积的大小或**平衡精度**(平衡精度等于总重心的偏心距与角速度之积 $e\omega$)。当平衡试验进行到平衡精度小于规定值时，即认为试验完成。

对于细长的高速转子应当进行动平衡。

学 习 要 点

基本要求

1. 对惯性力的概念有清晰的理解。
2. 掌握质点系惯性力简化的方法，能正确地计算刚体平动、定轴转动时的惯性力系主矢和主矩。
3. 能熟练地应用达朗贝尔原理求解动力学问题。
4. 会计算定轴转动刚体对轴承的附加动压力。
5. 了解静平衡与动平衡等概念。

本章重点

1. 惯性力的概念，平动、定轴转动刚体惯性力系的简化。
2. 用达朗伯原理求解动力学问题。

本章难点

惯性力系的简化。

解题指导

达朗伯原理多用于已知运动(包括用运动学方法求出来的运动)，求约束反力，其解题的步骤如下：

(1) 确定研究对象。

根据问题的已知条件及待求量，选择研究对象。

选取研究对象总的原则与静力学中选取研究对象相同。对于刚体系统动力学问题，可选每一个物体为研究对象，也可选定系统的一部分(包括一个以上的刚体)或整个系统为研究对象。如何确定选取研究对象的先后次序，要根据题给条件和所要解决的问题，经过分析制定出解题方案。总之，选取研究对象的方法是比较灵活的。

(2) 分析受力。

按静力学分析受力的方法，在研究对象的简图上，画出作用在研究对象上所有主动力和约束反力。

(3) 虚加惯性力。

虚加惯性力(包括惯性力偶)是应用达朗贝尔原理解题的关键，而正确分析每个物体的运动又是虚加惯性力的关键。

把每个刚体质心加速度的方向和刚体角加速度的转向画在对应的刚体上，再应用刚体惯性力系已经简化好的结果，把这些惯性力(包括惯性力偶)虚加在研究对象上的相应位置，并注意惯性力的方向(包括惯性力偶的转向)与刚体质心的加速度方向(角加速度转向)相反。

(4) 列“平衡方程”。

按静力学列平衡方程的方法列出相应的形式上的“平衡方程”。

特别提醒正确虚加在研究对象上的惯性力(包括惯性力偶)在“平衡方程”时等同于主动力与约束反力。

由于虚加惯性力时已将惯性力的方向(包括惯性力偶的转向)沿刚体质心加速度(角加速度)的反向画出，故在具体列方程时就按虚加惯性力后的“受力图”图示方向进行投影或取矩。在计算时，用 $F_{\mathrm{I}} = ma_C$，$M_{\mathrm{I}O} = J_O\alpha$ 代入方程，切记不要再用 $F_{\mathrm{I}} = -ma_C$，$M_{\mathrm{I}O} = -J_O\alpha$ 代入方程。

(5) 解方程求出所需求的未知数，并作适当的讨论与分析。

思　考　题

思考 13-1　运动着的质点是否都有惯性力?

思考 13-2　质点在空中运动，只受到重力作用，当质点做自由落体运动、质点被上抛、质点从楼顶水平弹出时，质点惯性力的大小与方向是否相同?

思考 13-3　如思图 13-1 所示，均质滑轮对轴 O 的转动惯量为 J_O，重物质量为 m，拉力为 $\boldsymbol{F}$，绳与轮间不打滑。当重物以等速 $\boldsymbol{v}$ 上升和下降，以加速度 $\boldsymbol{a}$ 上升和下降时，轮两边绳的拉力是否相同?

思考 13-4　如思图 13-2 所示的平面机构中，$AC//BD$ 且 $\overline{AC} = \overline{BD} = a$，均质杆 AB 的质量为 m，长为 l，问杆 AB 作何种运动? 其惯性力系的简化结果是什么?

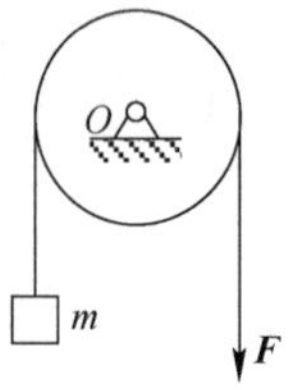

思图 13-1

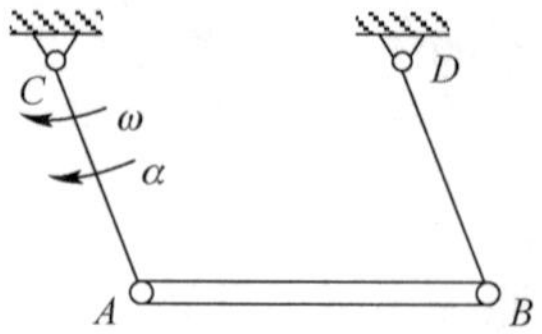

思图 13-2

思考 13-5　如思图 13-3 所示，不计质量的轴上用不计质量的细杆固连着几个质量均等于 m 的小球，当轴以匀角速度 ω 转动时，图示各情况中哪些满足动平衡？哪些只满足静平衡？哪些都不满足？

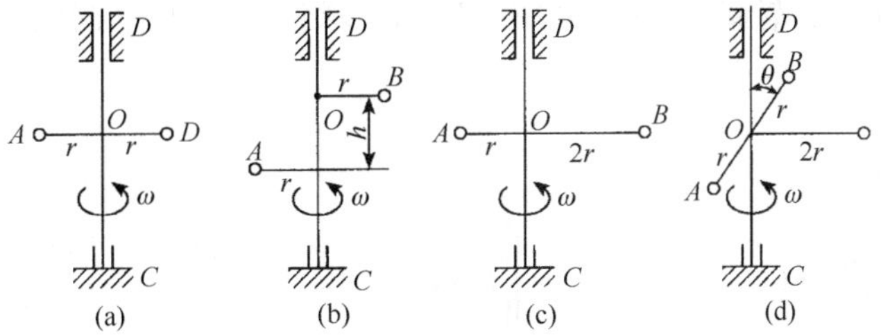

思图 13-3

习　题

13-1　题图 13-1 所示物块 M 的大小可略而不计，其质量 $m = 25\text{kg}$。物块放在水平圆盘上，到圆盘的铅垂轴线 Oz 的距离 $r = 1\text{m}$。圆盘由静止开始以匀角加速度 $\alpha = 1\text{rad/s}^2$ 绕 Oz 轴转动，物块与圆盘间的静摩擦因数 $f_s = 0.5$。当圆盘的角速度值增大到 ω_1 时，物块与圆盘间开始出现滑动，求 ω_1 的值。并求当圆盘的角速度由零增加到 $\omega_1/2$ 时，物块与盘面间摩擦力的大小。

13-2　题图 13-2 所示由相互铰接的水平臂连成的传送带，将圆柱形零件由一个高度传送到另一个高度。设零件与臂之间的摩擦因数 $f_s = 0.2$，角度 $\alpha = 30°$。求：(1)降落加速度 $\boldsymbol{a}$ 多大时，零件不致在水平臂上滑动；(2)比值 h/d 等于多少时，零件在滑动之前先倾倒。

13-3　筛板作水平往复运动，如题图 13-3 所示的筛孔的半径为 r。为了使半径为 R 的圆球形物料不致堵塞筛孔而能滚出筛孔，筛板的加速度 $\boldsymbol{a}$ 的至少应为多大?

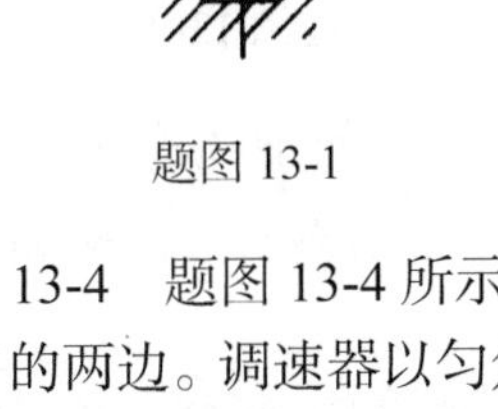

题图 13-1

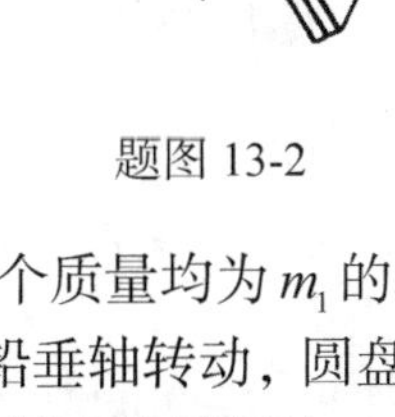

题图 13-2

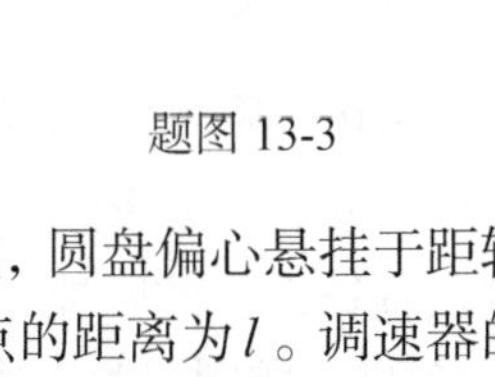

题图 13-3

13-4　题图 13-4 所示调速器由两个质量均为 m_1 的均质圆盘构成，圆盘偏心悬挂于距转轴为 d 的两边。调速器以匀角速度 ω 绕铅垂轴转动，圆盘中心到悬挂点的距离为 l。调速器的外壳质量为 m_2，并放在两个圆盘上而与调速装置相连。若不计摩擦，试求角速度 ω 与圆盘偏离铅垂线的角 φ 之间的关系。

13-5　题图 13-5 所示为一转速计(测量角速度的仪表)的简图。小球 A 的质量为 m，固连在杆 AB 的 A 端；杆 AB 长为 l，在 B 点与杆 BC 铰接，并随 BC 转动，在此杆上与 B 点相距为 l_1 的一点 E 连有一弹簧 DE，其自然长度为 l_0，刚度系数为 k；杆 AB 对 BC 轴的偏角为 θ，弹簧在水平面内。试求在下述两种情况下，稳态运动的角速度：(1)杆 AB 的质量不计；(2)均质杆 AB 的质量为 M。

13-6　两均质直杆，长各为 a 和 b，互成直角地固结在一起，其顶点 O 则与铅垂轴用铰链相连，此轴以匀角速度 ω 转动，如题图 13-6 所示。求长为 a 的杆与铅垂线的偏角 φ 和 ω 之间的关系。

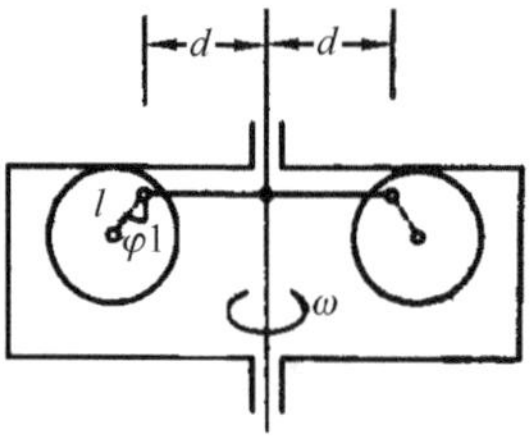

题图 13-4

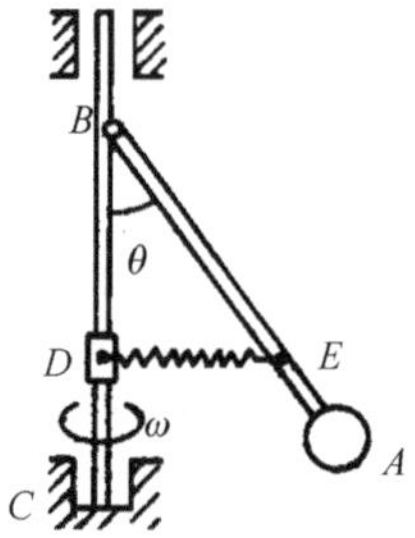

题图 13-5

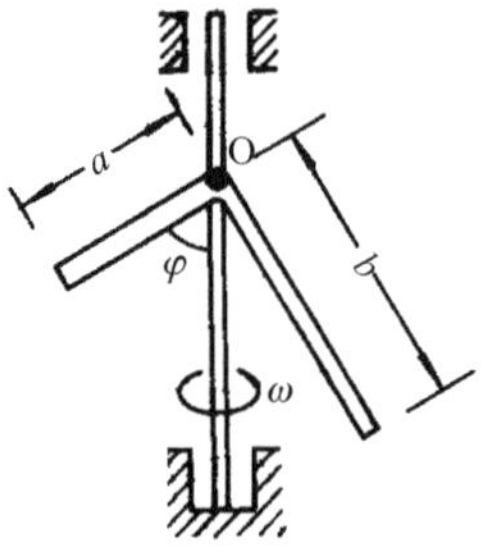

题图 13-6

13-7　质量各为 3 kg 的均质杆 AB 和 BC 焊成一刚体 ABC，由金属线 AE 和杆 AD 与 BE 支持于题图 13-7 所示位置。若不计曲柄 AD 和 BE 的质量，试求割断线 AE 的瞬时杆 AD 和 BE 的内力。

13-8　正方形均质板重 400 N，由三根绳拉住，如题图 13-8 所示。板的边长 $b = 100\text{mm}$。求：当绳 FG 被剪断的瞬间，AD 和 BE 两绳的张力。

13-9　嵌入墙内的悬臂梁 AB 的端点 B 装有质量为 m_B、半径为 R 的均质鼓轮，如题图 13-9 所示。主动力偶的矩为 M，作用于鼓轮提升质量为 m_C 的物体。设 $\overline{AB} = l$，梁和绳子的质量都略去不计。求 A 处的约束反力。

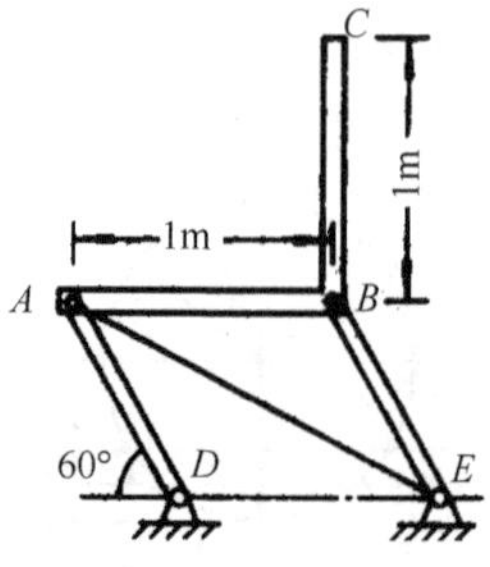

题图 13-7

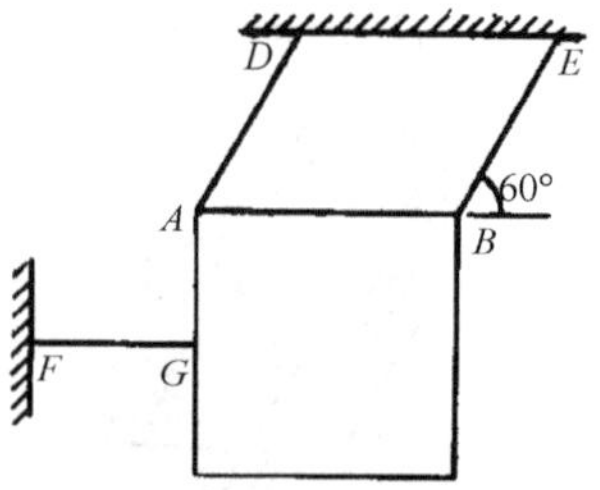

题图 13-8

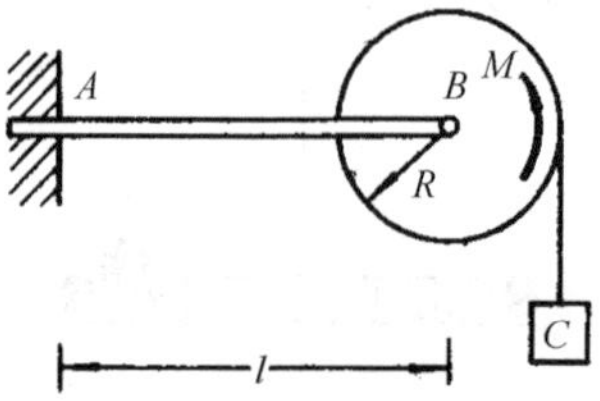

题图 13-9

13-10　两物块 M_1 与 M_2 的质量分别为 m_1 和 m_2，用跨过定滑轮 B 的细绳连接，如题图 13-10 所示。已知 $\overline{AC} = l_1$，$\overline{AB} = l_2$，$\angle ACD = \alpha$，若杆 AB 水平，不计各杆、滑轮和细绳质量及各铰链处的摩擦，试求 CD 杆的内力。

13-11　题图 13-11 所示打桩机支架重 $G = 20\text{kN}$，重心在 C 点。已知 $a = 4\text{m}$，$b = 1\text{m}$，$h = 10\text{m}$，锤 E 的质量为 $m = 700\text{kg}$，绞车鼓轮的质量 $m_1 = 500\text{kg}$，半径 $r = 0.28\text{m}$，对鼓轮转轴的回转半径 $\rho = 0.2\text{m}$，钢索与水平面夹角 $\alpha = 60°$，鼓轮上作用着转矩 $M = 2\text{kN} \cdot \text{m}$。若不计滑轮的大小和质量，求支座 A 和 B 的反力。

13-12　题图 13-12 所示均质杆 AB 长为 l，质量为 m，被两根铅垂细绳悬挂在水平位置。现将绳 O_2B 烧断，求 O_2B 刚被烧断时，杆的角加速度和其质心的加速度。

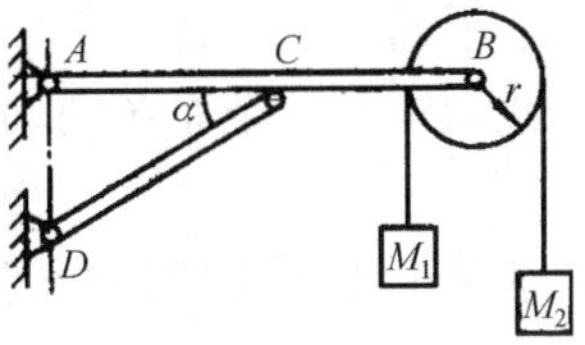

题图 13-10

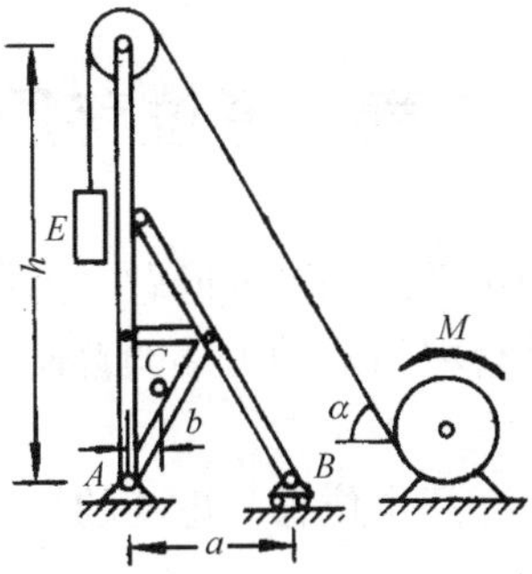

题图 13-11

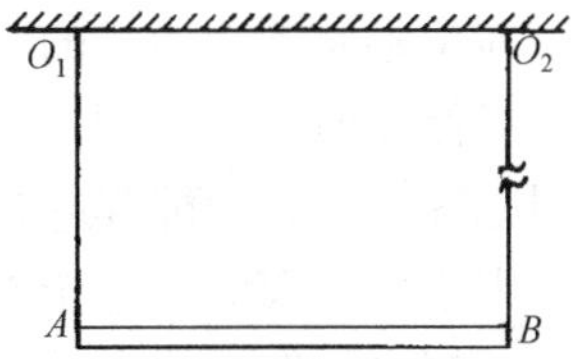

题图 13-12

*13-13　均质细杆 AB 的质量 $m=45.4\text{kg}$，A 端搁在光滑水平面上，B 端用不计质量的软绳 DB 固定，如题图 13-13 所示。若杆长 $\overline{AB}=l=3.05\text{m}$，绳长 $h=1.22\text{m}$；当绳子铅垂时，杆与水平面的倾角 $\theta=30°$，点 A 以匀速 $v_A=2.44\text{m/s}$ 向左运动。求在该瞬时：(1)杆的角加速度；(2)在 A 端作用的水平力 $\boldsymbol{F}$ 的大小；(3)细绳的张力。

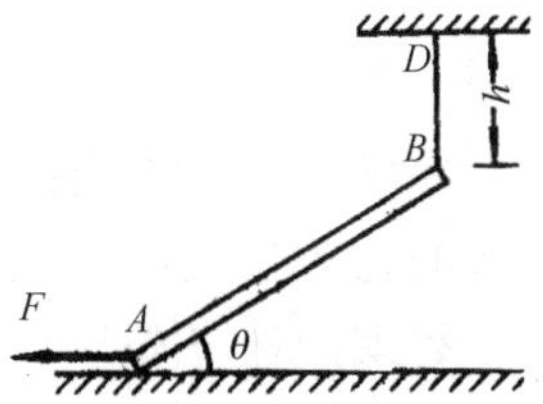

题图 13-13

第 14 章　虚位移原理

虚位移原理应用功的概念来分析系统的平衡问题，为研究静力学平衡问题开辟了另一途径。虚位移原理与达朗贝尔原理结合将组成动力学的普遍方程，由此为求解复杂系统的动力学问题提供了另一种普遍方法。

本章将约束的概念予以扩充，介绍虚位移与虚功的概念，在此基础上推出虚位移原理，并用于解决一般的静力学问题。

14.1　约束及其分类

在静力学中将限制非自由体位置或位移(包括转角)的其他物体称为约束。本章在更广泛和抽象的意义上，进一步将约束定义如下：

约束：对物体(质点或质点系)运动预先给定的强制性限制条件(既可以限制位置，也可以限制速度甚至于加速度)。

约束方程：描述限制条件(也称约束条件)的数学方程。

例如在图 14-1 所示曲柄连杆机构中，连杆 AB 所受约束有：点 A 只能作以点 O 为圆心，以 r 为半径的圆周运动；点 B 与点 A 间的距离始终保持为杆长 l；点 B 始终沿滑道作直线运动。这三个条件以约束方程分别表示为

$$\left.\begin{aligned} & x_1^2 + y_1^2 = r^2 \\ & (x_2 - x_1)^2 + (y_2 - y_1)^2 = l^2 \\ & y_2 = 0 \end{aligned}\right\} \tag{14-1}$$

再例如，图 14-2 所示半径为 r 的车轮沿固定面的直线作纯滚动，轮与轨道接触点 C 的速度将被限定为零。车轮作平面运动，如取轮心坐标 (x_A, y_A) 以及转角 φ(取顺时针为正)描述车轮的位置，则车轮的约束方程为

$$y_A = r \tag{14-2}$$

$$\dot{x}_A - r\dot{\varphi} = 0 \tag{14-3}$$

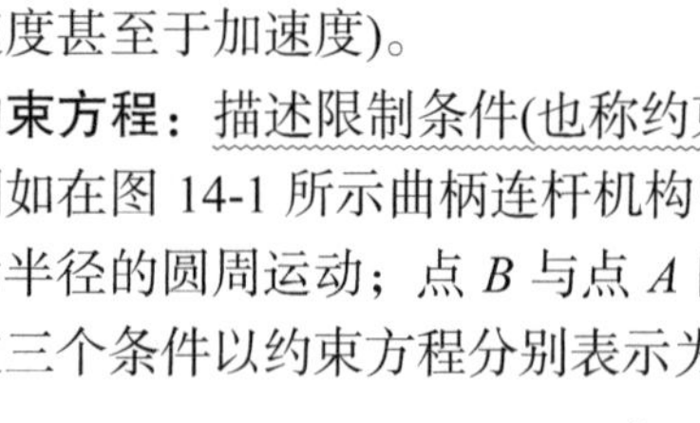

图 14-1

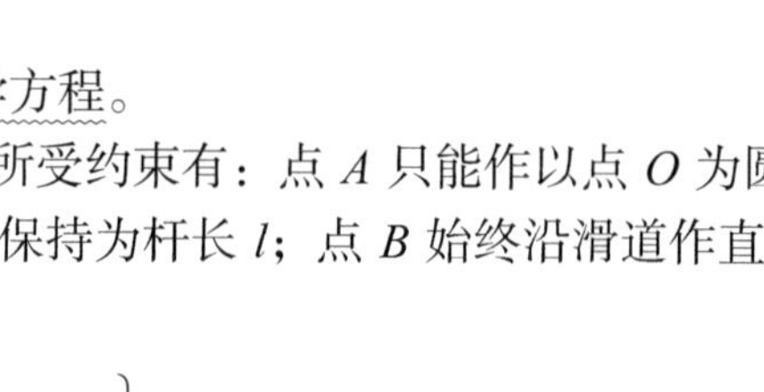

图 14-2

前一个方程限制了轮心 A 的位置，后一个方程限制了轮心 A 的速度。

工程中的实际约束种类繁多，依据约束对物体运动限制的不同情况分类如下。

1. 几何约束与运动约束

1) 几何约束

限制质点或质点系在空间的几何位置的约束称为**几何约束**。

例如对图 14-3 所示的球面摆来说，无重刚杆限制质点 M 必须在以 O 为球心、杆长 l 为半径的球面上运动。质点 M 的坐标应满足的约束方程为一球面方程

$$x_M^2 + y_M^2 + z_M^2 = l^2 \tag{14-4}$$

而图 14-4 表示一个质点 M 与刚性杆 AB 组成的球面摆，与图 14-3 不同的是球铰链 A 沿 z 轴以已知规律 $z_A = H\sin\omega t$ 运动。约束方程为

$$x^2 + y^2 + \left(z - H\sin\omega t\right)^2 = l^2 \tag{14-5}$$

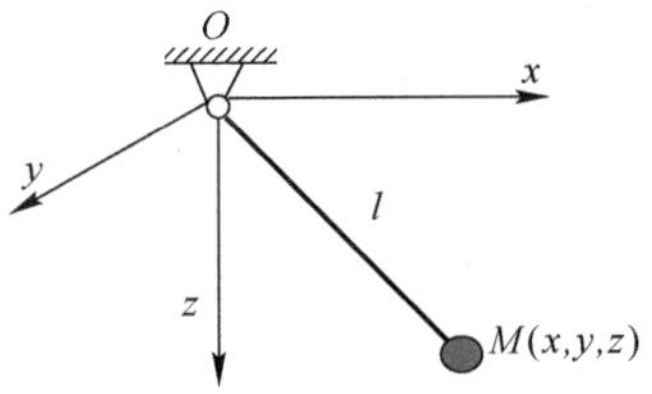

图 14-3

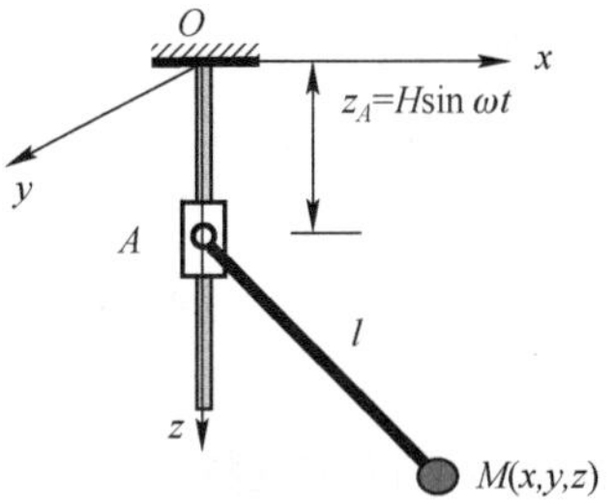

图 14-4

以上分析的约束都属于几何约束。可见几何约束的约束方程中只包含各质点的坐标。

2) 运动约束

除限制质点或质点系的几何位置外，还限制质点速度的约束称为**运动约束**。

例如图 14-5 所示摩擦轮传动机构中，大轮绕铅垂轴以匀角速度 $\dot{\theta}$ 转动，半径为 r 的小轮以匀角速度 $\dot{\varphi}$ 绕水平轴转动，两轮接触点到大轮转动轴的距离 R 随时间而变的规律为 kt，其中 k 为常量。则约束方程为

$$k\dot{\theta}\, t = r\dot{\varphi} \tag{14-6}$$

方程(14-3)、(14-6)中都包含了速度(角速度)，故都属运动约束。

一般来说，描述运动约束的约束方程为微分方程，如果这类方程可以积分，且积分后的方程中不再包含坐标的导数，则此时运动约束与几何约束已无区别。例如方程(14-3)中的 r 为不变量，故可积分为

$$x_A = r\varphi$$

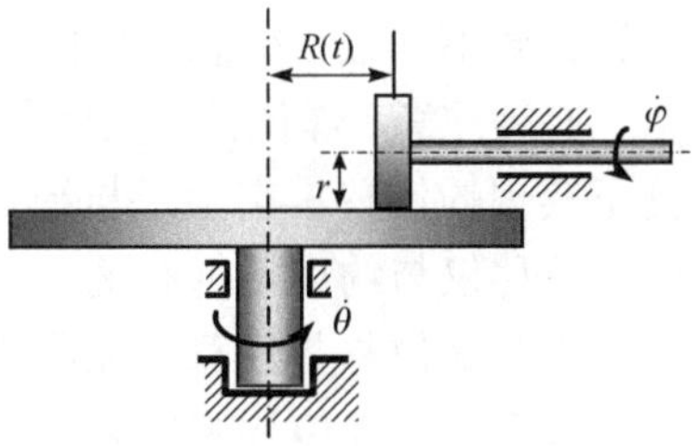

图 14-5

几何约束以及可以积分的运动约束统称为**完整约束**；不能积分的运动约束为**非完整约束**，例如方程(14-6)表示的约束就属于这种情况。非完整约束比完整约束要复杂得多，本章只讨论完整约束。

2. 定常约束和非定常约束

约束还可依据是否随时间变化来进行分类。

约束条件随时间而变化(即约束方程中显含时间 t)的约束称为**非定常约束**。

约束条件不随时间变化(即约束方程中不显含时间 t)的约束称为**定常约束**。方程(14-1)～(14-4)描述的约束均为定常约束，方程(14-5)、(14-6)描述的约束均为非定常约束。

3. 双面约束和单面约束

图 14-3 中的摆杆为一刚性杆，它既限制质点 M 沿杆拉伸方向的位移，又限制质点 M 沿杆压缩方向的位移，约束方程为一等式，即式(14-4)。

图 14-6 中摆长为一根长为 l 的不可伸长的绳索，此约束只能限制质点沿绳的拉伸方向的位移，约束方程为一不等式

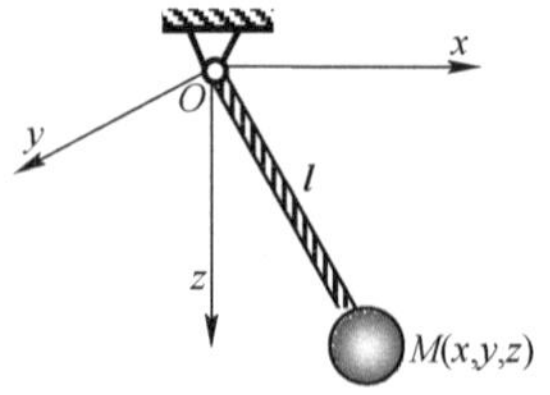

图 14-6

$$x^2 + y^2 + z^2 \leqslant l^2 \tag{14-7}$$

约束方程为等式的约束称为**双面约束**(也称为双侧约束)。

约束方程为不等式的约束称为**单面约束**(也称为单侧约束)。

本章中只讨论双面、定常的几何约束，其约束方程的一般形式为

$$f_j(x_1, y_1, z_1, \ldots, x_n, y_n, z_n) = 0 (j = 1, 2, \ldots, s)$$

式中，n 为质点系的质点数；s 为约束的方程数。

14.2　虚位移与虚功

虚位移：质点或质点系(包括刚体)，在某瞬时为约束所容许的任何无限小的位移(包括角位移)。通常，用 $\delta \boldsymbol{r}$ 表示虚位移矢量，用 δx、δy、δz 表示虚位移在 x、y、z 轴上的投影。从数学角度来看，δ 为变分符号，δx 是坐标 x 的变分，表示 x 的无限小的“变更”。对双面、定常、几何约束，虚位移矢量定义为

$$\delta \boldsymbol{r} = \delta x \boldsymbol{i} + \delta y \boldsymbol{j} + \delta z \boldsymbol{k} \tag{14-8}$$

如果虚位移以角位移的形式出现，则以角度 φ 的变分 $\delta\varphi$ 表示，又称为**广义虚位移**。变分与微分属不同数学概念，但同属无限小量，忽略高阶小量后，运算规则形式相同。

必须注意，虚位移与实际位移(简称实位移)是不同的概念。实位移是质点系在一定时间内真正实现的位移，它除了与约束条件有关外，还与时间、主动力以及运动的初始条件有关；而虚位移仅与约束条件有关。

因为虚位移是任意的无限小的位移，所以在定常约束的条件下，实位移只是所有虚位移中的一个，而虚位移视约束情况，可以有多个，甚至无穷多个。如图 14-7 所示的球摆为定常约束，故在垂直于摆杆的平面内可以有无穷多个虚位移，而实位移只可能沿某一虚位移发生。对于非定常约束，某个瞬时的虚位移是将时间固定后，约束所允许的虚位移，而实位移是不能固定时间的，所以这时实位移不一定是虚位移中的一个。如图 14-8 所示的重物由一根穿过固定圆环 O 的细绳系着，另一端沿绳长以不变的速度 $\boldsymbol{v}_0$ 拉动，因此球摆为非定常约束。将瞬时 t 的时间“凝固”，该瞬时在垂直于绳长的平面内可以有无穷多个虚位移，而此时的实位移只可能沿绳长方向发生，与虚位移无关。

无限小的实位移一般用微分符号表示，例如 $\mathrm{d}\boldsymbol{r}$、$\mathrm{d}x$、$\mathrm{d}\varphi$等。

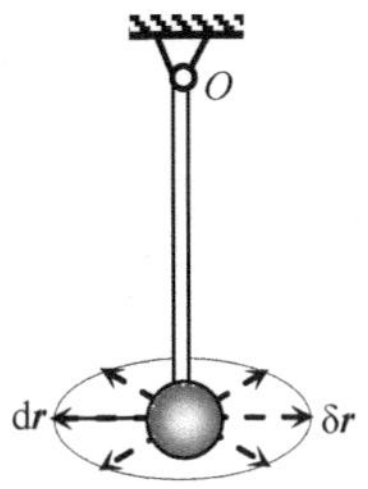

图 14-7

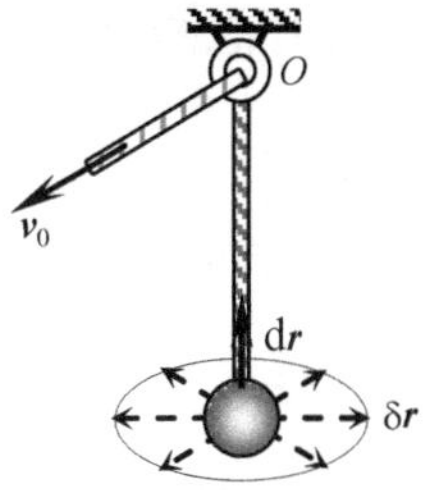

图 14-8

虚功：力 $\boldsymbol{F}$ 在虚位移 $\delta\boldsymbol{r}$ 上的元功，记为 δW，即

$$\delta W = \boldsymbol{F}\cdot\delta\boldsymbol{r}$$

或

$$\delta W = F_x\delta x + F_y\delta y + F_z\delta z$$

理想约束：在质点系的任何虚位移上，约束反力的元功之和等于零的约束。理想约束的数学描述为

$$\delta W = \sum \boldsymbol{F}_{Ni}\cdot\delta\boldsymbol{r}_i = 0 \tag{14-9}$$

式中，$\boldsymbol{F}_{Ni}$ 表示作用于第 i 个质点的约束反力的合力；$\delta\boldsymbol{r}_i$ 表示第 i 个质点的虚位移。

14.3　虚位移原理

虚位移原理：如果质点系受到双面、定常、理想约束，则静止的质点系在给定位置上保持平衡的必要且充分条件是：所有作用在质点系上的主动力在该位置的任何虚位移上的虚功之和等于零。该原理的数学表达式为

$$\sum \boldsymbol{F}_i\cdot\delta\boldsymbol{r}_i = 0 \tag{14-10}$$

式中，$\boldsymbol{F}_i$ 为作用于第 i 个质点的主动力的合力；$\delta\boldsymbol{r}_i$ 为该质点的虚位移。

虚位移原理又称为**虚功原理**，(14-9)式又称为**虚功方程**。作为公认的原理，它的正确性本不需再给予逻辑上的证明。不过，为了说明它与已有方法之间的关系，对此原理的必要性和充分性可以证明如下：

必要性，即证明：如果质点系处于平衡状态，则式(14-9)必定成立。

由于质点系处于平衡状态，系内的每个质点也一定处于平衡。对于系内质点 M_i (图 14-9)，主动力的合力 $\boldsymbol{F}_i$ 与约束反力的合力 $\boldsymbol{F}_{Ni}$ 应满足

$$\boldsymbol{F}_i + \boldsymbol{F}_{Ni} = 0$$

若给质点系以虚位移，M_i 的虚位移为 $\delta\boldsymbol{r}_i$，则 $\boldsymbol{F}_i$ 与 $\boldsymbol{F}_{Ni}$ 在 $\delta\boldsymbol{r}_i$ 上的元功之和也应为零

$$\boldsymbol{F}_i\cdot\delta\boldsymbol{r}_i + \boldsymbol{F}_{Ni}\cdot\delta\boldsymbol{r}_i = 0$$

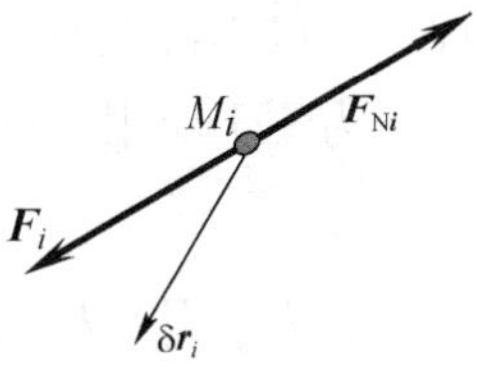

图 14-9

对质点系内每个质点都可得到类似的等式。将所有这些等式相加，得

$$\sum \boldsymbol{F}_i\cdot\delta\boldsymbol{r}_i + \sum \boldsymbol{F}_{Ni}\cdot\delta\boldsymbol{r}_i = 0$$

因为质点系受理想约束，有

$$\sum \boldsymbol{F}_{\mathrm{N}i} \cdot \delta \boldsymbol{r}_i = 0$$

代入上式得

$$\sum \boldsymbol{F}_i \cdot \delta \boldsymbol{r}_i = 0$$

必要性得证。

充分性，即证明：如果条件(14-9)成立，则质点系必然处于平衡状态。用反证法证明如下：假定条件(14-9)成立，即设

$$\sum \boldsymbol{F}_i \cdot \delta \boldsymbol{r}_i = 0$$

但质点系却不平衡，则至少有一个质点由所考察的位置从静止开始运动。

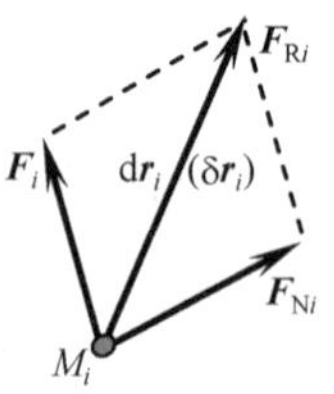

图 14-10

当质点 M_i 由静止状态开始运动时，在 dt 时间内的实位移 d$\boldsymbol{r}_i$ 一定和作用在 M_i 质点上的力 $\boldsymbol{F}_i$ 和 $\boldsymbol{F}_{\mathrm{N}i}$ 的合力 $\boldsymbol{F}_{\mathrm{R}i}$ 具有相同的方向(图 14-10)，故有元功

$$\boldsymbol{F}_{\mathrm{R}i} \cdot \mathrm{d}\boldsymbol{r}_i > 0$$

在约束是定常约束的情况下，实位移必定是虚位移中的一个，因而可以选虚位移 $\delta \boldsymbol{r}_i$，使它和质点在时间 dt 内的实位移 d$\boldsymbol{r}_i$ 相同。因此，对不平衡的质点 M_i 有 $\boldsymbol{F}_{\mathrm{R}i} \cdot \delta \boldsymbol{r}_i > 0$。对所有质点的虚功求和，即有

$$\sum \boldsymbol{F}_{\mathrm{R}i} \cdot \delta \boldsymbol{r}_i > 0$$

由于

$$\boldsymbol{F}_{\mathrm{R}i} = \boldsymbol{F}_i + \boldsymbol{F}_{\mathrm{N}i}$$

故上式可写成

$$\sum \boldsymbol{F}_i \cdot \delta \boldsymbol{r}_i + \sum \boldsymbol{F}_{\mathrm{N}i} \cdot \delta \boldsymbol{r}_i > 0$$

由于质点系受理想约束，故

$$\sum \boldsymbol{F}_{\mathrm{N}i} \cdot \delta \boldsymbol{r}_i = 0$$

于是

$$\sum \boldsymbol{F}_i \cdot \delta \boldsymbol{r}_i > 0$$

这个不等式与式(14-9)所表示条件是矛盾的。

这就是说，如果式(14-9)成立，而质点系又不平衡的假设是不可能的。因此，如果式(14-9)成立，则质点系必然平衡。

由此可见，理想约束是虚位移原理中一个关键的、必不可少的条件。有时，一些约束反力(例如，摩擦力)的虚功并不为零，不属于理想约束。在这种情况下，为了能够应用虚位移原理，可以将这类力归入主动力。

为便于应用，可将虚功方程写成解析形式

$$\sum \left(F_{ix} \delta x_i + F_{iy} \delta y_i + F_{iz} \delta z_i \right) = 0 \tag{14-10}$$

式中，F_{ix}、F_{iy}、F_{iz} 代表主动力 $\boldsymbol{F}_i$ 在直角坐标轴上的投影。坐标变分 δx_i、δy_i、δz_i 与坐标轴正向相同。式(14-9)和式(14-10)又称**静力学普遍方程**。

例 14-1 如图 14-11 所示，6 根长为 L 的直杆铰接成一平行四边形机构，A、C 为两个滑

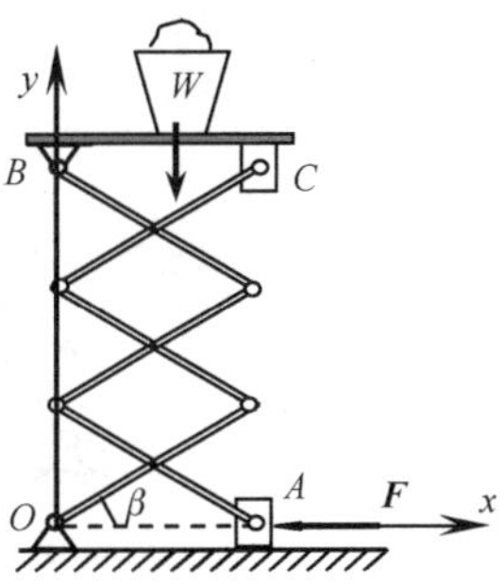

图 14-11

块。忽略摩擦以及杆、滑块和平板的自重。平板上所载物重 W=100N，试求为保持机构在图示位置平衡时($\beta=30°$)，作用于滑块 A 的水平力 $\boldsymbol{F}$ 的大小。

解　取整个机构为研究对象，系统受理想约束，主动力只有 $\boldsymbol{W}$、$\boldsymbol{F}$ 两个力，直接寻找两个受力点虚位移之间的关系比较困难。根据机构受力及几何特点，取固定坐标轴，如图 14-11 所示，应用坐标变分法建立虚位移方程，注意坐标变分以坐标轴正向为正。平台只能作直线平动，当机构平衡时，依据虚位移原理的解析式(14-10)有

$$-F\cdot\delta x_A - W\cdot\delta y_B = 0 \tag{1}$$

注意到 x_A、y_B、β 之间存在如下关系

$$\left.\begin{aligned} x_A &= L\cos\beta \\ y_B &= 3L\sin\beta \end{aligned}\right\} \tag{2}$$

对(2)式取变分得

$$\left.\begin{aligned} \delta x_A &= -L\sin\beta\cdot\delta\beta \\ \delta y_B &= 3L\cos\beta\cdot\delta\beta \end{aligned}\right\} \tag{3}$$

代入式(1)得

$$(F\sin\beta - 3W\cos\beta)L\delta\beta = 0 \tag{4}$$

因 $\delta\beta$ 可取任意值，必有

$$3W\cot\beta - F = 0 \tag{5}$$

求得

$$F = 3W\cot\beta = 519.62(\text{N})$$

本例通过对约束方程(2)取变分，得到了虚位移 δx_A、δy_B 之间的关系。这是建立虚位移之间关系的常用方法之一，称为**坐标变分法**(解析法)，但约束方程必须是一般性表达式，往往在“菱形，等腰三角形”等特殊几何关系情况下便于采用。

例 14-2　图 14-12(a)所示机构，不计各构件的自重及摩擦，试求机构在图示位置处于平衡时，作用在曲柄 OA 上的力偶 M 与作用在 BC 杆上的力 $\boldsymbol{F}$ 之间的关系。

解　该机构受到理想约束，求平衡时的主动力偶与力之间的关系，关键在于建立与力偶和力相关的虚位移方程，即建立虚转角 $\delta\varphi$ 与 δr_C 之间的关系。

本题中虚位移矢量之间的关系可依照运动学中分析速度的方法来建立，这种方法称为**虚速度法**(几何法)。

由运动学知识可知，若将滑块 B 视为动点，动系固结于 OA，利用复合运动速度分析方法，求虚位移之间的关系，有

$$\delta\boldsymbol{r}_{\mathrm{a}} = \delta\boldsymbol{r}_{\mathrm{e}} + \delta\boldsymbol{r}_{\mathrm{r}}$$

给曲柄 OA 以虚转角 $\delta\varphi$，动点 B 的虚位移矢量如图 14-12(b)所示。从图中可知

$$\left.\begin{aligned} \delta r_{\mathrm{e}} &= \frac{h}{\sin\theta}\delta\varphi \\ \delta r_{\mathrm{a}} &= \frac{\delta r_{\mathrm{e}}}{\sin\theta} = \frac{h}{\sin^2\theta}\delta\varphi = \delta r_C \end{aligned}\right\} \tag{1}$$

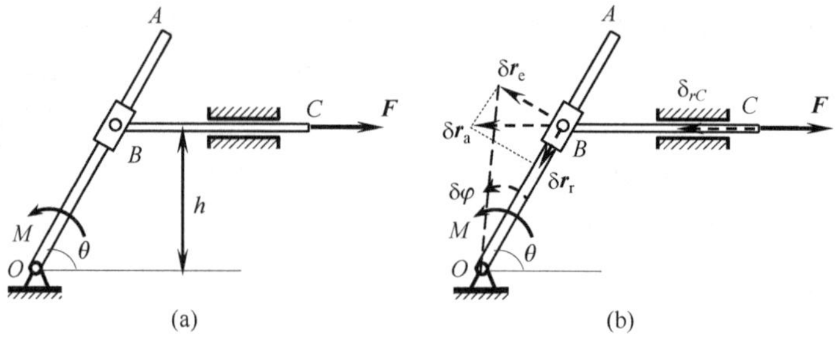

图 14-12

建立虚功方程

$$M\delta\varphi - F\delta r_C = 0 \tag{2}$$

将式(1)代入虚功方程(2)可得

$$M = \frac{h}{\sin^2\theta}F$$

例 14-3 在图 14-13(a)所示平面机构中，已知 $OA = R$，$AB = L$，杆 OA 重为 W，不计 AB 杆自重。当曲柄 OA 水平时，线性弹簧由原长为 R 压缩到现长为 $R/2$，$\varphi = 60°$。试求，机构在此位置平衡时弹簧应有的刚性系数 k。

解 解除弹簧，代之以弹性力 $\boldsymbol{F}$，故本题也属于已知平衡求主动力之间关系的问题。取系统为研究对象，给曲柄 OA 以虚转角 $\delta\theta$，整个系统受到的主动力及相应的虚位移矢量如图 14-13(b)所示。建立虚功方程

$$-M\delta\theta - W\delta r_C + F\delta r_B = 0 \tag{1}$$

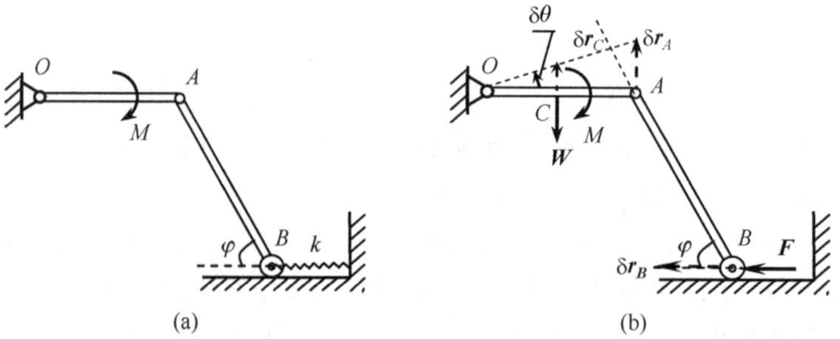

图 14-13

式中，$F = k\left(R - \frac{R}{2}\right) = \frac{R}{2}k$，注意虚位移不改变弹簧变形及弹性力的大小。

本题中虚位移矢量之间的关系仍可依照虚速度法进行。由运动学知识可知

$$\delta r_C = \frac{R}{2}\delta\theta,\ \delta r_A = R\delta\theta, \delta r_B\cos\varphi = \delta r_A\cos(90° - \varphi) = \delta r_A\sin\varphi$$

代入虚功方程(1)得

$$-M\delta\theta - W\frac{R}{2}\delta\theta + \frac{R}{2}k\tan\varphi R\delta\theta = 0 \tag{2}$$

$$\left(-M - W\frac{R}{2} + \frac{k}{2}R^2\tan\varphi\right)\delta\theta = 0 \tag{3}$$

因为$\delta\theta$可以任意选取值，故由上式可得

$$k = 2\cot\varphi\left(\frac{M}{R^2} + \frac{W}{2R}\right)$$

例 14-4　螺旋压榨机如图 14-14 所示。在水平面内作用于手柄 AB 上的力偶($\boldsymbol{F}$，$\boldsymbol{F}'$)，其力偶矩为 M=2Fl，螺杆的螺距为 h。求机构平衡时，压板作用于被压物体的力。

解　将被压物体看成压榨机的约束，解除该约束代之以约束反力$\boldsymbol{F}_\mathrm{N}$，此时取整个机构为研究对象，系统可视为受到理想约束的单自由度系统，已知平衡求约束反力问题。当给手柄以虚转角$\delta\varphi$时，压板的虚位移矢量为$\delta\boldsymbol{s}$，如图 14-14 所示。建立虚功方程

$$M\delta\varphi - F_\mathrm{N}\delta s = 0 \tag{1}$$

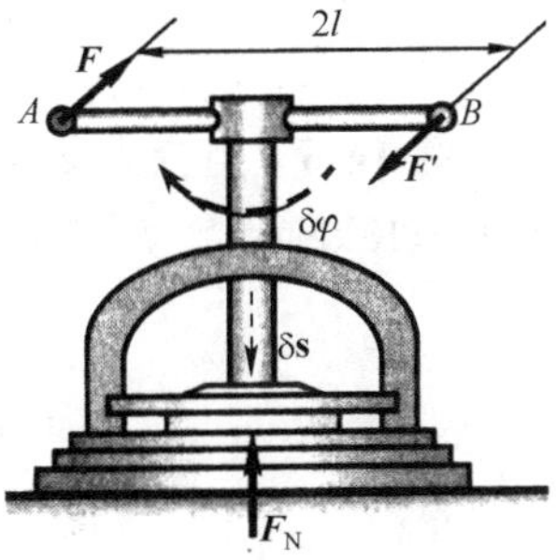

图 14-14

由几何关系可知，对应于螺杆的虚转角$\delta\varphi$，压板的虚位移对应存在如下关系

$$\delta s = \frac{h}{2\pi}\delta\varphi \tag{2}$$

将(2)式代入(1)式可得

$$\left(2Fl - F_\mathrm{N}\frac{h}{2\pi}\right)\delta\varphi = 0 \tag{3}$$

因为$\delta\varphi$可以任意选取，故可从上式解得压力F_N

$$F_\mathrm{N} = \frac{4\pi l}{h}F$$

可见，本题在给出机构各处的虚位移后，直接按**几何关系**，确定其之间的关系。

例 14-5　图 14-15(a)所示对称平面桁架中，已知 AD=DB=6m，CD=3m，F=10kN。试用虚位移原理求杆 3 的内力。

解　首先，设想将杆 3 拆除，代之以内力$\boldsymbol{F}_3$及$\boldsymbol{F}_3'$分别作用在节点 B、D。系统仅受理想约束。取系统为研究对象，给三角形 ACD 一虚转角$\delta\theta$，系统受到的主动力及相应的虚位移矢量如图 14-15(b)所示。$\delta\boldsymbol{r}_D$与$\boldsymbol{F}_3'$垂直。由虚功方程得

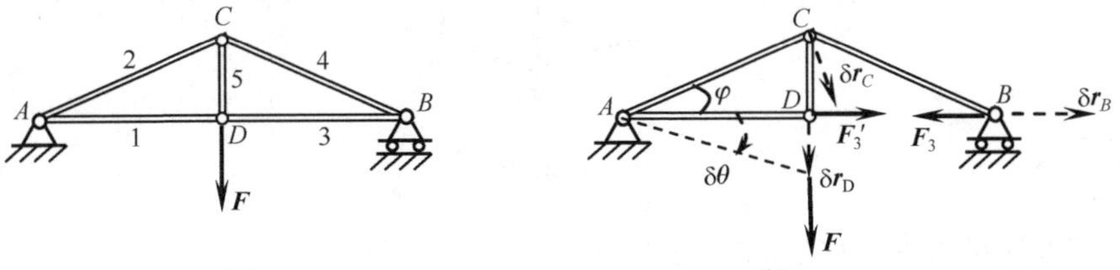

图 14-15

$$F\delta r_D - F_3\delta r_B = 0 \tag{1}$$

运用虚速度法求虚位移之间的关系，设 1 杆与 2 杆之夹角为φ

$$\delta r_C = \overline{AC}\cdot\delta\theta, \delta r_D = \overline{AD}\cdot\delta\theta \tag{2}$$

则

$$\delta r_C = \frac{\overline{AC}}{\overline{AD}}\delta r_D$$

由速度投影定理可得

$$\delta r_C \cos(90° - 2\varphi) = \delta r_B \cos\varphi \tag{3}$$

将式(2)代入式(3)可得

$$\delta r_B = \delta r_C \frac{\sin 2\varphi}{\cos\varphi} = 2\delta r_C \sin\varphi = 2\frac{\overline{AC}}{\overline{AD}}\delta r_D \cdot \frac{\overline{CD}}{\overline{AC}} = \delta r_D$$

代入虚功方程(1)得

$$F\delta r_D - F_3 \delta r_D = 0$$

即

$$(F - F_3)\delta r_D = 0 \tag{4}$$

由 δr_D 可任意选取，故从上式解得

$$F_3 = F = 10\text{kN}$$

例 14-6　组合梁支承及载荷如图 14-16 所示。已知作用力 $F_1 = 20\text{kN}$，$F_2 = 30\text{kN}$，力偶矩 $M = 18\text{kN}\cdot\text{m}$，$l = 2\text{m}$。试用虚位移原理求支座 A 处的约束力偶矩的大小。

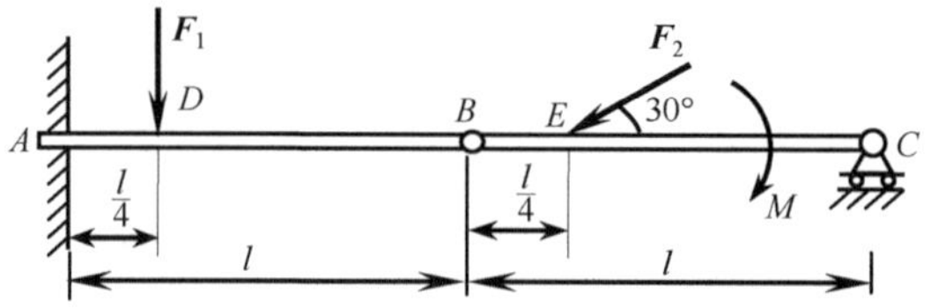

图 14-16

解　首先，解除固定端 A 的转动约束，用固定铰链支座和一个力偶矩为 M_A 的力偶代之。取系统为研究对象，给梁 AB 以虚转角 $\delta\varphi$，系统受到理想约束，全部主动力及相应的虚位移矢量如图 14-17 所示。由虚功方程可得

$$F_1 \delta r_D + F_2 \sin 30° \delta r_E - M_A \delta\varphi - M\delta\varphi = 0$$

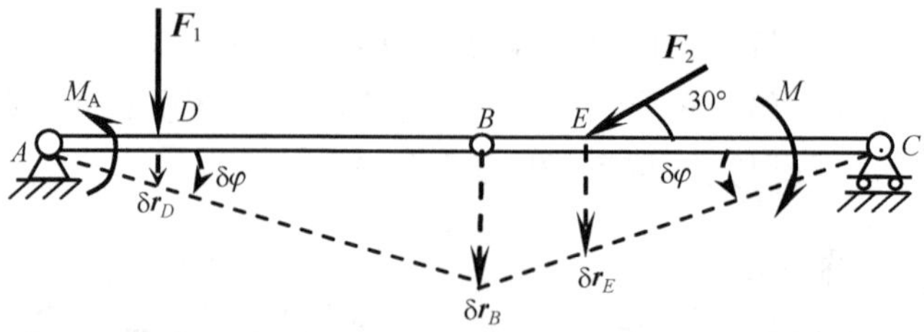

图 14-17

运用虚速度法可得虚位移之间的关系

$$\delta r_D = \frac{l}{4}\delta\varphi, \quad \delta r_B = l\delta\varphi, \quad \delta r_E = \frac{3}{4}\delta r_B = \frac{3}{4}l\delta\varphi$$

代入虚功方程(1)，得

$$\left(\frac{l}{4}F_1 + \frac{3}{8}lF_2 - M_A - M\right)\delta\varphi = 0$$

由于 $\delta\varphi$ 可任意选取，故从上式解得

$$M_A = 14.5\text{kN}\cdot\text{m}$$

由以上数例可见，用虚位移原理求解机构的平衡问题，关键是找出各虚位移之间的关系。

用虚位移原理求解结构的平衡问题时，要求某一支座约束力时，首先需解除该支座约束而代以约束力，这样就可将结构变为机构，把约束力视为主动力，在虚位移方程中只包含一个未知力，然后用虚位移原理求解。需注意的是：若需求解多个约束力时，用虚位移原理求解则需要一个一个地解除约束，有时并不比用平衡方程求解更为方便。

学 习 要 点

基本要求

1. 对约束方程、理想约束和虚位移有清晰的概念，并会计算虚位移。
2. 能正确地运用虚位移原理求解物体系统的平衡问题。

本章重点

虚位移、理想约束的概念，应用虚位移原理求解物体系统的平衡问题。

本章难点

虚位移的计算。

解题指导

对于理想约束系统，由于虚功方程中只包含质点系所受的主动力(包括按主动力处理的约束反力)，所以利用虚位移原理，能较容易地求出平衡时所受主动力(包括力偶)之间的关系。这是用虚位移原理求解质点系平衡问题的主要优点。

1. 用虚位移原理求解质点系平衡问题的类型。

(1) 求系统在某已知位置处于平衡时所受主动力之间的关系。

(2) 求系统在已知主动力作用下在某已知位置处于平衡时的约束反力(包括内力)。

(3) 求系统在已知主动力作用下处于平衡时的具体平衡位置。

2. 解题步骤。

(1) 弄清题意，确定所研究的系统，分析质点系的自由度，检查系统的约束情况，判断是否为理想约束。

(2) 对系统进行受力分析。

用虚位移原理求解质点系的平衡问题，其实质是利用动力学虚功的概念，求静力学问题。如果是理想约束，只需画出质点系所受主动力(包括在虚位移中做功的内力)，不需画出质点系理想约束的约束反力和其他不做功的力；如果要求约束反力，则需解除约束，代之以约束反力，此时将约束反力按主动力处理。

(3) 给出主动力(包括力偶)作用处各相应的虚位移，根据虚位移原理，写出虚功方程。

(4) 建立虚位移之间的关系。

用虚位移原理解题的关键之一是找出质点系中各力作用处相应的虚位移之间的关系，然后将其代入虚功方程，并把它作为公因子提出，利用虚位移是可以任意选择的性质，从方程中消去虚位移，就得出所需求的问题。

思考题

思考 14-1　因为实位移和虚位移都是约束所许可的无限小位移，所以对任何约束而言，实位移必定总是诸虚位移中的一个，对吗？为什么？

思考 14-2　举例说明什么是虚位移？它与实位移有什么不同？

思考 14-3　静力学平衡方程给出了刚体平衡的充要条件，对变形体而言这些平衡条件仅为必要但不充分；而虚位移原理却给出了任意质点系平衡的充要条件，这种说法对吗？

思考 14-4　虚位移虽与时间无关，但与力的方向应一致，对吗？

思考 14-5　思图 14-1 中所示机构处于静止平衡状态，图中所给各虚位移有无错误？如有错误应如何改正？

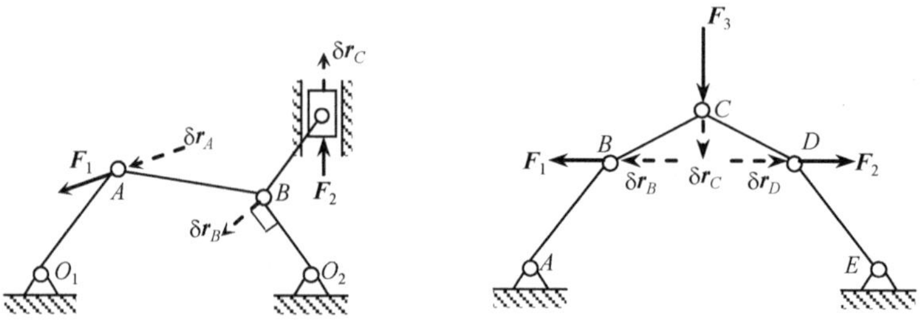

(a)　　(b)

思图 14-1

习题

14-1　题图 14-1 所示机构中，杆件 OD 与 AC 在中点 B 铰接，已知 $\overline{OB}=\overline{BD}=\overline{AB}=\overline{BC}=\overline{CE}=\overline{DE}=l$。忽略摩擦及自重。杆 OBD 与水平线夹角为 θ。在 E 点作用铅垂向下力 $\boldsymbol{P}$，求图示位置保持机构平衡，作用于 B 滑块的水平弹簧压力 $\boldsymbol{F}$。

14-2　平面机构如题图 14-2 所示，活塞可在光滑的竖直滑道内运动，不计各物体的自重。已知 $\overline{AB}=0.1\text{m}$，$\overline{BC}=0.1\sqrt{3}\text{m}$，弹簧的刚性系数 $k=1.5\text{kN/m}$。当 $\theta=0°$ 时，弹簧无伸长。试求机构保持在 $\theta=60°$ 位置平衡所需的力偶 M 之力偶矩的大小。

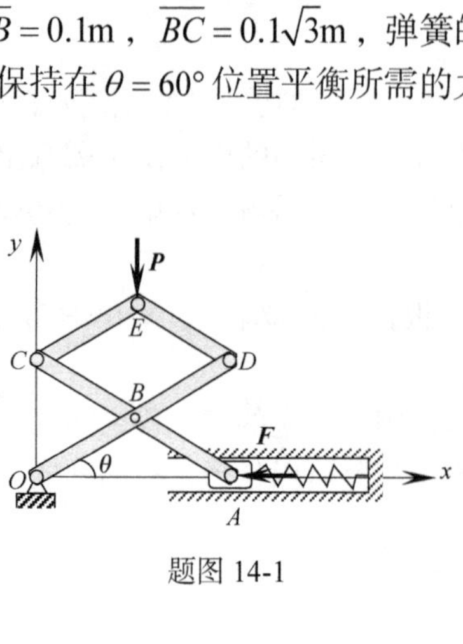

题图 14-1

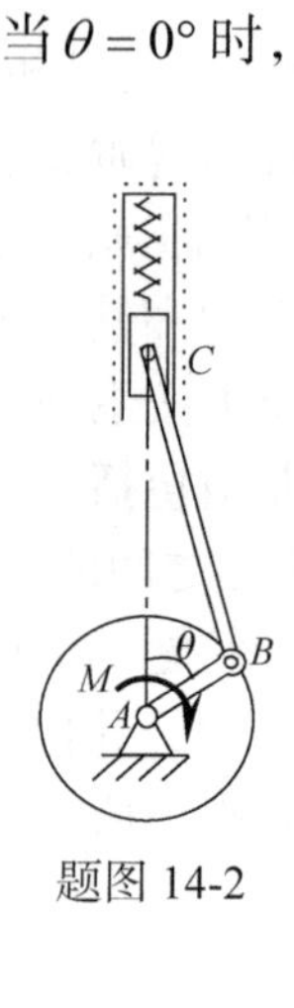

题图 14-2

14-3　在上题中，若已知作用在曲柄 AB 上的力偶之力偶矩的大小为 $M = 150\text{N}\cdot\text{m}$，试求该机构保持在 $\theta = 60°$ 位置平衡的弹簧刚性系数 k。

14-4　平面机构如题图 14-3 所示，已知 $\overline{DB} = 0.3\text{m}$，$\overline{AB} = 1.0\text{m}$，$\overline{BC} = 0.4\text{m}$，$W$=300N。不计各处摩擦及构件自重。试求该机构在 $\theta = 60°$ 位置平衡时，应加在滑块 C 上的铅垂主动力的大小及方向。

14-5　上题中，欲使该机构在 $\theta = 90°$ 的位置上平衡，试求应在曲柄 DB 上施加的主动力偶之力偶矩的大小及转向。

14-6　在题 14-4 中，欲使该机构在 $DB \perp AC$ 的位置上平衡，试求应在滑块 C 上施加的主动力的大小及方向。

14-7　平面机构如题图 14-4 所示，不计各杆及滑块重量，略去所有接触面上的摩擦。试求该机构在图示位置平衡时，作用在曲柄 O_1A 上的主动力偶之力偶矩 M 与作用在滑块 C 上的主动力 F 的关系。

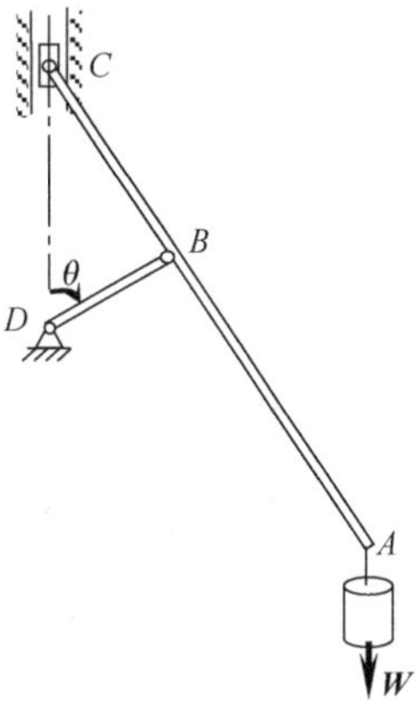

题图 14-3

14-8　平面结构如题图 14-5 所示，已知 $\overline{AB} = 0.6\text{m}$，$\overline{BC} = 0.7\text{m}$，$\theta = 45°$，$W$=200N，不计各处摩擦及各杆件自重。试求出 AC 杆的内力。

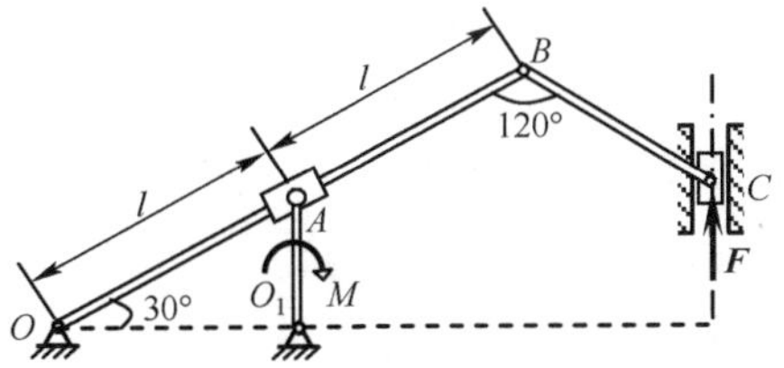

题图 14-4

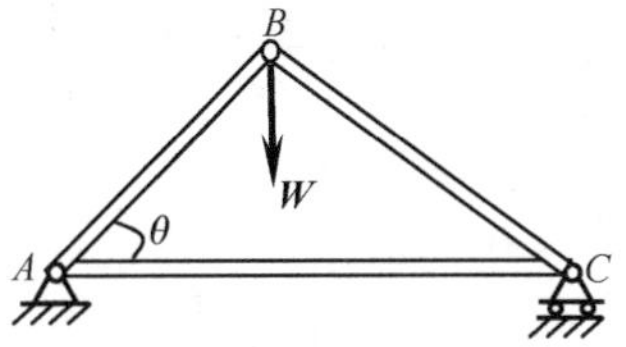

题图 14-5

14-9　已知均质物体重量 $G = 10\text{kN}$，水平力 $F = 3\text{kN}$，各杆重量不计，有关尺寸如题图 14-6 所示。求杆 AC、BD、BC 的受力。

14-10　平面机构如题图 14-7 所示。已知 $\overline{AB} = \overline{BC} = l$，两杆重量均为 P；弹簧原长为 $l_0\left(l_0 < l\right)$，刚性系数为 k。不计各处摩擦及轮重。试求机构平衡时的 θ 角。

14-11　试求上题机构在 $\theta = 30°$ 位置平衡时，需施加在铰链 B 上的水平力的大小。

14-12　组合梁如题图 14-8 所示。梁上作用有三个铅垂力，大小分别为 30kN、60kN 和 20kN，求 A、B、C 三处的约束力。

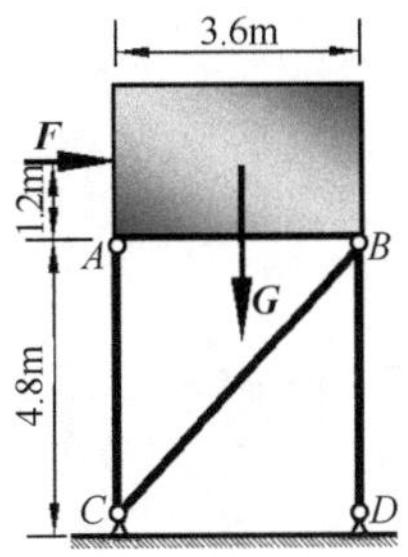

题图 14-6

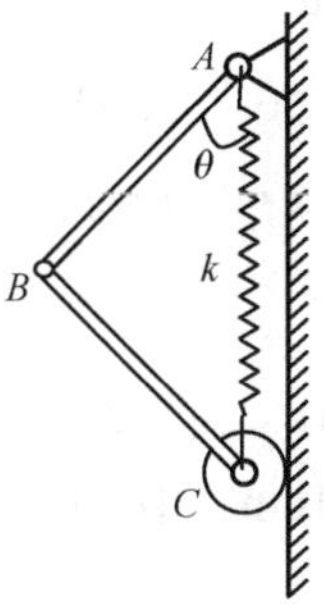

题图 14-7

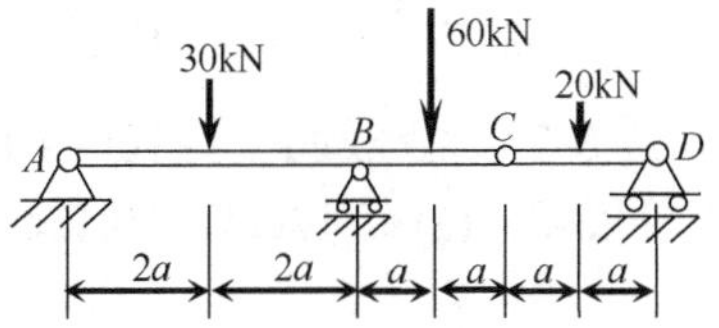

题图 14-8

习 题 答 案

第 2 章

2-1 $F_{AB} = 28.36\text{kN}$；$F_{AC} = 28.78\text{kN}$

2-2 $F_{AB} = 7.32\text{kN}$；$F_{AC} = 27.32\text{kN}$

2-3 $\theta = 2\arcsin\dfrac{P}{W}$；$F_A = W\cos\dfrac{\theta}{2}$

2-4 $F_A = 1074.9\text{N}$

2-5 $F_H = \dfrac{F}{2\sin^2\alpha}$

2-6 $F_1 : F_2 = 0.6124$

2-7 (1) $\dfrac{M}{2l}$；(2) $\dfrac{M}{l}$；(3) $\dfrac{M}{l}$

2-8 $F_D = F_C = \dfrac{Fa}{b}$

2-9 $F_A = F_C = 0.354\dfrac{M}{a}$

2-10 $M_2 = 1000\text{N}\cdot\text{m}$

2-11 $M_2 = 3\text{N}\cdot\text{m}$ (逆时针)，$F_{AB} = 5\text{N}$ (拉力)

第 3 章

3-1 (*a*) $Fl\sin\theta$；(b) $F\sqrt{l^2+b^2}\sin\beta$；(c) $F(l+r)$

3-2 $M_x(\boldsymbol{F}) = 14.14\text{N}\cdot\text{m}$

3-3 $M_x(\boldsymbol{F}) = F(a-3r)/4$, $M_y(\boldsymbol{F}) = \sqrt{3}F(a+r)/4$, $M_z(\boldsymbol{F}) = -Fr/2$

3-4 $\boldsymbol{M}_O(\boldsymbol{F}) = (561.2\boldsymbol{i} - 374.2\boldsymbol{j})\text{N}\cdot\text{m}$

3-5 $\boldsymbol{M}_O(\boldsymbol{F}_1) = 12\boldsymbol{j}\,\text{kN}\cdot\text{m}$；$\boldsymbol{M}_O(\boldsymbol{F}_2) = -25.5\boldsymbol{i}\,\text{kN}\cdot\text{m}$

3-6 $\boldsymbol{F}_\text{R}' = (-300\boldsymbol{i} - 200\boldsymbol{j} + 300\boldsymbol{k})\text{N}$, $\boldsymbol{M}_O = (200\boldsymbol{i} - 300\boldsymbol{j})\text{N}\cdot\text{m}$,

合力过(1，2/3，0)点

3-7 力螺旋 $\boldsymbol{F}_\text{R} = (100\boldsymbol{i} + 100\boldsymbol{j})\text{N}$，$\boldsymbol{M}_{O'} = (10\boldsymbol{i} + 10\boldsymbol{j})\text{Nm}, \overline{OO'} = 122.5\text{mm}$

3-8 (a) (5.12cm，10.12cm)；(b) (11cm，0)；(c) (0，6.08cm)

3-9 $\left(-\dfrac{Rr^2}{2\left(R^2-r^2\right)}, 0\right)$

3-10 $x_C = 0$，y_C=4cm

第 4 章

4-1 $F_{BD}=F_{BE}=11\text{kN}; F_{Ax}=0, F_{Ay}=-3.6\text{kN}, F_{Az}=14.0\text{kN}$

4-2 $F_1=F_2=F_3=\dfrac{2M}{3a}(\text{拉}), F_4=F_5=F_6=-\dfrac{4M}{3a}(\text{压})$

4-3 $F=70.9\text{N}; F_{Ax}=-68.4\text{N}, F_{Ay}=-47.6\text{N}; F_{Bx}=-207\text{N}, F_{By}=-19.1\text{N}$

4-4 $(1)M=22.5\text{N}\cdot\text{m}; (2)F_{Ax}=75\text{N}, F_{Ay}=0, F_{Az}=50\text{N};$

$(3)F_x=75\text{N}, F_y=0$

4-5 $F_{Ox}=150\text{N}$，$F_{Oy}=75\text{N}$，$F_{Oz}=500\text{N}$；

$M_x=100\text{N}\cdot\text{m}$，$M_y=-37.5\text{N}\cdot\text{m}$，$M_z=-24.38\text{N}\cdot\text{m}$；

4-6 $F=577.36\text{N}$，$F_A=265.47\text{N}$，$F_B=611.89\text{N}$

4-7 $F_2=4000\text{ N}$，$F_2'=2000\text{ N}$，$F_{Az}=-1299\text{ N}$,

$F_{Ax}=-6375\text{ N}$，$F_{Bz}=-3897\text{ N}$，$F_{Bx}=-4125\text{ N}$

4-8 不平衡，不是汇交力系

4-9 $F_A=10\text{N}(\rightarrow); M_A=20\text{N}\cdot\text{m}$ (顺时针)

最终合成为合力 $F_R=10\text{N}$，位于 A 点上方，A 点至 $\boldsymbol{F}_R$ 作用线距离为 2m

4-10 $F_{Ax}=2400\text{N}, F_{Ay}=1200\text{N}; F_{BC}=848.5\text{N}$

4-11 $F_{Bx}=0, F_{By}=1.5\text{kN}; F_C=1\text{kN}$

4-12 $F_{AC}=-4\text{kN}, F_{BD}=-10\text{kN}, F_{BC}=5\text{kN}$

4-13 $F_{\text{T}}=\dfrac{Pa\cos\theta}{2h}$

4-14 $F_{Ax}=0,\ F_{Ay}=\dfrac{4}{3}F,\ M_A=\dfrac{5}{3}Fa; F_C=\dfrac{2}{3}F$

4-15 $F_{Ax}=-7.21\text{kN}, F_{Ay}=10.37\text{kN}; F_{Bx}=8.21\text{kN}, F_{By}=10.29\text{kN}$

4-16 $F_{Ax}=-\dfrac{9}{4}G, F_{Ay}=-\dfrac{G}{4}; F_{Cx}=\dfrac{9G}{4}, F_{Cy}=\dfrac{5G}{4}$

4-17 $F_{Ax}=-23\text{kN}, F_{Ay}=10\text{kN}; F_{Cx}=23\text{kN}, F_{Cy}=10\text{kN}$

4-18 $F_{DE}=F_{MH}=1.414\text{kN}; F_{Cx}=1\text{kN},\ F_{Cy}=-0.5\text{kN}$

4-19 $F_{Ax}=P, F_{Ay}=-P, F_{Dx}=2P,\ F_{Dy}=P; F_{Bx}=-P,\ F_{By}=0$

4-20 $F_{Ax}=-29.29\text{kN}$，$F_{Ay}=0$，$M_A=-1.421\text{kN}\cdot\text{m}$

4-21 $F_{Ax}=275\text{kN}, F_{Ay}=(175+50\sqrt{3})\text{ kN}, M_A=1000\text{kN}\cdot\text{m}$

4-22 $F_1=2F,\ F_2=-2.24F,\ F_3=F,\ F_4=-2F,\ F_5=0,\ F_6=2.24F$

4-23 $F_4=0,\ F_5=1.5F,\ F_6=-3.35F$

4-24　$F_1 = -5.333F$，$F_2 = 2F$，$F_3 = -1.667F$

4-25　$F_4 = 21.83\text{kN}$，$F_5 = 16.73\text{kN}$，$F_7 = -20\text{kN}$，$F_{10} = -43.64\text{kN}$

第 5 章

5-1　(2) $F_P = 500\text{N}$时, $F = 134.7\text{N}$; $F_P = 100\text{N}$时, $F = 162.4\text{N}$

5-2　$F_{\max} = 25.6\text{N}$

5-3　$F_{\min} = \dfrac{Gar}{f_s lR}$

5-4　$e \leqslant f_s r$

5-5　$b \leqslant 0.75\text{cm}$

5-6　$b \leqslant 110\text{mm}$

第 6 章

6-1　$x = 200\cos\dfrac{\pi}{5}t,\ y = 100\sin\dfrac{\pi}{5}t,\ \dfrac{x^2}{40000} + \dfrac{y^2}{10000} = 1$

6-2　$y_A = \sqrt{64 - t^2}\text{cm}$　　$v_A = -\dfrac{t}{\sqrt{64 - t^2}}$

6-3　椭圆，$\dfrac{(x-c)^2}{(b+l)^2} + \dfrac{y^2}{l^2} = 1$

6-4　$(1)\begin{cases} v_x = -2R\omega\sin 2\omega t \\ a_x = -4R\omega^2\cos 2\omega t \\ v_y = 2R\omega\cos 2\omega t \\ a_y = -4R\omega^2\sin 2\omega t \end{cases};\begin{cases} v = 2R\omega \\ a_\tau = 0 \\ a_n = 4R\omega^2 \end{cases};(2)\begin{cases} \xi = 2R\cos\omega t \\ v = -2R\omega\sin\omega t \\ a = -2R\omega^2\cos\omega t \end{cases}$

6-5　$\rho = \dfrac{v^2}{a_n} = 4L\cos(\dfrac{bt}{2})$

6-6　$v = ak,\ v_r = -ak\sin kt$

6-7　$v_M = 9.42\text{m/s}, a_M = 444\text{m/s}^2$

6-8　$v_M = 0.105Rn\text{cm/s}$，$a_M = 0.011Rn^2\text{cm/s}^2$

6-9　(1) $\omega = 2\text{rad/s}$; (2)$\alpha = 4.47\text{rad/s}^2$; $a_B = 30\text{cm/s}^2$

6-10　$z_3 = 8$

6-11　$v_B = 0.785\text{cm/s}$

6-12　(1)$\alpha_2 = \dfrac{5000\pi}{d^2}\text{rad/s}^2$　(2)$a = 592.2\text{m/s}^2$

6-13　$|\omega| = \dfrac{bv}{b^2 + v^2t^2}$(顺时针)，$|\alpha| = \dfrac{2bv^3t}{(b^2 + v^2t^2)^2}$(逆时针)

6-14　$a_{\text{I}} = a_A = 2r\omega_0^2$，方向同$\boldsymbol{a}_A$；$a_{\text{II}} = 4r\omega_0^2$，方向沿半径，指向轮心$O$。

第 7 章

7-1 $\omega = 4\ \text{rad/s}$，$v_O = 4\ \text{m/s}$

7-2 $v_A = 2v_O$，$v_B = \sqrt{2}v_O$，$v_C = \dfrac{R-r}{r}v_O$，$v_D = \sqrt{\dfrac{R^2+r^2}{r^2}}v_O$

7-3 图(a) $\omega = 0$；

图(b) $\omega = \dfrac{r\omega}{l}$ (逆时针)

7-4 2.51cm/s

7-5 $\omega_{ABD} = 1.07\ \text{rad/s}$ (逆时针)，$v_D = 25.35\ \text{cm/s}(\leftarrow)$

7-6 $\omega_C = 2\ \text{rad/s}$ (顺时针)

7-7 当 $\theta = 90°$ 时，$v_{DE} = 0$；当 $\theta = 0°$ 时，$v_{DE} = 400\text{cm/s}(\uparrow)$

7-8 $v_C = r\omega\,(\downarrow)$

7-9 $\omega_{BC} = 0.15\ \text{rad/s}$ (顺时针)；$v_B = 0.212\ \text{m/s}$，$v_C = 0.18\ \text{m/s}(\leftarrow)$

7-10 $\omega_{AB} = 1.28\ \text{rad/s}$ (顺时针)，$v_B = 16\ \text{cm/s}$

7-11 $n_1 = 10800\ \text{r/min}$

7-12 $\omega_{O_1} = 3.75\ \text{rad/s}$ (逆时针)；$\omega_1 = 6\ \text{rad/s}$ 逆时针

7-13 $\omega_{AB} = 2\ \text{rad/s}$ (顺时针)，$v_B = 282.8\ \text{cm/s}(\uparrow)$

7-14 $\omega_{DE} = 2\omega_0$ (逆时针)

***7-15** $v_B = 2\ \text{m/s}$，$a_B = 8\text{m/s}^2$；$v_C = 2.83\ \text{m/s}$，$a_C = 11.3\text{m/s}^2$

***7-16** $\omega_{O_2} = \dfrac{2v}{r}$ (顺时针)；$\alpha_{O_2} = \dfrac{v^2}{r\sqrt{l^2-r^2}}$ (逆时针)

第 8 章

8-1 $v\tan\varphi$

8-2 $\varphi = 0°$，$v_{BC} = 0$；$\varphi = 30°$，$v_{BC} = 1\ \text{m/s}$；$\varphi = 90°$，$v_{BC} = 2\ \text{m/s}$

8-3 $v_a = \dfrac{l\omega}{\cos^2\varphi}$，方向铅垂向上；$v_r = \dfrac{l\omega\sin\varphi}{\cos^2\varphi}$，方向沿 OC

8-4 $\dfrac{c}{R}u$，方向与 $\boldsymbol{u}$ 相反

8-5 $10\ \text{cm/s}(\uparrow)$

8-6 $v_r = 6.36\text{cm/s}$，$\angle(\boldsymbol{v}_r, \boldsymbol{v}) = 80°57'$

8-7 (1) $v_r = 3.89\ \text{m/s}$；

(2) 当传送带 B 的速度 $v_2 = 1.04\ \text{m/s}$ 时，$\boldsymbol{v}_r$ 才与带垂直。

8-8 $v_r = 10.06\ \text{cm/s}$，与半径夹角为 $41°47'$

8-9 $\omega = 4.05\text{rad/s}$，顺时针；$v_r = 0.483\text{m/s}$

8-10 $\varphi = 0°$ 时，$\omega = 2.63\text{rad/s}$，顺时针；

$\varphi = 90°$ 时，$\omega = 1.85\text{rad/s}$，顺时针

8-11 10cm/s ,34.6 cm/s^2

8-12 0.746 m/s^2

8-13 $\omega_{AB} = \omega$，$\alpha_{AB} = 2\omega^2$

8-14 230 cm / s(←)

***8-15** 17.3 cm / s ，35cm/s^2

***8-16** $\omega_2 = 0.75\text{rad/s}$，顺时针；$\alpha_2 = 4.55\text{rad/s}^2$，顺时针

第 9 章

9-1 $v = 1.656\text{m/s}$，$a = 9.16\text{m/s}^2$

9-2 $F_A = 22.6\text{N}$，$F_B = 58.8\text{N}$

9-3 $F = m\left(g - \dfrac{8h}{l^2}v^2\right)$

9-4 $v_{\max} = \sqrt{fgr}$

9-5 (1)2.67 km; (2)357 m / s

9-6 $P_A = 20.2\text{ N}$

9-7 $T = 2\pi\sqrt{\dfrac{J_0}{Gl}}$

$f^* = 3.52\text{H}_2, k = 9800\text{N/m}$

9-8 111.3

9-9 1.47

9-10 $y_A = 2\sin 10t\text{ cm}$

9-11 (1)$B = 0.154\text{ cm}$, (2)$n_{cr} = 4550\text{ r/min}$

第 10 章

10-1 (a)$\dfrac{1}{2}ml\omega$; (b)$\dfrac{1}{6}ml\omega$; (c)$\dfrac{\sqrt{3}}{3}mv$; (d)$mr\omega$; (e)mv

10-2 1674.5N

10-3 $x = \dfrac{m_2 l}{m_1 + m_2}(\sin\varphi_0 - \sin\varphi)$

10-4 $F_x = 30\text{N}$

10-5 $F''_{Nx} = 637\text{N}$, $F''_{Ny} = 1130\text{N}$

10-6 $F_x = \rho q_V \left(v_1 + v_2 \cos\theta\right) \mathrm{N}$

10-7 (a)166N； (b)144N

10-8 (a)$F_x = 1920.8\mathrm{N}, F_y = 1920.8\mathrm{N}$；

(b)$F_x = 2881.2\mathrm{N}$, $F_y = 1920.8\mathrm{N}$

10-9 (2)向左移动$\dfrac{a-b}{4}$；

10-10 $F_x = -(m_1 + m_2)e\omega^2 \cos\omega t, F_y = -m_2 e\omega^2 \sin\omega t$

第 11 章

11-1 (1)$\left(\dfrac{1}{2}mR^2 + ml^2\right)\omega$; (2)$ml^2\omega$; (3)$(mR^2 + ml^2)\omega$

11-2 (a)$mr^2\omega$; (b)$\dfrac{1}{2}m(r^2 + 2e^2)\omega$; (c)$\dfrac{17}{12}ml^2\omega$; (d)$2mr^2\omega$

11-3 $M_z = 365.4\mathrm{N \cdot m}$

11-4 (a)$F_x = F_y = 0, M = 40\mathrm{kN \cdot m}$;

(b)$F_x = -40\mathrm{kN}$, $F_y = 0$, $M = 0$

11-5 $J_A = J_B + m\left(a^2 - b^2\right)$

11-6 $a = \dfrac{(4\mathrm{m} - PR)\mathrm{g}}{3PR}$， $F_A = F_B = \dfrac{13}{12}P + \dfrac{M}{6R}$

11-7 $r = \sqrt{r_0^2 + \dfrac{M_0}{2m\omega^2}\sin\omega t}$

11-8 $t = \dfrac{\omega bm(D_1^2 + D_2^2)}{4fFlD_1}$

11-9 $F_\mathrm{n} = 7.87\mathrm{N}$

***11-10** $t = \dfrac{v_0 - r\omega}{3fg}$， $v_C = \dfrac{2v_0 + r\omega_0}{3}$

***11-11** (1)$\alpha = \dfrac{3g}{2l}\cos\varphi, \omega = \sqrt{\dfrac{3g}{l}\left(\sin\varphi_0 - \sin\varphi\right)}$；

(2)$\varphi_\mathrm{cr} = \arcsin\left(\dfrac{2}{3}\sin\varphi_0\right)$

***11-12** $a_C = 0.356g$

第 12 章

12-1 $W_{BA} = -20.3\mathrm{J}$， $W_{AD} = 20.3\mathrm{J}$

12-2 $W = 55\mathrm{N \cdot m}$

12-3 $T = 2Mv_B^2 / 9$

12-4 $T = (M_1 + 3M_2)v^2/2$

12-5 $T=\frac{3}{4}\cdot\frac{G}{g}(R-r)^2\dot{\varphi}^2$

12-6 $T=\frac{1}{2}m_1a^2t^2+\frac{1}{2}m_2a^2t^2+\frac{1}{2}m_2l^2b^2\varphi_0^2\cos^2 bt+m_2albt\varphi_0\cos bt\left[\cos(\varphi_0\sin bt)\right]$

12-7 $v=3.64\text{m/s}$

12-8 $n_{\text{II}}=2.56\text{r}$

12-9 $\omega=\frac{2}{r}\sqrt{\frac{M-m_2gr(\sin\alpha+f'\cos\alpha)}{m_1+2m_2}\varphi}$；

$\alpha=\frac{2\left[M-m_2gr(\sin\alpha+f'\cos\alpha)\right]}{r^2(m_1+2m_2)}$

12-10 $\omega=\sqrt{\frac{2gM\varphi}{(3P+4G)l^2}}$； $\alpha=\frac{gM}{(3P+4G)l^2}$

12-11 $\omega=10.62\text{rad/s}$

12-12 $\alpha=\frac{6M}{(2m+9m_1)l^2}$

12-13 $a=\frac{P\sin2\alpha}{2(G+P\sin^2\alpha)}g$

12-14 $F_{\text{N}x}=\frac{P_1\sin\alpha-P_2}{P_1+P_2}P_1\cos\alpha$

12-15 $a=\frac{G\sin\alpha-P}{2G+P}g$； $F_{\text{T}}=\frac{3P+(2P+G)\sin\alpha}{2(2G+P)}G$

12-16 $\omega=5.72\text{rad/s}$； $\alpha=0$； $F_O=98\text{N}$

第 13 章

13-1 $\omega_1=2.19\text{rad/s}$， $F=39\text{N}$

13-2 (1)$a\leqslant2.91\text{m/s}^2$； (2)$h/d\geqslant5$

13-3 $a\geqslant\frac{gr}{\sqrt{R^2-r^2}}$

13-4 $\omega^2=\frac{2m_1+m_2}{2m_1(d+l\sin\varphi)}g\tan\varphi$

13-5 (1)$\omega^2=\frac{2\left[mgl\sin\alpha+k(l_1\sin\alpha-l_0)l_1\cos\alpha\right]}{ml^2\sin2\alpha}$；

(2)$\omega^2=\frac{3\left[(M+2m)gl\sin\alpha+2k(l_1\sin\alpha-l_0)l_1\cos\alpha\right]}{(M+3m)l^2\sin2\alpha}$

13-6 $\omega^2=\frac{b^2\cos\varphi-a^2\sin\varphi}{(b^3-a^3)\sin2\varphi}3g$

13-7 $F_{AD}=5.37\text{N}$， $F_{BE}=45.6\text{N}$

13-8 $T_{AD}=73.2\text{N}, T_{BE}=273\text{N}$

13-9 $F_{Ax}=0, F_{Ay}=(m_B+m_C)g+\dfrac{2m_C(M-m_CRg)}{(m_B+2m_C)R}$,

$$M_A=\left[(m_B+m_C)g+\frac{2m_C(M-m_CRg)}{(m_B+2m_C)R}\right]l$$

13-10 $F_{CD}=\dfrac{4m_1m_2gl_2}{(m_1+m_2)l_1\sin\alpha}$

13-11 $F_{Ax}=-3.53\text{kN}$ ，$F_{Ay}=19.3\text{kN}$；$F_B=13.8\text{kN}$

13-12 $\alpha=\dfrac{3g}{2l}$，$a_C=\dfrac{3}{4}g$

***13-13** (1)$\alpha=1.85\text{rad/s}$; (2)$F=63.6\text{N}$; (3)$F_\text{T}=321\text{N}$

第 14 章

14-1 $F=\dfrac{3}{2}P\cot\theta$

14-2 $M=100.5\ \text{N}\cdot\text{m}$

14-3 $k=2.24\ \text{kN/m}$

14-4 $F_C=44.79\ \text{N}$

14-5 $M=90\ \text{N}\cdot\text{m}$ (逆时针)

14-6 $F_C=2240\ \text{N}$ (向下)

14-7 $M=\dfrac{\sqrt{3}}{2}lF$

14-8 $F_{AC}=84.84\ \text{N}$

14-9 $F_{AC}=-4\text{kN}$，$F_{BC}=5\text{kN}$，$F_{BD}=-10\text{kN}$

14-10 $\cos\theta=\dfrac{1}{2l}\left(\dfrac{P}{k}-l_0\right)$

14-11 $F=\dfrac{2\sqrt{3}}{3}\left[k\left(\sqrt{3}l-l_0\right)-P\right]$

14-12 $F_{Ax}=0$，$F_{Ay}=-5\text{kN}$；$F_B=105\text{kN}$；$F_D=10\text{kN}$

参 考 文 献

蔡怀崇，张克猛，2008. 工程力学(一). 北京: 机械工业出版社

哈尔滨工业大学理力教研室. 王铎，程靳，2009. 理论力学(上、下册). 7 版. 北京: 高等教育出版社

贾书惠，李万琼，2002. 理论力学. 北京: 高等教育出版社

张克猛，张义忠，2008. 理论力学. 北京: 科学出版社

张克猛，2016. 机械工程基础. 3 版. 西安: 西安交通大学出版社